토마스 아퀴나스 신학대전 39

종교와 경신

윤 주 현 옮김

제2부 제2편
제80문 - 제91문

신학대전 39
종교와 경신

2023년 12월 22일 교회인가(원주교구)
2023년 12월 29일 1판 2쇄 발행

간행위원 | 손희송 주교 †정의채 몬시뇰 이재룡 신부(위원장)
　　　　　안소근 수녀 윤주현 신부 이상섭 교수 정현석 교수
　　　　　박승찬 교수 이경상 신부 임경헌 박사 조동원 신부

지은이 | 토마스 아퀴나스
옮긴이 | 윤주현
펴낸이 | 이재룡
펴낸곳 | 한국성토마스연구소

우편주소 | 25244 강원도 횡성군 우천면 경강로산전7길 28-53
전화번호 | 033) 344-1238
전자우편 | stik2019@naver.com
홈페이지 | http://www.stik.or.kr
출판등록 | 제2018-000003호 2018년 6월 19일
인쇄제작 | 오엘북스

ⓒ 한국성토마스연구소

보급 | 한국출판협동조합_가톨릭출판사, 교보문고, 알라딘, 예스24
전화 | 02) 716-5616

값 40,000원

ISBN 979-11-986062-2-8　94160
ISBN 979-11-969208-0-7(세트)　94160

Summa Theologiae, vol.39
by St. Thomas Aquinas
Korean translation copyright ⓒ 2023 by St. Thomas Institute in Korea
All rights reserved
Published by St. Thomas Institute in Korea

이 책은 저작권법에 따라 보호를 받는 저작물이므로 무단전재와 복제를 금지하며, 이 책의 내용 전부 또는 일부를 이용하려면 반드시 저작권자인 한국성토마스연구소의 서면 동의를 받아야 합니다.

토마스 아퀴나스 신학대전 39

종교와 경신

S. Thomae Aquinatis
SUMMA THEOLOGIAE

윤 주 현 옮김

제2부 제2편
제80문 - 제91문

한국성토마스연구소

차 례

성 요한 바오로 2세 교황의 격려와 축복의 말씀 / xi
교황 레오 13세의 회칙 발췌문 / xvi
성 요한 바오로 2세 교황의 회칙 발췌문 / xix
『신학대전』 완간을 꿈꾸며 / xxiv
『신학대전』 간행계획 / xxvii
일러두기 / xxix
일반 약어표 / xxxiii
성 토마스 작품 약어표 / xxxv
'종교와 경신' 입문 / xl

제80문 정의의 잠재적 부분들에 대하여 / 3
    제1절 정의에 연결된 덕들은 적절하게 열거되었는가 / 3

제81문 종교에 대하여 / 19
    제1절 종교는 인간을 오직 하느님을 향해 질서 지우는가 / 21
    제2절 종교는 덕인가 / 31
    제3절 종교는 유일한 하나의 덕인가 / 35
    제4절 종교는 다른 덕들로부터 구별되는 특수한 덕인가 / 39
    제5절 종교는 신학적 덕인가 / 43
    제6절 종교는 다른 덕들보다 선호되어야 하는가 / 49
    제7절 흠숭은 어떤 외적인 행위를 갖는가 / 55
    제8절 종교는 거룩함과 같은가 / 61

제82문 신심에 대하여 / 69
제1절 신심은 특수한 행위인가 / 69
제2절 신심은 종교 행위인가 / 75
제3절 관상 또는 묵상은 신심의 원인인가 / 79
제4절 기쁨은 신심의 결과인가 / 85

제83문 기도에 대하여 / 91
제1절 기도는 욕구 능력의 행위인가 아니면 인식 능력의 행위인가 / 93
제2절 기도하는 것은 합당한가 / 101
제3절 기도는 종교 행위인가 / 107
제4절 오직 하느님께만 기도해야 하는가 / 111
제5절 기도에서 어떤 특정한 것을 청해야 하는가 / 117
제6절 우리는 기도하면서 현세적인 것들을 청해야 하는가 / 123
제7절 우리는 다른 이들을 위해 기도해야 하는가 / 127
제8절 우리는 원수들을 위해 기도해야 하는가 / 135
제9절 주님의 기도의 일곱 가지 청원에 대하여 / 141
제10절 기도하는 것은 이성적 피조물의 고유한 것인가 / 153
제11절 성인들은 본향에서 우리를 위해 기도하는가 / 159
제12절 기도는 소리적이어야 하는가 / 165
제13절 기도를 위해 주의가 필요한가 / 171
제14절 기도는 오래 해야 하는가 / 179
제15절 기도는 공로적인가 / 185
제16절 죄인들은 기도하면서 하느님에게서 어떤 것을 얻을 수 있는가 / 195
제17절 기도의 부분들을 탄원, 기도, 요청, 감사라고 말하는 것은
　　　　적절한가 / 201

제84문 흠숭에 대하여 / 209
  제1절 흠숭은 라트리아의 행위 또는 종교 행위인가 / 209
  제2절 흠숭은 육체의 행위를 내포하는가 / 217
  제3절 흠숭은 특정한 장소를 필요로 하는가 / 221

제85문 희생제사에 대하여 / 227
  제1절 하느님께 희생제사를 봉헌하는 것은 자연법에 속하는가 / 229
  제2절 오직 하느님께만 희생제사를 드려야 하는가 / 235
  제3절 희생제사를 봉헌하는 것은 어떤 덕의 특수한 행위인가 / 241
  제4절 모든 사람은 희생제사를 봉헌해야 하는가 / 247

제86문 봉헌들과 맏물들에 대하여 / 253
  제1절 사람들이 계명의 필요에 의해 봉헌들에 대해 의무가 있는가 / 253
  제2절 봉헌들은 사제들에게만 주어야 하는가 / 259
  제3절 인간은 합법적으로 소유한 모든 것으로 봉헌할 수 있는가 / 265
  제4절 사람들이 맏물들을 봉헌하는 것은 의무인가 / 271

제87문 십일조에 대하여 / 279
  제1절 사람들은 계명의 필요에 의해 십일조를 지불해야 하는가 / 279
  세2절 사람들은 모든 것에 대해 십일조를 주어야 하는가 / 295
  제3절 십일조는 성직자들에게 주어지는가 / 303
  제4절 성직자들도 십일조를 내야 하는가 / 309

제88문 서원에 대하여 / 317
  제1절 서원은 무엇인가 / 319
  제2절 서원은 언제나 더 좋은 선에 대해 해야 하는가 / 325

제3절 모든 서원은 그 자체로 준수되어야 하는가 / 333

제4절 서원하는 것은 유익한가 / 339

제5절 서원은 흠숭이나 종교 행위인가 / 347

제6절 어떤 것을 서원과 함께하는 것보다 서원 없이 하는 게 더 찬사를 받을 만하고 공로가 되는가 / 351

제7절 장엄 서원에 대하여 / 359

제8절 다른 사람의 권한에 종속된 사람들은 서원하는 데 방해되지 않는가 / 367

제9절 아이들은 서원과 함께 스스로 종교[수도생활]로 들어가도록 의무를 질 수 있는가 / 373

제10절 서원에서 면제될 수 있는가 / 379

제11절 자제의 장엄 서원에서 면제될 수 있는가 / 385

제12절 서원의 변경이나 면제를 위해 고위 성직자의 권한이 요구되는가 / 397

제89문 맹세에 대하여 / 407

제1절 맹세하는 것은 하느님을 증인으로 부르는 것인가 / 409

제2절 맹세하는 것은 합당한가 / 417

제3절 정의, 판단, 진리가 맹세의 세 동료로 적절하게 제시되는가 / 425

제4절 맹세하는 것은 종교 행위나 흠숭 행위인가 / 431

제5절 맹세는 유익하고 좋은 만큼 욕구할 만하고 자주 실천되어야 하는가 / 435

제6절 피조물들을 통해 맹세하는 것이 합당한가 / 441

제7절 맹세는 구속력을 갖는가 / 447

제8절 맹세의 의무가 서원의 의무보다 더 큰가 / 457

제9절 누군가 맹세에서 면제할 수 있는가 / 461

제10절 맹세는 개인이나 시간의 어떤 조건에 의해 방해되는가 / 469

제90문 선서의 방식을 통한 신적 이름의 취함에 대하여 / 477
  제1절 사람들을 두고 선서하는 것이 합당한가 / 477
  제2절 마귀들에게 선서하는 것이 합당한가 / 483
  제3절 비이성적 피조물에 선서하는 것이 합당한가 / 489

제91문 찬미를 통해 부르기 위해 신적 이름을 취하는 것에 대하여 / 495
  제1절 하느님은 입으로 찬미받으시는가 / 495
  제2절 노래들은 신적 찬미를 위해 취해지는가 / 503

주제 색인 / 512
인명 색인 / 529
고전작품 색인 / 531
성 토마스 작품 색인 / 535
성경 색인 / 536

FROM THE VATICAN

April 26, 1994

Dear Father Tjeng,*

His Holiness Pope John Paul II was indeed pleased to learn that a Korean translation of the *Summa Theologiae* of Saint Thomas of Aquinas is being published. He warmly encourages you and your collaborators in this enterprise, which will lead not only to a better knowledge of the teachings and method of the one whom Pope Leo XIII called "inter Scholasticos Doctores, omnium princeps et magister"(Leo XIII, *Aeterni Patris*, No. 22), but also to a most fruitful encounter between Christian philosophy and theology and the intellectual traditions of Korea.

Only recently, His Holiness referred to the unique place of Saint Thomas in the history of thought by stating that "the philosophical and theological synthesis which he elaborated is a solid, lasting possession for the Church and humanity"(*Great Prayer*, 16 March 1994, No. 6). That synthesis flows from the principle that there is a profound and inescapable harmony between the truths of reason and

---

* The Reverend Paul Tjeng Eui-Chai

성 요한 바오로 2세 교황의 격려와 축복의 말씀

  친애하는 정의채 바오로 신부님,

  교황 요한 바오로 2세 성하께서는 성 토마스 아퀴나스의 『신학대전』이 한국어로 번역·출판되고 있다는 소식을 들으시고 매우 기뻐하십니다. 이 작업에 참여하는 이들을 따뜻한 마음으로 격려하십니다. 이 작업은 교황 레오 13세 성하께서 "스콜라 학자들의 수장(首長)이며 스승"(레오 13세, 『영원하신 아버지』 22항)이라고 부르신 성 토마스의 가르침과 방법에 대해 보다 깊은 이해를 하게 할 뿐만 아니라 그리스도교의 철학과 신학이 한국의 전통 사상과 만나 매우 풍요로운 결실을 맺게 할 것입니다.

  교황 성하께서는 최근에도 "성 토마스가 집대성한 철학적·신학적 종합은 교회와 온 인류의 건실하고 항구한 자산입니다."(『위대한 기도』 1994년 3월 16일, 6항)라고 하시어, 사상사에 있어 성 토마스가 차지하는 독보적인 위치를 확인하셨습니다. 성 토마스가 이룩한 종합은 이성의 진리와 신앙의 진리 사이에는 근본적이고 불가피한 조화가 존재한다는 원리로부터 비롯됩니다.(제8차 국제 토마스 회의에서의 말씀 : 1980년 9월 13일, 2항 참조)

those of faith.(cf. *Address to Eighth International Thomistic Congress* : 13 September 1980, No. 2)

The heart of Saint Thomas'reflection is man's relationship to God, his Creator and Lord. He sees man as proceeding from creative divine wisdom and returning to the Father on the basis of an elevation of the human intellect and will, through the grace of Christ's redemptive love. Indeed, he defines man as "the horizon of creation in which heaven and earth join, like a link between time and eternity, like a synthesis of creation."(Ibid., No. 5)

For Saint Thomas, true philosophy should faithfully mirror the order of things themselves, otherwise it ends by being reduced to an arbitrary subjective opinion. "This realistic and historical method, fundamentally optimistic and open, makes St. Thomas not only the 'Doctor Communis Ecclesiae', as Paul VI calls him in his beautiful Letter *Lumen Ecclesiae*, but the 'Doctor Humanitatis', because he is always ready and disposed to receive the human values of all cultures."(Ibid., No. 4) Is this approach itself not a solid point of contact with the great philosophical systems of the East and a sure promise of a very fruitful dialogue between the intellectual traditions of East and West? Such a dialogue in turn is the obligatory path of the progress of human culture, as well as a requisite for a deeper inculturation of Christianity among the peoples of the vast continent of Asia.

His Holiness values the present translation as an important

성 토마스 사상의 핵심은 인간이 자신의 창조자이며 주님이신 하느님과 맺고 있는 관계입니다. 성 토마스는 인간을 하느님의 창조적 지혜에서 출발하여, 인간 자신의 지성과 의지를 고양(高揚)시키는 그리스도의 구원적 사랑의 은총에 힘입어 아버지께로 다시 돌아가는 존재로 봅니다. 바로 그렇기 때문에 성 토마스는 "인간을 하늘과 땅이 만나는 창조의 지평, 시간과 영원의 연결고리, 또는 창조의 종합"으로 정의합니다.(같은 곳, 5항)

사실 성 토마스가 보기에 참다운 철학이란 실재 자체의 질서를 성실하게 반영하여야 합니다. 만일 그렇지 못하다면 철학이란 한낱 인위적인 주관적 견해로 전락하고 말 것입니다. "근본적으로 낙관적이고 개방적이며, 실재주의적이고 역사적인 이 방법은, 바오로 6세 성하께서 『교회의 빛』이라는 아름다운 서한에서 그를 지칭한 것처럼, 성 토마스를 '교회의 보편적 스승'일 뿐만 아니라 '인류의 스승'이 되게 해 줍니다. 그것은 성 토마스가 언제나 모든 문화 속에 포함되어 있는 인간적 가치들을 받아들일 준비가 되어 있기 때문입니다."(같은 곳, 4항) 이러한 그의 입장이야말로 동양의 위대한 철학 체계들과의 만남을 가능케 하는 건실한 기반이자, 동(東)과 서(西)의 지성적 전통 사이이 창조적 교류를 약속하는 것이 아니고 무엇이겠습니까? 그리고 이와 같은 교류는 인류 문화가 발전해 가야 할 도정(道程)임과 동시에 아시아라는 방대한 대륙에 사는 민족들에게 그리스도교가 더 깊이 토착화되기 위한 필수조건인 것입니다.

교황 성하께서는 현재 진행되고 있는 번역 작업을 그런 숭고한 목적

contribution to these lofty goals. He invokes an abundance of divine blessings upon the authors, publishers and readers of this masterpiece of Christian philosophy and theology.

With good wishes, I am

Sincerely yours in Christ,

Card. Angelo Sodano

Cardinal Angelo Sodano
Secretary of State

을 달성하는 데 기여하는 중요한 작업으로 평가하고 계십니다. 교황 성하께서는 그리스도교 철학과 신학에 관한 이 위대한 걸작을 번역하는 이와 출판하는 이와 읽는 이 모두에게 주님의 풍성한 축복이 내리기를 기도드리십니다.

1994년 4월 26일

그리스도 안에서 만사형통하시기를 빌며,
바티칸국 국무성 장관
추기경 안젤로 소다노

교황 레오 13세의 회칙 발췌문
『영원하신 아버지』(Aeterni Patris, 1879)

[1879년 8월 4일에 반포된 이 회칙의 원제목은 『가톨릭 학교들에서 성 토마스 데 아퀴노의 정신에 따라 교육되어야 하는 그리스도교 철학에 관하여』 (De philosophia christiana ad mentem sancti Thomae Aquinatis Doctoris Angelici in scholis catholicis instauranda)이다.]

30. 그러므로 더할 나위 없이 타당한 이유를 가지고 상당수의 철학자들이 철학을 쇄신하기 위해서는 토마스 데 아퀴노의 놀라운 가르침을 그 순수한 광채 속에서 회복시켜야 한다고 믿고 헌신적으로 투신하였습니다.

그리고 저에게, 이 '천사적 박사'라는 수원(水源)으로부터 영구히 풍부하게 흘러넘치는 가장 순수한 지혜의 강물을 온 세계 젊은이들에게 넉넉하게 마시게 하는 일보다 더 소중하고 바람직한 일은 없다는 점을 모든 이에게 확실하게 일러두는 바입니다.

32. 그리고 신앙에서 멀어져서 가톨릭교회의 가르침을 미워하는 사람들 가운데 상당수는 오직 이성만을 유일한 스승이며 안내자로 삼는다고 선언하고 있습니다. 가톨릭 신앙으로써 그들을 치유하고 은총으로 돌아오게 하려면, 하느님의 초자연적 도우심 다음으로는 교부들과 스콜라 학자들의 건전한 가르침보다 더 적절한 것은 없습니다. 이들은

신앙의 튼튼한 토대, 그 신적인 기원, 그 확실한 진리, 그 증명 논거, 인류에게 가능해진 은혜, 그리고 이성과의 완전한 조화 등을 증명하였고, 또 너무도 명료하고 강력했기 때문에, 주저하는 자들과 허풍떠는 자들까지도 회심시키기에 충분했습니다.

 타락한 이론들의 해악 때문에 우리가 모두 목격하고 있듯이 매우 심각한 위험에 노출되어 있는 가정과 시민사회조차도, 만일 대학과 학교들에서 교회의 가르침에 가장 일치되는 건전한 교육이 시행되기만 했더라면 분명 훨씬 더 평온하고 확실한 기반 위에 서 있을 수 있었을 것입니다. 우리는 바로 이런 가장 건전한 가르침을 토마스 데 아퀴노의 작품들 속에서 발견합니다. 왜냐하면 오늘날 방종으로 변형되고 있는 자유의 진정한 본성, 법칙과 그 힘, 자명한 원리들의 영역, 더 높은 권위에 대한 마땅한 복종, 인간 상호간의 사랑 등에 대한 토마스의 가르침들은 사회질서의 평온과 대중의 안녕에 위험하기 짝이 없는 새로운 법의 원리들을 전복시킬 수 있는 대단히 강력하고 꺾일 수 없는 힘을 지니고 있기 때문입니다.

 36. 특별히 신중한 분별력을 가지고 그대들[전 세계 주교들]이 뽑은 스승들[신학교와 가톨릭 대학교 교수들]은 자기 제자들의 정신이 성 토마스 데 아퀴노의 가르침으로 관통될 수 있도록 깊은 노력을 기울여야 하며, 그의 가르침이 다른 모든 이론에 견주어 얼마나 튼튼하고 월등한지를 분명히 해야 합니다. 그대들이 설립한 (또는 설립할) 학부들은 그의 가르침을 해설하고 옹호하며 흔한 오류들을 논박하는 데 활용할 수 있어야 합니다.

 그리고 그대들은 정통 가르침 대신에 이런저런 허풍떠는 이론들에

말려들거나, 진정한 가르침 대신에 타락한 이론들에 현혹되지 않도록 성 토마스의 지혜가 그 원천으로부터, 또는 적어도 뛰어난 지성들의 확실하고 한결같은 판단에 따르면 그 원천에서 흘러나와 아직도 맑고 투명하게 흐르는 저 강물들로부터 탐구될 수 있도록 조처해야 합니다. 그리고 같은 원천에서 나왔다고들 말하기는 하지만 실제로는 이질적이고 해로운 저 시냇물에서 젊은이들의 정신을 멀리 떼어놓도록 최선의 노력을 기울여야 합니다.

성 요한 바오로 2세 교황의 회칙 발췌문
『신앙과 이성』(Fides et Ratio, 1998)

43. 이 오랜 발전 과정에서 성 토마스 데 아퀴노(St. Thomas de Aquino)는 특별한 자리를 차지하고 있습니다. 그것은 그가 가르친 내용 때문만이 아니라 당대의 아랍 사상과 유다교 사상과 나눈 대화 때문입니다. 그리스도교 사상가들이 고대 철학, 특히 아리스토텔레스의 보화들을 재발견하고 있던 시대에, 성 토마스는 신앙과 이성 사이의 조화에 영예로운 자리를 배정한 위대한 공로를 가지고 있습니다. 이성의 빛과 신앙의 빛은 둘 다 하느님에게서 오는 것이고, 따라서 양자 사이에는 어떠한 모순도 있을 수 없다고 그는 논증하고 있습니다.

더욱 근본적으로, 토마스는 철학의 일차적 관심사인 자연(natura)이 하느님의 계시를 이해하는 데 적극적으로 기여할 수 있다는 것을 인정합니다. 따라서 신앙은 이성을 두려워할 필요가 없고, 오히려 이성을 추구하고 그것에 대해서 신뢰를 가지고 있습니다. 은총이 자연에 의존하고 자연을 완성시키듯이, 신앙은 이성에 의존하고 이성을 완성합니다. 신앙을 통해서 조명받을 때, 이성은 죄의 불복종 때문에 오는 연약성과 한계로부터 해방되어, 삼위일체 하느님에 대한 지식으로 고양되는 데 요구되는 힘을 얻게 됩니다. 비록 신앙의 초자연적인 성격을 강조하기는 했지만, 이 '천사적 박사'(Doctor Angelicus)는 신앙이 지니고 있는 합리적 성격의 중요성을 간과하지 않았습니다. 참으로 그는 이 이해 가능성의 깊이를 천착해 들어가 그 의미를 밝혀낼 수 있었습니다. 신앙은 어떤 의미에서 일종의 '사고 훈련'(exercitium cogitationis)입니다. 그리고 인간 이성은, 어쨌든 자유롭게 심사숙고해서 내리는 선택으로 얻어지는 신앙의 내용들에 동의한다고 해서, 무효화되는 것도 아니고 그 품위가 손상되는 것도 아닙니다.

바로 그렇기 때문에 교회는 한결같이 성 토마스를 사고의 스승이며 올바른 신학자의 전형으로 추천해온 것입니다. 이 점에 관해서 저는 선임자인 하느님의 종 교황 바오로 6세께서 천사적 박사의 서거 700주년[1974년]의 기회에 하신 말씀을 상기하고 싶습니다. "의심할 바 없이, 토마스는 진리에의 용기, 새로운 문제들을 직면할 때의 정신의 자유, 그리고 그리스도교가 세속 철학이나 편견으로 감염되는 것을 허용하지 않는 사람들의 지적 정직성 등을 최고도로 소유하고 있었습니다. 따라서 그는 그리스도교 사상사 속에서 언제나 새로운 철학과 보편적 문화에 이르는 길의 선구자로 남아 있습니다. 그가 찬란한 예언자적 통찰력으로 신앙과 이성 사이의 새로운 만남에서 제시한 요점과 해결의 씨앗은 세계의 세속성(saecularitas)과 복음의 근본성 사이의 화해였고, 따라서 세상과 그 가치들을 부정하려는 자연스럽지 못한 경향을 피하면서도 동시에 초자연적 질서의 숭고하고 준엄한 요구들로써 신앙을 지킬 수 있었습니다."

44. 성 토마스의 또 하나의 위대한 통찰은, 지식이 지혜로 성장해 가게 되는 과정에서 성령의 역할을 깊이 깨닫고 있었다는 사실입니다. 그의 『신학대전』(Summa Theologiae)의 앞머리에서 아퀴나스는, 성령의 선물로서 천상의 것들에 대한 지식으로의 통로를 열어주는 지혜의 우위성을 날카롭게 보여주고 있습니다. 그의 신학은 우리가 신적인 것들

에 대한 신앙과 지식에 밀접하게 연관되어 있는 지혜의 특성을 이해할 수 있게 해줍니다. 이 지혜는 천성적으로(per connaturalitatem) 알려지게 됩니다. 그것은 신앙을 전제로 하고 있고, 결국 신앙 자체의 진리에 입각한 올바른 판단을 형성해 줍니다. "성령의 선물들 가운데 하나인 지혜는 지성적 덕 가운데서 발견되는 지혜와는 구별됩니다. 이 두 번째 지혜는 연구를 통해서 얻어지지만, 첫 번째 지혜는 야고보 사도가 말하고 있는 것처럼 '높은 데서 옵니다.' 이것은 또한 신앙과도 구별되는데, 그것은 신앙이 신적인 진리를 있는 그대로 받아들이기 때문입니다. 그러나 지혜의 선물은 신적인 진리에 따라서 판단할 수 있게 해줍니다."

그렇지만 이 지혜에 어울리는 우위성은 천사적 박사가 철학적 지혜와 신학적 지혜라는 지혜의 다른 두 개의 보충적 형태들이 있다는 것을 간과하게 만들지 않습니다. '철학적 지혜'는 자연적인 제약을 가지고 있는 지성의 실재 탐구 역량에 기초를 두고 있고, 신학적 지혜는 계시에 기초를 두고 신앙의 내용들을 탐구하여 하느님의 신비에 접근해 갑니다.

"진리는 누가 발설하든지 간에 모두 성령으로부터 오는 것"(omne verum a quocumque dicatur a Spiritu Sancto est)임을 깊이 확신하고 있던 성 토마스는 그의 진리 사랑에 공평무사했습니다. 그는 어디에서든지 진리를 추구하였고, 진리의 보편성을 입증하는 데 전력을 다했습니다. 교회의 교도권은 그에게서 진리를 향한 열정을 인정하였습니다. 그리고 정확히 그것이 일관되게 보편적이고 객관적이며 초월적인 진리의 지평 속에 머무르기 때문에, 그의 사상은 '인간 지성이 결코 생각해 낼 수 없었을 높은 경지'에 도달했습니다. 그는 정당하게도 '진리의 사도'(apostolus veritatis)라고 불릴 수 있을 것입니다. 확고하게 진리만을 추구하는 토마스의 실재주의(realismus)는 진리의 객관성을 인정하고 '현상'의 철학뿐만 아니라 '존재'의 철학(philosophia essendi)까지도 제시할 수 있습니다.

57. 그러나 교도권은 철학 이론들의 오류들과 일탈들을 지적하기만 하는 것은 아닙니다. 이에 못지않은 관심을 가지고 교회 교도권은 철학적 탐구의 진정한 쇄신의 기본 원리들을 강조하고 특정 방향을 지시하기도 합니다. 이 점에서 교황 레오 13세께서는 회칙『영원하신 아버지』(Aeterni Patris)에서 교회 생활을 위해 역사적으로 매우 중요한 일보를 내디디셨습니다. 왜냐하면 그 회칙은 오늘날까지도 온전히 철학만을 위해 작성된 유일한 권위 있는 교황 문헌으로 남아 있기 때문입니다. 이 위대한 교황께서는 신앙과 이성 사이의 관계에 관한 제1차 바티칸공의회의 가르침을 발전시키는 가운데, 철학적 사고가 신앙과 신학에 얼마나 깊이 공헌하는지를 보여주셨습니다. 한 세기 이상이 지났지만 그 회칙이 담고 있는 실천적이고 교육적인 통찰들은 그 중요성을 조금도 잃어버리지 않았습니다. 특히 성 토마스의 철학이 지니고 있는 그 어느 것에도 비할 수 없는 가치에 관한 강조는 더욱 그렇습니다. '천사적 박사'의 사상에 대한 쇄신된 강조야말로 교황 레오 13세께는 신앙의 요구들에 부합되는 철학의 활용을 활성화시키는 최선의 길로 비쳐졌습니다. "성 토마스는 이성과 신앙을 날카롭게 구분하였습니다. 그러나 이 양자를 조화시켜 각각 자신의 권리와 품위를 고스란히 간직하게 할 수 있었습니다."

78. 이 성찰들의 빛 속에서, 교도권이 왜 반복적으로 성 토마스 사상의 공로들을 격찬하고 그를 신학 연구의 인도자이며 전형(典型)으로 삼았는지가 명백히 드러납니다. 이것은 순수하게 철학적인 문제들에 대해서 어떤 입장을 취하기 위해서도 아니고, 또 특정 이론들에 대한 호감을 표시하기 위한 것도 아니었습니다. 교도권의 의도는 언제나, 성 토마스가 어떤 의미에서 진리를 추구하는 모든 사람을 위한 진정한 전형인지를 보여주자는 것이었습니다. 실상 그의 성찰 속에서 이성의 요구들과 신앙의 힘이, 일찍이 인간 사고가 이룩한 가장 고상한 종합을 발견합니다. 왜냐하면 그는 이성에게 고유한 모험을 평가 절하함이 없이, 계시를 통해서 도입된 근본적인 새로움을 옹호할 수 있었기 때문입니다.

『신학대전』 완간을 꿈꾸며

　그리스도교 2000년 역사에서는 물론 인류 문화사에서도 경이로운 불후의 걸작으로 인정받고 있는 방대한 『신학대전』을 대역판으로 간행하는 이 대사업은 정의채(鄭義采) 몬시뇰의 혜안과 용단에서 비롯되었다. 몬시뇰께서는 그리스도교 전래 200주년(1784-1984년)을 기념한 다음해인 1985년에 첫 권을 발간한 이래 꾸준히, 어려운 여건 가운데서도 고군분투하며 전체 3부 60권(보충부까지 포함하면 72권) 가운데 10권을 직접 번역하였고, 2006년 즈음부터는 소장 학자들에게도 번역 지침을 주어 과제를 분담하고 또 탈고 단계에서는 직접 감수를 통해 지도 편달함으로써 5권을 더 출간하였다. 여기에는 강윤희 신부, 김율 교수, 김정국 신부, 김춘오 신부, 윤종국 신부, 이상섭 교수, 이진남 교수, 채이병 박사 등이 참여했고, 막바지에는 이재룡 신부도 가담했다. 그렇게 해서 제1부를 모두 마치고, 인간의 윤리 문제(제2부 전체)의 궁극 목표인 '행복'에 관해 논하는 첫 다섯 문제(제16권)까지 출간해냈다.
　이제까지 도서 출판을 통한 복음 전파를 카리스마로 삼고 있는 '바오로딸수도회'가 어려운 출판 여건 속에서도 큰 희생을 기꺼이 감내하며 몬시뇰의 피땀 어린 노력을 묵묵히 뒷받침해 왔다. 몬시뇰과 수도회에 깊은 존경과 감사의 뜻을 전하고 싶다.
　그런 가운데 서울대교구 교구장이신 염수정(廉洙政) 추기경은 2016년 8월, 15년 뒤에 맞게 될 천주교 조선교구 설정 200주년(1831-2031년)까지는 『신학대전』을 완간해야겠다는 큰 계획을 세우고 이미 번역

진에 합류하고 있던 이재룡 신부를 그 전담 책임자로 임명하였다. 계획대로 추진된다면, 그리스도교가 이 땅에 들어온 지 근 반세기 만에 교구가 설정됨으로써 제대로 체제를 갖춘 당당한 지역 교회가 되었듯이, 『신학대전』도 근 반세기 만에 완간될 것이다.

전담 책임을 맡은 이재룡 신부는 우선 '한국성토마스연구소'(St. Thomas Institute in Korea)를 설립하고, 바오로딸출판사와 긴밀히 상의하며 이제까지 몬시뇰께서 추진해온 출간사업을 계승하여, 완간된 부분과 진행 중인 작업들을 총점검하고 향후 사업 일정을 확정하여 2017년 12월 천주교조선교구설정 200주년기념 신학대전간행사업(2019-2031년)이라는 제목으로 교구장님께 보고드렸다. 간행위원단 구성은 손희송 주교, 정의채 몬시뇰, 이재룡 신부(위원장), 안소근 수녀, 윤주현 신부, 이상섭 교수, 정현석 박사로 단순화하였다. 2019년부터 13년간 매년 분책 4-5권씩을 번역해낸다는, 다소 무리한 계획이었지만, 최근 완간된 일어 역본(2007년)과 대만에서 발간된 한역본(2009년)도 자극제가 되어 200주년을 넘지 않도록 서두르기로 하였다.

2019년 말, 감사하게도 총 12개년(2020-2031년)에 걸친 천주교조선교구설정 200주년기념 신학대전간행사업이 문화체육관광부의 '국고지원사업'으로 선정되었다. 사업의 중심 내용은 당연히 『신학대전』의 나머지 부분인 분책 50권('보충부' 포함)의 간행이지만, 여기에 보조장치 3권(『입문』, 『총색인』, 『요약』)과 선결 필수 사업으로 판단되는 3권의 사전(『성 토마스 개념사전』, 『교부학사전』, 『라틴어사전』) 간행을 추가하였다.

이제부터 시작이지만, 여기까지 오는 데에도 우여곡절을 거쳐야 했는데, 매일 묵주기도 5단을 바치며 성모님과 토마스 아퀴나스 성인님께 도움을 청했고, 고비 때마다 기묘한 방식으로 도와주시는 주님 섭리의 손길을 느꼈다. 그리고 많은 분들의 도움을 받았다. 존경하는 교구장님과 정진석(鄭鎭奭) 추기경님을 비롯한 교구 주교님들과 다른 주교님들, 동창 신부님들과 선후배 신부님들, 그리고 사업을 하시는 몇몇 지인들의 적극적인 격려와 지원 외에도, 일선 사목 현장에서 동고동락했던 잠실, 오류동, 혜화동 성당의 교우들과 교리신학원 제자들도 꾸준히 정기적으로 도움을 주고 있다. 그리고 세 차례에 걸친 국고지원 신청 과정에서 적극적인 행정적 지도와 격려를 아끼지 않은 문화체육관광부의 장우일 종무관과 실무진, 만만찮은 대응자금 문제 때문에 어려움을 겪고 있을 때 길을 열어주고 적극적인 지지를 보내 준 김영국 신부님과 이경상 신부님을 비롯한 학교법인 가톨릭학원 신부님들의 도움이 컸다. 마지막으로, 지난해에 무리한 계획과 국고 지원 신청 과정 때문에 출판 일정이 겹치고 뒤엉켜 절망적인 국면에 처했을 때 흔쾌히 도움의 손길을 내밀고 끝까지 동행하기로 한 '기쁜소식'의 전갑수 사장님께 감사의 뜻을 전하고 싶다.

이렇게 많은 분들의 기대와 성원을 받으며 전능하신 하느님의 보호와 우리나라의 주보(主保)이신 성모 마리아의 도우심과 '인류의 스승'(Doctor Humanitatis)인 토마스 성인의 전구에 힘입어 벅찬 희망을 안고 대여정의 첫걸음을 내딛는다.

2020년 성모성월에
한국성토마스연구소에서
간행위원장 이재룡 신부

『신학대전』 간행계획

(2031년 완간)

[제1부]
01 (ST I, 1-12) 하느님의 존재, 정의채 옮김, 1985. 3판 2014.
02 (ST I, 13-19) 하느님의 생명, 정의채 옮김, 1993. 2판 2014.
03 (ST I, 20-30) 하느님의 작용과 위격, 정의채 옮김, 1994. 2판 2000.
04 (ST I, 31-38) 위격들의 구별, 정의채 옮김, 1997.
05 (ST I, 39-43) 위격들의 관계, 정의채 옮김, 1998.
06 (ST I, 44-49) 창조, 정의채 옮김, 1999.
07 (ST I, 50-57) 천사, 윤종국 옮김, 2010.
08 (ST I, 58-64) 천사의 활동, 강윤희 옮김, 2020.
09 (ST I, 65-74) 우주 창조, 김춘오 옮김, 2010.
10 (ST I, 75-78) 인간, 정의채 옮김, 2003.
11 (ST I, 79-83) 인간 영혼의 능력, 정의채 옮김, 2003.
12 (ST I, 84-89) 인간의 지성, 정의채 옮김, 2013.
13 (ST I, 90-102) 하느님의 모상으로 창조된 인간, 김율 옮김, 2008.
14 (ST I, 103-114) 하느님의 통치, 이상섭 옮김, 2009.
15 (ST I, 115-119) 우주의 질서, 김정국 옮김, 2010.

[제2부 제1편]
16 (ST I-II, 1-5) 행복, 정의채 옮김, 2000.
17 (ST I-II, 6-17) 인간적 행위, 이상섭 옮김, 2019.
18 (ST I-II, 18-21) 도덕성의 원리, 이재룡 옮김, 2019.
19 (ST I-II, 22-30) 정념, 김정국 옮김, 2020.
20 (ST I-II, 31-39) 쾌락, 이재룡 옮김, 2020.
21 (ST I-II, 40-48) 두려움과 분노, 채이병 옮김, 2020.
22 (ST I-II, 49-54) 습성, 이재룡 옮김, 2020.
23 (ST I-II, 55-67) 덕, 이재룡 옮김, 2020.
24 (ST I-II, 68-70) 성령의 선물, 채이병 옮김, 2020.
25 (ST I-II, 71-80) 죄, 안소근 옮김, 2020.
26 (ST I-II, 81-85) 원죄, 정현석 옮김, 2021.
27 (ST I-II, 86-89) 죄의 결과, 윤주현 옮김, 2021.
28 (ST I-II, 90-97) 법, 이진남 옮김, 2020.
29 (ST I-II, 98-105) 옛 법, 이경상 옮김, 2021.
30 (ST I-II, 106-114) 새 법과 은총, 이재룡 옮김, 2021.

[제2부 제2편]
31 (ST II-II, 1-7) 신앙, 박승찬 옮김, 2022.
32 (ST II-II, 8-16) 신앙(II), 박승찬 옮김, 2022.
33 (ST II-II, 17-22) 희망, 이재룡 옮김, 2022.
34 (ST II-II, 23-33) 참사랑, 안소근 옮김, 2022.
35 (ST II-II, 34-44) 참사랑(II), 안소근 옮김, 2022.
36 (ST II-II, 45-56) 지혜와 현명, 이상섭 옮김, 2023.
37 (ST II-II, 57-62) 정의, 이재룡 옮김, 2023.

38 (ST II-II, 63-79) 불의, 박동호 옮김, 2023.
39 (ST II-II, 80-91) 종교와 경신, 윤주현 옮김, 2023.
40 (ST II-II, 92-100) 종교와 경신(II)
41 (ST II-II, 101-122) 사회적 덕
42 (ST II-II, 123-140) 용기
43 (ST II-II, 141-154) 절제
44 (ST II-II, 155-170) 절제(II)
45 (ST II-II, 171-178) 예언과 은사
46 (ST II-II, 179-182) 활동과 관상
47 (ST II-II, 183-189) 사목과 수도생활

[제3부]
48 (ST III, 1-6) 육화하신 말씀
49 (ST III, 7-15) 그리스도의 은총
50 (ST III, 16-26) 하느님과 인간 사이의 중재자
51 (ST III, 27-30) 동정녀 마리아
52 (ST III, 31-37) 그리스도의 유년기
53 (ST III, 38-45) 그리스도의 생활
54 (ST III, 46-52) 그리스도의 수난
55 (ST III, 53-59) 예수 부활
56 (ST III, 60-65) 성사
57 (ST III, 66-72) 세례와 견진
58 (ST III, 73-78) 성체성사
59 (ST III, 79-83) 영성체
60 (ST III, 84-90) 고해성사(*절필)

[보충부]
61 (ST Sup, 1-11) 통회
62 (ST Sup, 12-20) 보속과 열쇠
63 (ST Sup, 21-28) 냉담과 대사
64 (ST Sup, 29-33) 병자성사
65 (ST Sup, 34-40) 성품성사
66 (ST Sup, 41-49) 혼인성사
67 (ST Sup, 50-62) 혼인장애
68 (ST Sup, 63-68) 재혼
69 (ST Sup, 69-74) 죽음과 심판
70 (ST Sup, 75-86) 육신의 부활
71 (ST Sup, 87-96) 최후심판과 성인들
72 (ST Sup, 97-99) 단죄받은 자들
73 (***)   [신학대전 요약]
74 (***)   [신학대전 입문]
75 (***)   [총색인]

일러두기

1. 『신학대전』의 대구조(macro-structura)

1.1. 성 토마스는 불후의 걸작인 이 방대한 작품을 신플라톤주의의 '발원-귀환'이라는 웅장한 구도를 활용하여 구성하고 있다. 그래서 제1부는 만물이 하느님으로부터 나오는 발원(發源, exitus) 과정이고, 제2부는 만물이 하느님께로 되돌아가는 귀환(歸還, reditus) 여정이며, 제3부는 그 귀환의 길 또는 수단이 되어주신 구세주의 위업(偉業)을 다루고 있다. 보충부는 일찍 찾아온 그의 죽음 때문에 미완으로 남게 된 (제3부의) 공백을 그의 제자, 혹은 제자 그룹이 그의 초창기 작품으로부터 관련 내용을 정리하여 옮겨다 채워 넣은 보완 부분이다.

1.2. 'I'(Prima Pars)은 제1부, 'I-II'(Prima Pars Secundae Partis)는 제2부 제1편, 'II-II'(Secunda Pars Secundae Partis)는 제2부 제2편, 'III'(Tertia Pars)은 제3부, 그리고 'Sup.'(Supplementum)은 보충부의 약식 기호들이다.

1.3. 지금 우리의 기획처럼, 방대한 『신학대전』의 내용을 나누어 출간하는 경우에, 분책(分冊)의 기초가 되는 단위로, 여러 개의 문(quaestio)들이 한데 모여 이루는 공동의 주제인 'tract.'(tractatus)를 '논고'(論考)라고 부른다.

1.4. 'q.'(quaestio)라고 표기되는 단위를 '문'(問)이라고 부른다.

1.5. '문'에서 제기된 문제를 해결하기 위해서는 필요한 만큼의 분절

작업(articulatio)이 요구되는데, 이렇게 세분된, 실질적인 논의의 기본 단위를 이루는 'a.'(articulus)를 '절'(節)이라고 부른다.

2. 절의 세부 구조(micro-structura)

각각의 절에서 본격적으로 논의되는 세부 내용은 규칙적인 형식으로 구성되어 있고, 크게 두 부분으로 대별된다. 먼저 권위 있는 가르침들이 찬-반(贊反)으로 제시되고, 다음에 저자 자신의 해결책이 제시된다.

2.1. 첫 번째 부분에서는 먼저, 중세 스콜라 학자들의 기본적인 학문 방법인 '권위'(auctoritas), 곧 성경과 교부들, 그리고 때로는 고대 철학자들을 비롯한 사상가들로부터 해당 주제에 대한 가르침들 가운데 (곧 제시될 필자의 입장에 반대되는) '부정적인' 가르침들이 엄선하여 제시된다. 곧 '반론들'(objectiones)로서, 보통 세 개 정도가 제시되는데, '반론 1'(obj.1), '반론 2'(obj.2)라 부른다.

2.2. 다음으로는 (역시 권위들 가운데에서) 그에 대해 반대되는, 곧 저자의 입장을 지지하는 긍정적인 가르침이 (보통은 하나) 제시된다. 곧 '재반론'(sed contra)이다.

2.3. 저자 자신의 독창적 해결책이 제시되는 두 번째 부분도 또다시 두 부분으로 구별되는데, 먼저 '답변'(Respondeo) 부분에서는 그 주제에 대한 저자 자신의 해결책이 제시되며, 가끔은 '본론'(corpus)이라고 불리기도 한다.

2.4. 그런 다음에 '해답'(solutio) 부분에서는 '답변'에서 확인한 결론들을, 앞머리에 제시되었던 반론들 하나하나에 대해 적용한다. 원문

에서 라틴어로 'ad1', 'ad2' 등으로 표시되는 것을 우리는 '제1답', '제2답' 등으로 부른다.

3. 본문과 각주에서의 유의 사항

3.1. 번역 대본은 비판본인 레오판(ed. Leonina)을 주로 따르고 있는 마리에티판이다: S. Thomas Aquinatis, *Summa Theologiae*, cum textu ex recensione Leonina, Taurini-Romae, Marietti, 1952.

3.2. (괄호) 속의 내용은 라틴 원문에 있지만, 길고 복잡한 문장 구조가 조금이나마 시각적으로 간명해지도록 역자가 임의로 괄호로 묶은 것이다.

3.3. [꺾쇠괄호] 안의 단어나 구절은 해당 라틴어 원문에는 없으나, 문맥상 요구된다고 판단되는 내용을 삽입한 것이다.

3.4. 성경은 기본적으로 한국천주교주교회의에서 발행한 『성경』을 따르지만, 내용에서 차이가 있는 경우에는 역자가 라틴 원문에 충실하게 번역하고, 각주에 『성경』 구절을 제시하였다.

3.5. 다양한 종류의 각주에 대해 아라비아 숫자로 일련번호를 매겼다. 단, 마리에티판의 권말에 추가주(adnotationes)로 실려 있는 내용을 번역한 경우에는 일련번호에 이어 '(*추가주)'라는 별도의 표시를 했다.

4. 약어표에 관하여

4.1. 일반적인 약어들을 '일반 약어표'로 제시하였다.

4.2. 성 토마스의 작품들에 대해서는 약어표를 따로 제시하였다.

4.3. 성경 약어에 대해서는 가톨릭교회에서 통용되는 일반 관례를 따른다.

4.4. 성 아우구스티누스를 비롯한 교부들의 작품들에 대해서는 한국교부학연구회가 펴낸 『교부 문헌 용례집』(수원가톨릭대학교출판부, 2014)을 따른다.

4.5. 아리스토텔레스를 비롯한 고대 사상가들의 작품들에 대한 약어는 한국서양고전철학회 등에서의 일반적인 관례를 준용한다.

일반 약어표

a.	절(articulus). 예) '제1절', '제7절' 등.
aa	여러 절들(articuli). 예) aa.1-3은 '제1절에서 제3절까지'를 가리킴.
ad1, ad3	제1답, 제3답: 절(articulus)을 시작하면서 제기되었던 반론들(objectiones)에 대해, 일일이 '해답'(solutio) 부분에서 해결책으로 제시하는 답변들.
c.	장(capitulum).
c.	본론(corpus) 곧 '답변'(Respondeo)을 가리킴.
Can.	카논(Canon: 공의회의 장엄 결정문).
Cf.	참조(conferire).
d.	구분(divisio). 특히 『명제집』과 『명제집 주해』에서 기본 틀로 제시될 때, '제1구분', '제2구분'으로 표기. 예) 『명제집 주해』 제1권 제2구분 제1문 제3절. (많이들 'divisio'와 혼용하고 있는 'distinctio'는 '구별'.)
DH	『덴칭거-휘너만』 혹은 『규정-선언 편람』(Denzinger-Hunermann이 1991년부터 편찬).
DS	『덴칭거-쇤메처』 혹은 『규정-선언 편람』(Denzinger-Schoenmetzer가 1963년부터 편찬).
Ibid.	같은 작품 또는 같은 곳(Ibidem).
ID.	같은 저자(Idem).
lect.	강(lectio). 예) '제1강', '제2강' 등(단, 서술문에서 지칭 시에는 '강독'.)
lib.	권(liber). 예) '제1권', '제2권' 등.
ll.	행(行, lineae).
loc. cit.	인용된 곳(loco citato).
n.	번(numerum) 또는 그대로 'n'. 예) '2번' 또는 'n.2'.
obj.	반론(objectio). 예) '반론1', '반론2' 등.

op. cit.	이미 인용된 작품(opere citato).
parall.	병행 문헌(paralleli).
PG	미뉴, 『그리스 교부 전집』(Migne, Patrologia Graeca).
PL	미뉴, 『라틴 교부 전집』(Migne, Patrologia Latina).
Proem.	머리말(Proemium).
Prol.	머리글(Prologus).
q.	문(quaestio). 예) '제1문', '제89문' 등(단, 간혹 서술 문장 중 특정 '문'을 가리킬 때에는 '문제'라고 지칭할 수도 있다.) 예문) "창조에 관해 논하는 이 '문제'는…."
qc.	소문제(quaestiuncula) (주로 『명제집 주해』에 나타남.)
qq.	여러 문들(quaestiones) 예) qq.57-59는 '제57문에서 제59문까지'를 가리킴.
Resp.	답변(Respondeo)[=본론].
s.c./sc	재반론(Sed contra) 또는 '그러나 반대로'. (보통은 재반론이 하나이지만, 드물게 번호와 함께 두세 개가 제시되기도 한다. 이때에는 '재반론1', '재반론3' 등으로 표기한다.)
sol.	해답(solutio)(단, 기본 틀 가운데에서 반론1에 대한 해답[ad1], 반론2에 대한 해답[ad2] 등은 '제1답', '제2답' 등이라고 지칭.)
tract.	논고(tractatus: 여러 문들이 함께 모여 이루는 논의 주제).

성 토마스 작품 약어표

In Sent., **I, d.3, q.1, a.3, qc.1, ad1** 『명제집 주해』 제1권 제3구분 제1문 제3절 제1소문제 제1답
ScG, **I, II** 『대이교도대전』 제1권, 제2권
ST(* 생략) 『신학대전』
  I, q.1, a.1, ad2 『신학대전』 제1부 제1문 제1절 제2답
  I-II 『신학대전』 제2부 제1편
  II-II 『신학대전』 제2부 제2편
  III 『신학대전』 제3부
  Sup. 『신학대전』 보충부
Catena Aurea 『황금 사슬』 또는 『4복음서 연속주해』
Compendium Theol. 『신학 요강』
Contra doct. retrah. 『소년의 수도회 입회를 비난하는 전염병과도 같은 가르침 논박』
Contra err. Graec. 『그리스인들의 오류 논박』
Contra impugn. 『전례와 수도회를 거스르는 자들 논박』
De aetern. mundi 『세상 영원성』
De anima 『영혼에 관한 토론문제』 또는 『영혼론』
De articulis fidei 『신앙 요목』
De beatitudine 『참행복』 또는 『진복』
De caritate 『참사랑』 또는 『참사랑에 관한 토론문제』
De correct. Frat. 『형제적 충언』 또는 『형제적 충언에 관한 토론문제』
De demonstratione 『증명론』
De diff. verbi Domini 『하느님의 말씀과 인간의 말의 차이』
De dilex. Dei et prox. 『하느님 사랑과 이웃 사랑』

De dimens. indeterm.	『무한의 크기』
De divinis moribus	『하느님의 습성』
De duo. praecep. char.	『사랑의 이중계명』
De empt. et vend.	『신용거래』 또는 『매매론』
De ente et ess.	『존재자와 본질』 또는 『유(有)와 본질(本質)에 대하여』
De eruditione principis	『군주 교육』
De expos. missae	『미사 해설』
De fallaciis	『오류론』
De fato	『운명론』
De forma absol.	『사죄경 형식』
De humanitate Christi	『그리스도의 인성』
De instantibus	『순간론』
De intellectu et intell.	『지성과 가지상』
De inventione medii	『수단의 발명』
De iudiciis astr.	『점술가의 판단』
De magistro	『교사론』 또는 『교사에 관한 토론문제』
De malo	『악론』 또는 『악에 관한 토론문제』
De mixtione element.	『요소들의 혼합』
De motu cordis	『심장 운동』
De natura accidentis	『우유의 본성』
De natura generis	『유(類)의 본성』
De natura loci	『장소의 본성』
De natura luminis	『빛의 본성』
De natura materiae	『질료의 본성』
De natura syllog.	『삼단논법의 본성』
De natura verbi intell.	『지성의 말의 본성』
De occult. oper. naturae	『자연의 신비로운 작용』
De officio sacerdotis	『사제의 직무』

De perf. vitae spir.	『영성생활의 완성』
De potentia	『권능론』 또는 『권능에 관한 토론문제』
De potentiis animae	『영혼의 능력들』
De principiis naturae	『자연의 원리들』
De principio individ.	『개체화의 원리』
De propos. mod.	『양태명제론』
De purit. consc. et modo conf.	『양심의 순수함과 고백 양식』
De quat. oppositis	『네 대당(對當)』
De quo est et quod est	『'그것에 의해 있는 것(존재)'과 '있는 것(본질)'』
De rationibus fidei	『신앙의 근거들』
De regimine Iudae.	『유다인 통치』
De regimine princ.	『군주통치론』
De secreto	『비밀』
De sensu resp. singul. et intellectu resp. univ.	『감각과 개체, 지성과 보편자』
De sensu respectu singul.	『개별자 감각』
De sortibus	『제비뽑기』
De spe	『희망론』 또는 『희망에 관한 토론문제』
De spir. creat.	『영적 피조물』 또는 『영적 피조물에 관한 토론문제』
De sub. sep.	『분리된 실체』
De tempore	『시간론』
De unione Verbi Incarn.	『육화하신 말씀의 결합』 또는 『육화하신 말씀의 결합에 관한 토론문제』
De unit. vel plurit. formarum	『형상의 단일성 여부』
De unitate Intell.	『지성단일성』
De usuris in communi	『고리대금』
De veritate	『진리론』 또는 『진리에 관한 토론문제』
De virt. card.	『사추덕』 또는 『사추덕에 관한 토론문제』
De virtutibus	『덕론』 또는 『덕에 관한 토론문제』
Ep. ad comitissam	『플랑드르 백작부인 회신』

Ep. ad duciss. Brabant.	『브라방의 백작부인 서신』
Ep. exhort. de modo stud.	『학업 방식에 관한 권고 서한』
Hymn.: Adoro Te	『찬미가: 엎드려 흠숭하나이다』
In Anal. post., I, II	『분석론 후서 주해』 제1권, 제2권
In Cant. Canticor.	『아가 주해』
In De anima, I, II	『영혼론 주해』 제1권, 제2권
In De cael., I, II	『천지론 주해』 제1권, 제2권
In De causis	『원인론 주해』
In De div. nom.	『신명론 주해』
In De gen. et corrupt.	『생성소멸론 주해』
In De hebd.	『주간론 주해』
In De mem. et remin.	『기억과 회상 주해』
In De meteora	『기상학 주해』
In De sensu et sensato	『감각과 감각대상 주해』
In De Trin.	『삼위일체론 주해』
In decem praecept.	『십계명 해설』
In Decretal.	『교령 해설』
In Ep. ad Col.	『콜로새서 주해』
In Ep. ad Ephes.	『에페소서 주해』
In Ep. ad Hebr.	『히브리서 주해』
In Ep. ad Philem.	『필레몬서 주해』
In Ep. ad Philipp.	『필리피서 주해』
In Ep. ad Rom.	『로마서 주해』
In Ep. I ad Cor.	『코린토 1서 주해』
In Ep. II ad Cor.	『코린토 2서 주해』
In Ep. I ad Thess.	『테살로니카 1서 주해』
In Ep. Pauli	『바오로 서간 주해』
In Ethic., I, II	『니코마코스 윤리학 주해』 제1권, 제2권
In Hieremiam	『예레미야서 주해』

In Ioan.	『요한복음서 주해』
In Iob	『욥기 주해』
In Isaiam	『이사야서 주해』
In Matth.	『마태오복음서 주해』
In Metaph., I, II	『형이상학 주해』 제1권, 제2권
In orat. dominicam	『주님의 기도 해설』
In Periherm., I, II	『명제론 주해』 제1권, 제2권
In Phys., I, II	『자연학 주해』 제1권, 제2권
In Pol., I, II	『정치학 주해』 제1권, 제2권
In Psalm.	『시편 주해』
In salut. angelicam	『성모송 해설』
In Symbolorum	『사도신경 해설』
In Threnos	『애가 주해』
Officium de fest. Corp. Dom.	『성체축일 성무일도』
Orationes	『기도문』
Primus tract. de univers.	『보편자 제1론』
Principium	『취임 강연』
Quaestiones Disp.	『토론문제집』
Quodlibet., I, II	『자유토론문제집』 제1 자유토론, 제2 자유토론
Resp. ad 108	『108문항 회신』
Resp. ad 30	『30문항 회신』
Resp. ad 36	『36문항 회신』
Resp. ad 42(43)	『42(43)문항 회신』
Resp. ad 6	『6문항 회신』
Resp. ad Abba. Casin.	『몬테카시노 아빠스 회신』
Secundus tract. de univers.	『보편자 제2론』
Sermones	『설교집』
Summa totius logicae	『총논리학 대전』
Tabula Ethicorum	『윤리학 도표』

'종교와 경신' 입문

도입

본서가 논하는 제2부 제2편 제80문부터 제91문까지는 그에 앞서 제57문부터 제79문 사이에서 다룬 정의(iustitia)의 덕에 대한 귀결로 종교(religio)의 덕 전반에 대해 다룬다. 정의의 덕은 성 토마스가 제2부 제2편 제45문부터 제170문 사이에서 다루는 사추덕(四樞德)이라는 틀 안에 자리하고 있다. 종교의 덕은 사추덕 가운데 하나인 정의의 덕에 속하는 그 하위 덕으로, 하느님과의 관계에서 정의를 세우는 덕이다.

종교의 덕은 하느님을 예배하는 덕이라고도 한다. 그러나 종교는 예배보다 더 넓고 기초적인 의미를 지니고 있다. 종교는 하느님께 대한 기초적인 신앙의 표현이다. 대신덕들은 종교의 본질을 구성한다. 그 덕들은 예배의 정신이며 무엇보다도 종교생활을 가능하게 한다. 하느님에 대한 예배는 종교에서 나오며 종교생활의 외적인 표현이다. 예배는 공적으로나 사적으로 하느님께 종교 행위를 드리는 것이다. 예배의 결정적인 요소는 하느님과 신적인 것에 외적인 표시로 드리는 경외심과 그것에 수반되는 구원에 대한 희망이다. 덕으로서의 하느님에 대한 예배는 인간이 이를 통해 하느님께 합당한 영예를 드린다고 할 수 있다.

예배의 동기는 하느님의 거룩함과 탁월함 그리고 숭고함에 있다. 하느님의 거룩함과 영광은 특히 강생하신 성자 그리스도를 통해 드러난다. 그리스도는 성부 하느님의 권능과 영광을 드러내셨으며, 성부를 향한 참된 예배의 원형을 사람들에게 보여주셨다. 그분은 가장 완전한 방법으로 인류를 위하여 자신을 희생제물로 봉헌하는 가운데 성부 하느님을 향한 완전한 예배를 봉헌하셨다. 그러므로 그리스도인들 역시 하느님 앞에서 그리스도와 일치하여 그분께 예배를 드리도록 불리었다.

인간은 종교와 하느님에 대한 예배에서 다음의 두 가지 행위를 한다. 첫째, 인간은 자신의 무가치함과 허무함 그리고 절대적으로 완전한 존재이시며 거룩하신 하느님을 거스른 자신의 죄스러움을 인정해야 한다. 둘째, 인간은 자신이 창조주 하느님께 종속되어 있고, 자신의 불완전을 채워주실 수 있는 하느님의 완전한 행복을 본질적으로 지향하고 있다는 사실을 인정해야 한다. 하느님으로부터 나오는 매력은 그분을 그리워하고 사랑하여 일치하려는 헌신적 신심을 불러일으킨다. 경외하는 거리감과 사랑하는 신심이라는 이 두 가지 양극은 모든 종교심에 내포되어 그 기초적인 힘을 이룬다. 종교심이 마음에서 먼저 경험하는 것은 그 마음을 외적으로 표현하려는 욕구이다. 하느님께 대한 내적 경외심과 순수한 신심을 표현하는 것이 바로 하느님에 대한 예배의 의의이고 역할이다.

I. 종교 일반에 대하여

1. 하느님에 대한 예배의 다양한 형태

윤리적으로 선한 모든 행위는 하느님의 영예와 영광에 기여하며, 그분의 절대적 지상권에 대한 의식을 내포한다. 윤리적으로 선한 모든 행위는 하느님께 합당한 영예를 드리는 것이며, 그 자체가 하느님에 대한 예배라고 할 수 있다. 그러나 엄밀한 의미에서 하느님에 대한 예배 행위는 명시적이고 직접적인 대상으로서 하느님께 대한 흠숭과 찬미를 드리는 행위들뿐이다. 하느님에 대한 공경은 세속적 의무들을 충실히 수행함으로써 암시적이고 간접적으로만 행하는 것이 아니고, 그분에 대한 찬미와 존경을 명백하게 지향하는 행위들과 그분과의 인격적인 만남과 친교를 목적으로 하는 행위들을 통하여 명시적으로 행하는 것이다.

하느님에 대한 예배 형태는 그분께 대한 존경과 신심을 표현하기 위하여 취하는 여러 가지 방법에 따라 구분된다. 우선 '기도'와 '희생제사'는 종교의 가장 기본적인 표현으로서 첫째 위치를 차지한다. 하느님에 대한 공경은 그분께 드리는 말을 통하여 그리고 인간이 갖고 있는 소유물을 그분께 예물로 봉헌함으로써 행해진다. 그뿐 아니라 많은 종교에서는 신의 말씀인 경전을 낭독하기도 한다. 그리스도교적인 맥락에서 보면, 전례적 예배에서 행하는 기도와 찬미는 하느님의 말씀에 대한 인간의 응답으로 드러난다.

그리스도교는 예배 행위들 중에 성사들의 거룩한 예절을 가장 탁월한 것으로 여기고 있다. 성사들은 신자 공동체가 공식적인 봉사자의 집전에 따라 거행하는 전례 행위로서 인간의 신앙과 사랑, 공경과 흠숭을 외적으로 표현하는 것이다. 그리고 성사들은 하느님과 밀접한 친교를 이루도록 사람들을 이끌어주는 은총의 도구이기도 하다. 특별한 날들과 시기의 성화(聖化), 성역과 성물들의 성별(聖別), 하느님의 이름과 신적 상징과 성화상에 대한 공경 등의 예배 형태들도 있다.

서원(votum)도 희생이라는 뜻에서 예배 행위가 된다. 일반적으로 서원은 하느님의 이름에 의한 맹세(iuramentum)와 청원을 위한 개인적 선서(adiuratio)를 예외적인 예배 행위로 분류한다. 맹세가 정말 예배 행위에 들어가는지는 의문이 제기될 수 있다. 맹세는 명시적으로 예배 행위를 지향하는 것이 아니며, 그 직접적인 목적은 오히려 진실성과 충실성이라는 사회적 가치를 위한 것이기 때문이다. 맹세는 사람이 하느님을 믿는 신앙과 자기의 책임을 하느님 앞에서 받아들인다는 뜻에서 간접적인 예배 행위가 된다. 윤리적으로 선한 모든 행위는 하느님께 질서 지어지고 그분의 뜻에 맞게 행해지기는 하지만, 맹세는 하느님과 그분의 계명을 더욱 의식한다는 뜻에서 다른 선한 행위들과는 약간의 차이가 있다.

2. 하느님에 대한 예배와 성인 공경

최고의 예배인 흠숭지례(cultus latriae)는 하느님께만 드려지는 것이다. 그분만이 인간의 전적인 신심과 자기 투항을 받으실 만한 가장 거룩하고 가장 높으신 분이기 때문이다. 예수 그리스도 역시 제2위격으로서 성부와 같은 신성(神性)을 지니신 분이므로, 그분께도 성부께 드리는 것과 같은 예배를 드려야 한다. 우리가 하느님을 예배하는 이유는 그분의 영광과 거룩하심에 있는데, 이는 성인들에게서도 드러난다. 그러므로 하느님은 그분이 선택하신 성인들을 통해서도 영광을 받으셔야 한다. 이것이 천사들과 성인들을 공경하는 공경지례(cultus duliae)이다.

교회는 초기부터 복되신 동정 마리아, 천사들과 함께 사도들과 순교자들을 공경해왔다. 그에 이어서 즉시 그리스도의 동정성과 청빈을 더욱 완전하게 본받은 사람들과, 그리스도교적인 덕행과 신적 은사를 뛰어나게 실천함으로써 신자들의 열심한 신심을 북돋워 주고 그들의 모범이 되어 준 사람들도 공경하게 되었다. 가톨릭교회는 성인 공경을 계명으로 삼고 있지는 않지만, 트리엔트 공의회[1]와 제2차 바티칸 공의회[2]도 이를 강력하게 권고한 바 있다. 성인들은 특별히 하느님께 가까운 사람들이므로 존경을 받아야 한다. 그러나 그들도 피조물이므로 그들에게 흠숭지례를 드려서는 안 된다. 성모 마리아는 인간적 성덕과 하느님 사랑의 가장 완전한 모범이시므로, 교회는 그분께 다른 성인들보다 높은 공경인 상경지례(cultus hyperduliae)를 드리지만, 결코 흠숭지례를 드리지는 않는다.

3. 예배의 각종 형태와 의무

3.1. 기도

기도는 가장 기본적인 종교 행위이다. 기도는 인간이 하느님에 의하여 창조되었고 그분께 의존하며 그분을 목적으로 하는 존재라는 근본적인 사실을 인정하는 것이다. 그것은 또한 우리를 사랑하시는 좋으시고 인자하신 하느님 아버지께 대한 신앙을 표현하는 것이다. 기도에는 열렬한 간구(시편 74)에서부터 절망적인 반항(욥기 31)에 이르기까지, 무례한 논박(창세 18,23-33)에서부터 하느님의 섭리에 대한 평화로운 신뢰(시편 23; 27; 34)에 이르기까지, 흠숭, 찬미, 감사(1역대 29,10-19)에서부터 겸허한 참회(1역대 21,17; 시편 51)에 이르기까지 많은 형태가 있다. 그러나 그 형태와 관계없이 모든 기도는 언제나 하느님의 선하심

---

1. DS 1821, DS 1867.
2. 제2차 바티칸 공의회, 교회헌장 50-51항.

에 대한 신뢰심과 그분의 권능에 대한 경외심을 내포하고 있다.

1) 기도의 개념

기도에 대한 두 가지 고전적인 정의가 있다. 사도 교부시대 이후로 교부들은 기도를 "하느님과 대화하는 것"으로 묘사해 왔다. 이 정의는 무엇보다도 하느님께서 인간에게 인격적 관심을 갖고 계시고, 인간의 기도가 그분께 도달하며, 그분은 인간의 기도를 귀담아들으신다는 등의 진리를 강조한다. 또 하나의 다른 정의는 "하느님께 영혼을 들어올리는 것"이라고 하는데, 이것은 요한 다마셰누스가 내린 정의이다. 일반적으로 신학자들은 두 번째 정의를 채택해왔다. 성경은 기도가 야훼께 제 속을 털어놓는 것(1사무 1,15), 야훼 안에 몸을 피하는 것(시편 31,1-2)이라고 말한다. 이러한 정의는 인간이 도달하려고 노력하는 하느님의 거룩함과 완전함을 강조한다. 영혼을 들어올리는 것이라는 의미에서의 기도는 인격 전체가 찬미, 신심, 희망, 사랑의 행위로 하느님께 가까이 나가는 것을 말한다. 그러므로 순전히 정신적으로만 하느님을 묵상하는 것은 기도가 아니고 하느님께 대한 연구나 공부에 불과하다.

현대 신학자들은 기도에 대한 또 다른 정의를 제시한다. 그에 따르면, 기도란 하느님의 뜻을 어떤 형식을 갖추어 사랑으로 받아들이는 것이다.[3] 즉 기도란 하느님의 뜻에 모든 것을 내맡기고 그분의 사랑에 응답하는 것임을 이 정의는 강조하고 있다. 이 정의는 다른 정의들에서 분명하게 제시하지 못했던 "하느님의 뜻에 내맡김"이라는 기도의 본질적 특성을 제시하고 있다. 그러나 기도의 개념에서 이 "내맡김"이

---

3. Cf. K. Rahner & H. Vorgrimler, *Kleines Theologisches Wörterbuch*, Herder-Bücherei, Band 108/109, 1961.

라는 뜻을 너무 배타적으로 강조하는 것은 다소 조심해야 할 요소이다. 하느님의 뜻에, 그분의 섭리에 자신을 내맡기는 것을 본질로 삼게 되면 기도의 중요한 특징 가운데 하나인 하느님과 인간 사이의 '대화'를 간과하게 된다.

기도의 박사인 아빌라의 성녀 데레사는 기도를 "자기가 하느님에게 사랑받고 있다는 것을 알고 그 하느님과 단둘이서 자주 이야기하며 사귀는 친밀한 우정의 나눔"[4]으로 정의한 바 있다. 결국, 기도는 하느님과 인간이 인격적인 교감을 나누는 가운데 사랑을 성장시켜 가는 공간이라고 할 수 있다. 이런 의미에서 기도는 하느님을 향해 나아가는 인간의 영적 성장 과정과 긴밀하게 맞물려 있다고 할 수 있다. 인간은 기도를 통해 하느님과의 인격적인 관계의 밀도를 심화시켜 나가며, 이것이 곧 그의 영적 성장을 의미한다. 따라서 기도는 인간의 영적 성장을 가능케 하는 원동력으로, 기도하지 않는 사람은 하느님을 향한 여정에서 결코 진보할 수 없다.

2) 기도의 종류

기도는 내용에 따라서 흠숭, 찬미, 감사, 청원, 속죄 기도로 나뉜다. 흠숭과 찬미와 감사 기도는 본질적으로 하느님께 영광을 드리는 데에 중점을 두는 기도로, 자애로운 사랑의 형태로 하느님께 대한 신심적 사랑을 표현한다. 반면, 청원과 전구와 속죄 기도는 직접적으로 인간의 필요에 중점을 두는 기도이다. 그것은 욕망적인 사랑의 표현이다. 흠숭과 감사 기도는 청원 기도보다 더 완전한 예배 행위이다. 또한 흠

---

[4] 예수의 성녀 데레사, 『천주 자비의 글』, 서울가르멜수녀원 옮김, 분도출판사, 1983, 71.

숭 기도와 청원 기도는 서로 긴밀히 연관된 예배 행위이다. 현세를 살아가는 인간에게는 청원, 전구, 속죄 기도가 상당히 필요하고 적합하다. 그것은 인간이 전적으로 하느님께 종속되어 있기 때문이며, 그런 기도가 종교의 필요불가결한 요소를 이루고 있기 때문이다. 기도의 가치는 그 대상에도 달려 있다. 따라서 찬미 기도가 청원 기도보다 더 우월한 가치를 갖는다.

기도는 형태에 따라 내적 기도, 외적 기도, 개인적 기도, 공동체적 기도, 비형식적 기도, 형식적 기도, 비전례적 기도, 전례적 기도로 나뉜다. 내적 기도 또는 마음으로 드리는 기도는 마음이 하느님과 만나고 영혼이 그분 안에 머무는 기도를 말한다. 순수 내적 기도는 외적인 말을 하지 않고 마음의 언어와 상상으로 하는 기도이다. 묵상(meditatio)과 관상(contemplatio)은 탁월한 내적 기도이다. 묵상은 개념적인 인식과 추리로 시작하여 영적인 정감으로 발전한다. 묵상이 주로 개념적인 추리와 정감으로 이루어지므로, 묵상 기도 또는 정감적 기도라고 한다. 반면, 관상은 하느님의 진리를 단순하게 지각하는 것으로, 사랑과 감탄 가운데 마음으로 하느님을 바라보며 그분과 사랑의 교감을 나누는 기도이다.

외적 기도는 외적 언어와 예식으로 표현하는 기도를 말한다. 이 기도가 올바른 것이 되기 위해서는 내적 기도가 동반되어야 하며, 적어도 내적으로 기도하려는 마음이 유지되어야 한다. 기도는 본질적으로 마음의 신심 행위이기 때문이다. 그렇다고 외적 기도를 무시하거나 소홀히 해서는 결코 안 된다. 인간은 영혼과 육체의 결합체이므로, 자연히 외적인 자세와 규칙과 예식으로 내적 기도를 표현해야 하며, 반대로 외적인 언어와 형식은 기도의 정신을 새롭게 해준다.

개인적 기도와 공동체적 기도는 서로 상호 보완적이다. 인간은 개인적이며 사회적인 존재이다. 모든 사람은 자신만의 고유하고 개인적인 필요와 분명한 소명을 갖고 있으며, 이를 바탕으로 하느님께 영광을 드려야 한다. 한편, 공동체적 기도는 그 구성원들의 개인적 묵상과 기도가 없이는 이루어질 수 없고, 반대로 개인적 기도도 공동체적 기도로 도움을 받아야 한다. 개인은 공동체적 기도를 통하여 많은 자극과 영적인 도움을 얻어 자신의 종교적 사상이나 청원 기도에서 편협하지 않게 된다.

비형식적 기도는 마음에서 나오는 생각과 애정을 자발적으로 표현하는 기도를 말한다. 그것은 동료들과 자유롭게 이야기하는 대화에서처럼 구체적인 순간에 떠오르는 언어를 선택하여 표현한다. 그러나 자유롭고 비형식적인 기도라 하더라도 모든 기도가 기본적으로 지니는 중요한 목적, 즉 하느님과의 인격적인 사랑의 교감을 염두에 둬야 한다. 형식적 기도는 지나간 세대들, 성인들과 영감을 얻은 사람들의 종교적 경험과 지식의 풍요로운 보화를 우리에게 전해준다. 또한, 그것은 우리에게 개인적 기도를 하도록 자극하고 그 방법을 가르쳐준다.

3) 기도의 조건들

일반적으로 기도에 요구되는 조건들은 주의, 경외심, 신뢰심 이렇게 세 가지다. 청원 기도에서는 구원에 도움이 되는 것 혹은 합당한 것만 청해야 하는 조건이 추가된다.

주의

주의는 외적, 내적, 현행적, 잠재적인 것으로 구분된다. 외적 주의는 하느님께 마음을 집중시키지 못하게 방해하는 모든 행위를 피하는 것이다. 내적 주의는 기도문의 뜻에, 하느님의 현존에 또는 신적 진리에 마음을 집중하는 것이다. 외적 주의는 말 그대로의 주의가 아니다. 엄밀히 말해 그것은 주의 자체가 아니고 주의를 준비 혹은 보호하는 행위이다. 현행적 주의는 기도의 내용이나 하느님의 현존에 마음을 실제로 집중시키는 것이다. 잠재적 주의는 무의식적 잡념에 의하여 순간적으로 마음이 흐트러져 분심하더라도 기도하려는 지향은 지속되는 것이다.

가능한 대로 기도는 현행적 주의에 의해 행해져야 한다. 이것은 모든 예배자들이 애써 도달해야 할 목표이다. 그러나 입으로 소리를 내어 드리는 기도에서는 모든 말마디와 모든 문장의 뜻 하나하나에 반드시 주의를 기울여야 하는 것은 아니다. 하느님께 마음을 기울이려는 일반적인 주의가 있으면 충분하다. 무의식적 분심이 내적 기도나 외적 기도의 가치를 완전히 파괴하는 것은 아니다. 무의식적 분심을 했다 하더라도 기도하는 지향은 유지되는 것이므로 신심이 전혀 없는 기도는 아니다. 기도문을 바탕으로 드리는 소리 기도에 있어서 그 지속성은 신적 진리를 묵상하고 하느님과 대화하도록 마음을 가다듬게 해준다.

반면, 기도하려는 내적 지향이 없는 순전한 외적인 주이 집중과 기도문을 외적으로만 읊는 것은 기도의 충분한 조건이 되지 못한다. 기도를 이루는 것은 외적인 자세나 말이 아니고 하느님께 마음을 들어올리는 것이다.

기도할 때 일어나는 고의적이지 않은 분심은 죄가 되지 않는다. 그러나 고의적인 분심은 죄가 되거나 적어도 불완전한 행위가 된다. 그런 분심은 예컨대, 일하면서 공동 기도를 바치는 경우와 같이 분심을 정당화할 수 있는 어떤 특별한 이유가 없다면, 하느님을 거스르는 불경이기 때문이다.

경외심

경외심은 하느님을 거룩하신 주님, 전능하신 창조주로 모시는 예배에서 기본적으로 취해야 할 자세이다. 그것은 인간이 하느님의 거룩함에 대해 갖는 합당한 자세이기 때문이다. 틸만, 놀딘, 헤링 같은 학자들은 경외심을 기도의 조건 가운데 하나로 보고 탕크레, 프룀머, 마르크 같은 학자들은 경외심 대신 겸손을 두기도 한다. 그러나 경외심은 예배의 기본 자세 가운데 하나이므로, 예배의 가장 기초적인 행위인 기도에서도 실천해야 할 자세이며, 기도의 본질적 조건에 포함되어야 한다. 반면, 겸손은 영원하시고 거룩하신 하느님 앞에 자신의 비천함과 죄악을 인정하는 것이므로, 그것은 그분께 대한 경외심에 포함되어야 한다.

경외심은 먼저 외적으로 합당한 태도를 요구한다. 그것은 이미 외적인 주의에 포함되어 요구되는 것이기 때문이다. 그러나 무엇보다도 기도는 하느님의 거룩하심과 그분의 뜻에 대한 존경심을 요구하는데, 사죄(死罪) 상태에 고의로 머물러 있는 것은 그러한 존경심에 어긋난다. 죄인의 기도가 유효하고 합당한 것이 되려면, 적어도 회개하고 성화되려는 의지를 갖고 있어야 한다.

신뢰심

하느님의 선성과 성실함에 대한 확신은 기도, 특히 청원 기도에 필요불가결한 조건이다. 하느님께서 들어주신다는 희망이 없이는 순수한 청원 기도가 불가능하다. 하느님께 대한 신뢰심은 그분께서 당신의 피조물들에게 좋은 것을 주신다고 확신함으로써 아무런 두려움이나 주저함 없이 자기의 운명을 그분의 손에 내맡기는 것이다. 하느님의 뜻에 신뢰하는 의탁은 모든 기도의 본질적 특성이 되어야 한다. 그것은 그분과의 기도적 대화를 나누기 위한 전제 조건이 그분과의 친교와 우정의 기초를 이루기 때문이다.

청원 내용의 합당성
네 번째 조건은 청원 기도에만 해당된다. 하느님께 청하는 대상이 윤리적으로 선해야 하고, 인간의 구원에 어떤 방법으로든지 기여하는 것이라야 한다. 청원 기도는 희망의 덕의 행위이므로, 희망의 대상이 되는 모든 선한 것들, 즉 첫째로는 하느님 나라와 영원한 구원의 도래, 다음으로는 어떤 방법으로든지 영원한 가치에 기여하는 영적, 현세적 모든 선들을 청원의 대상으로 삼을 수 있다. 그런데 청원 기도의 대상이 매우 합리적이고 선한 것으로 여겨지는 데도 하느님께서 그 기도를 항상 들어주지 않으실 때 어려움이 생긴다. 그러나 이때 진실한 신자는 먼저 하느님의 자비를 구하며, 하느님의 거룩하신 뜻에 따라서만 이루어지기를 바란다. 그러므로 순수한 기도는 하느님께서 들어주셔야 한다고 요구하는 태도를 버리고, 그분은 끊임없는 배려로 자녀들을 버리지 않으신다는 신념으로 그분의 판단에 맡기는 것이다.

3.2. 서원
서원은 특별한 예배 행위의 성격을 지닌다. 서원은 하느님께 대한 충성 서약의 의무를 자유로이 받아들여 짊어지는 것이다. 가톨릭교회와 다른 그리스도 교회들의 여러 수도회에서 공적으로 서약하는 서원은 잘 알려진 바와 같이 복음적인 가난, 정결, 순명, 이 세 가지다.

1) 서원의 의미

종교의 역사에서 보면 서원은 여러 가지 형태로 나타나고 있다. 서원의 동기도 여러 가지 성격을 지니고 있다. 서원은 긴급한 필요성 때문에 열렬한 청원의 기도로 발하기도 하고, 또는 윤리적 정화, 속죄, 하느님께 대한 감사와 헌신의 이유로 발하기도 한다. 서원은 유다교와 그리스도교에서 아주 효과적인 밑거름이 되어왔다. 사람들은 서원을 아주 고귀한 것으로 여겼고, 그것을 이행해야 한다는 의무감도 중대한 것으로 받아들였다.

서원은 하느님께 드리는 하나의 약속으로서, 그것으로 사람은 가능하고 또 그것에 반대되는 행위보다 더 나은 선행을 행해야 하는 의무를 의지적으로 받아들인다. 그러므로 그것은 희생제사와 밀접한 관계를 이루는 하나의 예배 형태이다. 서원의 가치는 우선적으로 하느님께 드리는 충성에 있다. 서원을 드리는 것은 하느님께 대한 인간의 헌신적 사랑의 표현이다. 더 나아가, 서원은 그 사람으로 하여금 하느님께 대한 헌신으로 약속한 선행을 꿋꿋이 지키게 한다. 그러므로 서원을 이행하는 모든 행위는 특별한 예배 행위가 된다.

2) 서원의 유효성을 위한 조건들
서원을 발하는 사람의 조건들

- 충분한 인식: 서원하는 사람은 자기가 무엇을 서원하는지 명확히 인식하여야 한다. 즉 그는 완전한 인간적 행위에 요구되는 인식을 지

녀야 한다. 그러므로 자기의 이성을 충분히 사용하지 못하는 사람, 예컨대 어린이나 술에 취한 사람은 유효한 서원을 할 수 없다. 자기가 충분한 인식을 갖고 서원을 했는지 솔직한 의심이 생길 경우에는 그 서원을 지킬 의무가 없다. 무지나 오류는 그것이 서원한 내용의 본질이나 서원할 때의 본질적 상황이나 주요 동기에 관한 것이라면 그 서원을 무효화시킨다.

- 충분한 자유: 서원은 의지의 완전한 동의에 의해 발해야 한다. 중대하고 부당하게 가해진 공포의 영향으로 발한 서원은 무효이다. 그러나 그 공포가 이성의 사용을 방해할 정도로 큰 것이 아닌, 예컨대 뇌성폭우, 질병 등 어떤 자연적인 사건에 의한 것이라면 그 서원은 유효하다.

- 자기 양심에 의무를 지우는 진지한 의지: 단순한 결심은 서원이 아니다. 결심에서는 이행하지 않으면 죄가 된다는 의무감을 가지지 않지만, 서원에서는 그런 의무감을 갖는다. 결심인지 서원인지 의심이 생길 경우에는 단순한 결심으로 추정해도 된다.

서원 내용의 조건들

- 서원 내용은 물리적으로나 도의적으로도 가능한 것이라야 한다. 서원의 이행이 일부는 가능하고 일부는 불가능하게 되었을 때, 그 내용이 나누어서 이행될 수 있는 것이라면, 가능한 것은 지켜야 한다. 따라서 어떤 사람이 맨발로 순례를 하겠다고 서원을 했는데 신을 신지 않으면 순례가 불가능하다는 것을 알게 되었다면, 아직도 순례 자체의 의무는 남아 있다. 그러나 서원의 내용이 나누일 수 없는 것일 때에는 아무것도 이행해야 할 의무가 없다. 서원이 사실상, 예컨대 질병 때문에 불가능하게 되었다면, 그 서원의 의무는 종결된다.

- 서원 내용은 선한 것이라야 하고 그 반대의 것보다 더 나은 것이라야 한다. 예컨대 자동차를 결코 타지 않겠다는 서원은 그 내용이 중립적이고 무가치한 것이기도 하다. 따라서 그런 서원은 무효이다. 결혼을 하겠다는 서원 그 자체는 결혼하지 않고 수도생활을 하겠다는 서원보다 더 나은 것이 아니다. 그것도 무효 서원이다. 그러나 결혼을 함으로써 추문을 없앨 수 있다거나 중대한 범죄를 막을 수 있다면, 그런 결혼은 서원의 유효한 대상이 될 수 있다. 원칙적으로 말하면, 하느님을 섬기는 데에 있어서 사람으로 하여금 더 큰 선을 행하지 못하게 하는 서원은 무효한 서원이다.

교회 측의 조건

공적 서원에 있어서는 교회에 의하여 그 서원이 받아들여지는 것이 그 유효성을 위한 조건이다. 그것은 특히 수도회의 공적 서원일 경우 그렇다. 공적 서원이란 그 성격상 교회의 공식 승인을 받는 것이므로, 교회는 어떤 서원을 공식적으로 인정하고 무엇이 그 서원의 법률적 효과인지 결정할 권한을 갖고 있다.

3) 서원의 구속력과 이행

서원은 자신에게 부여하는 하나의 개인적 법이다. 그 구속력이나 해석과 이행에 관해서는 서원하는 사람의 지향을 결정적 기준과 규범으로 보아야 할 것이다. 그러나 특별히 다른 지향이 없는 한, 그 서원에 따르는 의무들이 어떤 것인지는 인정법과 특히 교회법에 맞는 규범들에 따라 판단되어야 하는 것이 일반 원칙이다.

서원의 구속력

서원은 서원하는 사람의 지향과 서원 내용의 경중에 따라 무겁거나 가볍게 의무를 지운다. 내용이 중대한 것은 서원자의 지향에 따라 가볍거나 또는 무거운 의무감으로 서원할 수 있다. 예컨대, 자선적 목적을 위하여 상당한 액수를 희사하겠다는 서원처럼, 특별한 지향이 없이 큰 내용의 서원을 하면, 중대한 의무를 지운다고 볼 수 있다.

서원자는 자신에게만 의무를 지우고 다른 사람에게는 의무를 지울 수 없다. 부모가 발한 서원은 자녀에게 의무를 지우지 않고, 조상들이 발한 서원은 그 가문 공동체에 의무를 지우지 않는다. 그러므로 부모가 자녀를 수도생활에 봉헌하겠다고 서원하면, 그 자녀는 그 서원을 이행할 의무가 없다.

그런데 물질적 서원의 의무는 상속자에게 넘어간다. 어떤 사람이 자기가 서원한 기부금의 의무를 면제받지 않고 죽었다면, 그 상속자가 그 기부금을 바쳐야 한다. 그렇게 하지 않으면, 상속자는 유언자의 뜻을 받들어야 할 의무와 하느님을 두려워해야 할 의무를 거스른다.

조건부 서원은 그 조건이 채워진 다음에 실행할 의무가 있다. 선언적 서원일 경우에는 어떤 한쪽을 이미 선택한 다음에라도, 그것을 버리고 다른 쪽을 선택할 자유가 서원자에게 있다. 그가 선택하기 전에 두 가지 중에서 한쪽이 자기 탓이 없이 이행 불가능하게 되었다면, 그 서원은 의무를 지우지 않는다고 학자들은 공통적인 의견을 보인다. 그러나 이것은 모든 종류의 선언적 서원에 똑같이 해당되지는 않는다. 대다수의 학자들은 어떤 사람이 한쪽을 선택한 다음에 다른 쪽이 불가능하게 되었다면, 그 불가능한 쪽으로 바꾸어서 선택할 수는 없다는 데에 동의한다.

서원에 대한 해석

서원의 해석은 서원자의 지향에 따른다. 지향이 분명하지 않다면, 그 서원은 넓은 의미로 해석되어야 한다. 따라서 단순히 성작 하나를 기증하겠다고 서원한 사람은 비싼 것을 기증해야 할 필요가 없다. 또는 한 달 동안 단식재를 지키겠다고 서원한 사람은 주일에도 단식할 필요가 없고, 통상적으로 단식의 의무를 면제받을 수 있는 성격의 중노동을 해야 하는 날에도 단식할 필요가 없다.

서원의 이행

서원은 서원한 일을 행함으로써 이행된다. 서원을 이행하려는 적극적인 지향은 요구되지 않는다. 다만, 그 서원을 더 완전하게 수행하기 위해서는 그것이 바람직하지 않다. 예컨대, 매주 기부금을 내겠다고 서원한 사람이 그 서원을 생각하지 않고 자발적으로 가난한 사람을 돕는다면, 그는 서원에 의한 기부금을 그 주간에 다시 낼 의무는 없다.

단식재의 서원처럼, 인격적 행위의 서원은 그 개인이 이행해야 한다. 물질적 서원은, 기부금의 희사와 같이, 다른 사람에 의해서도 이행될 수 있다. 그런 서원을 한 사람은 자기의 승인을 허락할 필요만 있다.

이행의 때에 관해서는, 특별히 시일을 정하지 않았다면, 미루지 말고 서원을 이행해야 한다. 때를 정했을 경우에는 시일 내에, 혹은 서원에 의하여 정한 날짜에 서원을 이행해야 한다. 인정법의 준수를 규정하는 규범과 같이, 인격적 행위에 의한 의무는 시일이 경과한 후에는 종결된다. 예컨대, 사순절의 성 금요일 단식은 다른 날에 지킬 수 없다. 그러나 물질적인 일의 의무는 종결되지 않는다.

4) 서원의 해제

서원은 근본 동기가 종결되거나 이행 시기가 경과하거나, 또는 서원 내용이 본질적으로 변경되었다면 그 의무가 종결된다. 그리고 서원의 이행이 자기의 완덕을 위해서나 하느님을 섬기는 데에 도움이 되기보다는 오히려 방해가 된다는 것이 분명히 드러날 경우에는 그 이행이 실제로 금지되어야 한다. 또한, 자기가 발한 서원의 이행을 자기 탓으로 불가능하게 만들었다면, 그는 그렇게 지은 죄를 속죄해야 할 특별한 의무가 있다. 예컨대, 어떤 사람이 가난한 학생을 도와주겠다고 서원했는데, 그 도움이 필요 없을 정도로 그 도움을 너무 오래 미루었다면, 그는 그와 비슷한 참사랑의 행위로 속죄를 해야 한다.

서원의 종결

수도서원 이전에 발했던 사적 서원은 수도서원을 하는 그 자체로 정지된다. 서원의 정지(suspensio)는 서원의 내용에 대하여 권한을 가진 자가 그 내용에 대하여 처리할 권한을 가지고 있는 기간에 내릴 수 있다. 따라서 수도회의 장상은 그 공동체의 제도에 방해를 가져오는 회원의 사적 서원을 정지시킬 수 있다. 이런 권한의 내적 이유는 수하가 자기를 관할하는 범위를 벗어나거나 다른 사람이 관할하는 범위 내에서는 어떤 일을 서원할 수 없다는 데에 있다. "다른 사람에게 복종하는 자는, 그가 복종하는 것과 관련해서 자신의 권한에 따라 원하는 것을 할 수 있는 것이 아니라, 다른 사람의 의지에 달려 있다. 그러므로 그는 다른 사람에게 복종하는 것들에 있어서 자기 상급자의 동의 없이는 서원에 의하여 굳게 의무를 질 수 없다."(II-II, q.88, a.8) 그러나 그런 서원을 무효화하는 권한에 대한 교회법적 세부 조항은 교회의 실정법에 속한다.

관면

관면 또는 면제는 관할 장상이 정당한 이유로 허락한다면 서원의 의무를 면제시켜 주는 것을 말한다. 때로는 개인이나 수도회나 교회 자체의 더 큰 영적 유익을 위해 필요하다면 서원에 대한 관면을 주는 것이 바람직하고 또 필요하기도 하다. 관면의 필요성을 판단할 수 있는 관할권은 해당 수도자가 속한 수도회의 장상에게 있다. 관면은 하느님의 이름으로 부여하는 것이므로, 그것은 하느님을 대리하는 권한이다. 그러므로 충분한 이유가 없이 내려지는 서원에 대한 관면도 불법적이거나 무효는 아니다.

교회법 1196조에 따르면, 사적 서원들을 관면할 수 있는 이들은 교황 이외에 다음과 같다. 우선, 자신에게 속한 사람들에 대해서는 교구 직권자(주교), 본당 주임사제, 수도회나 성좌 설립 성직자회의 장상들이며, 사도좌나 교구 직권자로부터 관면을 위임받은 이들이다. 성좌 설립 수도회 회원의 공적 종신서원에 대한 관면은 성좌에 의해서만 윤허되고, 교구 설립 수도회의 공적 종신서원에 대한 관면은 그 서원 선서자가 속한 교구의 주교에 의해서도 허가된다(교회법 691조 2항).

자신의 서원에 대한 관면을 요청하는 것은 개인에 관계되는 것이므로, 정당한 이유가 없어도 될 수 있다. 그러나 특히 수도서원을 한 사람에 대한 관면은 그가 속한 수도회의 공동선과 복리를 위한다는 정당한 이유가 있어야 한다. 한편, 관면으로 기득권을 침해해서는 안 된다. 이는 서원이 본질적으로 다른 사람들의 이익을 위하여 발해지고 그들이 그것을 받아들였을 경우를 말한다.

서원의 변경

서원 내용의 변경은 서원한 내용을 다른 내용으로 바꾸는 것을 말한다. 사적 서원은 서원한 일보다 더 크거나 동등한 선익으로 서원자 본인에 의하여 교환될 수 있다. 그러나 덜 선한 일로 변경하는 것은 반드시 서원 관면권자의 허락을 받아야 한다(교회법 1197조). 서원을 변경할 경우에는 다른 사람들의 기득권을 침해하지 말아야 한다. 또한, 서원을 덜 가치 있는 일로 교환하기 위해서는 이유가 있어야 하지만, 완전한 관면을 위하여 요구되는 만큼 중대한 이유가 있어야 하는 것은 아니다.

II. 주요 내용 요약

정의의 잠재적 부분들(제80문)

신학대전 II-II, q.80의 논고는 qq.57-79에서 다뤘던 정의와 불의를 종결짓는 문(問)으로, 정의와 연결된 다양한 덕들을 다뤘다. 그리고 이 맥락에서 다음 문들을 통해 구체적으로 제시될 '종교'의 덕에 대한 근거를 고찰했다. 성 토마스에 따르면, 정의는 다른 이들을 향해 있으므로, 다른 이를 향해 있는 모든 덕은 적합함의 이유로 정의에 연결된다. 정의는 '동등함(aequalitas)'에 따라 다른 이에게 마땅한 것을 돌려주는 데 있다. 그런데 어떤 덕들은 다른 이에게 마땅한 것을 돌려주는 데 반해, 동등함을 돌려줄 수는 없다. 그것은 인간이 하느님께 돌려드리는 모든 것은 마땅한 것이지만, 그가 그분께 빚진 것을 드리듯이 동등할 수는 없기 때문이다. 그래서 정의에 '종교'의 덕이 추가된다. 또한, 동등함에 따라 부모들에게 마땅한 것이 그들에게 보상될 수는 없다. 그래서 정의에 경건함(pietas)이 추가된다. 또한, 인간은 덕에 대하여 동등한 값에 따라 보상할 수 없다. 그래서 정의에 경의(observantia)가 추가된다. 경의에는 순종(oboedientia)이 속한다. 또한, 어떤 것은 그것 없이는 관습의 정직함이 보존될 수 없는 것으로, 이는 의무의 근거를 갖는다. 그리고 이 채무는 채무자 자신의 편에서 주의가 기울여질 수 있다. 그래서 인간의 말들과 행실들로 다른 이에게 있는 그대로를 드러내는 것이 이 채무에 속한다. 이렇게 해서 정의에 진리(veritas)가 추가된다. 또한, 채권자 편에서, 즉 누군가 행한 것에 준해서 어떤 사람에게 보상하는 데 따라 주의할 수도 있다. 때로는 선들에 있어서도 그렇다. 그래서 정의에 감사(gratia)가 추가된다. 더 나아가, 다른 이에 대한 우정과 의무에 대한 기억, 다른 이에게 보답하려는 의지가 포함되는데, 이는 악(malum)에 있어서도 그렇다. 그래서 정의에 권리청구(vindicatio)가 추가된다. 또한, 더 큰 정직함에 기여하기 위해 다른 의무들도 필요하다. 의무는 아량(liberalitas), 친절(affabilitas) 또는 우정(amicitia), 그리고 그와 비슷한 것들이다.

한편, 마크로비우스는 정의를 구성하는 두 가지 부분을 지적한 바 있다. 하나는 악에서 벗어나는 것으로, 여기에 무죄함이 속한다. 다른 하나는 선을 행하는 것으로, 여기에 대상에 따라 다음과 같은 여섯 가지가 속한다. 즉 동등한 이들에게는 우정과 조화(concordia)가, 우월한 이들에게는 경건(pietas)과 종교(religio)가, 열등한 이들에게는 감정(affectus)과 박애(humanitas)가 속한다.

종교(제81문)

성 토마스는 II-II, qq.81-91에서 종교의 덕 전반에 대해 다뤘다. 무엇보다도 종교는 신적 예배에 관한 것과 연관된다. 그것은 하느님을 향한 질서를 의미한다. 아우구스티누스에 따르면, 그것은 엄밀한 의미에서 하느님에 대한 예배를 가리킨다. 이러한 종교는 이중적인 행위를 갖는다. 어떤 것들은 고유하게 즉각적인 것으로, 인간이 즉각 발하며 그를 오직 하느님께만 질서 짓는 행위들이 있다. 희생제사를 드리는 행위, 흠숭 등이 그렇다. 반면, 종교가 명령하는 덕들을 통해 산출하는 다른 행위들을 가지며, 그 행위들을 신적 경외로 질서 짓는다.

종교는 하느님에게 마땅한 명예를 돌려주는 것으로, 특히 하느님이 사물의 창조와 통치의 제1원리인 한에서, 한 분의 하느님을 경외하게 해주므로, 이는 유일한 하나의 덕(virtus)이다. 또한 종교는 다른 덕들로부터 구별되는 특수한 덕이다. 더 나아가, 종교는 그 존재가 목적을 위해 있는 수단을 대상으로 하는 도덕적 덕, 특히 정의의 일부분으로서 도덕적 덕 가운데 가장 중요한 덕이다. 그것은 종교가 다른 도덕적 덕들보다 인간을 더욱 하느님께 가까이 다가가게 하기 때문이다. 그래서 종교는 도덕적 덕들 가운데 가장 탁월하다.

종교의 덕에 있어 핵심을 이루는 것은 하느님에 대한 흠숭(latria)이다. 인간은 내적 행위뿐만 아니라 외적 행위로도 하느님을 흠숭해야 한다. 종교는 분명히 내적 행위를 주된 것으로 갖고 있으며, 그러한 행위들은 그 자체로 종교에 속하지만, 외적 행위는 부차적인 것으로 내적 행위를 향해 질서 지어져 있다. 우리가 하느님께 경외와 명예를 드리는 것은 그분을 위해서가 아니라 우리 자신을 위해서이다. 그러한 행위에 우리 정신의 완전함이 있기 때문이다.

한편, 종교는 거룩함과 같다. 거룩함(sanctitas)의 이름은 깨끗함(munditia)과 견고함(firmitas)을 의미한다. 이 두 가지 의미는 모두 거룩함에 적절하다. 따라서 사람들뿐만 아니라 성전과 기물들 그리고 그와 비슷한 것들은 신적 예배에 적용된다는 사실로 인해 거룩하다. 깨끗함과 견고함은 인간의 정신이 하느님께 전념하기 위해 필수적이다. 거룩함은 그것의 본질에 따라 일종의 특수한 덕이며, 이 점에서 종교와 같다. 그러나 그것은 명령을 통해 모든 덕의 행위를 신적 선으로 질서 짓는 한에서 일반성을 갖는다.

신심(제82문)

신심(devotio)은 공로를 얻는 데 있어 특별한 이유를 갖는다. 따라서 그것은 특별한 행위이다. 신심은 '바치다/봉헌하다'를 의미하는 라틴어 devoveo에서 유래한다. 그래서 하느님께 완전히 복종하는 가운데 그분을 위해 자신을 바치는 사람들을 신심 있는 자들이라고 말한다. 그러므로 신심은 하느님을 섬기는 일에 즉시 자신을 봉헌하려는 일정한 의지 외에 다른 게 아니다. 인간학적인 면에서 보면, 신심은 영혼의 욕구적 부분에 속한 행위이며 의지의 특정한 움직임이다.

그런데 하느님의 예배나 섬김에 속하는 것들을 행하는 것은 고유하게 종교에 속한다. 따라서 그런 것들을 수행하기 위해 준비된 의지를 갖는 것, 곧 신심을 갖는 것 역시 종교에 속한다. 그러므로 신심은 종교 행위이다. 반면, 신심은 종교의 시작인 참사랑(caritas)에는 간접적으로 속한다. 성 토마스는 묵상을 신심의 원인으로 보았다. 즉 신심은 인간이 즉시 신적 순종에 자신을 내맡기게 하는 의지의 행위인데, 모든 의지의 행위는 어떤 숙고에서 유래한다. 인간은 묵상을 통해 신적 순종에 자신을 내맡기는 것에 대해 이해하므로, 이런 의미에서 묵상은 신심의 원인이다. 신성(神性)에 속하는 것들은 그 자체로 사랑을, 그리고 결과적으로 신심을 가장 많이 불러일으킨다. 하느님은 무엇보다도 사랑받을 만한 분이시기 때문이다. 그러나 인간의 정신은 약하기 때문에, 신적인 것에 대한 지식과 사랑에 있어서 감각적인 것을 통하여 인도되어야 한다. 그중에서도 특히 그리스도의 '인성(人性)'을 통해 인도되어야 한다.

마지막으로, 신심은 그 자체로 정신의 영적인 기쁨을 초래하지만, 그 결과로 우유적으로 슬픔을 가져온다. 왜냐하면 신심은 이중적인 숙고에서 유래하기 때문이다. 우선, 신적 선성에 대한 숙고에서 기쁨이 뒤따른다. 반면, 인간 자신이 간직한 결점, 결핍을 숙고하는 데서 슬픔이 뒤따른다.

기도(제83문)

기도(oratio)는 청원의 일종으로 하느님께 합당한 것을 청하는 이성의 행위이다. 따라서 성 토마스에 따르면, 기도는 이성적 피조물, 즉 인간에게 고유한 종교 행위이다. 기도는 참사랑에 의해 움직여진 의지를 통해 이중적으로 하느님께 향한다. 첫째 방식은 청해지는 것의 편에서 그러한데, 이것은 기도에서 우리가 주로 하느님과 일치되기를 청해야 하기 때문이다. 둘째 방식은 청하는 사람의 편에서 그러한데, 그는 청하는 분, 하느님께 정신적으로 다가가야 한다. 이런 맥락에서 요한 다마셰누스는 기도를 하느님을 향한 지성의 상승으로 정의한 바 있다.

우리는 우리 자신을 위한 하느님의 안배를 변화시키기 위해 기도하는 것이 아니라, 성인들의 기도를 통해 하느님께서 명령하신 것을 성취하기 위해서 기도한다. 그러므로 우리는 기도하는 가운데 하느님께서 영원으로부터 우리를 위해 주시기로 안배하신 것을 받을 자격을 갖추게 된다. 그런데 인간은 하느님께 순종하고 그분께 기도하는 가운데 자기 선들의 창시자로 그분을 필요로 한다는 것을 고백하는 한에서, 기도를 통해 하느님께 경외를 드린다. 그러므로 기도는 종교 행위이다. 특히, 기도는 지성적인 부분에 속하는 행위로, 종교 행위들 가운데 가장 중요하며 이를 통해 종교는 인간의 지성을 하느님께로 움직인다. 기도는 두 가지 방식으로 이루어진다. 우선, 우리는 오직 하느님께만 기도를 드린다. 왜냐하면 우리의 모든 기도는 하느님만이 주시는 은총과 영광을 얻기 위해 질서 지어져야 하기 때문이다. 둘째, 우리는 거룩한 천사들과 성인들에게 기도하는데, 이것은 하느님께서 그들을 통해 우리의 간구를 알게 하시려는 것이 아니라 그들의 청원과 공로로 우리의 기도가 이루어지게 하기 위해서이다.

한편, 우리는 기도를 통해 하느님께 무엇을 청해야 할지 잘 알지 못한다. 그러므로 주님께서 당신의 제자들에게 가르쳐주신 「주님의 기도」에 따라, 우리는 기도를 통해 하느님께 특정한 것들을 청해야 한다. 또한, 성령께서는 우리에게 거룩한 갈망을 불어넣어주는 가운데 우리의 나약함을 도와주시고 우리가 올바로 청하게 하신다. 그러므로 우리는 올바로 기도하기 위해 성령을 청해야 한다. 그리고 근본적으로는 우리의 구원과 성화를 위해 필요한 것들을 청해야 한다. 더 나아가, 현세적인 필요를 위해 기도하는 것도 허용된다. 그러나 이는 그러한 것들이 구원으로 질서 지어진 한에서 그렇다. 또한, 우리는 참사랑에서 우러나오는 이웃 사랑의 하나로 다른 이들의 구원을 위해서도 기도해야 한다. 그리고 이러한 선상에서 죄인들의 회개를 위해서, 의인들의 항구한 진보를 위해서도 기도해야 한다. 그뿐만 아니라 주님의 가르침에 따라 보다 큰 사랑을 실천하기 위해 원수들을 위해서도 기도해야 한다. 이 역시 참사랑이 우리에게 요청하는 사랑의 의무이기 때문이다.

　주님께서 우리에게 가르쳐주신 「주님의 기도」는 최고로 완전한 기도이다. 그러므로 아우구스티누스의 견해처럼, 우리가 올바르고 일관되게 기도한다면, 「주님의 기도」에서 제시된 일곱 가지를 청하는 것만으로 충분하다. 첫째, 우리는 "당신의 이름이 거룩해지소서."라는 청원을 통해 우리가 하느님께 영광을 드릴 수 있도록 청한다. 둘째, 우리는 "당신의 나라가 오시며"라는 청원을 통해 그분의 나라가 영광스럽게 도래하도록 청한다. 셋째, "당신의 뜻이 하늘에서와 같이 땅에서도 이루어지소서."라는 청원을 통해 우리가 하느님께 순종함으로써 참행복을 누릴 자격을 갖게 하도록 청한다. 넷째, "오늘 우리에게 일용할 우리의 양식을 주소서."라는 청원을 통해 매일 우리에게 필요한 성사적인 빵과 육체에 필요한 물질적인 빵을 청한다. 성 토마스에 따르면, 우리가 참행복에 도달하는 것을 막는 세 가지 장애물이 있다. 죄, 유혹, 악이 그것이다. 그래서 우리는 「주님의 기도」의 마지막 부분에서 남은 세 가지 청원을 통해 이것들을 제거해 주시도록 주님께 청해야 한다. 한편, 아우구스티누스는 「주님의 산상 설교」에서 이 일곱 가지 청원을 성령의 선물들(두려움, 경건함, 지식, 용기, 의견, 통찰, 지혜)에 대응시켜 제시하는 가운데, 「주님의 기도」를 통해 성령의 선물들을 청하도록 초대하기도 했다.

　성인들의 통공에 따라, 천상 본향에 있는 진복자들은 현세의 나그네 여정을 걷는 우리를 위해 기도하며 도와준다. 반면, 연옥에 있는 사람들은 비록 그들이 죄를 지을 수 없다는 점에서는 우리보다 우월하지만, 그들이 겪는 형벌에 있어서는 여전히 열등하다. 따라서 우리는 그들을 위해 기도해야 한다. 한편, 우리는 기도할 때에 내적으로뿐만 아니라, 어떤 경우에는 소리를 내어 기도할 필요가 있다. 예컨대 교회의 직무자들은 교회 공동체를 대표해서 기도를 드리므로, 큰 소리로 기도하며 모든 사람이 그 내용을 알게 해야 한다. 반면, 개별 기도는 개인이 드리는 것이므로 반드시 소리를 내야 할 필요는 없다. 그러나 다음의 세 가지 이유로 인해, 소리를 내어 기도하는 것이 가하다. 첫째, 소리를 내어서 하는 기도는 사람의 정신을 하느님께 들어올리는 내적 신심을 불러일으킨다. 둘째, 정신만이 아니라 육체를 통해서도 하느님을 섬기고 청원하기 위해 소리를 내어서 기도해야 한다. 셋째, 영혼에서 흘러나오는 강렬한 정감이 육체적으로 표현될 때 소리를 내어서 기도하는 것이 가하다.

또한, 올바로 기도하고 그 효과를 얻기 위해서는 그에 합당한 주의가 요구된다. 기도의 효과는 삼중적이다. 사실, 첫째는 참사랑에 의해 형상이 주어진 모든 행위들에 공통된 것으로, 공로적이다. 그리고 이 효과를 위해 기도하는 모든 곳에 주의를 기울여야 할 필요는 없으며, 다른 공로적인 행위들에서 일어나듯이, 기도에 다가가게 해주는 첫 번째 지향의 힘이 모든 기도를 공로적이게 한다. 그러나 기도의 두 번째 효과는 청하는 것을 얻는 것으로, 이는 기도에 고유하다. 또한 이 효과를 위해서도 하느님께 주의를 기울이는 첫 번째 지향만으로 충분하다. 그러나 첫 번째 지향이 결여되어 있다면, 기도는 공로적이지도 않고 성취적이지도 않다. 왜냐하면 하느님께서는 주의를 기울이지 않는 사람이 하는 기도를 들어주시지 않기 때문이다. 반면, 기도의 세 번째 효과는 기도가 현재에 만들어내는 효과, 즉 정신의 어떤 영적 원기회복이다. 그리고 이를 위해서는 기도에 주의가 필요하다.

기도하는 시간과 관련해서, 성 토마스는 끊임없이 기도해야 한다고 가르친다. 우리는 기도에 대해 두 가지 방식으로 말할 수 있다. 하나는 기도 자체에 따라 말하는 것이고, 다른 하나는 기도의 원인에 따라 말하는 것이다. 그런데 기도의 원인은 참사랑의 갈망으로, 기도는 거기서부터 진행되어야 한다. 이것은 실제적으로든 잠재적으로든 우리 안에서 지속되어야 하는데, 왜냐하면 이 갈망의 덕은 우리가 참사랑으로 하는 모든 것에 남아 있기 때문이다. 그러므로 아우구스티누스의 가르침처럼, 우리는 항상 믿음과 희망과 참사랑 안에 자리한 끊임없는 갈망으로 기도해야 한다. 그러나 그 자체로 고려된 기도는 지속적일 수 없다. 왜냐하면 기도는 다른 일들에 대해 염려해야 하기 때문이다. 기도는 내적 갈망을 불러일으키는 데 유익이 되는 만큼 오래 지속되어야 한다. 그러나 그것이 지치지 않고 지속될 수 없도록 이 기준을 초과할 때는 더 이상 기도를 연장할 필요가 없다.

또한, 기도는 공로적이다. 기도는 현재에 가져다주는 영적 위로의 효과 이상으로, 그것의 미래적인 효과, 즉 공로가 될 수 있는 능력과 청하는 것을 얻을 수 있는 능력에 관한 이중적인 능력을 갖고 있다. 그러나 다른 모든 덕의 행위와 마찬가지로, 기도는 참사랑의 뿌리에서 유래하는 한에서 공로의 효과를 갖는다. 우리가 기도하는 것을 얻는 효과는 근본적으로 하느님의 은총으로부터 나온다. 다른 모든 덕스러운 행위의 경우와 마찬가지로, 성화 은총(gratia gratum faciens)이 없다면 기도는 공로가 되지 못한다. 그럼에도 성화 은총을 얻게 하는 기도는 어떤 은총, 즉 무상적인 선물로부터 유래한다.

죄인들은 기도를 통해 하느님으로부터 자비와 용서를 받는다. 하느님은 죄인의 본성에서 오는 선한 갈망에서 유래하는 그의 기도를 경청하신다. 이는 정의에서 나오는 것이 아니다. 죄인은 정의에 합당한 자격을 갖추지 못했으며 네 가지 선행 조건들을 준수하는 가운데, 즉 자신을 위해 기도하고 구원을 위해 필요한 것들을 경건하고 항구하게 청하는 가운데 순수한 자비로 자격을 갖출 수 있기 때문이다. 마지막으로, 기도는 다음과 같은 여러 가지 용어로 불린다. 요청(postulatio), 애원(supplicatio), 암시(insinuatio), 탄원(obsecratio), 간청(imploratio) 등이 그러하다.

흠숭(제84문)

하느님에 대한 예배에 있어서 핵심은 그분을 흠숭하는 행위이다. 흠숭(adoratio)은 흠숭을 받는 분에 대한 경외(reverentia)를 향하여 질서 지어져 있다. 그런데 하느님께 경외를 드리는 것은 종교의 고유한 것으로 분명히 드러난다. 그러므로 하느님이 흠숭 받는 흠숭은 종교 행위이다. 우리가 하느님을 경배하는 경배(veneratio)는 라트리아(흠숭, latria)에 속하며, 그것은 우리가 다른 탁월한 피조물들을 경배하는, 둘리아(공경, dulia)에 속하는 경배와 다르다. 외적인 것들은 내적인 경외심의 표지들이므로, 탁월한 피조물들에게는 다른 경외심에 속하는 몇몇 외적인 것들을 드리게 된다. 그 가운데 흠숭은 최고의 것이지만, 오직 하느님께만 드리는 어떤 것, 즉 희생제사(sacrificium)가 있다.

그런데 우리는 이중적인 본성, 즉 지적이고 감각적인 본성으로 구성되어 있으므로 하느님께 이중적인 흠숭을 드려야 한다. 즉 정신의 내적 신심으로 이루어진 영적인 흠숭을 드려야 하며, 흠숭과 육체의 외적 낮춤으로 이루어진 육체적인 흠숭을 드려야 한다. 흠숭에 속하는 모든 행위들에서 외적인 것은 주요한 요소인 내적인 것에 관련되므로, 외적인 흠숭도 내적인 것을 위하여 이루어지는 것이다. 따라서 우리의 감정은 우리가 육체적으로 드러내는 표지들을 통해 하느님께 순종하기 위해 일으켜진다. 감각적인 것을 통해 지성적인 것으로 나아가는 것은 육체를 지닌 인간에게 고유하다. 또한, 흠숭을 위해서는 일정한 장소가 요구된다. 흠숭에서 정신의 내적 신심은 더욱 중요하지만, 부차적인 것들은 육체적인 표지들에 외적으로 속한다. 내적 정신은 하느님을 어느 장소에서도 포함되지 않은 것처럼 내적으로 포착하지만, 육체적인 표지들은 반드시 정해진 장소와 위치에 있어야 한다. 그러므로 장소의 결정은 마치 자신의 필요에 의한 것처럼 주로 흠숭에 필요한 것이 아니라 다른 육체적 표지들과 같은 어떤 합당함에 따라 요구된다.

희생제사(제85문)

하느님께 드리는 희생제사는 종교 행위에 있어서 중요하다. 우선, 그것은 자연법(lex naturalis)에 속한다. 자연적 이성(naturalis ratio)은 인간에게 더 높은 자에게 복종하라고 지시하는데, 이것은 그가 자신 안에서 느끼는 결핍 때문에 더 높은 자에게 도움을 받고 인도될 필요가 있기 때문이다. 그리고 어떠하든 간에, 이분은 모두가 하느님이라고 부르는 분이다. 그런데 어떤 것을 표현하기 위해 감각적인 표지들을 사용하는 것은 인간에게 적합하다. 그리고 이러한 선상에서 인간은 하느님을 향한 복종과 영예를 드리는 외적인 표지로 희생제사를 드리는 것이다. 또한, 희생제사는 오직 하느님께 봉헌되어야 한다. 오직 하느님만이 우리의 창조주이시며 그분에게만 참행복이 있기 때문이다.

희생제사를 봉헌하는 것은 어떤 특수한 덕에 속한다. 즉 그것은 종교에 속한다. 왜냐하면 그것은 하느님에 대한 경외심에서 행하는 것으로, 찬사받을 만한 특수한 행위이기 때문이다. 물론 다른 덕들에 따라 행해지는 일들도 하느님에 대한 경외를 향해 질서 지어질 수 있으므로, 이를 희생제사라 부를 수 있다. 희생제사들은 하느님께 봉헌되는 것들에 무엇을 행할 때, 예컨대 짐승을 죽이고 빵을 쪼개며 먹고 축복하는 것과 관련하여 어떤 일이 이루어질 때 고유하게 언급된다. 그리고 이름 자체가 이를 말해준다. 왜냐하면 희생제사는 사람이 어떤 거룩한 것(sacrum)을 한다(facit)는 것에 의해 언급되기 때문이다.

또한 모든 사람은 희생제사를 봉헌해야 한다. 희생은 이중적이다. 그 중 첫 번째이자 중요한 것은 모든 사람이 해야 하는 내적 희생제사로, 모든 사람은 하느님께 경건한 정신을 봉헌해야 한다. 그러나 외적 희생제사는 다른 것이다. 이것은 둘로 나뉜다. 그 한 가지는, 오직 신적 복종에 대한 고백을 위해 외적인 어떤 것을 하느님께 바친다는 점에서 칭찬할 만한 것이 된다. 이에 대해서는 새 법 아래 있는 자들과 옛 법 아래 있는 자들이, 그리고 법 아래 있지 않는 자들이 서로 다른 의무를 갖는다. 사실, 법 아래 있는 사람들은 법의 규정에 따라 일정한 희생제사들을 봉헌해야 한다. 그러나 법 아래에 있지 않은 자들은 그들이 함께 사는 자들의 관습에 따라 신적 명예를 위하여 외적으로 어떤 일을 행할 의무가 있지만, 이것이나 저것으로 결정되지는 않았다.

봉헌들과 맏물들(제86문)

봉헌(oblatio)이라는 이름은 하느님에 대한 예배를 위해 바쳐지는 모든 것에 공통적이다. 그러므로 어떤 것이 거룩한 방식으로 소비되어야 하는 것으로서 신적 예배에 제시된다면, 그것은 봉헌이자 희생제사이다. 누군가가 봉헌을 해야 할 의무를 지닐 수도 있는데, 그것은 네 가지 이유에 의해서이다. 첫째, 어떤 사람에게 일정한 시간에 일정한 봉헌을 하는 조건으로 교회의 어떤 토지가 주어지는 것과 같은 이전의 합의로 인해서이다. 이는 마치 임차료와 같은 것이다. 둘째, 누군가가 살아 있는 사람들 사이에 기부를 제공하거나 교회의 유언장에 재산, 동산이나 부동산을 남겨서 장차 지불할 때와 같은 이전의 지정이나 약속으로 인해 그렇다. 셋째, 교회의 필요에 따라서, 예컨대 만일 교회의 직무자들이 생계를 유지할 곳이 없을 경우에 그렇다. 넷째, 관습으로 인해 신자들은 어떤 대축일에 어떤 관습적인 봉헌을 바쳐야 한다. 그러나 후자의 두 경우에도 봉헌은 어느 정도 자발적인 것, 즉 봉헌되는 물건의 양이나 종(種)에 관해서는 자발적인 것으로 남는다.

원칙적으로 봉헌들은 사제들에게만 주어져야 한다. 사제는 백성과 하느님 사이의 조정자이자 중개자로 세워졌다. 그러므로 백성에게 신적 가르침들과 성사들을 제시하는 것은 그에게 속한다. 예컨대 간청들(preces)과 희생제사들 그리고 봉헌들처럼 백성에게 속한 것들도 그를 통하여 주님께 드려야 한다. 히브 5,1에 따라, 신자들이 하느님께 드리는 봉헌들은, 그것들을 자신의 사용을 위해서뿐만 아니라 그것들을 충실하게 분배하도록 사제들에게 귀속된다. 그 일부는 신적 예배에 속하는 것들을 위해 분배되고, 또 일부는 그들 자신의 생계와 관련된 것들을 위해 분배된다. 또한 부분적으로는 가난한 이들의 사용을 위해 분배되기도 한다. 가난한 이들은 가능한 한 교회의 재산에서 지원을 받아야 한다. 그러나 이는 사제들의 분배를 통해 이루어져야 한다.

또한 인간은 부당하게 획득하고 소유한 것으로는 어떠한 봉헌도 할 수 없다. 그는 오직 합법적으로 소유한 모든 것으로만 봉헌할 수 있다. 새 법에서는 하느님의 모든 피조물이 깨끗한 것으로 간주된다. 그러므로 그 자체로서는 어떠한 합법적 소유물에 대해서도 봉헌을 바칠 수 있다. 그러나 우유적으로는 합법적으로 소유하고 있는 어떤 것을 봉헌할 수 없는 일이 일어난다. 예컨대, 어떤 아들이 자신의 아버지를 부양해야 할 것을 하느님께 드리는 것처럼, 다른 사람에게 해를 끼치는 경향이 있다면 봉헌할 수 없다. 또는 걸림돌이나 경멸 또는 그와 비슷한 다른 것으로 인해 봉헌할 수 없다.

더 나아가, 맏물들을 봉헌하는 것은 의무이다. 신명 26,3; 1역대 29,4에 따라, 우리는 하느님께 가장 중요한 것, 즉 맏물들을 드려야 한다. 그러므로 하느님 백성에 의해 봉헌된 맏물들은 사제들의 사용을 위해 양도되어야 한다. 인간이 하느님께 명예를 드리기 위해 하느님으로부터 받은 것들 가운데 어떤 것을 드리는 것은 자연법에 속한다. 그러나 맏물들에 있어서나 그런 양에 있어서 그런 사람들에게 주는 것은 옛 법에서 신법에 의해 설정되었지만, 새 법에서는 교회의 결정에 의해 규정되었다. 이로 인해 사람들은 국가의 관습이나 교회 직무자들의 필요에 따라 맏물들을 바쳐야 한다.

십일조(제87문)

사람들은 계명의 필요에 의해 십일조(decimo)를 지불해야 한다. 옛 법에서 십일조는 하느님의 종들의 생계를 유지하기 위한 것이었다. 그러므로 십일조를 바치는 것은 부분적으로는 도덕적인 것이며, 자연적 이성에 의해 주어졌지만, 부분적으로는 사법적인 것이며, 신적 제정에 의해 힘을 받았다. 그런데 예식적 규정들과 사법적 규정들 사이에는 다음과 같은 차이가 있다. 즉 새 법의 시대에는 예식적 규정들을 지키는 것이 불법이지만, 사법적 규정들은 그렇지 않다. 비록 은총의 시간에는 그것들이 강제적이진 않지만, 죄없이 지킨다고 해서 죄가 되지는 않으며, 그것들이 이 법을 제정해야 하는 사람들의 권위에 의해 설립되면, 어떤 사람들은 그것들을 준수해야 한다. 그러므로 사람들은 부분적으로는 자연법에 의해, 부분적으로는 교회의 제정에 의해 십일조를 지불해야 하는 것이 분명하다. 그러나 교회는 시대와 사람들의 기회들을 생각할 때, 지불해야 할 다른 몫을 결정할 수 있다.

    십일조는 모든 소유에 대하여 지불되어야 한다. 왜냐하면 사람이 가진 모든 것은 다 하느님께서 주신 것이기 때문이다. 그러므로 인간은 자신이 받은 모든 것에서 하느님께 십일조를 드려야 한다. 그런데 어떤 것들은 두 가지 방법으로 잘못 얻어진 것이다. 첫째 그 자체가 불법이기 때문에, 예컨대 도둑질이나 고리대금으로 취득한 것이 그것이다. 이에 대해서는 반드시 반환해야 하고, 십일조를 지불하는 것은 불법이다. 그러나 만일 밭을 고리대금으로 취득하면 고리대금업자는 그 열매들에 대하여 십일조를 바치는 것이다. 왜냐하면 열매들은 고리대금이 아니라 하느님에게서 오는 것이기 때문이다. 그러나 어떤 것들은 부끄러운 원인, 예를 들어 매춘, 지나친 연기, 그리고 그와 비슷한 것들로 인해 얻어지기 때문에 나쁘게 얻어진 것이라고 말하며, 그것들은 되돌려줄 의무가 없다. 그래서 그들은 다른 개인적인 십일조의 방법들로 수입과 마찬가지로 십일조를 지불해야 한다. 도둑질이나 강탈로 빼앗긴 물건들에 대해서, 그것들을 빼앗긴 사람은 그것들을 되찾을 때까지 십일조를 지불할 의무가 없다.

    한편, 십일조는 성직자들에게만 지불되어야 한다. 십일조에 관하여 고려해야 할 두 가지가 있는데, 그것은 바로 십일조를 받을 권리 자체와 십일조라는 이름으로 주어지는 것들이다. 그런데 십일조를 받을 권리는 영적인 것이다. 왜냐하면 그것은 제대의 직무자들에게 직무의 비용을 지불해야 하는 빚에서 비롯되며, 영적인 것을 씨 뿌리는 이들에게 현세적인 것을 빚지고 있기 때문이다. 그것은 영혼들을 돌보는 성직자들에게만 속한다. 오직 그들만 이 권리를 갖기에 적합하다. 개인적인 십일조는 그 사람이 사는 본당 사목구의 교회에 지불해야 하는 것이다. 부동산들의 십일조는 재산이 위치한 경계 안에 있는 교회에 더 속하는 것이 합리적으로 보인다. 성직자들은 그들이 성직자인 한에서, 즉 그들이 교회 재산을 가지고 있는 한에서, 십일조를 지불할 의무가 없다. 그러나 또 다른 이유, 즉 그들의 권리로 인해, 또는 부모의 계승으로 인해, 또는 구매로 인해, 또는 다른 여하한 방식으로 인해 가지고 있는 것에 대해서 그들은 십일조를 지불해야 한다.

서원(제88문)

서원은 무언가를 하거나 하지 않는 어떤 의무를 의미한다. 그런데 약속은 행하려는 의도에서 나온다. 그러나 의도는 숙고된 의지의 행위이기 때문에 어떤 심사숙고(deliberatio)를 전제로 한다. 그러므로 서원을 하기 위해서는 반드시 세 가지가 필요하다: 첫째는 심사숙고, 둘째는 의지의 의도, 셋째는 서원의 이유가 이루어지는 약속이 그것이다. 그러나 때로는 서원에 대한 추인으로 다른 두 가지가 추가된다. 입의 선포와 다른 사람들의 증언이 그렇다. 페트루스 롬바르두스에 따르면, "서원은 하느님께 그리고 하느님에게 속하는 것들에 대해 해야 하는 어떤 자발적인 약속의 증거"이다. 서원은 의지적인 약속을 의미하지만, 필요는 의지를 배제하기 때문에, 절대적으로 필요한 것은 결코 서원 아래에 있지 않다. 그러나 절대적으로 필요한 것이 아니라 예컨대 목적을 위하여 필요를 갖는 것, 예컨대 구원에 필수적인 것은 필연적인 한에서가 아니라 의지적인 한에서 서원 아래 있다. 고유하게 말해서 서원은 더 좋은 것에 대한 것이라고 말한다.

한편, 인간은 하느님께 한 서원을 이행할 의무가 더 많은데, 이는 인간이 하느님께 빚지고 있는 충실함에 속하기 때문이며, 서원을 깨뜨리는 것은 일종의 불충실함이기 때문이다. 누군가 어떤 이유로든 서원으로 약속한 것이 불가능하게 된다면, 사람은 가능한 것을 해야 하며, 적어도 그가 할 수 있는 것을 행할 준비된 의지를 가져야 한다. 그러나 자신의 탓으로 인해 서원을 이행하는 게 불가능하게 되면, 그는 그뿐만 아니라 자신의 과거의 탓으로 인해 참회해야 한다.

모든 덕의 행위는 흠숭의 고유한 목적인 신적 경외를 향해 질서 지어진 한에서 명령의 방식을 통해 종교 또는 흠숭에 속한다. 그러나 다른 행위들을 질서 짓는 데 있어서, 서원이 어떤 명령된 것임이 분명히 드러난다. 그러므로 하느님을 섬기는 데 있어서 모든 덕의 행위들을 하느님을 섬기는 것으로 질서 짓는 것 자체는 흠숭의 고유한 행위이다. 그런데 서원은 어떤 사람이 서원하는 것들을 신적 예배나 순종을 향하여 질서 짓는 것이다. 따라서 서원하는 것은 고유하게 흠숭 내지 종교[수도생활]에 속하는 행위이다. 또한, 서원과 함께하는 일은 서원 없이 하는 것에 비해 더 낫고 더 공로가 된다.

서원은 사제 수품과 일정한 규칙을 향한 선서를 통해 장엄해진다. 서원은 하느님께 한 약속이다. 그러므로 서원의 장엄함은 하느님께 속한 어떤 영적인 것에 따라, 어떤 사람이 성품을 받은 다음 두 번째 단계에서 사도들의 제정에 의하여 어떤 규칙을 선서할 때 수여되는 영적인 축복이나 축성으로 이루어진다. 장엄 서원(votum solemne)은 단순 서원(votum simplex)보다 하느님께 더 강한 의무를 가지며, 그것을 위반하는 자는 더 큰 죄를 짓는 것이다.

아무도 약속을 통해서 다른 사람의 권한 안에 있는 것에 굳게 의무를 질 수는 없고 오직 자신의 권한 안에 온전히 있는 것에만 의무를 질 수 있다. 그러나 다른 사람에게 복종하는 자는, 그가 복종하는 것과 관련해서 자신의 권한에 따라 원하는 것을 할 수 있는 것이 아니라, 다른 사람의 의지에 달려 있다. 그러므로 그는 다른 사람에게 복종하는 것들에 있어서 자기 상급자의 동의 없이는 서원에 의하여 굳게 의무를 질 수 없다. 한편, 사춘기 이전의 소년이나 소녀가 아직도 이성을 사용하지 않는다면, 어떤 식으로든 서원으로 아무것도 의무 지어질 수 없다. 그러나 사춘기가 되기 전에 이성의 사용에 이르렀다면, 그 자신에 관한 한, 그의 서원은 의무 지어질 수 있지만, 부모에 의해 취소될 수 있으며, 아직 그들의 보살핌 아래 남아 있다. 사춘기가 지난 후, 그들은 이미 부모들의 의지 없이 단순 서원이나 장엄 서원으로 수도서원에 의무 지어질 수 있다.

서원의 관면(dispensatio)은 어떤 법의 준수에서 이루어지는 면제 방식으로 이해되어야 한다. 서원하는 사람은 많은 대부분의 경우에 선(bonum)인 어떤 것에 자신을 의무 지우는 가운데, 어떤 식으로든 자신에게 법을 정한다. 하지만 어떤 경우에는 그것이 단순히 나쁘거나 쓸모없거나 더 큰 선에 방해될 수 있으며, 서원 아래 있는 이유에 반대되기도 한다. 그렇기 때문에 이 경우에 서원은 지켜지지 말아야 한다는 것이 결정되어야 한다. 그리고 서원이 지켜지지 않는다는 것이 절대적으로 결정된다면, 그것은 서원의 관면이라고 불린다. 그러나 지켜야 할 것 대신에 다른 것이 부과된다면, 그것은 서원의 변경이라고 불린다. 그러므로 서원을 변경하는 것이 서원에서 면제되는 것보다 덜하다. 그러나 둘 다 교회의 권한에 있다.

서원은 하느님께 받아들여지는 어떤 것에 대해 하느님께 하는 약속이다. 그런데 약속을 받은 사람에게 한 약속에서 받아들여지는 것은 그의 재량(arbitrium)에 달려 있다. 그러나 교회에서 고위 성직자는 하느님의 자리를 차지하고 있다. 그러므로 서원들의 변경(commutatio)이나 관면에는 고위 성직자의 권위가 필요하다. 교황은 전체 교회에서 그리스도의 대리를 충만하게 행사하기 때문에, 그는 모든 관면 가능한 서원을 면제할 수 있는 권한의 충만함을 갖는다. 다른 하급 고위 성직자들에게는 통상적으로 서원하고 자주 관면이 필요한 서원들에서 관면이 위탁되는데, 그것은 그들이 순례의 서원과 단식의 서원을 비롯해 그와 같은 다른 것들의 서원에서 쉽게 호소할 수 있는 사람들을 갖도록 하기 위함이다. 그러나 예컨대 자제의 서원과 성지 순례의 서원 같은 더 중요한 서원들은 교황에게 유보되어 있다.

맹세(제89문)

맹세는 추인을 목적으로 한다. 그러나 인간적인 증언은 이러한 추인을 위해 충분하지 않으며, 신적 증언에 호소하는 것이 필요하다. 하느님은 거짓말을 할 수도 없고 그에게 아무것도 숨길 수 없기 때문이다. 하느님을 증인으로 취하는 것을 맹세한다고 말한다. 신적인 증언이 때때로 현재나 과거를 선언하도록 인도되며, 이것은 선언적인 맹세라고 불린다. 그리고 때때로 신적인 증인이 어떤 미래적인 것을 추인하기 위해 인도되는데, 이것은 약속의 맹세라고 불린다. 맹세에는 두 가지 방식이 있다. 하나는 누군가 "하느님은 나에게 증인이십니다."라고 말할 때처럼, 하느님에 대한 단순한 확인의 방식이다. 맹세하는 다른 방식은, 누군가 언급된 것이 참되지 않다면, 자신이나 자신에게 속한 어떤 것을 벌로 강제할 때 저주를 통해서 이루어진다. 맹세는 그것을 잘 사용하는 사람에게만 좋다. 그러므로 맹세를 잘 사용하려면 두 가지가 필요하다. 첫째, 사람은 가볍게 맹세하지 말고, 필요한 이유에 의해 그리고 신중하게 맹세해야 한다. 이와 관련하여, '판단'이 필요하다. 즉 맹세하는 자의 편에서 신중함이 필요하다. 둘째, 맹세에 의해 추인되는 것과 관련해서, 즉 맹세하는 것의 내용은 거짓도 아니고 부당한 것도 아니어야 한다. 이것과 관련해서 '진리'가 필요하다. 이 진리를 통해 누군가는 맹세와 함께 참된 것을 추인한다. 그리고 이 '정의'를 통해 합당한 것을 추인한다.

맹세하는 사람은 자신이 말하는 것을 추인하기 위해 하느님의 증인을 부른다. 그러나 더 확실하고 더 중요한 것에 의하지 않으면 아무것도 추인되지 않는다. 그러므로 인간이 하느님을 두고 맹세한다는 것에서, 그는 하느님이 더 위대하시다는 것을 고백한다. 그분의 앎은 보편적이기 때문이다. 따라서 그는 어떤 식으로든 하느님께 경외심을 드러낸다. 그러므로 맹세는 종교 행위 또는 흠숭 행위임이 분명하다.

서원과 맹세는 경우가 다르다. 우리는 서원을 통해 어떤 것을 하느님에 대한 경외로 질서 짓는다. 그러한 이유로 이것은 종교 행위이다. 그러나 반대로 맹세에서는 신적인 이름에 대한 경외심이 약속을 추인하기 위하여 사용된다. 그러므로 맹세에 의해 추인되는 것이 종교 행위가 되는 것은 아니다. 왜냐하면 도덕적 행위들은 목적에 따라 종(種)으로 나뉘기 때문이다. 맹세에는 두 가지가 있다. 하나는 하느님의 증언이 불리는 한에서 단순한 진술을 통해 이루어진다. 그리고 이 맹세는 믿음과 마찬가지로 신적 진리에 근거하고 있다. 그러나 믿음은 그 자체로 그리고 우선적으로 진리 자체이신 하느님에 관한 것이다. 반면, 앞서 말했듯이 이차적으로 하느님의 진리가 빛을 발하는 피조물들을 대상으로 한다. 마찬가지로, 맹세는 우선적으로 하느님 자신과 연관되며 그분의 증언을 부른다. 그리고 이차적으로는 어떤 피조물들 안에서, 그 피조물들 자체 때문이 아니라 신적 진리가 드러나는 한에서 그 피조물들을 맹세를 위하여 취한다. 마찬가지로 우리는 복음을 통해, 즉 하느님을 통해 맹세한다. 그분의 진리는 복음에서 드러난다. 그리고 우리는 성인들을 통해 맹세한다. 그분들은 이 진리를 믿었고 준수했기 때문이다. 맹세의 또 다른 방법은 저주(execratio)이다. 그리고 이 맹세에는 신적 심판이 집행되도록 어떤 피조물이 도입된다. 그러므로 인간은 흔히 자신의 머리나 아들이나 자신이 사랑하는 다른 어떤 것을 통해 맹세한다.

강제로 하는 맹세에는 두 종류의 의무가 있다. 하나는 어떤 것을 약속받는 사람에 대한 의무이다. 그러한 의무는 강제에 의하여 제거된다. 다른 한편으로는 하느님께 대한 의무가 있는데, 그분에 대하여 인간은 그분의 이름으로 약속한 것을 지킬 의무가 있다. 그리고 그러한 의무는 양심의 법정에서 폐지되지 않는다. 그러나 그는 반대되는 것을 맹세했음에도 불구하고 자신이 맹세에 따라 주었던 것을 재판에서 되찾기를 요구하거나 고위 성직자에게 보고할 수도 있다. 왜냐하면 그러한 맹세가 공적인 정의에 반대되기 때문에 더 나쁜 결과로 이어질 수 있기 때문이다.

일반적으로 서원의 의무가 맹세의 의무보다 더 크다. 왜냐하면 서원을 통해서는 하느님께 의무를 지게 되고, 맹세를 통해서는 사람에게 의무를 지게 되기 때문이다. 그리고 사람은 사람보다 더 하느님에게 의무를 지니기 때문에 서원의 의무가 훨씬 더 크다. 또한, 일정한 이유로 인해 서원에서 면제될 수 있듯이, 맹세에서도 그렇다. 더 나아가, 맹세는 개인이나 시간의 어떤 조건에 의해 방해를 받을 수 있다. 맹세에는 고려해야 할 두 가지가 있다. 하나는 그분의 증언이 도입되는 하느님이다. 이와 관련해서 맹세에 대해서는 지극한 경외심을 가져야 한다. 그리고 이로 인해 사춘기 이전에 맹세할 의무가 없는 아이들은 맹세에서 제외된다. 인간 편에서 고려해야 할 다른 것은 그의 말이 맹세로 확증되는 인간 편에 있다. 사실, 인간이 말하는 것은 그에 대해 의심받는 것이 아니라면 추인이 필요하지 않다. 그러나 이것은 개인의 품위를 손상시킨다. 그래서 말하는 것들의 진리에 대해 의심받는다. 그러므로 아주 큰 품위를 지닌 사람들이 맹세하는 것은 적절하지 않다.

선서의 방식을 통한 신적 이름을 취함(제90문)

자신의 약속에 대한 추인으로 도입하는 하느님의 이름을 향한 경외를 위해 약속의 맹세를 하는 자는 약속한 것을 이행할 의무가 있다. 즉 그는 어떤 것을 행하도록 자기 자신에게 명령한다. 그러나 인간이 어떤 것을 하기 위해 자신에게 명령할 수 있듯이, 상급자들에게는 애원하는 반면, 하급자들에게는 명령하는 가운데, 다른 사람들에게도 그렇게 할 수 있다. 그러므로 두 가지 명령이 어떤 신적인 것에 의해 추인될 때, 이것이 선서이다. 그러나 여기서 인간은 자기 행위들의 주인이지만 다른 이에 의해 이루어지는 행위들의 주인은 아니라는 데 차이가 있다. 그러므로 신적 이름을 부르는 가운데 필요성을 자신에게 부과할 수 있지만, 맹세의 의무를 이행하도록 강제할 수 있는 수하들이 아니라면, 이러한 필요성을 다른 이들에게 부과할 수는 없다. 그러나 신적 이름이나 신적인 것에 대한 경외심으로 어떤 필요성을 부과하지 않으면서 다른 사람으로부터 무언가를 얻으려고만 한다면, 그러한 선서는 모든 사람에 대해 합법적이다.

  두 가지 선서 방법이 있는데, 하나는 거룩한 것에 대한 경외심 때문에 애원(deprecatio)의 방식으로 또는 인도(inductio)의 방식으로 하는 선서이다. 반면, 다른 하나는 강제(compulsio)의 방식을 통해 하는 선서이다. 그러나 첫째 방식으로는 마귀들에게 선서하는 것이 허용되지 않는다. 왜냐하면 이러한 선서의 방식은 마귀들에게 사용하는 것이 허용되지 않는 어떤 선의(benevolentia)나 우정(amicitia)에 속하는 것으로 보이기 때문이다. 하지만 선서의 둘째 방식은 강제에 의한 것이다. 이것은 어떤 것에 대해서는 우리가 사용하는 것이 합법적이고 어떤 것에 대해서는 그렇지 않다. 이 삶의 과정에서 마귀들이 우리에게 적수들로 있다. 그들의 행위는 우리의 태세(dispositio) 아래 있는 것이 아니라 하느님과 거룩한 천사들의 태세 아래 있다. 우리는 신적 이름의 권능으로 선서함으로써 원수들인 마귀들을 물리치고, 그리스도에 의해 주어진 권한에 따라 그들이 영적으로나 육체적으로나 우리에게 해를 입히지 않도록 할 수 있다. 그러나 마귀들로부터 무엇을 배우거나 얻기 위하여 선서하는 것은 그들과 나누는 어떤 교류에 속하기 때문에 허용되지 않는다.

  비이성적 피조물의 작용은 그 자신에게만 귀속되는 것이 아니라, 무엇보다도 모든 것이 그 배치(dispositio)에 따라 움직이는 하느님에게 귀속된다. 그것은 또한 신적 허락과 함께 사람들을 해치기 위해 어떤 비이성적 피조물들을 사용하는 악마(diabolus)에게도 속한다. 그러므로 비이성적인 피조물에게 하는 선서는 이중적으로 이해될 수 있다. 한 가지 방식은 선서가 그 자체에 따른 비이성적 피조물과 연관되는 것이다. 따라서 이 경우 비이성적 피조물을 두고 선서하는 것은 헛된 일이다. 다른 방식은 선서가 비이성적 피조물이 행동하고 움직이게 하는 자와 관련된다. 따라서 비이성적 피조물에 대해서는 이중적으로 선서한다. 첫째 방식은 하느님께 직접 애원하는 방식을 통해 이루어지며, 이는 신적 부름을 통해 기적들을 이루는 이들에게 속한다. 다른 방식은 우리에게 해를 끼치기 위해 비이성적 피조물들을 이용하는 악마와 연관된 강제의 방식으로 이루어진다. 그리고 그것은 교회의 구마식들(exorcismus)에서 선서하는 방식이다. 마귀들의 권한은 이 구마식들을 통해 비이성적 피조물들로부터 배제된다. 그러나 마귀들로부터 도움을 간청하면서 그들에게 선서하는 것은 부당하다.

찬미를 위해 하느님의 이름을 취함(제91문)

하느님은 입으로 찬미받으시는 것이 합당하다. 마음들의 관찰자이신 하느님께는 우리의 개념들을 그분께 표현하기 위해서가 아니라 우리 자신과 우리의 말을 듣는 이들이 그분을 경외하도록 인도하기 위해 말들을 사용한다. 그러므로 입의 찬미는 하느님 때문이 아니라 찬미자 자신 때문에 필요하다. 입의 찬미는 하느님의 위대한 업적들을 다시 생각하는 가운데 하느님께 찬미드리는 마음의 찬미가 없으면 찬미자에게 쓸모가 없다. 그럼에도 불구하고 말한 바와 같이, 찬미자에게 내적 감정을 일으키기 위한, 그리고 다른 이들을 하느님에 대한 찬미로 자극하기 위한 입의 외적인 찬미는 효과가 있다. 하느님에 대한 사람의 감정을 자극하기 위해서 소리적인 찬미(laus vocalis)가 필요하다. 그러므로 여기에 유익할 수 있는 모든 것은 적절하게 신적 찬미로 취해져야 한다. 영혼은 유쾌하기 위해 열심히 사용하는 노래 때문에 노래되는 것에 대해 숙고하게 된다. 누군가가 신심으로 노래한다면, 그는 언급되는 것을 더 주의 깊게 숙고하게 된다. 그리고 왜 노래가 불리는지, 즉 하느님에 대한 찬미를 위해 노래하는 것을 이해한다. 그리고 이것은 신심을 불러일으킬 만하다.

참고문헌

Abba, Raymond, *Principle of Christian Worship*, New York-London, Oxford University Press, 1966.

Bauerschmidt, Frederick, *Thomas Aquinas, Faith, Reason, and Following Christ*, Oxford, Oxford University Press, 2013.

Berger, Favid, *Thomas Aquinas and the Liturgy*, Ann Arbor(MI), Sapientia Press, 2005.

Blankenhorn, Bernard, *The Mystery of Union with God: Dionysian Mysticism in Albert the Great and Thomas Aquinas*, Washington, Catholic University of America Press, 2015.

Chenu, Marie-Dominique, OP, *Aquinas and His Role in Theology*, Collegeville(MN), Liturgical Press, 2002.

Dauphinais, Michael et als.(eds.), *Thomas Aquinas as Spiritual Teacher*, Ave Maria (Florida), Sapientia Press, 2023.

Delling, G., *Worship in the New Testament*, Philadelphia, Westminster Press, 1962.

Di Noia, Augustine, OP, "*Quantum Potes, Tantum Aude*: Elements of Liturgical Spirituality in the Thelogy of St. Thomas", in Michael Dauphinais et als. (eds.), *Thomas Aquinas as Spiritual Teacher*, Ave Maria(Florida), Sapientia Press, 2023, pp.303-320.

Flood, Anthony, *The Metaphysical Foundations of Love: Aquinas on Participation, Unity and Union*, Washington, Catholic University of America Press, 2018.

Fuente, A. G., "La teologia liturgica e la liturgia nella teologia in san Tommaso d'Aquino," *Angelicum* 74(1997), 359-417; 551-601.

Garrigou-Lagrange, Reginald, OP, *Christian Perfection and Contemplation*, Rockford(IL), TAN Books, 2010.

Garrigou-Lagrange, Reginald, OP, *The Three Ages of the Interior Life*, 2 vols., Rockford(IL), TAN Books, 1997.

Goris, Harm and Henk Schoot(eds.), *The Virtuous Life: Thomas Aquinas on the Theological Nature of Moral Virtues*, Leuven, Peeters, 2017.

Häring, Bernhard, *Prayer: The Integration of Faith and Life*, Notre Dame, Ind., Fides Publications, 1975.

Hinnebusch, Paul, *Prayer, the Search for Authenticity*, New York, Sheed and Ward, 1969.

Horn, Henry E., *Worship in Crisis*, Philadelphia, Fortress press, 1972.

Hütter, Reinhard, *Bound for Beatitude: A Thomistic Study in Eschatology and Ethics*, Washington, Catholic University of America Press, 2019.

Leget, Carlo, *Living with God: Thomas Aquinas on the Relation between Life on Earth and 'Life' after Death*, Leuven, Peeters, 1997.

Levering, Matthew et al.(eds.), *Rediscovering Aquinas and the Sacraments: Studies in Sacramental Theology*, Chicago, Hillenbrand Books, 2009.

Lippini, Pietro, OP, "Introduzione", in S. Tommaso d'Aquino, *Opuscoli spirituali: Commenti al Credo, al Padre nostro, all'Ave Maria e ai dieci Commandamenti*, Bologna, ESD, 1999, pp.5-25.

Lynch, Reginald, OP, *The Cleansing of the Heart: The Sacraments of Instrumental Causes in the Thomistic Tradition*, Washington, Catholic University of America Press, 2017.

Magsam, Charles M., *The Inner Life Worship*, St. Meinrad, Ind, Grail Publications, 1958.

Mongeau, Gilles, *Embracing Wisdom: The Summa Theologiae as Spiritual Pedagogy*, Toronto, Pontifical Institute of Mediaeval Studies, 2015.

Murray, Paul, *Aquinas at Prayer: The Bible, Mysticism and Poetry*, London, Bloomsbury, 2013.

NcGinn, Bernard, "*Contemplatio sapientialis*: Thomas Aquinas's Contribution to Mystical Theology", *Ephemerides Theologicae Lovaniensis* 95(2019), 317-334.

Nedoncelle, Maurice, *God's Encounter with Man. A Contemporary Approach to Prayer*, New York, Sheed and Ward, 1964.

Nichols, Aidan, OP, "St. Thomas and the Sacramental Liturgy", *The Thomist* 72(2008), 183-197.

O'Neill, Colman, OP, "The Mysteries of Christ and the Sacraments", *The Thomist* 25(1962), 1-53.

Panikkar, Raimundo, *Worship and Secula Man*, London, Darton, Longman and Todd, Orbis Books, 1973.

Porter, Jean, "Right Reason and Love of God: The Parameters of Aquinas's Moral Theology", in Van Nieuwenhove et al.(eds.), *The Theology of Thomas Aquinas*, Notre Dame(IN), University of Notre Dame Press, 2005, pp.167-191.

Rahner, K. & Vorgrimler, H., *Kleines Theologisches Wörterbuch*, Herder-Bücherei, Band 108/109, 1961.

Rizha, John, *Perfecting Human Actions: St. Thomas Aquinas on Human Participation in Eternal Law*, Washington, Catholic University of America Press, 2009.

Smart, Ninian, *The Concept of Worship*, London, Macmillan, 1972.

Solano, Jesus, "The Roots of Christian Prayer", *Review for Religious* 33(1974), 553-

564.

Spiazzi, Raimondo, OP, *San Tommaso d'Aquino: Biografia documentata di un uomo buono, intelligente, veramente grande*, Bologna, ESD, 1995, pp.195-214.

Tommaso d'Aquino, *La perfezione cristiana nella vita consacrata*, a cura di Tito S. Centi, OP, Bologna, ESD, 1995.

Torrell, Jean-Pierre, OP, *Christ and Spirituality in St. Thomas Aquinas*, Washington, Catholic University of America Press, 2011.

Torrell, Jean-Pierre, OP, *Saint Thomas Aquinas, vol.2: Spiritual Master*, Washington, Catholic University of America Press, 2003.

Tueck, Jan-Heiner, *A Gift of Presence: The Theology and Poetry of the Eucharist in Thomas Aquinas*, Washington, Catholic University of America Press, 2018.

Van Nieuwenhove, Rik, "Serching for a Connection: Prayer and Contemplation 'Broadly conceived' in Thomas Aquinas", *Ephemerides Theologicae Lovaniensis* 95(2019), 283-298.

Van Nieuwenhove, Rik, *Thomas Aquinas and Contemplation*, Oxford, Oxford University Press, 2021.

Vos, Wiebe(ed.), *Worship and Secularization Bossum*, Bolland, Brand, 1970.

Walsh, Liam, OP, "Liturgy in the Theology of St. Thomas", *The Thomist* 38(1974), 557-583.

Williams, Anna, "Mystical Theology Redux: The Pattern of Aquinas's Summa Theologiae", *Modern Theology* 13(1997), 53-74.

땅끄레, 아돌프, 『수덕-신비신학 2: 완덕의 삶』, 정대식 옮김, 크리스챤출판사, 1999, 194-220쪽.

땅끄레, 아돌프, 『수덕-신비신학 3: 정화의 길』, 정대식 옮김, 크리스챤출판사, 2000, 44-100쪽.

땅끄레, 아돌프, 『수덕-신비신학 4: 빛의 길』, 정대식 옮김, 크리스챤출판사, 2000, 32-52, 93-102쪽.

몬딘, 바티스타, 「기도」, 「맹세」, 「서원」, 「신심」, 「예배」, 「종교」, 「흠숭」, 『성토마스 개념사전』, 이재룡·안소근·윤주현 옮김, 한국성토마스연구소, 2020, 163-165쪽, 219-220쪽, 306-308쪽, 384쪽, 461-462쪽, 669-673쪽, 846-847쪽.

배런, 로버트, OP, 『토마스 아퀴나스가 가르치는 세계관과 영성』, 안소근 옮김, 누멘, 2011.

정대식, 『묵상기도의 방법』, 크리스챤출판사, 2003.

패렐, 월터, OP, 『신학대전 해설서 III』, 윤주현·조규홍 옮김, 수원가톨릭대학교출판부, 2021. 337-394쪽.

페쉬케, K. H., 『그리스도교 윤리학 제2권: 대신 및 대인 윤리』, 김창훈 옮김, 분도출판사, 1992, 127-141쪽, 159-170쪽, 212-221쪽.

포프, 스테픈(편), 『아퀴나스의 윤리학』, 이재룡·김도형·안소근·윤주현 옮김, 한국성토마스연구소, 2021.

피퍼, 요셉, 『성 토마스의 침묵』, 이재룡 옮김, 한국성토마스연구소, 2023.

피퍼, 요셉, 『여가와 경신』, 김진태 옮김, 가톨릭대학교출판부, 2쇄, 2016.

핑케어스, 세르베, OP, 『정념과 덕』, 이재룡 옮김, 한국성토마스연구소, 2023.

한광석, 『기도의 ABC』, 가톨릭출판사, 2013.

토마스 아퀴나스 신학대전 39

종교와 경신

제2부 제2편
제80문 - 제91문

QUAESTIO LXXX
DE PARTIBUS POTENTIALIBUS IUSTITIAE

Deinde considerandum est de partibus potentialibus iustitiae,[1] idest de virtutibus ei annexis.[2]

Et circa hoc duo sunt consideranda:

primo quidem, quae virtutes iustitiae annectantur; secundo, considerandum est de singulis virtutibus iustitiae annexis.[3]

Articulus 1
Utrum convenienter assignentur virtutes iustitiae annexae

Ad primum sic proceditur. Videtur quod inconvenienter assignentur virtutes iustitiae annexae.

1. Tullius enim[1] enumerat sex: scilicet *religionem, pietatem, gratiam, vindicationem, observantiam, veritatem*. Vindicatio autem videtur species esse commutativae iustitiae, secundum quam illatis iniuriis vindicta rependitur, ut ex supradictis[2] patet. Non ergo debet poni inter

---

1. De conceptu partis potentialis. cf. q.48, a.1; q.128, a.1; q.143, a.1.
2. Cf. q.61, Introd.

제80문
정의의 잠재적 부분들에 대하여
(전1절)

이제 정의의 잠재적 부분들,[1] 즉 그것에 연결된 덕들에 대해[2] 숙고하기로 하자. 이것과 관련해서, 두 가지가 고려된다.

첫째, 어떤 덕들이 정의에 연결되는가 하는 점이다.

둘째, 정의에 연결된 개별적인 덕들에 대한 숙고이다.[3]

제1절 정의에 연결된 덕들은 적절하게 열거되었는가

Parall.: Infra, q.122, a.1; I-II, q.60, a.3; *In Sent.*, d.9, q.1, a.1, qc.4; d.33, q.3, a.4.

[반론] 첫째에 대해서는 다음과 같이 진행된다. 정의(iustitia)에 연결된 덕들은 부적절하게 열거된 것으로 보인다.

1. 키케로는[1] 여섯 개를 배정한다. 즉 종교, 경건, 감사, 권리청구, 경의, 진리. 그러나 권리청구는 교환적 정의의 종(種)이다. 위에서 언급한 바와 같이,[2] 겪은 불의들에 대해 교환정의에 따라 권리청구를 하는 것

---

3. q.81.

1. *De invent. rhet.*, II, c.53: ed. G. Friedrich, Lipsiae, 1908, p.230, ll.19-20.
2. q.61, a.4.

virtutes iustitiae annexas.

2. Praeterea, Macrobius, *super Somnium Scipionis*,³ ponit septem: scilicet *innocentiam, amicitiam, concordiam, pietatem, religionem, affectum, humanitatem;* quarum plures a Tullio praetermittuntur.⁴ Ergo videtur insufficienter enumeratas esse virtutes iustitiae adiunctas.

3. Praeterea, a quibusdam aliis⁵ ponuntur quinque partes iustitiae: scilicet *obedientia* respectu superioris, *disciplina* respectu inferioris, *aequitas* respectu aequalium, *fides* et *veritas* respectu omnium; de quibus a Tullio non ponitur nisi *veritas*.⁶ Ergo videtur insufficienter numerasse virtutes iustitiae annexas.

4. Praeterea, Andronicus Peripateticus ponit⁷ novem partes iustitiae annexas: scilicet *liberalitatem, benignitatem, vindicativam, eugnomosynam, eusebiam, eucharistiam, sanctitatem, bonam commutationem, legispositivam;* ex quibus etiam Tullius manifeste non ponit nisi *vindicativam*.⁸ Ergo videtur insufficienter enumerasse.

5. Praeterea, Aristoteles, in V *Ethic.*,⁹ ponit *epieikeiam* iustitiae adiunctam: de qua in nulla praemissarum assignationum videtur mentio esse facta. Ergo insufficienter sunt enumeratae virtutes iustitiae annexae.

RESPONDEO dicendum quod in virtutibus quae adiunguntur

---

3. I, c.8: ed. Fr. Eyssenhardt, Lipsiae, 1868, p.507, ll.26-27.
4. Cf. 1a.
5. Ut a Guilelmo Parisiensi(+1249), *De virtutibus*, c.12: Venetiis, 1591, t.1, p.157b.
6. Cf. 1a.

이다. 그러므로 그것은 정의와 연결된 덕들 가운데 두지 말아야 한다.

2. 마크로비우스는 『스키피오의 꿈』³에서 일곱 개를 두었다. 즉 무죄함, 우정, 조화, 경건, 종교, 감정, 박애. 그것들 가운데 다수는 키케로에 의해 간과되었다.⁴ 그러므로 정의에 첨가된 덕들은 불충분하게 열거된 것으로 보인다.

3. 몇몇 다른 이들은⁵ 정의의 다섯 부분, 즉 상급자들에 대한 순종, 수하들에 대한 훈육, 동료들에 대한 평등, 모든 이들에 대한 믿음과 진리를 두었다. 키케로는 이것들 중에서 진리⁶ 외에는 제시하지 않았다. 그러므로 정의에 연결된 덕들은 불충분하게 열거된 것으로 보인다.

4. 소요학파 철학자인 안드로니쿠스는 정의의 연결된 아홉 가지 부분을 제시했다.⁷ 즉 아량, 자애, 권리청구, 상식(eugnomosyna), 신심(eusebia), 감사, 거룩함, 좋은 교환, 법제화가 그렇다. 그러나 또한 키케로는 이것들 중에서 권리청구 외에는 분명하게 제시하지 않았다.⁸ 그러므로 불충분하게 열거된 것으로 보인다.

5. 아리스토텔레스는 『니코마코스 윤리학』 제5권에서⁹ 정의에 추가되는 형평(epieikeia)을 제시했다. 그것에 대해서는 이전에 배정된 것들 가운데 어느 것에서도 언급되지 않은 것으로 보인다. 그러므로 정의에 연결된 덕들은 불충분하게 열거되었다.

[답변] 어떤 주요 덕으로 모이는 덕들에서 두 가지가 고려되어야 한

---

7. *De Affectibus Liber*, de Prudentia: inter *Fragm. Phil. Graec.*, ed G. A. Mullachius, Parisiis, 1867-1879, t.3, p.577.
8. Cf. 1a.
9. c.14, 1138a3; S. Thomas, lect.16, n.1090.

alicui principali virtuti duo sunt consideranda: primo quidem, quod virtutes illae in aliquo cum principali virtute conveniant; secundo, quod in aliquo deficiant a perfecta ratione ipsius. Quia vero iustitia ad alterum est, ut ex supradictis[10] patet, omnes virtutes quae ad alterum sunt possunt ratione convenientiae iustitiae annecti. Ratio vero iustitiae consistit in hoc quod alteri reddatur quod ei debetur secundum aequalitatem, ut ex supradictis[11] patet. Dupliciter igitur aliqua virtus ad alterum existens a ratione iustitiae deficit: uno quidem modo, inquantum deficit a ratione aequalis; alio modo, inquantum deficit a ratione debiti.

Sunt enim quaedam virtutes quae debitum quidem alteri reddunt, sed non possunt reddere aequale. Et primo quidem, quidquid ab homine Deo redditur, debitum est: non tamen potest esse aequale, ut scilicet tantum ei homo reddat quantum debet; secundum illud Psalm. [Ps. 115, 3][12]: *Quid retribuam Domino pro omnibus quae retribuit mihi?* Et secundum hoc adiungitur iustitiae *religio,* quae, ut Tullius dicit,[13] *superioris cuiusdam naturae, quam divinam vocant, curam caeremoniamque vel cultum affert.* — Secundo, parentibus non potest secundum aequalitatem recompensari quod eis debetur: ut patet per Philosophum, in VIII *Ethic..*[14] Et sic adiungitur iustitiae *pietas, per quam,* ut Tullius dicit,[15] *sanguine iunctis patriaeque benevolis*

---

10. q.58, a.2.
11. q.58, a.11.
12. 또는 시편 114,12. Cf. q.57, a.1, ad3.

다. 첫째, 그런 덕들이 주요 덕과 함께 어떤 점에서 모인다는 것이다. 둘째, 어떤 면에서 [그 덕들에게는] 그 주요한 덕의 완전한 근거가 부족하다는 것이다. 그러나 위에서 말한 것에서[10] 분명하듯이, 정의는 다른 이를 향해 있으므로, 다른 이를 향해 있는 모든 덕은 이러한 적합함의 이유로 정의에 연결될 수 있다. 또한 위에서 말한 것에서[11] 분명하듯이, 정의의 이유는 동등함(aequalitas)에 따라 다른 이에게 마땅한 것을 그에게 돌려주는 데 있다. 그러므로 다른 이를 향해 존재하는 어떤 덕은 정의의 근거에 대하여 두 가지 방식으로 부족할 수 있다. 한 가지 방식은 동등함의 이유에 따라 부족한 한에서, 다른 방식은 마땅한 것(debitum)의 이유에 따라 부족한 한에서 [그렇다].

어떤 덕들은 다른 이에게 마땅한 것을 돌려주는 데 반해, 동등함을 돌려줄 수는 없다. 첫째, 인간에 의해 하느님께 돌려지는 모든 것은 마땅한 것이지만, 그가 그분께 빚진 것을 드리듯이 동등할 수는 없다. "제게 주신 모든 것을 위해 주님께 무엇을 갚아드리오리까?"라는 시편 116편 [12절]이 말한 바와 같다.[12] 그래서 키케로가 "신적(神的)이라고 불리는 어떤 상위 본성에 관심과 예식 또는 예배를 가져간다."고 말한 것처럼,[13] 정의에 종교(religio)가 추가된다. 둘째, 『니코마코스 윤리학』제8권에서 철학자에 의해 분명히 드리니듯이,[14] 동등함에 따라 부모들에게 마땅한 것이 그들에게 보상될 수는 없다. 그래서 정의에 경건함(pietas)이 추가된다. 키케로가 말한 것처럼,[15] "경건함은, 그것을 통해 피로 연결된 이들과 조국의 은인들에게 직무와 열심한 예배가 돌

---

13. *De invent. rhet.*, l.2, c.53: ed. cit., p.230, ll.20-22.
14. c.16, 1163b17-18; S. Thomas, lect.14, n.1752.
15. loc. cit.: ed. cit.; p.230, ll.22-24.

officium et diligens tribuitur cultus. — Tertio, non potest secundum aequale praemium recompensari ab homine virtuti: ut patet per Philosophum, in IV *Ethic.*.[16] Et sic adiungitur iustitiae *observantia, per quam,* ut Tullius dicit,[17] *homines aliqua dignitate antecedentes quodam cultu et honore dignantur.*

A ratione vero debiti iustitiae defectus potest attendi secundum quod est duplex debitum, scilicet morale et legale: unde et Philosophus, in VIII *Ethic.*,[18] secundum hoc duplex iustum assignat. Debitum quidem legale est ad quod reddendum aliquis lege adstringitur: et tale debitum proprie attendit iustitia quae est principalis virtus. Debitum autem morale est quod aliquis debet ex honestate virtutis.[19] Et quia debitum necessitatem importat, ideo tale debitum habet duplicem gradum.[20] Quoddam enim est sic necessarium ut sine eo honestas morum conservari non possit: et hoc habet plus de ratione debiti. Et potest hoc debitum attendi ex parte ipsius debentis. Et sic ad hoc debitum pertinet quod homo talem se exhibeat alteri in verbis et factis qualis est. Et ita adiungitur iustitiae *veritas, per quam,* ut Tullius dicit,[21] *immutata ea quae sunt aut fuerunt aut futura sunt, dicuntur.* — Potest etiam attendi ex parte eius cui debetur: prout scilicet aliquis recompensat alicui secundum ea quae fecit. Quandoque

---

16. c.7, 1124a7–9; S. Thomas, lect.9, n.751.
17. loc. cit.: ed. cit., p.230, ll.29-30.
18. c.15, 1162b21–25; S. Thomas, lect.13, nn.1733-1734.
19. Cf. q.23, a.3, ad1; q.31, a.3, ad3; q.102, a.2, ad2; q.106, a.4, ad1; q.114, a.2; q.117, a.5,

려지는 것이다." 셋째, 『니코마코스 윤리학』 제4권에서 철학자에 의해 분명히 드러나듯이,[16] 인간은 덕에 대하여 동등한 값에 따라 보상할 수 없다. 그리고 이렇게 해서 정의에 경의(observantia)가 추가된다. 키케로가 『수사학』에서 말하듯이,[17] "품위에서 뛰어난 사람들에게 예배와 명예가 주어진다."

한편, 마땅한 것이라는 근거에 관해서는 두 가지로, 곧 도의적으로 마땅한 것과 법적으로 마땅한 것에 따라서 정의에 결핍이 있을 수 있다. 그러므로 철학자는 『니코마코스 윤리학』 제8권[18]에서 이에 따라 이중적인 정의를 배정했다. 법적으로 마땅한 것은 법에 의해 주어야 하는 것이며, 이러한 의무는 주요 덕인 정의를 고유하게 향한다. 그러나 도덕적으로 마땅한 것은 덕의 정직함에 기인하는 것이다.[19] 의무는 필요를 내포하므로, 따라서 그러한 의무는 이중적인 단계를 갖는다.[20] 사실, 어떤 것은 그것 없이는 관습의 정직함이 보존될 수 없는 것으로, 이는 더 의무의 근거를 갖는다. 그리고 이 채무는 채무자 자신의 편에서 주의가 기울여질 수 있다. 그래서 인간이 말들과 행실들로 다른 이에게 있는 그대로를 드러내는 것이 이 채무에 속한다. 그리고 이렇게 해서 정의에 진리(veritas)가 추가된다. 키케로가 말하듯이,[21] "진리를 통해 있는 것들이나 있었던 것들 또는 미래적인 것들이 변경 없이 있게 된다고 진술된다." 그러나 또한 채권자 편에서, 즉 누군가 행한 것에 준해서 어떤 사람에게 보상하는 데 따라 주의할 수도 있다. 때때로 선들에 있어서 [그렇다]. 그래서 정의에 감사(gratia)가 첨가된다. 키케로

---

ad1; q.118, a.3, ad2.
20. Cf. I-II, q.99, a.5.
21. loc. cit., ed. cit., p.230, ll.30-31.

quidem in bonis. Et sic adiungitur iustitiae *gratia, in qua*, ut Tullius dicit,[22] *amicitiarum et officiorum alterius memoria, remunerandi voluntas continetur alterius*. — Quandoque vero in malis. Et sic adiungitur iustitiae *vindicatio, per quam*, ut Tullius dicit,[23] *vis aut iniuria, et omnino quidquid obscurum est, defendendo aut ulciscendo propulsatur*.

Aliud vero debitum est necessarium sicut conferens ad maiorem honestatem, sine quo tamen honestas conservari potest. Quod quidem debitum attendit *liberalitas, affabilitas sive amicitia*, et alia huiusmodi. Quae Tullius praetermittit in praedicta enumeratione, quia parum habent de ratione debiti.

AD PRIMUM ergo dicendum quod vindicta quae fit auctoritate publicae potestatis secundum sententiam iudicis, pertinet ad iustitiam commutativam. Sed vindicta quam quis facit proprio motu, non tamen contra legem, vel quam quis a iudice requirit, pertinet ad virtutem iustitiae adiunctam.[24]

AD SECUNDUM dicendum quod Macrobius videtur attendisse ad duas partes integrales iustitiae: scilicet declinare a malo, ad quod pertinet *innocentia;* et facere bonum, ad quod pertinent sex alia. Quorum duo videntur pertinere ad aequales: scilicet *amicitia* in exteriori convictu, et *concordia* interius. Duo vero pertinent ad superiores: *pietas* ad parentes, et *religio* ad Deum. Duo vero ad inferiores:

---

22. loc. cit., ed. cit., p.230, ll.24-25.
23. loc. cit., ed. cit., p.230, ll.26-28.

가 말하듯이[22] "그 안에는 다른 이에 대한 우정들과 의무들에 대한 기억, 다른 이에게 보답하려는 의지가 포함된다." 그러나 때때로 악에 있어서도 [그렇다]. 그래서 정의에 대한 권리청구(vindicatio)가 추가된다. 키케로가 말하듯이,[23] "이를 통해 방어하거나 원수를 갚는 가운데 폭력이나 모욕 그리고 모든 어두운 것이 배제된다."

그러나 더 큰 정직함에 기여하기 위해 다른 의무가 필요하다. 하지만 그것이 없어도 정직함을 보존할 수 있다. 이 의무는 아량(liberalitas), 친절(affabilitas) 또는 우정(amicitia) 그리고 그와 비슷한 다른 것들이다. 이것들은 키케로가 위에서 언급한 목록에서 간과한 덕들인데, 그것은 [그 덕들이] 의무의 이유를 조금밖에 갖지 않기 때문이다.

[해답] 1. 재판관의 판결에 따라 공권력을 지닌 권위자에 의해 이루어진 권리청구는 교환적 정의에 속한다. 반면, 누군가 자발적으로(proprio motu) 하는 권리청구, 그러나 법을 거스르지 않거나 재판관에 의해 요구되는 권리청구는 정의에 첨가된 덕에 속한다.[24]

2. 마크로비우스는 정의를 구성하는 두 가지 부분에 주의를 기울이길 원했던 것으로 보인다. 즉 악에서 벗어나는 것으로, 여기에 무죄함이 속한다. 그리고 선을 행하는 것으로, 여기에 다른 여섯 개가 속한다. 이것들 가운데 두 개는 동등한 이들, 즉 우정은 외적인 신념에 그리고 조화는 내적으로 [그렇다]. 그러나 두 개는 우월한 이들에게 속한다. 즉 경건(pietas)은 부모에게, 종교는 하느님에게 속한다. 반면, 두 개는 열등한 이들에게 [속한다]. 그들의 선을 흡족해하는 한에서 감정(affectus)이,

---

24. Cf. q.108, a.2, ad1.

q.80, a.1

scilicet *affectus*, inquantum placent bona eorum; et *humanitas*, per quam subvenitur eorum defectibus. Dicit enim Isidorus, in libro *Etymol.*,[25] quod *humanus* dicitur aliquis *quia habeat circa hominem amorem et miserationis affectum: unde humanitas dicta est qua nos invicem tuemur.* — Et secundum hoc *amicitia* sumitur prout ordinat exteriorem convictum: sicut de ea Philosophus tractat in IV *Ethic.*.[26]

Potest etiam *amicitia* sumi secundum quod proprie respicit affectum: prout determinatur a Philosopho in VIII[27] et in IX[28] *Ethic*. Et sic ad amicitiam pertinent tria: scilicet benevolentia, quae hic dicitur *affectus;* et *concordia;* et beneficentia, quae hic vocatur *humanitas*. — Haec autem Tullius praetermisit, quia parum habent de ratione debiti, ut dictum est.[29]

AD TERTIUM dicendum quod *obedientia* includitur in *observantia*, quam Tullius ponit: nam praecellentibus personis debetur et reverentia honoris et obedientia. — *Fides* autem, *per quam fiunt dicta*,[30] includitur in *veritate*, quantum ad observantiam promissorum. Veritas autem in plus se habet, ut infra[31] patebit. — *Disciplina* autem non debetur ex debito necessitatis: quia inferiori non est aliquis obligatus, inquantum est inferior (potest tamen aliquis superiori obligari ut inferi-

---

25. l.10, ad litt. H, n.117: ML 82, 379B.
26. c.12, 1126b17-22; S. Thomas, lect.14, nn.818-820.
27. cc.1sqq., 1155a3-1156b11; S. Thomas, lect.1-3, nn.1538-1576.
28. cc.1sqq., 1163b32-1172a15; S. Thomas, lect.1-14, nn.1757-1952.

그들의 부족함을 도와주는 것을 통해서 박애(humanitas)가 그렇다. 사실, 이시도루스는 『어원』에서 다음과 같이 말했다[25]: "어떤 사람이 박애적(humanus)이라고 언급되는 것은 인간에 대한 사랑과 자비의 감정을 갖기 때문이다. 그러므로 박애는 우리가 서로 돌보는 것에 의해 언급된다." 이에 따르면, 우정은 철학자가 『니코마코스 윤리학』 제4권에서 다루듯이,[26] 외적인 관계를 질서 짓는 데 따라 취해진다.

또한 우정은 『니코마코스 윤리학』 제8권[27]과 제9권[28]에서 철학자에 의해 규정되는 것처럼, 고유하게 감정과 관련된 것에 따라 취해진다. 그러므로 우정에는 세 가지가 속한다. 즉 선의(benevolentia)로, [마크로비우스에게서] 감정으로 언급된다. 그리고 선행(beneficentia)으로, 여기서 박애로 불린다. 그러나 키케로는 이런 것들을 생략했다. 왜냐하면 말한 바와 같이,[29] [그것들은] 마땅한 것이라는 근거를 조금밖에 갖고 있지 않기 때문이다.

3. 순종은 키케로에 의해 제시된 경의에 내포되어 있다. 사실, 뛰어난 사람들에게는 경외와 명예 그리고 순종이 당연하다. 반면, 말하는 것을 행하는 믿음(fides)은[30] 약속들의 준수와 관련된 한에서 진리에 내포되어 있다. 또한 아래에서 드러나게 되듯이,[31] 진리는 더 많은 것을 갖고 있다. 그러나 훈육(disciplina)은 필요의 의무로부터 기인하지 않는다. 왜냐하면 열등한 사람에 대한 것이라는 한에서, 아무도 열등한 사람들에게 의무적이지는 않기 때문이다(그러나 "주인이 자신의 가족 위에

---

29. 본론.
30. *De re publ.*, IV, c.7: ed. C. F. W. Mueller, Lipsiae, 1910, p.356, ll.35-36. Cf. Augustinus, Epist.82, al.19, ad Hieron., c.2, n.22: ML 33,285; de Mend., c.20: ML 40, 515.
31. q.109.

oribus provideat: secundum illud Matth. 24, [45]: *Fidelis servus et prudens, quem constituit dominus*[32] *super familiam suam*). Et ideo a Tullio praetermittitur. Potest autem contineri sub *humanitate*, quam Macrobius ponit.[33] — *Aequitas* vero sub *epieikeia*,[34] vel *amicitia*.

AD QUARTUM dicendum quod in illa enumeratione ponuntur quaedam pertinentia ad veram iustitiam. Ad particularem quidem, *bona commutatio:* de qua dicit quod est *habitus in commutationibus aequalitatem custodiens*. — Ad legalem autem iustitiam, quantum ad ea quae communiter sunt observanda, ponitur *legispositiva:* quae, ut ipse dicit, est *scientia commutationum politicarum ad communitatem relatarum*. Quantum vero ad ea quae quandoque particulariter agenda occurrunt praeter communes leges, ponitur *eugnomosyna*, quasi *bona gnome*, quae est in talibus directiva, ut supra[35] habitum est in tractatu de prudentia. Et ideo dicit de ea quod est *voluntaria iustificatio:* quia scilicet ex proprio arbitrio id quod iustum est homo secundum eam servat, non secundum legem scriptam. Attribuuntur autem haec duo prudentiae secundum directionem, iustitiae vero secundum executionem. — *Eusebia* vero dicitur quasi *bonus cultus*. Unde est idem quod *religio*. Ideo de ea dicit quod est *scientia Dei famulatus* (et loquitur secundum modum quo Socrates dicebat *omnes virtutes esse scientias*[36]). Et ad idem reducitur *sanctitas*, ut post[37] dicetur. — *Eucharistia* autem est idem quod *bona gratia*, quam Tullius ponit[38]: sicut et *vin-*

---

32. Vulgata: "dominus suus"
33. Cf. resp. ad2.
34. Cf. resp. ad5.

세운 충실하고 현명한 종"32이라는 마태오복음서 24장 [45절]에 따라, 상급자에게는 하급자를 보살피는 의무가 있을 수 있다). 그래서 [그것은] 키케로에 의해 생략되었다. 그러나 마크로비우스가 말하는33 박애 아래 내포될 수 있다. 동등함은 형평34이나 우정 아래 [있다].

4. 그 목록에는 참된 정의에 속하는 것들이 있다. 특히 교환들에서 동등함을 수호하는 습성이라고 말하는 좋은 교환(bona commutatio)은 특수한 정의에 속한다. 그러나 공통으로 준수되어야 하는 것들과 관련해서 법률적 정의가 제시된다. 그 자신이 말하듯이, 그것은 공동체와 관련된 정치적인 교환들의 지식이다. 그러나 공통된 법들 바깥에서 종종 개별적으로 일어나는 것들과 관련해 좋은 의견으로서 '상식(eugnomosyna)'이 제시된다. 현명에 대한 논술에서 이미 말한 바와 같이,35 이는 그런 것들에 있어서 지도적이다. 그래서 그는 자발적인 의화에 관해 말한다. 왜냐하면 인간은 기록된 법에 따라서가 아니라 자신의 재량으로 의로운 것을 준수하기 때문이다. 그런데 이 두 가지는 방향에 따라 현명에, 실행에 따라 정의에 부여된다. 그러나 신심(eusebia)은 좋은 예배라고 말한다. 그러므로 그것은 종교와 동일하다. 따라서 그것에 대해 "하느님에 대한 유명한 하느님을 섬기는 지식"이라고 말한다 (그리고 소크라테스가 모든 덕은 지식이라고 말했던 것36과 같은 방식으로 그것에 대해 말한다). 나중에 언급되듯이,37 거룩함은 동일한 것으로 환원된다. 반면, 감사(eucharistia)는 키케로가 제시한38 좋은 은총 그리고 또한 권리청구와 같다. 그러나 자애(benignitas)는 마크로비우스가 제시하

---

35. q.51, a.4.
36. Cf. Aristoteles, *Ethica Nic.*, VI, c.13, 1144b28-32; S. Thomas, lect.11, nn.1284-1285.
37. q.81, a.8.
38. Cf. 1a.

dicativam. — *Benignitas* autem videtur esse idem cum *affectu,* quem ponit Macrobius.[39] Unde et Isidorus dicit, in libro *Etymol.,*[40] quod *benignus est vir sponte ad benefaciendum paratus, et dulcis ad eloquium.* Et ipse Andronicus dicit quod *benignitas est habitus voluntarie benefactivus.* — *Liberalitas* autem videtur ad *humanitatem* pertinere.

AD QUINTUM dicendum quod *epieikeia* non adiungitur iustitiae particulari, sed legali. Et videtur esse idem cum ea quae dicta est *eugnomosyna.*[41]

---

39. Cf. resp. ad2.
40. X, ad litt. B, n.24: ML 82, 370B.

듯이,³⁹ 감정과 같은 것으로 보인다. 그래서 또한 이시도루스는 『어원』에서⁴⁰ 다음과 같이 말한다. "자애로운 사람은 자발적으로 선행(benefaciendum)에 준비가 되어 있고 웅변(eloquium)에 부드러운 사람이다." 그리고 안드로니쿠스 자신은 "자애는 의지적으로 선을 행하는 습성"이라고 말한다. 그러나 아량은 박애에 속한 것으로 보인다.

5. 형평은 특수한 정의가 아닌 법적 정의에 결부된다. 그것은 '상식'⁴¹과 같은 것으로 보인다.

---

41. Cf. resp. ad4; q.120, a.1.

QUAESTIO LXXXI
DE RELIGIONE
in octo articulos divisa

Deinde considerandum est de singulis praedictarum virtutum, quantum ad praesentem intentionem pertinet.[1] Et primo considerandum est de religione; secundo, de pietate[2]; tertio, de observantia[3]; quarto, de gratia[4]; quinto, de vindicta[5]; sexto, de veritate[6]; septimo, de amicitia[7]; octavo, de liberalitate[8]; nono, de epieikeia.[9] De aliis autem hic[10] enumeratis supra dictum est: partim in tractatu de caritate, scilicet de concordia et aliis huiusmodi[11]; partim in hoc tractatu de iustitia, sicut de bona commutatione[12] et innocentia[13]; de legispositiva autem in tractatu de prudentia.[14]

Circa religionem vero tria consideranda occurrunt: primo quidem, de ipsa religione secundum se; secundo, de actibus eius[15]; tertio, de vitiis oppositis.[16]

---

1. Cf. q.80, Introd.
2. q.101.
3. q.102.
4. q.106.
5. q.108.
6. q.109.
7. q.114.
8. q.117.

제81문

종교에 대하여

(전8절)

그러므로 이 덕들 가운데 현재의 의도에 속하는 한에서 각각의 덕을 다루기로 하자.[1] 첫째, 종교에 대해 숙고하며, 둘째, 경건에 대해,[2] 셋째, 경의에 대해,[3] 넷째, 감사에 대해,[4] 다섯째, 권리청구에 대해,[5] 여섯째, 진실함에 대해,[6] 일곱째, 우정에 대해,[7] 여덟째, 아량에 대해,[8] 아홉째, 형평에 대해.[9] 반면, 선행하는 문(問)에서 상기된 다른 덕들에 대해서는[10] 이미 언급했다. 참사랑에 관한 논술에서, 즉 조화를 비롯해 이와 비슷한 덕들에 대해서 다루었고,[11] 정의에 관한 지금 이 논고에서, 예컨대 좋은 교환[12]과 무죄함[13]에 대하여 부분적으로 언급했다. 반면, 우리는 좋은 법들을 준비하는 덕에 대해서는 현명에 대한 논술에서 말한 바 있다.[14]

그러나 우리는 종교에 대해서 세 가지를 숙고해야 한다. 첫째, 종교 그 자체에 대하여. 둘째, 그 행위들에 대하여.[15] 셋째, 반대되는 악습들에 대하여.[16]

---

9. q.120.
10. q.80.
11. qq.29sqq.
12. qq.61sqq.
13. q.79.
14. q.50.
15. q.82.
16. q.92.

Circa primum quaeruntur octo.
Primo: utrum religio consistat tantum in ordine ad Deum.
Secundo: utrum religio sit virtus.
Tertio: utrum religio sit una virtus.
Quarto: utrum religio sit specialis virtus.
Quinto: utrum religio sit virtus theologica.
Sexto: utrum religio sit praeferenda aliis virtutibus moralibus.
Septimo: utrum religio habeat exteriores actus.
Octavo: utrum religio sit eadem sanctitati.

Articulus 1
Utrum religio ordinet hominem solum ad Deum

Ad primum sic proceditur. Videtur quod religio non ordinet hominem solum ad Deum.

1. Dicitur enim Iac. 1, [27]: *Religio munda et immaculata apud Deum et Patrem haec est: visitare pupillos et viduas in tribulatione eorum, et immaculatum se custodire ab hoc saeculo.* Sed visitare pupillos et viduas dicitur secundum ordinem ad proximum: quod autem dicit *immaculatum se custodire ab hoc saeculo,* pertinet ad ordinem quo ordinatur homo in seipso. Ergo religio non solum dicitur in ordine ad

첫째 논제에 관해서는 여덟 개의 문(問)이 제시된다.
첫째, 종교는 오직 하느님과의 관계들로 제한되는가?
둘째, 종교는 덕인가?
셋째, 종교는 유일한 덕인가?
넷째, 종교는 특수하게 구별되는 덕인가?
다섯째, 종교는 신학적 덕인가?
여섯째, 종교는 다른 도덕적 덕들에 비해 선호되는가?
일곱째, 종교는 외적 행위들을 갖고 있는가?
여덟째, 종교는 거룩함과 동일시되는가?

제1절 종교는 인간을 오직 하느님을 향해 질서 지우는가

Parall.: *In Sent.*, III, d.33, q.3, a.4, qc.1, ad2; *Contra impugn.*, c.1; in *In De Trin.*, q.3, a.2.

[반론] 첫째는 다음과 같이 진행된다. 종교는 인간을 오직 하느님을 향해 질서 지우지 않는 것으로 보인다.

1. 야고보서 1장 [27절]에서는 다음과 같이 언급한다: "하느님 아버지 앞에서 깨끗하고 흠 없는 종교는, 그들의 어려움 중에 있는 고아들과 과부들을 방문하고, 세속으로부터 흠이 없도록 자신을 지키는 것입니다." 고아들과 과부들을 방문하는 것은 이웃을 향한 질서에 따라 언급되는 데 반해, 세속으로부터 흠이 없도록 자신을 지키는 것은 인간이 자기 자신 안에서 지어지는 질서에 속한다. 그러므로 종교는 하느

q.81, a.1

Deum.

2. Praeterea, Augustinus dicit, in X *de Civ. Dei*[1]: *Quia latina loquendi consuetudine, non imperitorum, verum etiam doctissimorum, cognationibus humanis atque affinitatibus et quibuscumque necessitudinibus dicitur exhibenda religio; non eo vocabulo vitatur ambiguum cum de cultu deitatis vertitur quaestio, ut fidenter dicere valeamus religionem non esse nisi cultum Dei.* Ergo religio dicitur non solum in ordine ad Deum, sed etiam in ordine ad propinquos.

3. Praeterea, ad religionem videtur latria pertinere. *Latria* autem *interpretatur servitus*, ut Augustinus dicit, in X *de Civ. Dei.*[2] Servire autem debemus non solum Deo, sed etiam proximis: secundum illud *Gal.* 5, [13]: *Per caritatem spiritus servite invicem.* Ergo religio importat etiam ordinem ad proximum.

4. Praeterea, ad religionem pertinet cultus. Sed homo dicitur non solum colere Deum, sed etiam proximum: secundum illud Catonis[3]: *Cole parentes.* Ergo etiam religio nos ordinat ad proximum, et non solum ad Deum.

5. Praeterea, omnes in statu salutis existentes Deo sunt subiecti. Non autem dicuntur religiosi omnes qui sunt in statu salutis, sed solum illi qui quibusdam votis et observantiis et ad obediendum aliquibus hominibus se adstringunt. Ergo religio non videtur impor-

---

1. c.1, n.3: ML 41,278-279.
2. c.1, n.3: ML 41,279.

님을 향한 질서에서만 언급되지 않는다.

2. 아우구스티누스는 『신국론』 제10권에서[1] 다음과 같이 말한다: "라틴어 어법에서는 무식한 사람들뿐 아니라 가장 박식한 사람들도, 이 단어는 인간의 친척이나 인척이나 여타의 혈연에서도 '종교'가 유지되어야 한다는 말을 한다. 그러므로 이 용어도 신성에 대한 예배를 논할 때는 애매함을 면하지 못한다. 종교란 하느님에 대한 예배를 의미하는 것 외에 아무것도 아니라고 자신 있게 단언할 수는 없다." 그러므로 종교는 하느님을 향한 질서에서뿐만 아니라 이웃을 향한 질서에서도 언급된다.

3. 종교는 흠숭(latria)을 내포한다. 그런데 아우구스티누스가 『신국론』 제10권에서[2] 언급하듯이, 흠숭은 "(하느님을) 섬기는 것으로 해석된다." 그러나 "성령의 참사랑으로 서로 섬기십시오."라는 갈라티아서 5장 [13절]에 따라, 우리는 하느님뿐만 아니라 이웃을 섬겨야 한다. 그러므로 종교는 이웃을 향한 질서도 내포한다.

4. 예배(cultus)는 종교에 속한다. 그런데 "부모님을 예배하라."는 카토의 말에 따르면,[3] 하느님뿐만 아니라 이웃에게도 예배를 드린다. 그러므로 또한 종교는 우리를 하느님뿐만 아니라 이웃을 향해 질서 짓는다.

5. 구원의 상태에 있는 모든 사람은 하느님께 순종하는 가운데 살아간다. 그런데 구원의 상태에 있는 모든 사람이 아니라, 일정한 사람들에게 순종하는 가운데 몇 가지 서원과 준수에 의무적인 사람들을 종교인들[수도자들]이라고 부른다. 그러므로 종교는 하느님을 향한 인간의

---

3. *Breves Sent.*, sent.2-3, 40: ed. O. Arntzenius, Amstelodami, 1754, pp.12 & 32.

tare ordinem subiectionis hominis ad Deum.

SED CONTRA est quod Tullius dicit, II *Rhet.*,[4] quod *religio est quae superioris naturae, quam divinam vocant, curam caeremoniamque affert.*

RESPONDEO dicendum quod, sicut Isidorus dicit, in libro *Etymol.*,[5] *religiosus, ut ait Cicero,*[6] *a religione appellatus, qui retractat et tanquam relegit ea quae ad cultum divinum pertinent.* Et sic religio videtur dicta a *religendo* ea quae sunt divini cultus: quia huiusmodi sunt frequenter in corde revolvenda, secundum illud *Prov.* 3, [6]: *In omnibus viis tuis cogita illum.* — Quamvis etiam possit intelligi religio ex hoc dicta quod *Deum reeligere debemus, quem amiseramus negligentes:* sicut Augustinus dicit, X *de Civ. Dei.*[7] — Vel potest intelligi religio a *religando dicta:* unde Augustinus dicit, in libro de *Vera Relig.*[8]: *Religet nos religio uni omnipotenti Deo.*

Sive autem religio dicatur a frequenti lectione, sive ex iterata electione eius quod negligenter amissum est, sive a religatione, religio proprie importat ordinem ad Deum. Ipse enim est cui principaliter alligari debemus, tanquam indeficienti principio; ad quem etiam nostra electio assidue dirigi debet, sicut in ultimum finem; quem etiam

---

4. c.53: ed. G. Friedrich, Lipsiae, 1908, p.230.
5. X., ad litt. R, n.234: ML 82, 392A.
6. *De nat. deor.*, II, c.28: ed. C. F. W. Mueller, Lipsiae, 1890, p.72, ll.8-10.

종속을 의미하지 않는다.

[재반론] 그러나 반대로 키케로는 『수사학』 제2권 [53]에서[4] 다음과 같이 말한다: "종교는 신적 (질서로) 부르는 상위 질서에 속하는 본성에 관심과 예식을 드리는 덕이다."

[답변] 이시도루스는 『어원』에서[5] 다음과 같이 말한다: "키케로가 말하듯이,[6] 종교라는 단어에서 파생되어 그렇게 불리는 종교인은 자주 신적 예배와 관련된 것들을 다루고 돌이켜 음미하는(relegit) 사람이다." 이처럼 종교는 신적 예배에 관한 것을 돌이켜 생각하는 것에 의해 불리는 것으로 보인다. 이는 잠언 3장 [6절]("너의 모든 길에서 그분을 생각하라.")에 따라, 그것들이 마음에서 자주 되돌아오게 하기 위해서이다. 그럼에도 불구하고, 종교는 아우구스티누스가 『신국론』 제10권에서[7] "우리는 나태하여 잃어버린 하느님을 다시 선택해야(reeligere) 한다."라고 말하는 것에 의해 이해될 수 있다. 또는 아우구스티누스가 『참된 종교』 제55권에서[8] "종교는 우리를 유일하고 전능하신 하느님께 다시 묶는다(religit)."고 말하듯이, 다시 묶는 것으로 이해될 수 있다.

그런데 종교가 잦은 숙고에서 유래하는 것이든, 또는 다시 선택함에서 오는 것이든, 또는 다시 연결함에서 오는 것이든, 이 덕은 엄밀하게 하느님을 향한 질서를 의미한다. 이를테면 그분은 불가결한 원리로서 우리가 으뜸으로 연결해야 할 분이다. 우리는 부지런히 우리의 선택이

---

7. c.3, n.2: ML 41, 280.
8. c.55, n.113: ML 34, 172.

q.81, a.1

negligenter peccando amittimus, et credendo et fidem protestando recuperare debemus.

AD PRIMUM ergo dicendum quod religio habet duplices actus. Quosdam quidem proprios et immediatos, quos elicit, per quos homo ordinatur ad solum Deum: sicut sacrificare, adorare et alia huiusmodi. Alios autem actus habet quos producit mediantibus virtutibus quibus imperat, ordinans eos in divinam reverentiam: quia scilicet virtus ad quam pertinet finis, imperat virtutibus ad quas pertinent ea quae sunt ad finem. Et secundum hoc actus religionis per modum imperii ponitur esse *visitare pupillos et viduas in tribulatione eorum*, quod est actus elicitus a misericordia: *immaculatum autem custodire se ab hoc saeculo* imperative quidem est religionis, elicitive autem temperantiae vel alicuius huiusmodi virtutis.[9]

AD SECUNDUM dicendum quod religio refertur ad ea quae exhibentur cognationibus humanis, extenso nomine religionis: non autem secundum quod religio proprie dicitur. Unde Augustinus, parum ante verba inducta, praemittit[10]: *Religio distinctius non quemlibet, sed Dei cultum significare videtur*.

AD TERTIUM dicendum quod cum servus dicatur ad dominum,

---

9. 카예타누스가 h.a.에서 말하듯이, 그 의미는 다음과 같다. "종교는 자신에게 고유한 행위들을 갖는다. 즉 다른 덕의 관점이 아니라 자기 고유의 관점이자 직접적인 관점에서 자신에게 상응하며 다른 능력이 아닌 그리고 다른 어떤 중개 없이 자신을 통해서 유래하는 행위들을 갖는

최종 목적이신 그분을 향하게 해야 한다. 우리는 게으르게 죄를 범하는 가운데 그분을 멀리한다. 우리는 믿고 우리의 믿음을 드리는 가운데 그분을 회복할 수 있다.

[해답] 1. 종교는 이중적인 행위를 갖는다. 어떤 것들은 고유하고 즉각적인 것으로, 인간이 즉각 발하며 그를 오직 하느님께만 질서 짓는 행위들이 있다. 희생제사를 드리는 행위, 흠숭, 그런 유(類)의 다른 행위들이 그렇다. 반면, 그 종교가 명령하는 덕들을 통해 산출하는 다른 행위들을 가지며, 그 행위들을 신적 경외로 질서 짓는다. 목적을 대상으로 갖는 덕은 목적으로 질서 지어진 수단들을 대상으로 갖는 덕들을 명령한다. 그에 따르면 자비에서 나오는 "어려움 중에 있는 고아들과 과부들을 방문하라."는 행위는 명령의 방식으로 종교의 행위로 규정된다. 이 세상에서 자신을 흠결 없이 지키는 것은 종교의 명령이지만, 절제나 이와 비슷한 어떤 덕은 종교의 덕으로부터 나오는 것이다.[9]

2. 종교라는 단어는 넓은 의미에서는 혈연관계의 사람들에 대한 것에도 적용되지만, 그것이 엄밀하게 종교라고 불리는 것에 따라 그렇지는 않다. 사실, 아우구스티누스는 인용된 말들 조금 앞에서 다음과 같이 말했다[10]: "종교는 엄밀한 의미에서 모두 예배가 아니라 하느님에 대한 예배를 가리킨다."

3. 종이라는 말은 주인과의 관계에서 일컬어지는 것이므로, 주인의

다. 그리고 그 반대로, 하느님께 의지하고 그분과 일치하기 위해 자기 자신을 통해서만이 아니라 다른 덕, 예컨대 희망이나 참사랑에 대한 참여를 통해서 어떤 행위들을 갖는다. 그것은 직접적인 힘이 아니라, 미성년자들을 방문하는 것처럼, 어떤 중개적인 힘을 갖는다."
10. *De civ. Dei*, X, c.1, n.3: ML 41, 278.

necesse est quod ubi est propria et specialis ratio dominii, ibi sit specialis et propria ratio servitutis. Manifestum est autem quod dominium convenit Deo secundum propriam et singularem quandam rationem: quia scilicet ipse omnia fecit, et quia summum in omnibus rebus obtinet principatum. Et ideo specialis ratio servitutis ei debetur. Et talis servitus nomine latriae designatur apud Graecos. Et ideo ad religionem proprie pertinet.

AD QUARTUM dicendum quod colere dicimus homines quos honorificatione, vel recordatione, vel praesentia frequentamus. Et etiam aliqua quae nobis subiecta sunt coli a nobis dicuntur: sicut agricolae dicuntur ex eo quod *colunt agros*, et incolae dicuntur ex eo quod *colunt* loca quae inhabitant. Quia tamen specialis honor debetur Deo, tanquam primo omnium principio, etiam specialis ratio cultus ei debetur, quae Graeco nomine vocatur *eusebia* vel *theosebia*: ut patet per Augustinum, X *de Civ. Dei*.[11]

AD QUINTUM dicendum quod quamvis religiosi dici possint communiter omnes qui Deum colunt, specialiter tamen religiosi dicuntur qui totam vitam suam divino cultui dedicant,[12] a mundanis negotiis se abstrahentes. Sicut etiam contemplativi dicuntur non qui contemplantur, sed qui contemplationi totam vitam suam deputant. Huiusmodi autem non se subiiciunt homini propter hominem sed propter Deum: secundum illud Apostoli, *Gal.* 4, [14]: *Sicut angelum Dei excepistis me, sicut Christum Iesum.*

---

11. c.1, n.3: ML 41, 279.

특수한 방식이 있는 곳에 종의 특수한 방식이 있다. 그런데 주인은 고유하고 특수한 이유에 따라 하느님에게 적합함이 명백하다. 그분 자신이 모든 것을 만드셨으며 모든 것에서 최고의 권세를 가지고 계심이 분명하기 때문이다. 그러므로 그분에게는 예속(servitus)의 특수한 방식이 마땅하다. 그리고 그런 예속은 그리스인들에 의해 흠숭으로 불린다. 그러므로 이것은 고유하게 종교에 속한다.

4. 우리는 우리가 존경하고 기억하거나 현재화하는 사람들을 예배한다고 말한다. 또한, 우리에게 종속된 어떤 것들은 우리가 육성한다고 부른다. 농부들은 그들이 밭을 경작하기 때문에, 그리고 주민들은 그들이 사는 곳을 경작하기 때문에 그렇게 부른다. 그러나 하느님은 만물의 제1원리로서 특별하게 존경받아야 마땅하므로, 『신국론』 제10권에서[11] 아우구스티누스를 통해 분명히 드러나듯이, 그리스어로 에우세비아(eusebia) 또는 테오세비아(theosebia)라는 이름을 받는 특별한 예배 방식이 그분께 마땅하다.

5. 일반적으로 하느님을 경외하는 모든 사람을 종교인이라고 부를 수 있지만, 특별히 세상의 일들을 멀리하는 가운데 자신의 모든 생애를 신적 예배에 봉헌하는 사람들을[12] 종교인들이라고 부른다. 또한 이와 마찬가지로 관상하는 사람들이 아니라 자신의 모든 생애를 관상에 바치는 사람들을 관상가들이라 부른다. 그러나 갈라티아서 4장 [4절]의 "나를 하느님의 천사처럼, 그리스도 예수님처럼 받아들였습니다."라는 사도의 말에 따라, 그러한 사람들은 사람에 대한 사랑 때문이 아니라 하느님에 대한 사랑 때문에 사람에게 복종한다.

---

12. Cf. q.186, a.1, ad1-2; a.5, ad1.

Articulus 2
Utrum religio sit virtus

Ad secundum sic proceditur. Videtur quod religio non sit virtus.

1. Ad religionem enim pertinere videtur Deo reverentiam exhibere. Sed revereri est actus timoris, qui est donum, ut ex supradictis[1] patet. Ergo religio non est virtus, sed donum.

2. Praeterea, omnis virtus in libera voluntate consistit, unde dicitur *habitus electivus,*[2] vel voluntarius. Sed sicut dictum est,[3] ad religionem pertinet latria, quae servitutem quandam importat. Ergo religio non est virtus.

3. Praeterea, sicut dicitur in II *Ethic.*,[4] aptitudo virtutum inest nobis a natura: unde ea quae pertinent ad virtutes sunt de dictamine rationis naturalis. Sed ad religionem pertinet *caeremoniam divinae naturae afferre.*[5] Caeremonialia autem, ut supra[6] dictum est, non sunt de dictamine rationis naturalis. Ergo religio non est virtus.

SED CONTRA est quia connumeratur aliis virtutibus, ut ex praemissis[7] patet.

---

1. q.19, a.9.
2. Aristoteles, *Ethica Nic.*, II, c.6, 1106b36-1107a2; S. Thomas, lect.7, n.322.
3. a.1, ad3.
4. c.1, 1103a25; S. Thomas, lect.1, nn.248-249.

제2절 종교는 덕인가

Parall.: I-II, q.60, a.3; *In Sent.*, III, d.9, q.1, a.1, qc.1.

[반론] 둘째에 관해서는 다음과 같이 진행된다. 종교는 덕이 아닌 것으로 보인다.

1. 하느님께 경외를 드리는 것은 종교에 속한다. 그러나 경외하는 것은 두려움의 행위로, 위에서 말한 것처럼[1] 선물(donum)이다. 그러므로 종교는 덕이 아니라 선물이다.

2. 모든 덕은 자유로운 의지에 있다. 그러므로 그것은 선택적 습성(habitus electivus)[2] 또는 자발적 습성으로 불린다. 반면, 언급한 바와 같이[3] 일정한 예속을 의미하는 흠숭은 종교에 속한다. 그러므로 종교는 덕이 아니다.

3. 『니코마코스 윤리학』 제2권에서 언급되듯이,[4] 덕들의 적성(aptitudo)은 본성에 의해 우리 안에 있다. 덕들에 속하는 것들은 자연적 이성의 명령에서 온다. 그러나 "신적 본성에게 예식을 드리는 것"은 종교에 속한다.[5] 그런데 위에서 언급했듯이,[6] 예식들은 자연적 이성의 규정에서 오지 않는다. 그러므로 종교는 덕이 아니다.

[재반론] 그러나 반대로 앞서 언급한 것에 의해 분명히 드러나듯이,[7] 종교는 다른 덕들 사이에서 열거된다.

---

5. Cf. a.1, sc.
6. I-II, q.99, a.3, ad2.
7. q.80.

RESPONDEO dicendum quod, sicut supra[8] dictum est, *virtus est quae bonum facit habentem et opus eius bonum reddit.* Et ideo necesse est dicere omnem actum bonum ad virtutem pertinere. Manifestum est autem quod reddere debitum alicui habet rationem boni: quia per hoc quod aliquis alteri debitum reddit, etiam constituitur in proportione convenienti respectu ipsius, quasi convenienter ordinatus ad ipsum; ordo autem ad rationem boni pertinet, sicut et modus et species, ut per Augustinum patet, in libro *de Natura Boni.*[9] Cum igitur ad religionem pertineat reddere honorem debitum alicui, scilicet Deo, manifestum est quod religio virtus est.

AD PRIMUM ergo dicendum quod revereri Deum est actus doni timoris. Ad religionem autem pertinet facere aliqua propter divinam reverentiam. Unde non sequitur quod religio sit idem quod donum timoris, sed quod ordinetur ad ipsum sicut ad aliquid principalius. Sunt enim dona principaliora virtutibus moralibus, ut supra[10] habitum est.

AD SECUNDUM dicendum quod etiam servus potest voluntarie domino suo exhibere quod debet: et sic *facit de necessitate virtutem,*[11] debitum voluntarie reddens. Et similiter etiam exhibere Deo debitam servitutem potest esse actus virtutis, secundum quod homo voluntarie hoc facit.

AD TERTIUM dicendum quod de dictamine rationis naturalis est quod homo aliqua faciat ad reverentiam divinam: sed quod haec de-

[답변] 위에서 말한 바와 같이,[8] "덕은 그것을 가진 사람을 선하게 하고 그의 행위를 선하게 하는 것이다." 그런 이유로, 모든 선한 행위는 덕에 속한다고 말해야 한다. 그런데 누군가에게 마땅한 것을 주는 것은 선의 이유를 갖는 것이 분명하다. 왜냐하면 누군가 다른 사람에게 빚을 갚는다는 사실 때문에, 그것은 그 사람에 대해 적절한 비례가 세워지고, 말하자면 그에 대하여 적절하게 질서 지어지기 때문이다. 그런데 아우구스티누스가 『선의 본성』 제3권에서 분명히 설명하듯이,[9] 방식과 종(種)처럼 질서는 선의 이유에 속한다. 그러므로 다른 사람에게, 그리고 당연히 하느님에게 마땅한 명예를 돌려주는 것은 종교에 속하므로, 종교는 덕임이 분명하다.

[해답] 1. 하느님을 경외하는 것은 두려움의 선물의 행위이다. 그런데 신적인 경외 때문에 어떤 일을 하는 것은 종교에 속한다. 그러므로 종교는 두려움의 선물과 같은 것이 아니라, 더욱 주요한 것처럼 선물을 향하고 있다. 사실, 위에서 말한 것처럼[10] 선물들은 도덕적 덕들보다 더 중요하다.

2. 종은 주인에게 마땅한 것을 자발적으로 줄 수 있으며, 그래서 그는 필요를 덕으로 만들고[11] (주인에게) 마땅한 것을 자발적으로 되돌려준다.

3. 인간이 하느님에 대한 경외 때문에 무언가를 해야 한다는 것은 자

---

8. q.58, a.3; I-II, q.55, a.3, sc.
9. c.3: ML 42, 553.
10. q.9, a.1, ad3; I-II, q.68, a.8.
11. Cf. *Hieron.*, Epist.54, al.10, ad Furiam, n.6: ML 22, 552.

terminate faciat vel illa, istud non est de dictamine rationis naturalis, sed de institutione iuris divini vel humani.

Articulus 3
Utrum religio sit una virtus

Ad tertium sic proceditur. Videtur quod religio non sit una virtus.

1. Per religionem enim ordinamur ad Deum, ut dictum est.[1] In Deo autem est accipere tres Personas: et iterum multa attributa, quae saltem ratione differunt. Diversa autem ratio obiecti sufficit ad diversificandum virtutes, ut ex supradictis[2] patet. Ergo religio non est una virtus.

2. Praeterea, unius virtutis unus videtur esse actus: habitus enim distinguuntur secundum actus. Religionis autem multi sunt actus, sicut colere et servire, vovere, orare, sacrificare, et multa huiusmodi. Ergo religio non est una virtus.

3. Praeterea, adoratio ad religionem pertinet. Sed adoratio alia ratione adhibetur imaginibus, et alia ipsi Deo. Cum ergo diversa ratio distinguat virtutes, videtur quod religio non sit una virtus.

---

1. a.1.

연 이성의 규정에 속한다. 그러나 그가 이것이나 저것이나 특정한 일을 해야 한다는 것은 자연 이성의 규정에 속하는 것이 아니라 신적인 또는 인간적인 법의 제도에 의해 확립된다.

제3절 종교는 유일한 하나의 덕인가

[반론] 셋째는 다음과 같이 진행된다. 종교는 유일한 하나의 덕이 아닌 것으로 보인다.

1. 말한 바와 같이,[1] 우리는 종교를 통해 하느님을 향해 질서 지어져 있다. 그런데 하느님 안에서는 적어도 이성적으로는 서로 구별되는 세 위격과 많은 속성을 받아들인다. 그러나 대상의 다른 이유는 위에서 말한 것처럼[2] 덕들을 다양화하기에 충분하다. 그러므로 종교는 유일한 하나의 덕이 아니다.

2. 습성은 행위에 따라 구별되기 때문에 하나의 덕은 하나의 행위인 것으로 보인다. 그러나 예배와 봉사, 서원, 기도, 희생, 그리고 많은 유사한 것들과 같은 많은 종교 행위가 있다. 그러므로 종교는 하나의 덕이 아니다.

3. 흠숭(adoratio)은 종교에 속한다. 그러나 흠숭은 한 가지 방식으로는 성상을 위해, 다른 방식으로는 하느님 자신을 위해 사용된다. 그러므로 다른 이유가 덕을 구별하기 때문에, 종교는 하나의 덕이 아닌 것처럼 보인다.

---

2. q.47, a.5; q.50, a.2, ad2.

SED CONTRA est quod dicitur *Ephes.* 4, [5-6]: *Unus Deus, una fides.* Sed vera religio protestatur fidem unius Dei. Ergo religio est una virtus.

RESPONDEO dicendum quod, sicut supra[3] habitum est, habitus distinguuntur secundum diversam rationem obiecti. Ad religionem autem pertinet exhibere reverentiam uni Deo secundum unam rationem, inquantum scilicet est primum principium creationis et gubernationis rerum[4]: unde ipse dicit, Malach. 1, [6]: *Si ego Pater, ubi honor meus?*[5] Patris enim est et producere et gubernare. Et ideo manifestum est quod religio est una virtus.[6]

AD PRIMUM ergo dicendum quod tres Personae divinae sunt unum principium creationis et gubernationis rerum: et ideo eis una religione servitur. Diversae autem rationes attributorum concurrunt ad rationem primi principii: quia Deus producit omnia et gubernat sapientia, voluntate et potentia bonitatis suae. Et ideo religio est una virtus.

AD SECUNDUM dicendum quod eodem actu homo servit Deo et colit ipsum: nam cultus respicit Dei excellentiam, cui reverentia debetur; servitus autem respicit subiectionem hominis, qui ex sua conditione obligatur ad exhibendum reverentiam Deo. Et ad haec duo pertinent omnes actus qui religioni attribuuntur: quia per omnes homo protestatur divinam excellentiam et subiectionem sui

[재반론] 그러나 반대로 에페소서 4장 [5-6절]은 한 분의 하느님, 하나의 신앙이라고 말한다. 진정한 종교는 한 분의 하느님에 대한 믿음을 단언한다. 그러므로 종교는 유일한 하나의 덕이다.

[답변] 앞서 말했듯이,[3] 습성들은 대상의 차이에 따라 구별된다. 그런데 한 가지 이유에 따라, 곧 하느님 자신이 말라키서 제1장 [제6절]에서 "내가 아버지라면, 내 명예는 어디에 있는가?"[4]라고 말한 것처럼, 하느님이 사물의 창조와 통치의 제1원리인 한에서 한 분의 하느님을 경외하는 것은 종교에 속한다.[5] 그러므로 종교가 덕이라는 것은 분명하다.[6]

[해답] 1. 세 신적 위격은 사물의 창조와 통치의 제1원리이며, 따라서 그분들은 하나의 종교에 의해 섬김을 받는다. 속성들의 다양한 이유는 제1원리의 이유로 수렴되는데, 이는 하느님께서 모든 것을 생산하시고 지혜, 의지, 그리고 자기 선성의 권한으로 모든 것을 다스리시기 때문이다. 그러므로 종교는 유일한 하나의 덕이다.
2. 사람은 똑같은 행위로 하느님을 섬기고 경배하는데, 그 이유는 예배가 하느님의 탁월함과 관련되며, 그분께 존경을 드려야 하기 때문이다. 그러나 섬김은 인간의 복종과 관련된 것으로, 그는 자신의 조건을 통해 하느님께 경외를 드러내야 한다. 그리고 종교에 귀속되는 모든

---

3. I-II, q.54, a.2, ad1.
4. Vulgata: "Si ergo pater ego sum, ubi est honor meus?"
5. Cf. q.101, a.1.
6. "Deus igitur est obiectum religionis cui, non quod." Cf. a.5.

ad Deum, vel exhibendo aliquid ei, vel iterum assumendo aliquid divinum.

AD TERTIUM dicendum quod imaginibus non exhibetur religionis cultus secundum quod in seipsis considerantur, quasi res quaedam: sed secundum quod sunt imagines ducentes in Deum incarnatum.[7] Motus autem qui est in imaginem prout est imago, non sistit in ipsa, sed tendit in id cuius est imago.[8] Et ideo ex hoc quod imaginibus Christi exhibetur religionis cultus, non diversificatur ratio latriae, nec virtus religionis.

Articulus 4
Utrum religio sit specialis virtus ab aliis distincta

Ad quartum sic proceditur. Videtur quod religio non sit specialis virtus ab aliis distincta.

1. Dicit enim Augustinus, X *de Civ. Dei*[1]: *Verum sacrificium est omne opus quod geritur ut sancta societate Deo iungamur.* Sed sacrificium pertinet ad religionem. Ergo omne opus virtutis ad religionem pertinet. Et sic non est specialis virtus.

---

7. Cf. III, q.25, a.3.
8. Aristoteles, *De mem. et rem.*, c.1, 450b20-27; S. Thomas, lect.3, nn.340-343.

행위는 이 두 가지에 속한다. 왜냐하면 인간은 하느님께 어떤 것을 드리거나 재차 어떤 신적인 것을 취하는 가운데 모든 것을 통해 신적 탁월함과 그분을 향한 자신의 순종을 (드러내어) 증명하기 때문이다.

3. 종교적 예배는 모상들 그 자체로서, 어떤 사물로서가 아니라, 그것들이 강생하신 하느님께 인도하는 모상들이라는 의미에서 모상을 향한다.[7] 그러나 모상인 한에서 모상을 향한 움직임은 그 자체로 멈추는 것이 아니라 모상이 나타내는 것을 향한다.[8] 그러므로 종교적 예배가 그리스도의 모상들에 제공된다는 것에서부터 흠숭의 이유와 종교의 덕이 다양해지는 것은 아니다.

제4절 종교는 다른 덕들로부터 구별되는 특수한 덕인가

Parall.: *In Sent.*, III, d.9, q.1, a.1, qc.2; *In De Trin.*, q.3, a.2.

[반론] 넷째는 다음과 같이 진행된다. 종교는 다른 덕들로부터 구별되는 특별한 덕이 아닌 것으로 보인다.

1. 아우구스티누스는 『신국론』 제10권에서 다음과 같이 말한다[1]: "거룩한 친교로 하느님께 합일하게 만드는 모든 행사가 다 참다운 제사다." 그런데 제사는 종교에 속한다. 그러므로 모든 덕행은 종교에 속한다. 이처럼 종교는 특별한 덕이 아니다.

---

1. c.6: ML 41,283.

2. Praeterea, Apostolus dicit, I ad *Cor.* 10, [31]: *Omnia in gloriam Dei facite.* Sed ad religionem pertinet aliqua facere ad Dei reverentiam, ut supra[2] dictum est. Ergo religio non est specialis virtus.

3. Praeterea, caritas qua diligitur Deus non est virtus distincta a caritate qua diligitur proximus. Sed sicut dicitur in VIII *Ethic.*,[3] *honorari propinquum est ei quod est amari.* Ergo religio, qua honoratur Deus, non est virtus specialiter distincta ab observantia vel dulia vel pietate, quibus honoratur proximus. Ergo non est virtus specialis.

SED CONTRA est quod ponitur pars iustitiae ab aliis eius partibus distincta.[4]

RESPONDEO dicendum quod cum virtus ordinetur ad bonum, ubi est specialis ratio boni, ibi oportet esse specialem virtutem. Bonum autem ad quod ordinatur religio est exhibere Deo debitum honorem. Honor autem debetur alicui ratione excellentiae. Deo autem competit singularis excellentia: inquantum omnia in infinitum transcendit secundum omnimodum excessum. Unde ei debetur specialis honor: sicut in rebus humanis videmus quod diversis excellentiis personarum diversus honor debetur, alius quidem patri, alius regi, et sic de aliis. Unde manifestum est quod religio est specialis virtus.

---

2. a.1, ad1; a.2.
3. c.9, 1159a16-17; S. Thomas, lect.8, n.1641.

2. 앞서 말한 바와 같이,² 사도는 코린토 1서 제10장 [제31절]에서 다음과 같이 말한다: "모든 것을 하느님의 영광 안에서 하십시오." 그러므로 종교는 특수한 덕이 아니다.

3. 하느님을 사랑하는 참사랑(caritas)은 이웃을 사랑하는 참사랑과 구별되는 덕이 아니다. 그러나 『니코마코스 윤리학』 제8권에서³ 언급되는 것처럼, "경외 받는 것은 사랑받는 것에 근접한다." 하느님께 명예를 드리는 종교는 준수(observantia)나 공경(dulia), 또는 이웃에게 명예를 돌리는 경건과 구별되는 특별한 덕이 아니다. 그러므로 종교는 특별한 덕이 아니다.

[재반론] 그러나 반대로 종교는 정의의 다른 부분들과 구별되는 정의의 한 부분으로 제시된다.⁴

[답변] 덕은 선을 향하여 질서 지어지므로, 특수한 선의 이유가 있을 때 특별한 덕이 있는 것은 당연하다. 그런데 종교가 질서 지어져 있는 선은 하느님께 명예를 드리는 것임이 당연하다. 명예는 어떤 탁월함의 이유 때문에 어떤 사람에게 마땅한 것이 된다. 그러나 하느님께는 유일무이한 탁월함이 속한다. 그분이 모든 점에서 모든 것을 무한히 능가하시기 때문이다. 따라서 인간의 일들에서 볼 수 있듯이, 사람들의 다른 명예는 다른 탁월함에 기인하는 것으로, 하나는 아버지에게 다른 하나는 왕에게 빚지고 있다. 여기서부터 종교는 특별한 덕임이 분명히 드러난다.

---

4. Cf. q.80.

AD PRIMUM ergo dicendum quod omne opus virtutis dicitur esse sacrificium inquantum ordinatur ad Dei reverentiam. Unde ex hoc non habetur quod religio sit generalis virtus, sed quod imperet omnibus aliis virtutibus, sicut supra[5] dictum est.

AD SECUNDUM dicendum quod omnia, secundum quod in gloriam Dei fiunt, pertinent ad religionem non quasi ad elicientem, sed quasi ad imperantem. Illa autem pertinent ad religionem elicientem quae secundum rationem suae speciei pertinent ad reverentiam Dei.

AD TERTIUM dicendum quod obiectum amoris est bonum: obiectum autem honoris vel reverentiae est aliquid excellens. Bonitas autem Dei communicatur creaturae, non autem excellentia bonitatis eius. Et ideo caritas qua diligitur Deus non est virtus distincta a caritate qua diligitur proximus[6]: religio autem, qua honoratur Deus, distinguitur a virtutibus quibus honoratur proximus.[7]

Articulus 5
Utrum religio sit virtus theologica

Ad quintum sic proceditur. Videtur quod religio sit virtus theologica.

1. Dicit enim Augustinus, in *Enchirid.*,[1] quod *Deus colitur fide, spe*

---

5. a.1, ad1.
6. Cf. q.25, a.1.

[해답] 1. 덕의 모든 행위는 하느님에 대한 경외를 향해 질서 지어진 한에서 제사라고 말한다. 그러므로 이는 종교가 일반적 덕이라는 뜻이 아니며, 위에서 언급한 바와 같이[5] 다른 모든 덕에 명령한다는 결론을 내릴 수 있다.

2. 하느님의 영광을 위해 이루어진 한에서 모든 일은 종교에 속하는 것이다. 종교에서 이러한 것들이 비롯되는 것이 아니라, 종교가 이들을 명하는 것이다. 하지만 종교는 그 종(種)의 이유에 따라 하느님에 대한 경외에 속하는 것을 일으킨다.

3. 사랑의 대상은 선이지만, 명예 또는 경외의 대상은 탁월한 것이다. 그런데 하느님의 선성은 피조물에게 통교되지만, 그분의 선성의 탁월함은 그렇지 않다. 그러므로 하느님을 사랑하는 참사랑은 이웃을 사랑하는 참사랑과 구별되는 덕이 아니다.[6] 반면, 하느님께 명예를 드리는 종교는 이웃에게 명예를 주는 덕들과 구별된다.[7]

제5절 종교는 신학적 덕인가

Parall.: *In Sent.*, III, d.9, q.1, a.1, qc.3; *De virtutibus*, q.1, a.12, ad11; *In De Trin.*, q.3, a.2.

[반론] 다섯째는 다음과 같이 진행된다. 종교는 신학적 덕인 것으로 보인다.

1. 아우구스티누스는 『라우렌티우스에게 보낸 길잡이』에서[1] "하느

---

7. Cf. q.103, a.3, ad2.

1. c.3: ML 40,232.

et caritate, quae sunt virtutes theologicae. Sed *cultum Deo afferre* pertinet ad religionem.[2] Ergo religio est virtus theologica.

2. Praeterea, virtus theologica dicitur quae habet Deum pro obiecto. Religio autem habet Deum pro obiecto: quia ad solum Deum ordinat, ut dictum est.[3] Ergo religio est virtus theologica.

3. Praeterea, omnis virtus vel est theologica, vel intellectualis, vel moralis, ut ex supradictis[4] patet. Manifestum est autem quod religio non est virtus intellectualis: quia eius perfectio non attenditur secundum considerationem veri. Similiter etiam non est virtus moralis, cuius proprium est tenere medium inter superfluum et diminutum: non enim aliquis potest superflue Deum colere, secundum illud *Eccli.* 43, [33]: *Benedicentes Dominum, exaltate illum quantum potestis: maior enim est omni laude.* Ergo relinquitur quod sit virtus theologica.

SED CONTRA est quod ponitur pars iustitiae,[5] quae est virtus moralis.

RESPONDEO dicendum quod, sicut dictum est,[6] religio est quae Deo debitum cultum affert. Duo igitur in religione considerantur. Unum quidem quod religio Deo affert, cultus scilicet: et hoc se habet

---

2. Cf. a.1, sc.
3. a.1.
4. I–II, q.57, a.3; q.62, a.2.

님은 믿음, 희망, 참사랑으로 경배되신다."고 말한다. 그것들은 신학적 덕들이다. 그러나 하느님께 예배를 드리는 것은 종교에 속한다.[2] 그러므로 종교는 신학적 덕이다.

2. 신학적 덕은 하느님을 대상으로 갖는다고 말한다. 그런데 종교는 하느님을 대상으로 갖는다. 왜냐하면 말한 바와 같이,[3] 그것은 오직 하느님을 향해 질서 지어지기 때문이다. 그러므로 종교는 신학적 덕이다.

3. 앞서 언급한 바에 따라 분명하듯이,[4] 모든 덕은 신학적이거나 지성적이거나 도덕적이다. 그런데 종교는 지성적 덕이 아님이 분명하다. 왜냐하면 그 덕의 완전함은 진리에 대한 숙고에 따라 추구되는 것이 아니기 때문이다. 마찬가지로, 종교는 도덕적 덕이 아니다. 그 도덕적 덕의 고유함은 너무 많은 것과 감소된 것 사이에 중간을 유지하는 것이다. 집회서 43장 [33절]: "주님을 찬미하라, 그분은 모든 찬미보다 더 크시니 너희가 할 수 있는 한 그분을 찬미하라."에 따라, 아무도 하느님을 과도하게 경외할 수는 없기 때문이다. 그러므로 종교는 신학적 덕으로 남는다.

[재반론] 그러나 반대로 그것은 정의의 일부분인[5] 도덕적 덕이다.

[답변] 말한 바와 같이,[6] 종교는 하느님께 마땅한 예배를 드리는 것이다. 그러므로 종교에서는 두 가지가 고려된다. 하나는 종교가 하느님께 드리는 것, 즉 예배가 있으며, 이것은 질료와 대상의 방식을 통해 종

---

5. Cf. q.80.
6. aa.2-3.

per modum materiae et obiecti ad religionem. Aliud autem est id cui affertur, scilicet Deus. Cui cultus exhibetur non quasi actus quibus Deus colitur ipsum Deum attingunt, sicut cum credimus Deo, credendo Deum attingimus (propter quod supra[7] dictum est quod Deus est fidei obiectum non solum inquantum credimus Deum, sed inquantum credimus Deo): affertur autem Deo debitus cultus inquantum actus quidam, quibus Deus colitur, in Dei reverentiam fiunt, puta sacrificiorum oblationes et alia huiusmodi. Unde manifestum est quod Deus non comparatur ad virtutem religionis sicut materia vel obiectum, sed sicut finis. Et ideo religio non est virtus theologica, cuius obiectum est ultimus finis: sed est virtus moralis, cuius est esse circa ea quae sunt ad finem.[8]

AD PRIMUM ergo dicendum quod semper potentia vel virtus quae operatur circa finem, per imperium movet potentiam vel virtutem operantem ea quae ordinantur in finem illum. Virtutes autem theologicae, scilicet fides, spes et caritas, habent actum circa Deum sicut circa proprium obiectum. Et ideo suo imperio causant actum religionis, quae operatur quaedam in ordine ad Deum. Et ideo Augustinus dicit quod *Deus colitur fide, spe et caritate*.

AD SECUNDUM dicendum quod religio ordinat hominem in Deum non sicut in obiectum, sed sicut in finem.

AD TERTIUM dicendum quod religio non est virtus theologica

---

7. q.2, a.2.

교와 연관된다. 다른 하나는 인간이 예배를 드리는 분, 곧 하느님이다. 그런데 예배의 행위들은 우리가 하느님을 믿을 때 하느님 자신에게 도달하듯이 그렇게 하느님을 대상으로 갖는 것은 아니다(이로 인해 앞서[7] 우리는 우리가 하느님을 믿기[credimus Deum] 때문만이 아니라 하느님에게 신뢰를 두기[credimus Deo] 때문에 하느님이 신앙의 대상이라고 말한 바 있다). 하느님께 드려야 마땅한 예배는 하느님께서 경외 받는 행위들이 하느님을 경외하는 가운데 이루어지는 한에서 제공된다. 예컨대 희생제사의 봉헌과 그와 비슷한 다른 것들이 그렇다. 하느님은 질료나 대상으로서 종교의 덕과 관련되는 것이 아니라 목적과 관련되는 것이 분명하다. 그러므로 종교는 최종 목적을 대상으로 하는 신학적 덕이 아니라, 그 존재가 목적을 위해 있는 수단을 대상으로 하는 도덕적 덕이다.[8]

[해답] 1. 목적에 관하여 작용하는 능력 또는 덕은, 그 목적을 향하는 것들에 작용하는 능력이나 힘을 명령을 통해 움직인다. 그러나 신학적 덕들, 즉 믿음, 희망 그리고 참사랑은 고유한 대상으로 하느님에 관한 행위를 갖는다. 그러므로 [그 덕들은] 자신의 명령으로 하느님을 향하는 일정한 질서 가운데 작용하는 종교 행위를 일으킨다. 그래서 아우구스티누스는 『라우렌티우스에게 보낸 길잡이』에서 "하느님은 믿음, 희망 그리고 참사랑으로 경외 받으신다."고 말한다.

2. 종교는 인간을 대상이 아니라 목적으로 하느님을 향해 질서 지운다.

3. 종교는 신학적 덕이나 지성적 덕이 아니라 정의의 일부분으로서 도덕적 덕이다. 그리고 중용(medium)은 확실히 정념들 사이에서 받아

---

8. Cf. I-II, q.62, a.2.

neque intellectualis, sed moralis: cum sit pars iustitiae. Et medium in ipsa accipitur non quidem inter passiones,⁹ sed secundum quandam aequalitatem inter operationes quae sunt ad Deum. Dico autem aequalitatem non absolute, quia Deo non potest tantum exhiberi quantum ei debetur: sed secundum considerationem humanae facultatis et divinae acceptationis. Superfluum autem in his quae ad divinum cultum pertinent esse potest, non secundum circumstantiam *quanti*, sed secundum alias circumstantias: puta quia cultus divinus exhibetur cui non debet exhiberi,¹⁰ vel quando non debet, vel secundum alias circumstantias prout non debet.

Articulus 6
Utrum religio sit praeferenda aliis virtutibus moralibus

Ad sextum sic proceditur. Videtur quod religio non sit praeferenda aliis virtutibus moralibus.

1. Perfectio enim virtutis moralis consistit in hoc quod attingit medium: ut patet in II *Ethic.*.¹ Sed religio deficit in attingendo medium iustitiae: quia non reddit Deo omnino aequale. Ergo religio non est potior aliis virtutibus moralibus.

---

9. Cf. q.58, aa.9-10.
10. 우상숭배에서처럼: Cf. q.94, a.1.

들여지는 것이 아니라,⁹ 하느님께로 향하는 활동들 사이의 일정한 동등성에 따라 받아들여진다. 그러나 나는 절대적으로 평등을 말하는 것이 아니다. 왜냐하면 그것은 하느님께 [드려야] 마땅한 것만큼 제시될 수 없으며, 인간의 기관과 신적 수용에 대한 숙고에 따라 제시될 수 있기 때문이다.

그러나 신적 예배에 속하는 것들에는 과분한 것들이 있을 수 있는데, 그것은 양(量)의 상황에 따라서가 아니라 다른 상황들에 따라, 예컨대 신적 예배가 제공되어서는 안 되는 사람에게 제공되거나¹⁰ 제공되어서는 안 되는 때에, 또는 있어서는 안 되는 다른 상황들에 따라 [그렇다].

제6절 종교는 다른 덕들보다 선호되어야 하는가

Parall.: Infra, q.88, a.6; *De perf. vitae spir.*, c.12; *Quodlibet.*, VI, q.6.

[반론] 여섯째는 다음과 같이 진행된다. 종교는 다른 도덕적 덕들보다 선호되지 말아야 한다.

1. 『니코마코스 윤리학』 제2권에서 분명히 드러나듯이,¹ 도덕적 덕의 완전성은 중용에 도달하는 데 있다. 그러나 종교는 하느님께 모든 동등함을 드리지 못하므로, 정의의 중용에 도달함에 있어 부족하다. 그러므로 종교는 다른 도덕적 덕들보다 더 우위에 있지 않다.

---

1. c.5, 1106b8-16; S. Thomas, lect.6, nn.315-316.

2. Praeterea, in his quae hominibus exhibentur, tanto videtur aliquid esse laudabilius quanto magis indigenti exhibetur: unde dicitur Isaiae 58, [7]: *Frange esurienti panem tuum.* Sed Deus non indiget aliquo quod ei a nobis exhibeatur: secundum illud Psalm. [Ps. 15, 2]: *Dixi, Deus meus es tu, quoniam bonorum meorum non eges.* Ergo religio videtur minus laudabilis aliis virtutibus, per quas hominibus subvenitur.

3. Praeterea, quanto aliquid fit ex maiori necessitate, tanto minus est laudabile: secundum illud I *ad Cor.* 9, [16]: *Si evangelizavero, non est mihi gloria: necessitas mihi incumbit.* Ubi autem est maius debitum, ibi est maior necessitas. Cum igitur Deo maxime sit debitum quod ei ab homine exhibetur, videtur quod religio sit minus laudabilis inter virtutes humanas.

SED CONTRA est quod *Exod.* 20 ponuntur primo praecepta ad religionem pertinentia, tanquam praecipua.[2] Ordo autem praeceptorum proportionatur ordini virtutum: quia praecepta legis dantur de actibus virtutum. Ergo religio est praecipua inter virtutes morales.

RESPONDEO dicendum quod ea quae sunt ad finem sortiuntur bonitatem ex ordine in finem[3]: et ideo quanto sunt fini propinquiora,

---

2. Cf. I-II, q.100, a.6.

2. 사람들에게 제시되는 것들에 있어서 어떤 것은 가난한 사람들에게 더 많이 제시될수록 더욱 찬사 받을 만한 것처럼 보인다. 그래서 이사야서 58장 [7절]은 "굶주린 사람에게 너의 빵을 쪼개주어라."라고 말한다. 그러나 시편 16[15]편 [2절] "제가 말하였나이다. 당신에게는 제 선들이 필요하지 않으시니, 당신은 저의 하느님이십니다."라는 말씀에 따라 하느님은 우리에 의해 제시되는 것이 전혀 필요없다. 그러므로 종교는 사람들을 돕는 다른 덕들보다 덜 찬사 받는 것처럼 보인다.

3. "제가 만일 복음을 전한다면, 그것은 제게 영광이 아닙니다. 하지 않을 수 없기 때문입니다."라는 코린토 1서 9장 [16절]에 따라, 어떤 것이 더 많은 필요에 의해 행해질수록, 덜 찬사 받을 만하다. 그런데 더 큰 빚이 있는 곳에 더 큰 필요가 있다. 인간이 하느님께 드려야 할 것은 최고도로 그분께 마땅한 것이므로, 종교는 인간적인 덕들 가운데 덜 찬사 받을 만하다.

[재반론] 그러나 반대로 탈출기 20장은 종교에 속하는 계명들이 가장 중요하기에, 그것들을 첫째에 두고 있다.[2] 그런데 계명들의 질서는 덕들의 질서에 비례한다. 왜냐하면 율법의 계명들은 덕의 행위들에 대해 주어지기 때문이다. 그러므로 종교는 도덕적 덕들 가운데 가장 중요하다.

[답변] 목적을 향하는 것들은 목적을 향한 질서로부터 선성을 얻는다.[3] 그러므로 목적에 더 가까울수록 그것들은 더욱 좋다. 그런데 앞

---

3. Cf. q.33, a.6, ad3; q.44, a.2, ad3.

tanto sunt meliora. Virtutes autem morales, ut supra[4] habitum est, sunt circa ea quae ordinantur in Deum sicut in finem. Religio autem magis de propinquo accedit ad Deum quam aliae virtutes morales: inquantum operatur ea quae directe et immediate ordinantur in honorem divinum. Et ideo religio praeeminet inter alias virtutes morales.

AD PRIMUM ergo dicendum quod laus virtutis in voluntate consistit, non autem in potestate. Et ideo deficere ab aequalitate, quae est medium iustitiae, propter defectum potestatis, non diminuit laudem virtutis, si non fuerit defectus ex parte voluntatis.

AE SECUNDUM dicendum quod in his quae exhibentur alteri propter eorum utilitatem, est exhibitio laudabilior quae fit magis indigenti: quia est utilior. Deo autem non exhibetur aliquid propter eius utilitatem: sed propter eius gloriam, nostram autem utilitatem.

AD TERTIUM dicendum quod ubi est necessitas, tollitur gloria supererogationis: non autem excluditur meritum virtutis, si adsit voluntas.[5] Et propter hoc ratio non sequitur.

---

4. a.5.

서 말한 바와 같이,[4] 도덕적 덕들은 목적으로서 하느님을 향해 질서 지어진 것들에 관한 것이다. 하지만 종교는 신적 명예를 향해 직접적이고 즉각적으로 질서 지어진 것을 행하는 한에서, 다른 도덕적 덕들보다 더욱 하느님께 가까이 다가간다. 그러므로 종교는 다른 도덕적 덕들 가운데 탁월하다.

[해답] 1. 덕의 찬사는 의지에 있는 것이지 능력에 있는 것이 아니다. 그러므로 능력의 부족함으로 인해 정의의 중용인 동등함에 이르지 못하는 것은, 만일 의지의 편에서 부족함이 없다면, 덕의 찬사를 감소시키지 않는다.

2. 자신들의 이익을 위해 다른 이들에게 제시되는 것들에는 가장 도움이 필요한 사람들에게 더 찬사 받을 만한 제시가 있다. 왜냐하면 그것들은 아주 유익하기 때문이다. 그러나 하느님에게는 그분의 유익 때문이 아니라 그분의 영광과 우리의 유익 때문에 어떤 것이 제시된다.

3. 필요가 있는 곳에 넘치게 행하는 것의 영광이 제거되지만, 만일 의지가 있다면, 덕의 공로가 배제되지 않는다.[5] 이로 인해 이유는 뒤따르지 않는다.

---

5. Cf. q.58, a.3, ad2.

Articulus 7
Utrum latria habeat aliquem exteriorem actum

Ad septimum sic proceditur. Videtur quod latria non habeat aliquem exteriorem actum.

1. Dicitur enim Ioan. 4, [24]: *Deus spiritus est: et eos qui adorant eum, in spiritu et veritate adorare oportet.*[1] Sed exteriores actus non pertinent ad spiritum, sed magis ad corpus. Ergo religio, ad quam pertinet adoratio, non habet exteriores actus, sed interiores.

2. Praeterea, religionis finis est Deo reverentiam et honorem exhibere. Sed videtur ad irreverentiam alicuius excellentis pertinere si ea sibi exhibeantur quae proprie ad inferiores pertinent. Cum igitur ea quae exhibet homo corporalibus actibus proprie videantur ad indigentias hominum ordinari, vel ad reverentiam inferiorum creaturarum; non videtur quod congrue possunt assumi in divinam reverentiam.

3. Praeterea, Augustinus, in VI *de Civ. Dei,*[2] commendat Senecam de hoc quod vituperat quosdam qui idolis ea exhibebant quae solent hominibus exhiberi, quia scilicet immortalibus non conveniunt ea quae sunt mortalium. Sed haec multo minus conveniunt Deo vero,

---

1. Vulgata: "Spiritus est Deus, et eos, qui adorant eum in spiritu et veritate oportet adorare."

제7절 흠숭은 어떤 외적인 행위를 갖는가

Parall.: Infra, q.84, a.2; *ScG*, III, 119; *In Sent.*, III, d.9, q.1, a.3, qc.3; *In De Trinit.*, q.3, a.2.

[반론] 일곱째는 다음과 같이 진행된다. 흠숭은 어떤 외적인 행위를 갖지 않는 것으로 보인다.

1. 요한복음서 4장 [24절]은 다음과 같이 말한다: "하느님은 영이시다. 그러므로 그분을 흠숭하는 사람들은 영과 진리 안에서 예배를 드려야 한다."[1] 그러나 외적 행위들은 영이 아니라 육체에 더 속한다. 그러므로 흠숭이 속하는 종교는 외적인 행위들이 아니라 내적인 행위들을 갖는다.

2. 종교의 목적은 하느님께 경외와 명예를 드리는 것이다. 그러나 하급자들에게 고유한 명예를 탁월한 자에게 주는 것은 불경이다. 인간이 육체의 행위들과 함께 제공하는 것은 다른 사람들의 궁핍을 만족시키기 위해, 또는 하위 피조물들을 경외하기 위해 질서 지어진 것으로 보이므로, 그런 행위들은 하느님께 경외를 드리기 위해 사용될 수 있는 것으로 보이지 않는다.

3. 아우구스티누스는 『신국론』 제6권에서[2] 세네카가 일반적으로 사람들에게 주는 것들을 우상들에게 제시하는 사람들을 꾸짖은 것을 칭찬하였다. 왜냐하면 사멸할 자들에게 속한 것들은 당연히 불멸할 자들에게 고유한 것이 아니기 때문이다. 이러한 것들은 모든 신들보다 높

---

2. c.10, n.1; ML 41,190.

qui est excelsus *super omnes deos*.³ Ergo videtur reprehensibile esse quod aliquis corporalibus actibus Deum colat. Non ergo habet religio corporales actus.

SED CONTRA est quod in Psalm. [Ps. 83, 3] dicitur: *Cor meum et caro mea exultaverunt in Deum vivum*. Sed sicut interiores actus pertinent ad cor, ita exteriores actus pertinent ad membra carnis. Ergo videtur quod Deus sit colendus non solum interioribus actibus, sed etiam exterioribus.

RESPONDEO dicendum quod Deo reverentiam et honorem exhibemus non propter ipsum, qui in seipso est gloria plenus, cui nihil a creatura adiici potest, sed propter nos: quia videlicet per hoc quod Deum reveremur et honoramus, mens nostra ei subiicitur, et in hoc eius perfectio consistit; quaelibet enim res perficitur per hoc quod subditur suo superiori,⁴ sicut corpus per hoc quod vivificatur ab anima, et aer per hoc quod illuminatur a sole. Mens autem humana indiget ad hoc quod coniungatur Deo, sensibilium manuductione: quia *invisibilia per ea quae facta sunt, intellecta, conspiciuntur*, ut Apostolus dicit, *ad Rom*. [1, 20]. Et ideo in divino cultu necesse est aliquibus corporalibus uti, ut eis, quasi signis quibusdam, mens hominis excitetur ad spirituales actus, quibus Deo coniungitur. Et

---

3. 시편 94,3.

임을 받으시는 하느님을 훨씬 덜 기쁘게 한다.[3] 그러므로 누군가 육체적인 행위로 하느님을 경외하는 것은 비난받는 것처럼 보인다. 따라서 종교는 육체적인 행위를 갖지 않는다.

[재반론] 그러나 반대로 시편 84[83]편 [3절]에서는 "내 마음과 내 살이 살아계신 하느님 안에서 뛰노나이다."라고 말한다. 내적 행위들이 마음에 속하는 것처럼 외적 행위들은 육체의 지체들에 속한다. 그러므로 하느님은 내적 행위뿐만 아니라 외적 행위로도 경외되어야 한다.

[답변] 우리가 하느님께 경외와 명예를 드리는 것은 그분 자신을 위해서가 아니다. 그분은 그 자체로 영광으로 충만하시므로, 피조물에 의해서는 아무것도 첨가될 수 없다. 그분께 경외와 명예를 드리는 것은 우리 자신을 위해서이다. 왜냐하면 정확히 우리가 하느님을 경외하고 그분께 명예를 드리는 사실로 인해 우리의 정신이 그분에게 복종해 있으며, 바로 여기에 우리 정신의 완전함이 있기 때문이다. 육체가 영혼에 의해 생생하게 되고 공기가 태양에 의해 조명되듯이, 모든 것은 자신의 상위 실재에 순종하는 것으로 인해 완전하게 된다.[4] 그러나 인간의 정신은 하느님과 일치하기 위해 감각적인 것의 인도가 필요하다. 사도가 로마서 1장 [20절]에서 말하듯이, 보이지 않는 것들은 만들어진 것들을 통해 지성과 더불어 알려질 수 있기 때문이다. 그러므로 신적 예배에서는 어떤 육체적인 것들을 사용해야 하는데, 그것들을 통해서 마치 특정한 표징들을 통해서처럼, 인간의 정신은 영적인 행위들에

---

4. Cf. I, q.12, a.1: "이성적 피조물의 궁극적 완성은 그 존재의 근원인 것 안에 있다."

ideo religio habet quidem interiores actus quasi principales et per se ad religionem pertinentes: exteriores vero actus quasi secundarios, et ad interiores actus ordinatos.[5]

AD PRIMUM ergo dicendum quod Dominus loquitur quantum ad id quod est principale et per se intentum in cultu divino.

AD SECUNDUM dicendum quod huiusmodi exteriora non exhibentur Deo quasi his indigeat: secundum illud Psalm. [Ps. 49, 13]: *Numquid manducabo carnes taurorum, aut sanguinem hircorum potabo?* Sed exhibentur Deo tanquam signa quaedam interiorum et spiritualium operum, quae per se Deus acceptat. Unde Augustinus dicit, in X *de Civ. Dei*[6]: *Sacrificium visibile invisibilis sacrificii sacramentum, idest sacrum signum, est.*

AD TERTIUM dicendum quod idololatrae deridentur ex hoc quod ea quae ad homines pertinent idolis exhibebant non tanquam signa excitantia eos ad aliqua spiritualia, sed tanquam per se eis accepta. Et praecipue quia erant vana et turpia.

---

5. 우리는 우리 자신의 유익을 위해 외적인 행위들을 실현한다. 그럼으로써 이 감각적 행동들을 통해 우리의 관심이 하느님을 향하고 우리의 정감이 불타오르게 한다. 이와 동시에 우리는 이를 통해 하느님이 영혼과 육체의 창조주이시며, 우리는 그분께 영적이고 육적으로 순종한다고 고백한다. 이런 이유로, 이단자들이 하느님은 우리 육체의 창조주이심을 부인하고 그분을 향한 육체적인 순종을 비판하는 것은 놀랄 만한 일이 아니다. 또한 그들은 자신들이 사람이

자극을 받아 하느님과 결합하게 된다. 그러므로 종교는 분명히 내적 행위를 주된 것으로 가지고 있고, 그러한 내적 행위들은 그 자체로 종교에 속하지만, 외적 행위는 부차적인 것으로 내적 행위를 향해 질서 지어져 있다.[5]

[해답] 1. 주님께서는 주로 그리고 본질적으로 신적 예배를 지향하는 것을 말씀하신다.

2. "내가 황소의 고기를 먹을까, 염소의 피를 마실까?"라는 시편 50[49]편 [13절]에 따르면, 이런 외적인 것들은 하느님께 필요한 것처럼 바쳐지지 않는다. 그러나 그것들은 하느님께 내적이고 영적인 일들의 특정한 표징으로 제시되며, 하느님은 그 자신을 받아들이신다. 그러므로 아우구스티누스는 『신국론』 제10권에서[6] 이렇게 말한다: "보이는 희생은 보이지 않는 희생의 성사, 즉 거룩한 표징이다."

3. 우상숭배자들은 그들이 사람들에게 속한 것들을 우상들에게 바쳤다는 사실 때문에 조롱을 받는데, 그것은 그것들을 어떤 영적인 것들을 향해 자극하기 위한 징표로서가 아니라, 마치 우상들에게 받아들여진 것들로 바쳐지기 때문이다. 특히 그것들이 헛되고 비열하기 때문이다.

라는 것을 기억하지 못하는 데 반해, 자신들의 내적인 지식과 애정을 위하여 감각적인 것들에 대한 묘사가 필요하다고 판단하지 않는다. 왜냐하면 경험상 영혼은 육체적 행위를 통해 어떤 지식이나 상태로 깨어나는 것처럼 보이기 때문이다. 그러므로 우리는 또한 우리의 정신을 하느님께 들어올리기 위해 어떤 육체적인 것들을 사용하는 것이 적절하다. *ScG*, III, 119, §§ *Exercentur; Propter hoc.*

6. c.5: ML 41,282.

Articulus 8
Utrum religio sit idem sanctitati

Ad octavum sic proceditur. Videtur quod religio non sit idem sanctitati.

1. Religio enim est quaedam specialis virtus, ut habitum est.[1] Sanctitas autem dicitur esse generalis virtus: est enim *faciens fideles et servantes ea quae ad Deum sunt iusta*, ut Andronicus dicit.[2] Ergo sanctitas non est idem religioni.

2. Praeterea, sanctitas munditiam importare videtur: dicit enim Dionysius, 12 cap. *de Div. Nom.*,[3] quod *sanctitas est ab omni immunditia libera et perfecta et omnino immaculata munditia*. Munditia autem maxime videtur pertinere ad temperantiam, quae turpitudines corporales excludit. Cum igitur religio ad iustitiam pertineat, videtur quod sanctitas non sit idem religioni.

3. Praeterea, ea quae dividuntur ex opposito non sunt idem. Sed in quadam enumeratione partium iustitiae sanctitas condividitur religioni, ut supra[4] habitum est. Ergo sanctitas non est idem quod religio.

SED CONTRA est quod dicitur Luc. 1, [74-75]: *Serviamus illi in sanctitate et iustitia*. Sed servire Deo pertinet ad religionem, ut supra[5]

---

1. a.4.
2. *De affectibus*, De iustitia: inter *Fragm. Phil. Graec.*, ed. G. A. Mullachius, Parisiis, 1867-1879,

제8절 종교는 거룩함과 같은가

[반론] 여덟째는 다음과 같이 진행된다. 종교는 거룩함과 같지 않은 것으로 보인다.

1. 이미 말한 바와 같이,[1] 종교는 특수한 덕의 종(種)이기 때문이다. 그러나 거룩함은 일반적 덕으로 불린다. 왜냐하면 안드로니쿠스가 말하듯이,[2] "그것은 [사람들을] 하느님께 충실하고 그분께 합당한 것을 잘 보존하도록 하는 것"이기 때문이다. 그러므로 거룩함은 종교와 같지 않다.

2. 거룩함은 깨끗함을 의미하는 것으로 보인다. 왜냐하면 디오니시우스는 『신명론』 제12장에서[3] 다음과 같이 말하기 때문이다: "거룩함은 모든 더러움으로부터의 자유이며 완전하고 절대적으로 흠이 없는 깨끗함이다." 그러나 깨끗함은 주로 육체의 부끄러움을 배제하는 절제에 속하는 것으로 보인다. 그런데 종교는 정의에 속하기 때문에, 거룩함은 종교와 같지 않은 것처럼 보인다.

3. 반대편에서 분리된 것들은 같지 않다. 그러나 정의의 부분에 대해 열거할 때, 앞서 말한 것처럼,[4] 거룩함은 종교와 구분된다. 그러므로 종교는 거룩함과 같은 것이 아니다.

[재반론] 그러나 반대로 루카복음서 1장 [74-75절]은 다음과 같이 말한다: "우리는 거룩함과 의로 그분을 섬깁시다." 앞서 말한 것처럼,[5] 하

---

t.3, p.577.
3. MG 3, 969B; S. Thomas, lect.un., n.945.
4. q.80, a.un., ad4.
5. a.1, ad3; a.3, ad2.

habitum est. Ergo religio est idem sanctitati.

RESPONDEO dicendum quod nomen sanctitatis duo videtur importare. Uno quidem modo, munditiam: et huic significationi competit nomen Graecum, dicitur enim *agios* quasi *sine terra*.⁶ Alio modo importat firmitatem: unde apud antiquos *sancta* dicebantur quae legibus erant munita ut violari non deberent; unde et dicitur esse aliquid *sancitum* quia est lege firmatum. Potest etiam secundum Latinos hoc nomen *sanctus* ad munditiam pertinere: ut intelligatur sanctus quasi 《*sanguine tinctus*》, *eo quod antiquitus illi qui purificari volebant sanguine hostiae tingebantur*, ut Isidorus dicit, in libro *Etymol.*.⁷

Et utraque significatio competit, ut sanctitas attribuatur his quae divino cultui applicantur: ita quod non solum homines, sed etiam templum et vasa et alia huiusmodi sanctificari dicantur ex hoc quod cultui divino applicantur. Munditia enim necessaria est ad hoc quod mens Deo applicetur. Quia mens humana inquinatur ex hoc quod inferioribus rebus immergitur: sicut quaelibet res ex immixtione peioris sordescit, ut argentum ex immixtione plumbi. Oportet autem quod mens ab inferioribus rebus abstrahatur, ad hoc quod supremae rei possit coniungi. Et ideo mens sine munditia Deo applicari non potest. Unde ad *Heb.* ult., [12, 14] dicitur: *Pacem sequimini cum omnibus, et sanctimoniam, sine qua nemo videbit Deum*. — Firmitas

---

6. Cf. Origenes, *In Lev.*, hom.2, n.1: MG 12, 530D.

느님을 섬기는 것은 종교에 속한다. 그러므로 종교는 거룩함과 같다.

[답변] 거룩함의 이름은 두 가지를 의미한다. 첫째는 깨끗함(munditia)이다. 그리고 그리스어 이름은 이 의미에 해당한다. 왜냐하면 하기오스(hagios)는 땅이 없는 것을 의미하기 때문이다.[6] 둘째는 견고함(firmitas)이다. 사실, 고대인들 사이에서는 법의 보호를 받는 것들이 거룩하다고 말하여 그것들이 침해당하지 않게 했다. 그리고 어떤 것은 법에 의해 설정되었기 때문에 신성하다고(sancitum) 말한다. 라틴인들에 따르면, 거룩함이란 이 이름은 깨끗함을 가리킬 수 있으며, 따라서 그것은 거룩한 것으로, 피를 바른 것으로 이해될 수 있다. 왜냐하면 이시도루스가 『어원』에서 말하듯이,[7] 고대에 정화되기를 원했던 사람들은 제물의 피를 발랐기 때문이다.

그리고 이 두 가지 의미는 모두 거룩함을 귀속시키기에 적절하다. 따라서 사람들뿐만 아니라 성전과 기물들, 그리고 그와 비슷한 것들은 신적 예배에 적용된다는 사실로 인해 거룩하다고 말한다. 깨끗함은 정신이 하느님께 전념하기 위해 필수적이다. 왜냐하면 인간의 정신은 열등한 것들에 잠겨 있었다는 것으로 인해 오염되었으며, 마찬가지로 은이 납과 혼합되듯이, 모든 것이 열등한 것들과 섞임으로써 오염되었기 때문이다. 그런데 정신은 우월한 것들과 일치하기 위해 열등한 것들을 무시해야 할 필요가 있다. 깨끗함이 없는 정신은 하느님께 전념할 수 없다. 따라서 히브리서 12장 [14절]은 다음과 같이 말한다: "여러분은 모든 이들과 함께 그리고 신성함과 함께 평화를 찾고 또 거룩함을

---

7. X, ad litt. S, n.241: ML 82, 393A.

etiam exigitur ad hoc quod mens Deo applicetur. Applicatur enim ei sicut ultimo fini et primo principio: huiusmodi autem oportet maxime immobilia esse. Unde dicebat Apostolus, *Rom.* 8, [38-39]: *Certus sum quod neque mors neque vita separabit me a caritate Dei.*[8]

Sic igitur sanctitas dicitur per quam mens hominis seipsam et suos actus applicat Deo. Unde non differt a religione secundum essentiam, sed solum ratione. Nam religio dicitur secundum quod exhibet Deo debitum famulatum in his quae pertinent specialiter ad cultum divinum, sicut in sacrificiis, oblationibus et aliis huiusmodi: sanctitas autem dicitur secundum quod homo non solum haec, sed aliarum virtutum opera refert in Deum, vel secundum quod homo se disponit per bona opera ad cultum divinum.[9]

AD PRIMUM ergo dicendum quod sanctitas est quaedam specialis virtus secundum essentiam: et secundum hoc est quodammodo eadem religioni. Habet autem quandam generalitatem, secundum quod omnes virtutum actus per imperium ordinat in bonum divinum: sicut et iustitia legalis dicitur generalis virtus, inquantum ordi-

---

8. Vulgata: "Certus sum enim quia neque mors neque vita··· poterit nos separare a caritate Dei."
9. "종교는 특별히 신적 예배에 속하는 것들, 예식들, 희생제사들, 봉헌들 그리고 그와 비슷한 것들을 직접 가리킨다. 그러나 거룩함은 정신을 직접 바라보고, 정신을 통하여 덕들의 다른 행위들과 종교의 행위들을 바라본다. 그러므로 거룩함은 종교의 행위들과 정신을 통한 다른

찾으십시오. 그것이 없이는 아무도 하느님을 볼 수 없을 것입니다." 또한, 정신이 하느님께 전념하기 위해서는 견고함이 요구된다. 사실, 그분에게는 최종 목적이자 제1원리로서 전념되지만, 그와 비슷한 것들은 지극히 확고부동해야 한다. 그래서 사도는 로마서 8장 [38-39절]에서 다음과 같이 말했다: "저는 죽음도 생명도 저를 하느님의 참사랑에서 떼어놓을 수 없다고 확신합니다."[8]

이처럼 거룩함은 사람의 정신 자체와 행위를 통해 하느님께 전념하는 것을 말한다. 따라서 종교는 본질에 있어서가 아니라 단지 이유에 있어서만 다를 뿐이다. 왜냐하면 그것이 종교라고 불리는 것은 희생제사와 봉헌물, 그리고 그와 비슷한 것들처럼 특별히 신적 예배에 속하는 것들 가운데 완수되는 의무를 하느님께 드리기 때문이지만, 그것이 거룩함이라고 불리는 것은 이런 행위들뿐만 아니라 다른 덕들의 행위들을 하느님께 드리거나, 인간 자신이 선한 행위들과 함께 신적 예배를 위해 자신을 준비한다는 사실에 따라 그러하다.[9]

[해답] 1. 거룩함은 그것의 본질에 따라 일종의 특수한 덕이며, 이 점에서 그것은 어떤 면에서 종교와 같다. 그러나 그것은 명령을 통해 모든 덕의 행위를 신적 선으로 질서 짓는 한에서 일반성을 갖는다. 마찬가지로, 법적 정의는 모든 덕의 행위를 공동선으로 질서 짓는 한에서

덕들의 행위들을 고려하는데, 왜냐하면 그것들을 그 정신을 통하여 하느님께 적용하고, 따라서 정신으로부터 오는 인간적 행위에 적용하기 위하여 사용하기 때문이다. 이러한 차이는 많은 종교인들이 거룩하지 않다는 것을 분명히 보여준다. 그러나 모든 성인들은 종교적이다. 예식과 희생제사와 같은 것에 전념하는 사람들은 종교적이라고 불릴 수 있다. 그러나 성인들은 이러한 것들을 통해 하느님께 내적으로 적용되지 않는 한, 전혀 그렇지 않다." Cajetanus in h. a., n.1.

nat omnium virtutum actus in bonum commune.[10]

AD SECUNDUM dicendum quod temperantia munditiam quidem operatur: non tamen ita quod habeat rationem sanctitatis nisi referatur in Deum. Unde de ipsa virginitate dicit Augustinus, in libro *de Virginitate*,[11] quod *non quia virginitas est, sed quia Deo dicata est, honoratur.*

AD TERTIUM dicendum quod sanctitas distincta est a religione propter differentiam praedictam: non quia differat re, sed ratione tantum, ut dictum est.[12]

---

10. Cf. q.58, a.5.
11. c.8: ML 40, 400.

일반적 덕이라고 부른다.[10]

2. 절제는 깨끗함을 가져다주지만, 하느님을 언급하지 않는 한, 거룩함의 측면들을 갖는 방식으로 그렇게 갖지는 않는다. 따라서 아우구스티누스는 『거룩한 동정』에서[11] 동정성 자체에 대해 다음과 같이 말한다: "그것은 동정성이기 때문이 아니라 하느님께 봉헌되었기 때문에 존경받는다."

3. 거룩함은 위에서 언급한 차이로 인해 종교와는 다르다. 그것은 실재의 차이가 아니라, 언급한 바와 같이,[12] 단지 이유에서 다를 뿐이다.

---

12. 본론.

QUAESTIO LXXXII
DE DEVOTIONE

in quatuor articulos divisa

Deinde considerandum est de actibus religionis.[1] Et primo, de actibus interioribus, qui, secundum praedicta,[2] sunt principaliores; secundo, de actibus exterioribus, qui sunt secundarii.[3] Interiores autem actus religionis videntur esse devotio et oratio. Primo ergo de devotione agendum est; secundo, de oratione.[4]

Circa primum quaeruntur quatuor.
Primo: utrum devotio sit specialis actus.
Secundo: utrum sit actus religionis.
Tertio: de causa devotionis.
Quarto: de eius effectu.

Articulus 1
Utrum devotio sit specialis actus

Ad primum sic proceditur. Videtur quod devotio non sit specialis actus.

1. Illud enim quod pertinet ad modum aliorum actuum non videtur esse specialis actus. Sed devotio videtur pertinere ad modum alio-

---

1. Cf. q.81, Introd.

제82문

신심에 대하여

(전4절)

　이제 종교 행위들을 숙고하기로 하자.[1] 첫째, 내적 행위들로서, 언급한 바에 따르면,[2] 주된 것들이다. 둘째, 외적 행위들로서, 이는 부차적이다.[3] 그런데 종교의 내적 행위들은 신심과 기도이다. 그러므로 첫째로 신심에 대해 다뤄야 하며, 둘째로 기도에 대해 다뤄야 한다.[4]

　첫째에 관해 네 가지를 검토하기로 한다.

　첫째, 신심은 특별한 행위인가?

　둘째, 그것은 종교 행위인가?

　셋째, 신심의 원인에 대하여.

　넷째, 그것의 효과에 대하여.

제1절 신심은 특수한 행위인가

　[반론] 첫째는 다음과 같이 진행된다. 신심은 특수한 행위가 아닌 것으로 보인다.

　1. 다른 행위들의 방식에 속하는 것은 특별한 덕이 아니다. 그러나

---

2. Ibid., a.7.
3. q.84.
4. q.83.

rum actuum: dicitur enim II *Paral.* 29, [31]: *Obtulit universa multitudo hostias et laudes et holocausta mente devota.* Ergo devotio non est specialis actus.

2. Praeterea, nullus specialis actus invenitur in diversis generibus actuum. Sed devotio invenitur in diversis generibus actuum, scilicet in actibus corporalibus et etiam in spiritualibus: dicitur enim aliquis et devote meditari et devote genu flectere. Ergo devotio non est specialis actus.

3. Praeterea, omnis actus specialis aut est appetitivae aut cognoscitivae virtutis. Sed devotio neutri earum appropriatur: ut patet discurrenti per singulas species actuum utriusque partis, quae supra[1] enumeratae sunt. Ergo devotio non est specialis actus.

SED CONTRA est quod actibus meremur, ut supra[2] habitum est. Sed devotio habet specialem rationem merendi. Ergo devotio est specialis actus.

RESPONDEO dicendum quod devotio dicitur a *devovendo:* unde *devoti* dicuntur qui seipsos quodammodo Deo devovent, ut ei se totaliter subdant. Propter quod et olim apud gentiles devoti dicebantur qui seipsos idolis devovebant in mortem pro sui salute exercitus: sicut de duobus Deciis Titus Livius narrat.[3] Unde devotio nihil aliud

---

1. I, qq.78sqq.; I-II, q.23, a.4.

신심은 다른 행위들의 방식에 속하는 것으로 보인다. 역대기 하권 29장 [31절]에서 다음과 같이 언급되기 때문이다: "모든 군중이 신심의 정신을 갖고 희생제물과 찬미와 번제물을 봉헌했기 때문이다."

2. 어떤 특수한 행위도 다양한 유(類)의 행위 안으로 들어갈 수 없다. 그런데 신심은 서로 다른 유의 행위들인 육체적이고 영적인 행위 안으로 들어갈 수 없다. 사실, 누군가 묵상하거나 무릎을 꿇는 데 있어 신심이 있다고 말할 수 있다. 그러므로 신심은 특수한 행위가 아니다.

3. 모든 특별한 행위는 욕구 능력이나 인식 능력에 속한다. 그러나 신심은 그것들 가운데 어느 것에도 적합하지 않으며, 위에 열거된[1] 두 편의 개별적인 행위의 종(種)을 검토함으로써 분명해진다. 그러므로 신심은 특수하거나 특별한 행위가 아니다.

[재반론] 그러나 반대로 위에서 언급했듯이,[2] 우리는 행위들과 함께 공로를 얻는다. 신심은 공로를 얻는 데 있어 특별한 이유를 갖는다. 그러므로 신심은 특별한 행위이다.

[답변] 신심은 devoveo[바치다/봉헌하다]에서 유래한다. 사실, 하느님께 완전히 복종하는 가운데 어떤 면에서 하느님을 위해 바치는 사람들을 신심 있는 자들이라고 부른다. 따라서 티투스 리비우스(Titus Livius)가 두 데키우스(Decius)에 대해 말한 것처럼,[3] 고대에 이교인들 사이에서 군대의 구원을 위해 우상들에게 바쳐지는 사람들을 신심 있는

---

2. I-II, q.21, aa.3-4.
3. VIII, c.9; X, c.28.

esse videtur quam voluntas quaedam prompte tradendi se ad ea quae pertinent ad Dei famulatum. Unde *Exod.* 35, [20-21] dicitur quod *multitudo filiorum Israel obtulit*[4] *mente promptissima atque devota primitias Domino.* Manifestum est autem quod voluntas prompte faciendi quod ad Dei servitium pertinet est quidam specialis actus. Unde devotio est specialis actus voluntatis.

AD PRIMUM ergo dicendum quod movens imponit modum motui mobilis. Voluntas autem movet alias vires animae ad suos actus: et voluntas secundum quod est finis, movet seipsam ad ea quae sunt ad finem, ut supra[5] habitum est. Et ideo, cum devotio sit actus voluntatis hominis offerentis seipsum Deo ad ei serviendum, qui est ultimus finis, consequens est quod devotio imponat modum humanis actibus, sive sint ipsius voluntatis circa ea quae sunt ad finem, sive etiam sint aliarum potentiarum quae a voluntate moventur.

AD SECUNDUM dicendum quod devotio invenitur in diversis generibus actuum non sicut species illorum generum, sed sicut motio moventis invenitur virtute in motibus mobilium.

AD TERTIUM dicendum quod devotio est actus appetitivae partis animae, et est quidam motus voluntatis, ut dictum est.[6]

---

4. Vulgata: "obtulerunt"
5. I-II, q.9, a.3.

자들이라고 불렸다. 그러므로 신심은 하느님을 섬기는 일에 즉시 자신을 봉헌하려는 일정한 의지 이외에 다른 게 아닌 것으로 보인다. 탈출기 35장 [20-21절]은 "이스라엘 자녀들의 무리는 매우 준비되고[4] 신심 있는 정신으로 만물들을 주님께 봉헌했다."고 말한다. 그런데 하느님을 섬기는 일을 신속하게 하고자 하는 의지는 특수한 행위임이 분명하다. 그러므로 신심은 의지의 특수한 행위이다.

[해답] 1. 움직이는 것은 움직여지는 것의 운동에 방식을 부과한다. 그런데 의지는 영혼의 다른 능력들을 그들의 행위들을 향해 움직이게 하고, 앞서 말한 것처럼,[5] 자신의 목적에 따라 목적을 위해 존재하는 것들을 향해 움직인다. 신심은 최종 목적인 하느님을 섬기기 위해 그분께 자신을 바치는 인간의 의지 행위이므로, 인간의 행위에 어떤 방식을 부과하는데, 그것은 그 목적을 위해 존재하는 것들에 대한 의지 그 자체의 것이든, 또는 의지에 의해 움직이는 다른 능력들에 대한 것이든 그렇다.

2. 신심은 다른 유(類)들의 행위에서 발견되는데, 이것은 그 유들의 종(種)으로서가 아니라 운동자의 움직임들이 운동자들의 움직임에 힘입어 움직여지는 것들의 움직임 안에서 발견되는 것과 같다.

3. 신심은 영혼의 욕구적 부분의 행위이며, 위에서 말한 바와 같이[6] 의지의 특정한 움직임이다.

---

6. 본론과 제1답.

Articulus 2
Utrum devotio sit actus religionis

Ad secundum sic proceditur. Videtur quod devotio non sit actus religionis.

1. Devotio enim, ut dictum est,[1] ad hoc pertinet quod aliquis Deo se tradat. Sed hoc maxime fit per caritatem: quia, ut Dionysius dicit, 4 cap. *de Div. Nom.*,[2] *divinus amor extasim facit, non sinens amantes sui ipsorum esse, sed eorum quae amant.* Ergo devotio magis est actus caritatis quam religionis.

2. Praeterea, caritas praecedit religionem. Devotio autem videtur praecedere caritatem: quia caritas in Scripturis significatur per ignem,[3] devotio vero per pinguedinem,[4] quae est ignis materia. Ergo devotio non est actus religionis.

3. Praeterea, per religionem homo ordinatur solum ad Deum, ut dictum est.[5.] Sed devotio etiam habetur ad homines: dicuntur enim aliqui esse devoti aliquibus sanctis viris; et etiam subditi dicuntur esse devoti dominis suis, sicut Leo Papa dicit[6] quod Iudaei, *quasi devoti Romanis legibus*, dixerunt, *Non habemus regem nisi Caesarem.* Ergo devotio non est actus religionis.

---

1. 앞 절.
2. MG 3, 712A; S. Thomas, lect.10, nn.427-433.
3. Cf. 아가 8,6.

제2절 신심은 종교 행위인가

[반론] 둘째는 다음과 같이 진행된다. 신심은 종교 행위가 아닌 것으로 보인다.

1. 왜냐하면 이미 말한 바와 같이,[1] 신심은 하느님께 자신을 내맡기는 것이기 때문이다. 그러나 이것은 특히 참사랑을 통해 이루어진다. 왜냐하면 디오니시우스(Dionysius)가 『신명론』 제4장에서[2] 다음과 같이 말했기 때문이다: "신적인 사랑은 탈혼을 일으킨다. 이 사랑은 사랑하는 자들이 자신에게 속하지 않고 그들이 사랑하는 것에 속하는 것을 허용하기 때문이다." 그러므로 신심은 종교 행위라기보다는 참사랑의 행위이다.

2. 참사랑은 종교에 선행한다. 그리고 신심은 참사랑에 선행한다. 왜냐하면 성경에서 참사랑은 불로,[3] 신심은 불의 재료인 기름기로[4] 표시되고 있기 때문이다. 그러므로 신심은 종교 행위가 아니다.

3. 이미 말한 것처럼,[5] 인간은 종교를 통하여 오직 하느님을 향해 질서 지어진다. 그러나 신심은 사람들을 향해 있기도 한데, 레오 교황이 "로마법에 신심이 있는 유다인들은 카이사르 외에는 왕이 없다고 말했다."고 했듯이,[6] 어떤 사람들은 어떤 성인들에게 신심이 있다고 말하며, 또한 하급자들은 자기 주인들에게 신심이 있다고 말한다. 그러므로 신심은 종교 행위가 아니다.

---

4. Cf. 시편 62,6.
5. q.81, a.1.
6. *Sermones*, serm.59, al.57 (8 de Passiones Domini)

SED CONTRA est quod devotio dicitur a *devovendo*, ut dictum est.[7] Sed votum est actus religionis.[8] Ergo et devotio.

RESPONDEO dicendum quod ad eandem virtutem pertinet velle facere aliquid, et promptam voluntatem habere ad illud faciendum: quia utriusque actus est idem obiectum. Propter quod Philosophus dicit, in V *Ethic.*[9]: *Iustitia est qua volunt homines et operantur iusta.* Manifestum est autem quod operari ea quae pertinent ad divinum cultum seu famulatum pertinet proprie ad religionem, ut ex praedictis[10] patet. Unde etiam ad eam pertinet habere promptam voluntatem ad huiusmodi exequenda, quod est esse devotum. Et sic patet quod devotio est actus religionis.

AD PRIMUM ergo dicendum quod ad caritatem pertinet immediate quod homo tradat seipsum Deo adhaerendo ei per quandam spiritus unionem. Sed quod homo tradat seipsum Deo ad aliqua opera divini cultus, hoc immediate pertinet ad religionem: mediate autem ad caritatem, quae est religionis principium.

AD SECUNDUM dicendum quod pinguedo corporalis et generatur per calorem naturalem digerentem; et ipsum naturalem calorem conservat quasi eius nutrimentum. Et similiter caritas et devotionem causat, inquantum ex amore aliquis redditur promptus ad serviendum amico; et etiam per devotionem caritas nutritur, sicut et quaelibet amicitia conservatur et augetur per amicabilium operum exercitium et meditationem.

[재반론] 그러나 반대로 말한 바와 같이,[7] 신심은 봉헌하는 데서 온다. 그런데 서원(votum)은 종교 행위이다.[8] 그러므로 신심도 그러하다.

[답변] 무언가를 하고 싶어 하는 것과 그것을 하기 위해 준비된 의지를 갖는 것은 같은 덕에 속한다. 왜냐하면 두 행위의 대상이 동일하기 때문이다. 그래서 철학자는 『니코마코스 윤리학』 제5권에서[9] "정의는 사람들이 그로써 의로운 것을 원하고 행동하는 것이다."라고 말한다. 그러나 하느님의 예배나 섬김에 속하는 것들을 행하는 것은, 앞서 말한 것에서 분명히 드러나듯이,[10] 고유하게 종교에 속한다. 따라서 그런 것들을 수행하기 위해 준비된 의지를 갖는 것, 곧 신심을 갖는 것 역시 종교에 속한다. 그러므로 신심은 종교 행위임이 분명하다.

[해답] 1. 인간이 일정한 영의 일치를 통해 하느님께 유착(癒着)함으로써 그분께 자신을 드리는 것은 참사랑에 속한다. 그러나 신적 예배의 일부 행위를 위해 하느님께 자신을 드리는 것은 종교에 직접적으로 속하지만, 종교의 시작인 참사랑에는 간접적으로 속한다.

2. 육신의 기름기는 소화의 자연적인 열에 의해 생성되고, 마치 그 열의 양식과 같이 열을 보존한다. 또한, 참사랑은 신심을 불러일으키는데, 왜냐하면 누군가는 사랑으로 인해 벗을 섬길 준비가 되어 있기 때문이다. 참사랑은 신심으로 길러지며, 마찬가지로 모든 우정은 우정 어린 행동들에 대한 실천과 묵상을 통해 보존되고 성장한다.

---

7. 앞 절.
8. Cf. q.88, a.5.
9. c.1, 1129a8-11; S. Thomas, lect.1, n.888.
10. q.81.

AD TERTIUM dicendum quod devotio quae habetur ad sanctos Dei, mortuos vel vivos, non terminatur ad ipsos, sed transit in Deum: inquantum scilicet in ministris Dei Deum veneramur. — Devotio autem quam subditi dicuntur habere ad dominos temporales alterius est rationis: sicut et temporalibus dominis famulari differt a famulatu divino.

Articulus 3
Utrum contemplatio, seu meditatio, sit devotionis causa

Ad tertium sic proceditur. Videtur quod contemplatio, seu meditatio, non sit devotionis causa.

1. Nulla enim causa impedit suum effectum. Sed subtiles meditationes intelligibilium multoties devotionem impediunt. Ergo contemplatio, seu meditatio, non est devotionis causa.

2. Praeterea, si contemplatio esset propria et per se devotionis causa, oporteret quod ea quae sunt altioris contemplationis magis devotionem excitarent. Huius autem contrarium apparet: frequenter enim maior devotio excitatur ex consideratione passionis Christi, et aliis mysteriis humanitatis ipsius, quam ex consideratione divinae magnitudinis. Ergo contemplatio non est propria devotionis causa.

3. Praeterea, si contemplatio esset propria causa devotionis, oporteret quod illi qui sunt magis apti ad contemplationem essent etiam magis apti ad devotionem. Huius autem contrarium videmus: quia

3. 우리가 살아 있거나 죽은 하느님의 거룩한 이들을 향해 갖는 신심은, 우리가 하느님의 종들 안에서 그분을 공경하는 한에서, 그들에게서 끝나지 않고 하느님께로 나아간다. 그런데 수하들이 자신의 현세적 주인들을 향해 갖는다고 말하는 신심은 다른 이유를 갖는다. 마찬가지로 현세적인 주인들을 향한 섬김은 신적 섬김과는 다르다.

제3절 관상 또는 묵상은 신심의 원인인가

[반론] 셋째는 다음과 같이 진행된다. 관상 또는 묵상은 신심의 원인이 아닌 것으로 보인다.

1. 그것의 결과를 방해하는 원인은 없다. 그런데 이해할 수 있는 것들에 대한 세심한 묵상들은 종종 신심을 방해한다. 그러므로 관상이나 묵상은 신심의 원인이 아니다.

2. 만일 관상이 그 자체로 신심의 원인이 된다면, 더 높은 관상의 대상들이 더 많은 신심을 불러일으키는 것이 필요하다. 그러나 그 반대인 것으로 보이는데, 신적 위대함에 대한 숙고보다는 그리스도의 수난과 그분의 인성의 다른 신비들에 대한 숙고를 통해 더 많은 신심이 자주 일어나기 때문이다. 그러므로 관상은 신심의 고유한 원인이 아니다.

3. 만일 관상이 신심의 고유한 원인이라면, 관상에 가장 적합한 사람들도 신심에 더 적합할 필요가 있을 것이다. 그러나 우리는 그 반대를 보게 된다. 왜냐하면 관상이 결여되어 있는 몇몇 단순한 남성들과 여성들에게서 신심이 더 자주 발견되기 때문이다. 그러므로 관상은 신심

devotio frequenter magis invenitur in quibusdam simplicibus viris et in femineo sexu, in quibus invenitur contemplationis defectus. Ergo contemplatio non est propria causa devotionis.

SED CONTRA est quod in Psalm. [Ps. 38, 4] dicitur: *In meditatione mea exardescet ignis*. Sed ignis spiritualis causat devotionem. Ergo meditatio est devotionis causa.

RESPONDEO dicendum quod causa devotionis extrinseca et principalis Deus est; de quo dicit Ambrosius, *super Luc.*,[1] quod *Deus quos dignatur vocat, et quem vult religiosum facit: et si voluisset, Samaritanos ex indevotis devotos fecisset*. Causa autem intrinseca ex parte nostra, oportet quod sit meditatio seu contemplatio. Dictum est enim[2] quod devotio est quidam voluntatis actus ad hoc quod homo prompte se tradat ad divinum obsequium. Omnis autem actus voluntatis ex aliqua consideratione procedit, eo quod bonum intellectum est obiectum voluntatis: unde et Augustinus dicit, in libro *de Trin.*,[3] quod voluntas oritur ex intelligentia. Et ideo necesse est quod meditatio sit devotionis causa: inquantum scilicet per meditationem homo concipit quod se tradat divino obsequio. Ad quod quidem inducit duplex consideratio. Una quidem quae est ex parte divinae bonitatis et beneficiorum ipsius: secundum illud

---

1. l.7, n.27, super 9, 53: ML 15, 1706B.

의 고유한 원인이 아니다.

[재반론] 그러나 반대로 시편 39[38]편 [4절]에서 "나의 묵상에서 불이 타오를 것이다."라고 말한다. 영적인 불은 신심을 야기한다. 그러므로 묵상은 신심의 원인이다.

[답변] 하느님은 신심의 외부적이고 주요한 원인이다. 그에 대해 암브로시우스는 『루카복음 해설』[1]에서 다음과 같이 말한다: "하느님께서 부를 만하다고 여기신 자를 부르시고 원하는 자를 종교인으로 만드신다. 그리고 만약 그분이 원하셨다면 그분은 신심이 없는 사마리아인들을 신심 있는 자들로 만드셨을 것이다." 그러나 우리 편에서 본질적인 원인은 묵상이나 관상이어야 한다. 사실, 신심은 인간이 즉시 신적 순종에 자신을 내맡기게 하는 일종의 의지의 행위라고 언급된다.[2] 그런데 모든 의지의 행위는 어떤 숙고에서 유래한다. 왜냐하면 의지의 대상은 인식된 선이기 때문이다. 그래서 아우구스티누스 역시 『삼위일체론』에서 의지는 지성에서 생겨난다고 말한다.[3] 그러므로 인간은 묵상을 통해 신적 순종에 자신을 내맡기는 것에 대해 이해하므로, 묵상은 신심의 원인이어야 한다.

두 가지 숙고가 이곳으로 인도한다. 사실, "하느님을 붙들고, 주 하느님께 희망을 두는 것이 좋다."는 시편 73[72]편 [28절]에 따르면, 선성과 신적인 은혜의 측면에 있는 것이 하나 있다. 그리고 이러한 숙고

---

2. a.1.
3. IX, c.12, n.18; XV, c.23, n.43: ML 42, 971 & 1090.

Psalm. [Ps. 72, 28]: *Mihi adhaerere Deo bonum est: ponere in Domino Deo spem meam.* Et haec consideratio excitat dilectionem, quae est proxima devotionis causa. — Alia vero est ex parte hominis considerantis suos defectus, ex quibus indiget ut Deo innitatur: secundum illud Psalm. [Ps. 120, 1-2]: *Levavi oculos meos in montes, unde veniet auxilium mihi. Auxilium meum a Domino, qui fecit caelum et terram.* Et haec consideratio excludit praesumptionem, per quam aliquis impeditur ne Deo se subiiciat, dum suae virtuti innititur.

AD PRIMUM ergo dicendum quod consideratio eorum quae nata sunt dilectionem Dei excitare, devotionem causant. Consideratio vero quorumcumque ad hoc non pertinentium, sed ab his mentem distrahentium, impedit devotionem.

AD SECUNDUM dicendum quod ea quae sunt divinitatis sunt secundum se maxime excitantia dilectionem, et per consequens devotionem: quia Deus est super omnia diligendus. Sed ex debilitate mentis humanae est quod sicut indiget manuduci ad cognitionem divinorum,[4] ita ad dilectionem, per aliqua sensibilia nobis nota. Inter quae praecipuum est humanitas Christi: secundum quod in Praefatione dicitur: *ut dum visibiliter Deum cognoscimus, per hunc in invisibilium amorem rapiamur.* Et ideo ea quae pertinent ad Christi humanitatem, per modum cuiusdam manuductionis, maxime devotionem excitant: cum tamen devotio principaliter circa ea quae sunt divinitatis consistat.

는 사랑을 불러일으키는데, 이것은 신심의 직접적인 원인이다. 그러나 다른 한편으로, 자신의 결점들을 숙고하는 인간의 편이 있다. 인간은 시편 121[120]편 [1-2절]에 따라, 자신의 결점들에 대해 하느님께 의지할 필요가 있다: "산들을 향하여 나의 눈을 들었노라. 어디에서 내게 도움이 올까. 나의 도움은 하늘과 땅을 만드신 주님에게서 온다." 이러한 숙고는 인간이 자신의 힘을 신뢰하면서 하느님께 복종하는 것을 방해하는 자만을 배제한다.

[해답] 1. 하느님의 사랑을 일깨우는 본성을 지닌 것들에 대한 숙고는 신심을 불러일으킨다. 그러나 이것에 속하지 않고 정신을 산만하게 하는 것들에 대한 숙고는 신심을 방해한다.

2. 신성(神性)에 속하는 것들은 그 자체로 사랑을, 그리고 결과적으로는 신심을 가장 많이 불러일으키는 것이다. 왜냐하면 하느님은 무엇보다도 사랑받을 만한 분이시기 때문이다. 그러나 인간의 정신이 약하기 때문에, 신적인 것에 대한 지식에서와 마찬가지로 사랑에 있어서도 우리에게 알려져 있는 감각적인 것을 통하여 인도되어야 한다. 그중에서도 가장 중요한 것은 그리스도의 인성(人性)이다. [성탄] 감사송에서 말하는 것처럼,[4] 우리는 "하느님을 눈으로 뵙고 알아서, 보이지 않는 하느님을 사랑"한다. 그러므로 그리스도의 인성에 속하는 것들은 손으로 인도하는 것처럼 가장 큰 신심을 불러일으키지만, 그럼에도 불구하고 신심은 주로 신성에 속하는 것들로 이루어진다.

---

4. *De Nativitate Domini*, ut in Missali Rom.

AD TERTIUM dicendum quod scientia, et quidquid aliud ad magnitudinem pertinet, occasio est quod homo confidat de seipso, et ideo non totaliter se Deo tradat. Et inde est quod huiusmodi quandoque occasionaliter devotionem impediunt: et in simplicibus et mulieribus devotio abundat, elationem comprimendo. Si tamen scientiam, et quamcumque aliam perfectionem, homo perfecte Deo subdat, ex hoc ipso devotio augetur.[5]

Articulus 4
Utrum laetitia sit devotionis effectus

Ad quartum sic proceditur. Videtur quod laetitia non sit devotionis effectus.

1. Quia, ut dictum est,[1] passio Christi praecipue ad devotionem excitat. Sed ex eius consideratione consequitur in anima quaedam afflictio: secundum illud *Thren.* 3, [19]: *Recordare paupertatis meae, absinthii et fellis,* quod pertinet ad passionem; et subditur [v. 20]: *Memoria memor ero, et tabescet in me anima mea.* Ergo delectatio, sive gaudium, non est devotionis effectus.

2. Praeterea, devotio praecipue consistit in interiori sacrificio spiritus. Sed in Psalm. [Ps. 50, 19] dicitur: *Sacrificium Deo spiritus*

---

5. "그러므로 박사들의 지식을 비난해서도 안 되고, 여성의 불완전함을 칭찬해서도 안 된다. 그것은 자신을 높이는 지식을 남용하고 자신을 높이지 않는 불완전함을 올바로 사용하는 것이다. 완전함에 대한 더욱 직접적인 사용은 훨씬 더 좋다. 물론, 그런 완전함을 가지고 있어야

3. 지식, 그리고 위대함에 속하는 모든 것은 인간이 자신을 신뢰하고, 따라서 자신을 온전히 하느님께 맡기지 않을 수 있는 기회이다. 그러므로 그러한 것들이 때로는 신심을 방해하고, 단순한 남성과 여성들에게는 자만을 억누르는 가운데 신심이 넘친다. 그러나 만일 인간이 지식과 그 밖의 모든 완전함을 하느님께 온전히 드리면, 바로 이 사실에 의해서 신심이 증가한다.[5]

제4절 기쁨은 신심의 결과인가

[반론] 넷째는 다음과 같이 진행된다. 기쁨은 신심의 결과가 아닌 것으로 보인다.

1. 앞서 말했듯이,[1] 그리스도의 수난은 특히 신심을 불러일으키기 때문이다. 그러한 숙고는 애가 3장 [19절]에서 말하듯이 영혼 안에서 어떤 슬픔을 촉발한다: "나의 가난함, 쓴쑥과 담즙을 기억하라." 이것은 정념에 속한다. 그리고 [20절]에서 다음과 같이 상기된다: "나는 기억할 것이고 내 영혼은 내 안에서 녹을 것이다." 그러므로 쾌락이나 즐거움은 신심의 결과가 아니다.

2. 신심은 주로 영(spiritus)의 내적 희생에 있다. 그러나 시편 51[50]편 [19절]에서는 다음과 같이 말한다: "하느님께 영으로 드리는 제사는

하지만, 그것으로 인해 확장되지는 말아야 한다. 저자 자신도 그렇게 탁월한 가르침을 갖고 있었다." Cajetanus in h. a., n.2.

1. a.3, ad2.

contribulatus. Ergo afflictio magis est devotionis effectus quam iucunditas sive gaudium.

3. Praeterea, Gregorius Nyssenus dicit, in libro *de Homine,*[2] quod *sicut risus procedit ex gaudio, ita lacrimae et gemitus sunt signa tristitiae*. Sed ex devotione contingit quod aliqui prorumpant in lacrimas. Ergo laetitia, vel gaudium, non est devotionis effectus.

SED CONTRA est quod in collecta[3] dicitur: *Quos ieiunia votiva castigant, ipsa quoque devotio sancta laetificet.*

RESPONDEO dicendum quod devotio per se quidem et principaliter spiritualem laetitiam mentis causat: ex consequenti autem et per accidens causat tristitiam. Dictum est[4] enim quod devotio ex duplici consideratione procedit. Principaliter quidem ex consideratione divinae bonitatis: quia ista consideratio pertinet quasi ad terminum motus voluntatis tradentis se Deo. Et ex ista consideratione per se quidem sequitur delectatio, secundum illud Psalm. [Ps. 76, 4]: *Memor fui Dei, et delectatus sum:* sed per accidens haec consideratio tristitiam quandam causat in his qui nondum plene Deo fruuntur, secundum illud Psalm. [Ps. 41, 3]: *Sitivit anima mea ad Deum vivum,* et postea [v. 4] sequitur: *Fuerunt mihi lacrimae meae* etc. — Secundario vero causatur devotio, ut dictum est,[5] ex consideratione propriorum

---

2. Cf. Gregorius Nyssenus, *Orat. fun. de Placilla Imp.*: MG 46, 880C.

뉘우치는 영." 그러므로 신심의 결과는 즐거움이나 기쁨보다는 괴로움이다.

3. 니사의 그레고리우스는 『인간 만듦』에서[2] "웃음이 즐거움에서 나오는 것처럼, 눈물과 신음은 슬픔의 표시이다."라고 말한다. 그러나 어떤 사람들은 신심으로 눈물을 흘린다. 그러므로 기쁨이나 즐거움은 신심의 결과가 아니다.

[재반론] 그러나 반대로 본기도에서는[3] 서원적 단식으로 처벌받는 사람들도 거룩한 신심으로 기뻐할 것이라고 말한다.

[답변] 신심은 그 자체로 정신의 영적인 기쁨을 초래하지만, 그 결과로 그리고 우유적으로 슬픔을 가져온다. 왜냐하면 신심은 이중적인 숙고에서 나온다고 말했기 때문이다.[4] 첫째로, 그것은 신적 선성(善性)에 대한 숙고에서 온다. 왜냐하면 이러한 숙고는 말하자면 하느님께 드리는 의지 운동의 종착점에 속하기 때문이다. 그리고 이 숙고에서부터, 시편 77[76]편 [4절]에 따르면, 기쁨이 뒤따른다. "나는 하느님을 기억하고 기뻐했다." 시편 42[41]편 [3절]에 따르면, 이러한 숙고는 아직 충만하게 하느님을 향유하지 못하는 사람들에게 어떤 슬픔을 불러일으킨다. "내 영혼은 살아계신 하느님을 갈망하고 있습니다." 이어서 다음 구절[4절]이 뒤따른다: "제 눈물이 저에게…" 반면에 두 번째로, 신심은 위에서 말한 바와 같이[5] 자신의 결점을 숙고함으로써 발생한다. 이

---

3. 성무일도와 로마 미사 경본에 따른 사순 제4주일 이후 다섯 번째 평일.
4. a.3.
5. a.3.

defectuum: nam haec consideratio pertinet ad terminum a quo homo per motum voluntatis devotae recedit, ut scilicet non in se existat, sed Deo se subdat. Haec autem consideratio e converso se habet ad primam. Nam per se quidem nata est tristitiam causare, recogitando proprios defectus: per accidens autem laetitiam, scilicet propter spem divinae subventionis. — Et sic patet quod ad devotionem primo et per se consequitur delectatio: secundario autem et per accidens *tristitia quae est secundum Deum*.[6]

AD PRIMUM ergo dicendum quod in consideratione passionis Christi est aliquid quod contristet, scilicet defectus humanus, propter quem tollendum *Christum pati oportuit*[7]: et est aliquid quod laetificet, scilicet Dei erga nos benignitas, quae nobis de tali liberatione providit.

AD SECUNDUM dicendum quod spiritus qui ex una parte contribulatur propter praesentis vitae defectus, ex alia parte condelectatur ex consideratione divinae bonitatis et ex spe divini auxilii.

AD TERTIUM dicendum quod lacrimae prorumpunt non solum ex tristitia, sed etiam ex quadam affectus teneritudine: praecipue cum consideratur aliquid delectabile cum permixtione alicuius tristabilis; sicut solent homines lacrimari ex pietatis affectu cum recuperant filios vel caros amicos quos aestimaverant se perdidisse. Et per hunc modum lacrimae ex devotione procedunt.

숙고는 사람이 신심적인 의지의 운동으로 후퇴하는 지점에 속하기 때문에, 그 자체로 존재하지 않고 하느님께 복종하는 것이다. 그러나 이러한 숙고는 역으로 첫 번째 숙고와 반대된다. 사실, 그것은 그 자체로 슬픔을 일으키기 위해, 자신의 결점들을 생각함으로써 슬픔을 초래하지만, 우유적으로는 기쁨, 즉 하느님의 도우심에 희망을 두게 함으로써 희망을 초래한다. 그래서 신심에는 쾌락이 먼저 그 자체로 뒤따르지만, 부수적으로 그리고 우유적으로 "하느님에 따른 슬픔"이 뒤따른다는 것이 분명하다.[6]

[해답] 1. 그리스도의 수난을 고려할 때 우리를 슬프게 하는 것이 있는데, 그것은 바로 인간의 결핍으로, 그리스도는 이것을 제거하기 위해 고난을 겪으셔야 했다.[7] 그리고 우리를 기쁘게 하는 것이 있는데, 그것은 우리에게 그러한 해방을 예견하신 하느님의 자애이다.

2. 영은 한편으로 현재의 삶의 부족함에 대해 뉘우치지만, 다른 한편으로 신적 선성에 대한 숙고와 신적 도움에 대한 희망으로 위로를 받는다.

3. 눈물은 슬픔 때문만이 아니라 애정의 부드러움 때문에도 흐른다. 특히 어떤 슬픈 것이 섞여 있는 즐거운 것을 숙고할 때 더욱 그렇다. 마치 사람들이 잃어버렸다고 여기던 자녀들이나 사랑하는 친구들을 되찾을 때 그런 것과 같다. 이처럼 눈물은 신심에서 유래한다.

---

6. 2코린 7,10.
7. 루카 24,26.

QUAESTIO LXXXIII
DE ORATIONE
in decem et septem articulos divisa

Deinde considerandum est de oratione.[1]

Et circa hoc quaeruntur decem et septem.

Primo: utrum oratio sit actus appetitivae virtutis vel cognitivae.

Secundo: utrum conveniens sit orare.

Tertio: utrum oratio sit actus religionis.

Quarto: utrum solus Deus sit orandus.

Quinto: utrum in oratione sit aliquid determinate petendum.

Sexto: utrum orando debeamus temporalia petere.

Septimo: utrum pro aliis orare debeamus.

Octavo: utrum debeamus orare pro inimicis.

Nono: de septem petitionibus Orationis Dominicae.

Decimo: utrum orare sit proprium rationalis creaturae.

Undecimo: utrum sancti in patria orent pro nobis.

Duodecimo: utrum, oratio debeat esse vocalis.

Tertiodecimo: utrum attentio requiratur ad orationem.

Quartodecimo: utrum oratio debeat esse diuturna.

Quintodecimo: utrum oratio sit efficax ad impetrandum quod petitur.[2]

---

1. Cf. a.82, Introd.

제83문
기도에 대하여
(전17절)

이제 기도에 대해 숙고하기로 하자.[1] 이에 대해서는 열일곱 가지가 다뤄진다.

첫째, 기도는 욕구 능력의 행위인가 아니면 인식 능력의 행위인가?
둘째, 기도하는 것은 합당한가?
셋째, 기도는 종교 행위인가?
넷째, 오직 하느님께만 기도해야 하는가?
다섯째, 기도에서 어떤 특정한 것을 청해야 하는가?
여섯째, 우리는 기도하면서 현세적인 것들을 청해야 하는가?
일곱째, 우리는 다른 이들을 위해 기도해야 하는가?
여덟째, 우리는 원수들을 위해 기도해야 하는가?
아홉째, 주님의 기도의 일곱 가지 청원에 대하여.
열째, 기도하는 것은 이성적 피조물의 고유한 것인가?
열한째, 성인들은 본향에서 우리를 위해 기도하는가?
열두째, 기도는 소리적이어야 하는가?
열셋째, 기도를 위해 주의가 필요한가?
열넷째, 기도는 오래 해야 하는가?
열다섯째, 기도는 청한 것을 얻는 데 효과적인가?[2]

---

2. Cf. a.16.

Sextodecimo: utrum sit meritoria.[3]

Septimodecimo: de speciebus orationis.

Articulus 1
Utrum oratio sit actus appetitivae virtutis

Ad primum sic proceditur. Videtur quod oratio sit actus appetitivae virtutis.

1. Orationis enim est exaudiri. Sed desiderium est quod exauditur a Deo: secundum illud Psalm. [Ps. 9, 38 (10, 17)]: *Desiderium pauperum exaudivit Dominus.* Ergo oratio est desiderium. Sed desiderium est actus appetitivae virtutis. Ergo et oratio.

2. Praeterea, Dionysius dicit, in 3 cap. *de Div. Nom.*[1]: *Ante omnia ab oratione incipere est utile, sicut Deo nosipsos tradentes et unientes.* Sed unio ad Deum per amorem fit, qui pertinet ad vim appetitivam. Ergo oratio ad vim appetitivam pertinet.

3. Praeterea, Philosophus, in III *de Anima*,[2] ponit duas operationes intellectivae partis: quarum prima est *indivisibilium intelligentia,* per quam scilicet apprehendimus de unoquoque quid est; secunda vero

---

3. Cf. a.15.

열여섯째, 기도는 공로가 되는가?³

열일곱째, 기도의 종(種)들에 대하여.

제1절 기도는 욕구 능력의 행위인가 아니면 인식 능력의 행위인가

Parall.: *In Sent.*, IV, d.15, q.4, a.1, qc.1.

[반론] 첫째는 다음과 같이 진행된다. 기도는 욕구 능력의 행위인 것으로 보인다.

1. 기도는 청허(聽許)되어야 한다. 그런데 "주님은 가난한 이들의 갈망을 청허하신다."라는 시편 10편 [17절](9편 38절)에 따르면, 하느님께 청허되는 것은 갈망이다. 그러므로 기도는 갈망이다. 그런데 갈망은 욕구 능력의 행위이다. 그러므로 기도도 그러하다.

2. 디오니시우스는 『신명론』 제3장에서¹ 다음과 같이 말한다: "무엇보다도 하느님께 자신을 드리는 증여(贈與)와 일치로서의 기도와 함께 시작하는 것이 유익하다." 그런데 하느님과의 일치는 욕구 능력에 속하는 사랑을 통해 이루어진다. 그러므로 기도는 욕구 능력에 속한다.

3. 철학자는 『영혼론』 제3권에서² 지적인 부분의 두 가지 작용을 언급하는데, 그중 첫 번째는 나뉠 수 없는 것들에 대한 이해로, 우리는

---

1. MG 3,680 D; S. Thomas, lect.1, n.244.
2. c.6: 430a26-b6; S. Thomas, lect.2, nn.746-751.

est *compositio et divisio*, per quam scilicet apprehenditur aliquid esse vel non esse. Quibus tertia additur *ratiocinari,* procedendo scilicet de notis ad ignota. Sed oratio ad nullam istarum operationum reducitur. Ergo non est actus intellectivae virtutis, sed appetitivae.

SED CONTRA est quod Isidorus dicit, in libro *Etymol.*,[3] quod *orare idem est quod dicere*. Sed dictio pertinet ad intellectum. Ergo oratio non est actus appetitivae virtutis, sed intellectivae.

RESPONDEO dicendum quod, secundum Cassiodorum,[4] *oratio dicitur quasi oris ratio*. Ratio autem speculativa et practica in hoc differunt quod ratio speculativa est apprehensiva solum rerum; ratio vero practica est non solum apprehensiva, sed etiam causativa.[5] Est autem aliquid alterius causa dupliciter. Uno quidem modo, perfecte, necessitatem inducendo: et hoc contingit quando effectus totaliter subditur potestati causae. Alio vero modo, imperfecte, solum disponendo: quando scilicet effectus non subditur totaliter potestati causae. Sic igitur et ratio dupliciter est causa aliquorum. Uno quidem modo, sicut necessitatem imponens: et hoc modo ad rationem perti-

---

3. X, ad litt, O, n.196: ML 82, 388A.
4. *Exposit. in Psalt.*, super P8. 38,13: ML 70, 285C.

그것에 의해 각각의 것을 파악한다. 두 번째는 합성과 분할로, 그것들에 의해 자연스럽게 어떤 것이 있는지 그 여부를 파악한다. 여기에 세 번째 것인 추론이 추가된다. 그것은 인식된 것에서 인식되지 않은 것으로 나아가는 것이다. 그러나 기도는 이러한 작용 중 어느 것으로도 환원되지 않는다. 그러므로 그것은 지적인 능력의 행위가 아니라 욕구 능력의 행위이다.

[재반론] 그러나 반대로 이시도루스는 『어원』에서[3] "기도는 말하는 것과 같다."고 말한다. 그런데 말은 이해에 속한다. 그러므로 기도는 욕구적 힘의 행위가 아니라 지성의 행위이다.

[답변] 카시오도루스에 따르면[4] "기도(oratio)는 입의 이유(oris ratio)이다." 그런데 사변적 이성과 실천적 이성은 사변적 이성이 단지 사물들에 대한 이해적인 이성이라는 점에서 차이가 있을 뿐이다. 실천적 이성은 이해적일 뿐만이 아니라 원인적이기도 하다.[5] 그런데 어떤 것은 두 가지 방식으로 다른 것의 원인이 된다. 첫 번째 방식에서는 완전하게 필요성을 도입하는 것으로, 이것은 결과가 원인의 능력에 완전히 속할 때 일어난다. 다른 방식을 통해서는 불완전하게 오직 준비하는 가운데, 즉 결과가 원인의 능력에 전적으로 종속되지 않을 때 일어난다. 그러므로 이성은 두 가지 방식으로 사물들의 원인이 된다. 첫 번째는 필연성을 부과함으로써 [그렇다]. 이런 의미에서 육체의 능력들과 하위 지체들뿐만 아니라 복종하는 사람들에게 명령하는 것은 이성

---

5. Cf. I, q.79, a.2.

net imperare non solum inferioribus potentiis et membris corporis, sed etiam hominibus subiectis, quod quidem fit imperando.[6] Alio modo, sicut inducens et quodammodo disponens: et hoc modo ratio petit aliquid fieri ab his qui ei non subiiciuntur, sive sint aequales sive sint superiores. Utrumque autem horum, scilicet imperare et petere sive deprecari, ordinationem quandam important: prout scilicet homo disponit aliquid per aliud esse faciendum. Unde pertinent ad rationem, cuius est ordinare: propter quod Philosophus dicit, in I *Ethic.*,[7] quod *ad optima deprecatur ratio*. Sic autem nunc loquimur de oratione, prout significat quandam deprecationem vel petitionem: secundum quod Augustinus dicit, in libro *de Verb. Dom.*,[8] quod *oratio petitio quaedam est;* et Damascenus dicit, in III libro,[9] quod *oratio est petitio decentium a Deo*. Sic ergo patet quod oratio de qua nunc loquimur, est rationis actus.[10]

AD PRIMUM ergo dicendum quod desiderium pauperum dicitur Dominus exaudire, vel quia desiderium est causa petendi: cum petitio sit quodammodo desiderii interpres. — Vel hoc dicitur ad ostendendum exauditionis velocitatem: quia scilicet dum adhuc aliquid in desiderio pauperum est, Deus exaudit, antequam orationem proponant; secundum illud Isaiae 65, [24]: *Eritque, antequam clament,*

---

6. Cf. I-II, q.17.
7. c.13, 1102b16-25; S. Thomas, lect. 20, n.237.
8. Cf. Rabanum M., *De Univ.*, VI, c.14: ML 3, 136C.

에 속하며, 이것은 실제로 명령하는 가운데 이루어진다.[6] 다른 방식은 유도하고 어떤 식으로든 준비하는 가운데 이루어지며, 이런 방식으로 이성은 동등하거나 우월한 사람들, 즉 자신에게 종속되지 않는 사람들에게 어떤 것을 하도록 요구한다. 명령하는 것과 청하는 것, 또는 애원하는 것, 이 두 가지 모두는 어떤 질서를 수반하는데, 이는 자연스럽게 어떤 것이 다른 것을 통해 이루어지도록 준비하는 데 따라 이루어진다. 그러므로 그것들은 이성에 속한다. 질서 짓는 것은 이성의 일이다. 그래서 철학자는 『니코마코스 윤리학』 제1권에서[7] 다음과 같이 말한다: "이성은 최선의 것을 요청한다." 우리는 지금 기도에 대해 말하고 있다. 왜냐하면 그것은 애원 또는 청원으로서, 아우구스티누스가 『주님의 말씀』에서[8] 말한 바에 따르면, "기도는 청원의 일종이다." 그리고 요한 다마셰누스는 자신의 책 제3권에서 다음과 같이 말한다: "기도는 하느님께 합당한 것을 청하는 것이다."[9] 그러므로 지금 우리가 말하고 있는 기도는 이성의 행위이다.[10]

[해답] 1. 주님이 가난한 사람들의 갈망을 청허하신다고 하는 것은, 청원이 거의 갈망의 해석이기 때문에, 갈망이 어떤 면에서 청하는 것의 원인이기 때문이다. 아니면 이것은 갈망이 [하느님께서] 곧 들이주신다는 것을 보여주기 때문이다. 왜냐하면 아직 가난한 사람들의 갈망 안에 있는 것을, "그들이 외치기 전에 나는 청허했다."는 이사야서 65장 [24절]에 따라, 하느님은 그들이 기도를 드리기 전에 먼저 갈망의

---

9. *De fide orth.*, III, c.24: MG 94, 1089C.
10. Cf. I-II, q.17, a.1. 카예타누스가 지적하듯이(h. a., n.1) 기도는 효과적인 원인의 유(類)에 속한다.

ego exaudiam.

AD SECUNDUM dicendum quod, sicut supra[11] dictum est, voluntas movet rationem ad suum finem. Unde nihil prohibet, movente voluntate, actum rationis tendere in finem caritatis, qui est Deo uniri. Tendit autem oratio in Deum quasi a voluntate caritatis mota, dupliciter. Uno quidem modo, ex parte eius quod petitur: quia hoc praecipue est in oratione petendum, ut Deo uniamur; secundum illud Psalm. [Ps. 26, 4]: *Unam petii a Domino, hanc requiram: ut inhabitem in domo Domini omnibus diebus vitae meae.* Alio modo, ex parte ipsius petentis, quem oportet accedere ad eum a quo petit: vel loco, sicut ad hominem; vel mente, sicut ad Deum. Unde dicit ibidem[12] quod, *quando orationibus invocamus Deum, revelata mente adsumus ipsi.* Et secundum hoc etiam Damascenus dicit[13] quod *oratio est ascensus intellectus in Deum.*

AD TERTIUM dicendum quod illi tres actus pertinent ad rationem speculativam. Sed ulterius ad rationem practicam pertinet causare aliquid per modum imperii vel per modum petitionis, ut dictum est.[14]

---

11. I, q.82, a.4; I-II, q.9, a.1, ad3.
12. MG 3, 680 B; S. Thomas, lect.1, nn.232-233.

대상을 청허하시기 때문이다.

  2. 위에서 말했듯이,[11] 의지는 이성을 자신의 목적을 향해 움직인다. 그러므로 어떤 것도 의지의 움직임 아래 이성의 행위가 참사랑의 목적, 즉 하느님과 일치하는 것을 막지 않는다. 그러나 기도는 참사랑에 의하여 움직여진 의지를 통해 이중적으로 하느님께 향한다. 첫째 방식은 청해지는 것의 편에서 그러한데, 이것은 기도에서 우리가 주로 하느님과 일치되기를 청해야 하기 때문이다. 시편 27[26]편 [4절]에 따르면, "저는 주님께 한 가지만 청했습니다. 제 인생의 모든 날에 주님의 집에 사는 것, 이것만 청합니다." 다른 방식으로는 청하는 사람 편에서 그러한데, 그는 청하는 이에게 다가가야 한다. 사람에게 청한다면 장소적으로, 하느님께 청한다면 정신적으로 다가가야 하는 것이다. 그러므로 같은 곳에서[12] 다음과 같이 말한다: "우리가 기도로 하느님께 애원할 때, 우리는 열린 정신으로 그분 앞에 있다." 또한, 이에 따라 요한 다마셰누스는 다음과 같이 말한다[13]: "기도는 하느님을 향한 지성의 상승이다."

  3. 이 세 가지 행위는 사변적 이성에 속한다. 그러나 그것은 또한 이미 말했듯이[14] 명령의 방식이나 청원의 방식에 의해 어떤 것을 일으키는 실천적 이성에 속한다.

---

13. loc. cit.
14. 본론.

Articulus 2
Utrum sit conveniens orare

Ad secundum sic proceditur. Videtur quod non sit conveniens orare.

1. Oratio enim videtur esse necessaria ad hoc quod intimemus ei a quo petimus id quo indigemus. Sed, sicut dicitur Matth. 6, [32], *scit Pater vester quia his indigetis*. Ergo non est conveniens Deum orare.

2. Praeterea, per orationem flectitur animus eius qui oratur ut faciat quod ab eo petitur. Sed animus Dei est immutabilis et inflexibilis: secundum illud I *Reg.* 15, [29]: *Porro triumphator in Israel non parcet, nec poenitudine flectetur.*[1] Ergo non est conveniens quod Deum oremus.

3. Praeterea, liberalius est dare aliquid non petenti quam dare petenti: quia, sicut Seneca dicit,[2] *nulla res carius emitur quam quae precibus empta est*. Sed Deus est liberalissimus. Ergo non videtur esse conveniens quod Deum oremus.

SED CONTRA est quod dicitur Luc. 18, [1]: *Oportet orare,*[3] *et non deficere.*

---

1. Vulgata: "et poenitudine non flectetur"
2. *De beneficiis*, II, c.1: C. Hosius, Lipsiae 1900, p.23, ll.9-10.

제2절 기도하는 것은 합당한가

Parall.: *In Sent.*, IV, d.15, q.4, a.1, qc.3, ad1-3; *ScG*, III, 95-96; *Compendium Theol.*, part. II, c.2; *In Matth.*, c.6.

[반론] 둘째는 다음과 같이 진행된다. 기도하는 것은 적절하지 않아 보인다.

1. 기도는 우리가 청하는 분에게 부족한 것을 알리기 위해서 필요한 것처럼 보인다. 그러나 마태오복음서 6장 [32절]에서 말한 것처럼, "너희의 아버지는 네가 이런 것들이 필요하다는 것을 알고 계신다." 그러므로 하느님께 기도하는 것은 합당하지 않다.

2. 기도를 듣는 자의 영혼은 기도를 통해 자신에게 요구되는 것을 행하기 위해 기운다. 그러나 사무엘기 상권 15장 [29절]의 "승리하시는 분은 생각을 바꾸지 않으시고 후회하지도 않으신다."[1]는 말씀에 따라, 하느님의 마음은 변하지 않고 확고하다. 그러므로 하느님께 기도하는 것은 합당하지 않다.

3. 청하는 사람에게 주는 것보다 청하지 않는 사람에게 무언가를 주는 것이 더 관대하다. 왜냐하면 세네카가 말했듯이,[2] "기도로 사는 것보다 더 비싼 것은 아무것도 없기" 때문이다. 그러나 하느님은 최고로 관대하시다. 그러므로 하느님께 기도하는 것은 합당하지 않다.

[재반론] 그러나 반대로 루카복음서 18장 [1절]에서는 "우리는 기도해야 하며 멈추지 말아야 한다."[3]고 말한다.

---

3. Vulgata: "semper orare"

q.83, a.2

RESPONDEO dicendum quod triplex fuit circa orationem antiquorum error.[4] Quidam enim posuerunt quod res humanae non reguntur divina providentia. Ex quo sequitur quod vanum sit orare, et omnino Deum colere. Et de his dicitur Malach. 3, [14]: *Dixistis: Vanus est qui servit Deo*. — Secunda fuit opinio[5] ponentium omnia, etiam in rebus humanis, ex necessitate contingere: sive ex immutabilitate divinae providentiae, sive ex necessitate stellarum, sive ex connexione causarum. Et secundum hos etiam excluditur orationis utilitas. — Tertia fuit opinio[6] ponentium quidem res humanas divina providentia regi, et quod res humanae non proveniunt ex necessitate: sed dicebant similiter dispositionem divinae providentiae variabilem esse, et quod orationibus et aliis quae ad divinum cultum pertinent dispositio divinae providentiae immutatur. — Haec autem omnia in Primo Libro[7] improbata sunt. Et ideo oportet sic inducere orationis utilitatem ut neque rebus humanis, divinae providentiae subiectis, necessitatem imponamus; neque etiam divinam dispositionem mutabilem aestimemus.

Ad huius ergo evidentiam, considerandum est quod ex divina providentia non solum disponitur qui effectus fiant, sed etiam ex quibus causis et quo ordine proveniant. Inter alias autem causas sunt etiam quorundam causae actus humani. Unde oportet homines agere aliqua, non ut per suos actus divinam dispositionem immutent, sed

---

4. 다음을 보라: CIC., *De divinat.*, II, c.5: ed. C. F. W. Mueller, Lipsiae, 1910, pp.200-201.

[답변] 고대인들의 기도에 대한 잘못은 세 가지였다.[4] 어떤 사람들은 인간적인 사안들이 신적 섭리에 의해 지배되지 않는다고 생각했다. 그러므로 기도하고 하느님을 경배하는 것은 헛된 것이라는 사실이 추론된다. 이것들과 관련해서 말라키서 3장 [14절]은 다음과 같이 말한다: "너희는 하느님을 섬기는 사람은 헛되다고 말했다." 둘째는 모든 것이, 또한 인간의 문제에서도 필연적으로, 신의 섭리의 불변성에 의해, 또는 별들의 필연성에 의해, 또는 원인들의 연결에 의해 발생한다는 견해였다.[5] 이것들에 따르면, 또한 기도의 유용성은 배제된다. 셋째는 인간적인 것들이 신의 섭리에 의하여 다스려지고 인간적인 것들이 필연에서 나오는 것은 아니라고 여기지만, 신의 섭리의 배치가 가변적이며 신의 섭리의 배치는 기도와 신적 예배에 속하는 다른 것들에 의하여 달라진다고 주장하는 이들의 견해였다.[6] 그러나 이 모든 것은 제1부에서 논박되었다.[7] 그러므로 우리는 하느님의 섭리에 속하는 인간적인 것들에 필연성을 부과하지 않도록 기도의 유용함을 도입해야 한다. 하느님의 안배가 가변적이라고 여겨서도 안 된다. 이를 증명하기 위해서는, 하느님의 섭리에 의해 어떤 효과가 발생할 것인지 뿐만 아니라, 어떤 원인에서 어떤 순서로 발생할 것인지 배치된다는 것을 숙고해야 한다. 다른 원인들 중에는 인간적 행위의 특정 원인들도 있다. 그러므로 사람들이 특정한 방식으로 행동해야 하는 것은 그들의 행위로 신적 안배를 변화시키기 위해서가 아니라 하느님이 정하신 질서에 따라 특

---

5. Stoicorum: cf. Nemesius, *De nat. hom.*, c.37: MG 40, 752AB; Avicenna, *Suffic.*, I, c.13; *Met.*, tr.1, c.7.
6. 이것은 이집트인들의 견해였다고 말한다(I, q.23, a.8). Cf. Nemesius, *De nat. hom.*, c.36: MG 40, 745B.
7. q.22, a.2, a.4; q.23, a.8; q.115, a.6; q.116, a.3.

q.83, a.2

ut per actus suos impleant quosdam effectus secundum ordinem a Deo dispositum. Et idem etiam est in naturalibus causis. Et simile est etiam de oratione. Non enim propter hoc oramus ut divinam dispositionem immutemus: sed ut id impetremus quod Deus disposuit per orationes sanctorum esse implendum; ut scilicet homines *postulando mereantur accipere quod eis omnipotens Deus ante saecula disposuit donare*, ut Gregorius dicit, in libro Dialogorum.[8]

AD PRIMUM ergo dicendum quod non est necessarium nos Deo preces porrigere ut ei nostras indigentias vel desideria manifestemus: sed ut nosipsi consideremus in his ad divinum auxilium esse recurrendum.

AD SECUNDUM dicendum quod, sicut dictum est,[9] oratio nostra non ordinatur ad immutationem divinae dispositionis: sed ut obtineatur nostris precibus quod Deus disposuit.

AD TERTIUM dicendum quod Deus multa nobis praestat ex sua liberalitate etiam non petita. Sed quod aliqua vult praestare nobis petentibus, hoc est propter nostram utilitatem: ut scilicet fiduciam quandam accipiamus recurrendi ad Deum, et ut recognoscamus eum

---

8. I, c.8: ML 77, 188B. 카예타누스는 이 구절에 대한 주해에서 다음과 같이 지적했다: "자연이나 기예를 통해 기대되는 다른 효과에서 원인들을 위해 수단들을 사용하려고 노력하는 그리스도인들의 어리석음을 생각하고 주의하십시오. 그렇지 않으면 기다리는 것이 헛된 것이라고 생각합니다. 그러나 그들은 마치 기도들이 원인들 사이에 있지 않거나 그것들 사이에 아주 멀리 있는 것처럼 기도들의 열매를 얻기를 꿈꿉니다. 그러므로 원인들에 대한 꿈을 꾸게 되

정한 효과를 달성하기 위해서이다. 이것은 자연적인 원인에 있어서도 마찬가지다. 그리고 기도에 관해서도 마찬가지다. 왜냐하면 우리는 하느님의 안배를 변화시키기 위해 기도하는 것이 아니라, 성인들의 기도를 통해 하느님께서 명령하신 것을 성취하기 위해서 기도하는 것이기 때문이다. 즉 그레고리우스가 『대화집』에서 다음과 같이 말한 바와 같다[8]: "사람들은 기도하는 가운데 전능하신 하느님께서 세기 이전에 그들에게 주시기로 안배하신 것을 받을 자격이 있게 된다."

[해답] 1. 우리는 우리의 필요들이나 갈망들을 표현하기 위해 하느님께 기도할 필요가 없으며, 오히려 우리 자신에게 우리가 이 일들에서 신적 도움을 청해야 한다는 것을 알게 된다고 생각해야 한다.

2. 말한 바와 같이,[9] 우리의 기도는 하느님의 안배를 변화시키기 위함이 아니라 우리의 기도를 통하여 하느님께서 안배하신 것을 얻기 위함이다.

3. 하느님께서는 우리가 요청하지 않을 때도 그분의 관대함으로 많은 것을 우리에게 주신다. 그분께서 우리에게 요구하시는 사람들을 위해 하시고자 하는 것은 우리의 유익을 위한 것, 즉 우리가 하느님께 돌아오면서 그분께 신뢰를 두고 그분이 우리 선(善)들의 원작자이심을 인식하게 하기 위함이다. 그러므로 크리소스토무스는 다음과 같이 말했

면, 우리는 열매들에서 아무것도 깨닫지 못합니다." 그리고 천사적 박사 자신도 그에 대해 다음과 같이 쓴 바 있다(ScG, III, 96, n.2716): "그것은 마치 우리가 하느님으로부터 어떤 것을 얻기 위해 기도해서는 안 된다고 말하는 것과 같다. 왜냐하면 그분 섭리의 질서는 변하지 않기 때문이다. 그것은 마치 우리가 어떤 장소에 도달하기 위해서는 걸어서도 안 되고, 양육되기 위해 먹어서도 안 된다고 말하는 것과 같다: 이 모든 것은 분명히 불합리하다."
9. 본론.

esse bonorum nostrorum auctorem. Unde Chrysostomus dicit[10]: *Considera quanta est tibi concessa felicitas, quanta gloria attributa: orationibus fabulari cum Deo, cum Christo miscere colloquia, optare quod velis, quod desideras postulare.*

Articulus 3
Utrum oratio sit actus religionis

Ad tertium sic proceditur. Videtur quod oratio non sit actus religionis.

1. Religio enim, cum sit pars iustitiae, est in voluntate sicut in subiecto. Sed oratio pertinet ad partem intellectivam, ut ex supradictis[1] patet. Ergo oratio non videtur esse actus religionis, sed doni intellectus, per quod mens ascendit in Deum.

2. Praeterea, actus latriae cadit sub necessitate praecepti. Sed oratio non videtur cadere sub necessitate praecepti, sed ex mera voluntate procedere: cum nihil aliud sit quam volitorum petitio. Ergo oratio non videtur esse religionis actus.

3. Praeterea, ad religionem pertinere videtur ut quis *divinae naturae cultum caeremoniamque afferat.*[2] Sed oratio non videtur aliquid

---

10. 다음을 보라: *Catenam auream*, In Luc., c.18, n.1.

다[10]: "얼마나 많은 행복이 너에게 주어졌는지, 얼마나 많은 영광이 주어졌는지 숙고해 보아라. 기도로 하느님과 대화하고, 그리스도와 대화를 주고받고, 네가 원하는 것을 기원하고, 네가 청하기를 갈망하게 되었다."

제3절 기도는 종교 행위인가

Parall.: *In Sent.*, IV, d.15, q.4, a.1, qc.2.

[반론] 셋째는 다음과 같이 진행된다. 기도는 종교 행위가 아닌 것으로 보인다.

1. 종교는 정의의 한 부분이므로, 그 주체인 의지 안에 존재한다. 그러나 기도는 위에서 말한 것처럼[1] 지적인 부분에 속한다. 그러므로 기도는 종교 행위가 아니라 정신이 하느님께로 올라가게 하는 지성의 선물인 것처럼 보인다.

2. 흠숭의 행위는 계명으로 지켜야 하는 것에 속한다. 기도는 계명의 필요성 아래에 있는 것처럼 보이지 않고, 단지 이지에서 나오는 것으로 보이는데, 왜냐하면 그것은 원하는 바를 청하는 것에 불과하기 때문이다. 그러므로 기도는 종교 행위가 아닌 것으로 보인다.

3. 신적 본성에 대한 예배와 예식을 드리는 것은 종교에 속하는 것으로 보인다.[2] 그러나 기도는 하느님께 어떤 것을 가져다주는 것이 아니

---

1. a.1.
2. Cf. CIC., *De invent. rhet.*, II, c.53: ed. G. Friedrich, Lipsiae, 1908, p.230, ll.21-22.

q.83, a.3

Deo afferre: sed magis aliquid obtinendum ab eo petere. Ergo oratio non est religionis actus.

SED CONTRA est quod dicitur in Psalm. [Ps. 140, 2]: *Dirigatur oratio mea sicut incensum in conspectu tuo:* ubi dicit Glossa[3] quod *in huius figuram, in veteri lege incensum dicebatur offerri in odorem suavem Domino.* Sed hoc pertinet ad religionem. Ergo oratio est religionis actus.

RESPONDEO dicendum quod, sicut supra[4] dictum est, ad religionem proprie pertinet reverentiam et honorem Deo exhibere. Et ideo omnia illa per quae Deo reverentia exhibetur pertinent ad religionem. Per orationem autem homo Deo reverentiam exhibet: inquantum scilicet se ei subiicit, et profitetur orando se eo indigere sicut auctore suorum bonorum. Unde manifestum est quod oratio est proprie religionis actus.

AD PRIMUM ergo dicendum quod voluntas movet alias potentias animae in suum finem, sicut supra[5] dictum est. Et ideo religio, quae est in voluntate, ordinat actus aliarum potentiarum ad Dei reverentiam. Inter alias autem potentias animae, intellectus altior est et voluntati propinquior. Et ideo post devotionem, quae pertinet ad

---

3. Lombardus, ML 191, 1235C; cf. Ordin: ML 113,1063A; Interl. Cf. Cassiodorus, *Exposit. in*

라 오히려 그분으로부터 어떤 것을 얻기를 바라는 것으로 보인다. 그러므로 기도는 종교 행위가 아니다.

[재반론] 그러나 반대로 시편 141[140]편 [2절]에서는 다음과 같이 말한다: "저의 기도가 당신 앞에 향처럼 향하게 하소서." 그러므로 『주석』[3]에서는 이렇게 말한다: "이 예표에 있어서, 옛 법에서는 향이 부드러운 향기처럼 주님께 봉헌된다고 말한다." 그런데 이것은 종교에 속한다. 그러므로 기도는 종교 행위이다.

[답변] 위에서 말한 바와 같이,[4] 하느님께 두려움과 경외심과 명예를 표현하는 것은 종교에 고유하다. 그러므로 하느님을 두려워하는 것을 나타내는 모든 것은 종교에 속한다. 인간은 하느님께 순종하고 그분께 기도하는 가운데 자기 선들의 창시자로 그분을 필요로 한다는 것을 고백하는 한에서, 기도를 통해 하느님께 경외를 드린다. 그러므로 기도는 종교 행위라는 것이 명백하다.

[해답] 1. 이미 말한 것처럼,[5] 의지는 영혼의 다른 능력들을 그 목적을 향하여 움직인다. 그러므로 의지 안에 있는 종교는 다른 능력들의 행위를 하느님에 대한 경외심으로 질서 짓는다. 그런데 영혼의 다른 능력들 중에서 지성은 의지보다 더욱 높고 의지에 더욱 가깝다. 그러므로 의지 그 자체에 속하는 신심 다음으로, 지성적인 부분에 속하는

Psalt., super Ps 140,2: ML 70, 1000A.
4. q.81, a.2, a.4.
5. q.82, a.1, ad1.

ipsam voluntatem, oratio, quae pertinet ad partem intellectivam, est praecipua inter actus religionis, per quam religio intellectum hominis movet in Deum.

AD SECUNDUM dicendum quod non solum petere quae desideramus, sed etiam recte aliquid desiderare sub praecepto cadit. Sed desiderare quidem cadit sub praecepto caritatis: petere autem sub praecepto religionis. Quod quidem praeceptum ponitur Matth. 7, [7],[6] ubi dicitur: *Petite, et accipietis.*

AD TERTIUM dicendum quod orando tradit homo mentem suam Deo, quam ei per reverentiam subiicit et quodammodo praesentat: ut patet ex auctoritate Dionysii prius[7] inducta. Et ideo sicut mens humana praeeminet exterioribus vel corporalibus membris, vel exterioribus rebus quae ad Dei servitium applicantur, ita etiam oratio praeeminet aliis actibus religionis.

Articulus 4
Utrum solus Deus debeat orari

Ad quartum sic proceditur. Videtur quod solus Deus debeat orari.

1. Oratio enim est actus religionis, ut dictum est.[1] Sed solus Deus est religione colendus. Ergo solus Deus est orandus.

2. Praeterea, frustra porrigitur oratio ad eum qui orationem

---

6. Cf. 요한 16,24.
7. a.1, obj.2.

기도는 종교 행위들 중에서 가장 중요하며, 이를 통하여 종교는 인간의 지성을 하느님께로 움직인다.

2. 우리가 갈망하는 것을 청할 뿐만 아니라 어떤 것을 옳게 갈망하는 것도 계명 아래 있다. 그런데 갈망은 참사랑의 계명 아래 떨어지지만, 청하는 것은 종교의 계명 아래에 떨어진다. 마태오복음서 7장 [7절]은[6] 이 계명을 다음과 같이 제시한다. "구하라, 그러면 받을 것이다."

3. 사람은 기도할 때 자신의 정신을 하느님께 드리고, 경외심으로 그분께 순종하며, 이를 어떤 식으로든 표현하는데, 이는 위에서 언급한 디오니시우스의 권위에서[7] 분명히 드러난다. 그러므로 인간의 정신이 외부 또는 신체의 지체들, 또는 하느님의 봉사에 적용되는 외부 사물들보다 우선시되는 것처럼, 기도는 다른 종교 행위들보다 탁월하다.

제4절 오직 하느님께만 기도해야 하는가

Parall.: *In Sent.*, IV, d.15, q.4, a.5, qc.1, 2.

[반론] 넷째는 다음과 같이 진행된다. 오직 하느님만 기도를 받으셔야 한다.

1. 말한 바와 같이,[1] 기도는 종교 행위이다. 오직 하느님만 종교로 경배 받으셔야 한다. 그러므로 오직 하느님만 기도를 받으셔야 한다.

2. 알 수 없는 이에게 기도하는 것은 헛되다. 오직 하느님만이 기도

---

1. 앞 절.

non cognoscit. Sed solius Dei est orationem cognoscere. Tum quia plerumque oratio magis agitur interiori actu, quem solus Deus cognoscit, quam voce: secundum illud quod Apostolus dicit, I *ad Cor.* 14, [15]: *Orabo spiritu, orabo et mente.* Tum etiam quia, ut Augustinus dicit, in libro *de Cura pro Mortuis agenda*,[2] *nesciunt mortui, etiam sancti, quid agant vivi, etiam eorum filii.* Ergo oratio non est nisi Deo porrigenda.

3. Praeterea, si aliquibus sanctis orationem porrigimus, hoc non est nisi inquantum sunt Deo coniuncti. Sed quidam in hoc mundo viventes, vel etiam in Purgatorio existentes, sunt multum Deo coniuncti per gratiam. Ad eos autem non porrigitur oratio. Ergo nec ad sanctos qui sunt in Paradiso debemus orationem porrigere.

SED CONTRA est quod dicitur *Iob* 5, [1]: *Voca, si est qui tibi respondeat: et ad aliquem sanctorum convertere.*

RESPONDEO dicendum quod oratio porrigitur alicui dupliciter: uno modo, quasi per ipsum implenda; alio modo, sicut per ipsum impetranda. Primo quidem modo soli Deo orationem porrigimus: quia omnes orationes nostrae ordinari debent ad gratiam et gloriam consequendam, quae solus Deus dat, secundum illud Psalm [Ps. 83, 12]: *Gratiam et gloriam dabit Dominus.*[3] Sed secundo modo oratio-

---

2. c.13: ML 40, 605. Cf. I, q.89, a.8.
3. 우리가 기도할 때에 청하는 것은, 아우구스티누스가 말한 것처럼[epist.130, al.121, c.4: ML

를 알 수 있다. 그리고 기도는 주로 목소리보다는 내적 행위로 이루어지기 때문에 하느님만이 기도를 아신다. 사도가 코린토 1서 14장 [15절]에서 말한 바와 같다. "나는 영으로 기도하고, 정신으로도 기도하리라." 또한 아우구스티누스는 『죽은 이를 위한 배려』[2]에서 다음과 같이 말한다: "죽은 이들은 비록 성인들이라 하더라도 산 이들이, 심지어 그의 자녀들이 무엇을 하는지 알지 못한다." 그러므로 기도는 하느님께만 드려야 한다.

3. 만일 우리가 어떤 성인들에게 기도한다면, 그것은 그들이 하느님과 연결되어 있는 한에서 그러하다. 이 세상에서 살아가거나 심지어 연옥에 있는 어떤 사람들은 은총을 통해 하느님과 많이 연결되어 있다. 그러나 기도가 그들에게도 드려지는 것은 아니다. 그러므로 우리는 낙원에 있는 성인들에게 기도해서는 안 된다.

[재반론] 그러나 반대로 욥기 5장 [1절]에서는 다음과 같이 말한다: "너에게 대답하는 자가 있거든, 부르짖어 성인들 가운데 한 분에게로 돌아서라."

[답변] 기도는 누군가에게 이중적으로 드리는데, 하나는 그 사람에 의해 성취되는 것이고, 다른 하나는 그 사람에 의해 청하여 얻어지는 것이다. 첫째 방식으로, 우리는 오직 하느님께만 기도를 드린다. 왜냐하면 우리의 모든 기도는 하느님만이 주시는 은총과 영광을 얻기 위해 질서 지어져야 하기 때문이다. 시편 84[83]편 [12절]에 따르면, "주님은 은총과 영광을 주실 것이다."[3]라고 말한다. 둘째로, 우리가 거룩한

33, 497], 복된 삶이다. 우리는 복된 삶으로 질서 지어진 한에서만 다른 모든 것을 청하기 때문이다. 오직 하느님만이 직접 복된 삶을 선사하신다. *In Sent.*, IV, d.15, q.4, a.5, qc.1.

nem porrigimus sanctis angelis et hominibus: non ut per eos Deus nostras petitiones cognoscat, sed ut eorum precibus et meritis orationes nostrae sortiantur effectum. Et ideo dicitur *Apoc.* 8, [4][4] quod *ascendit fumus aromatum,* idest *orationes sanctorum, de manu Angeli coram Domino.* — Et hoc etiam patet ex ipso modo quo Ecclesia utitur in orando. Nam a sancta Trinitate petimus ut *nostri misereatur:* ab aliis autem sanctis quibuscumque petimus ut *orent pro nobis.*

AD PRIMUM ergo dicendum quod illi soli impendimus orando religionis cultum a quo quaerimus obtinere quod oramus, quia in hoc protestamur eum bonorum nostrorum auctorem: non autem eis quos requirimus quasi interpellatores nostros apud Deum.

AD SECUNDUM dicendum quod mortui ea quae in hoc mundo aguntur, considerata eorum naturali conditione, non cognoscunt, et praecipue interiores motus cordis. Sed beatis, ut Gregorius dicit, in XII *Moral.,*[5] in Verbo manifestatur illud quod decet eos cognoscere de eis quae circa nos aguntur, etiam quantum ad interiores motus cordis. Maxime autem eorum excellentiam decet ut cognoscant petitiones ad eos factas vel voce vel corde. Et ideo petitiones quas ad eos dirigimus, Deo manifestante, cognoscunt.

---

4. Cf. c.5, v.8.

천사들과 사람들에게 기도하는 것은 하느님께서 그들을 통해 우리의 간구를 알게 하시려는 게 아니라 그들의 청원과 공로로 우리의 기도가 이루어지게 하려는 것이다. 그래서 요한묵시록 8장 [4절]⁴은 다음과 같이 말한다: "향기로운 연기, 곧 성인들의 기도가 천사의 손에서 주님 앞으로 올라갔다." 그리고 이것은 교회가 지금 하고 있는 것과 같은 방식으로도 나타난다. 왜냐하면 우리는 지극히 거룩하신 삼위일체께서 우리에게 자비를 베풀어 주시기를 기도하고 다른 성인들에게도 우리를 위해 기도해 달라고 부탁하기 때문이다.

[해답] 1. 우리는 우리가 기도하는 것을 직접적으로 그분으로부터 얻고자 하는 분에게 기도하면서 오직 종교적 예배를 드린다. 이는 그 안에서 하느님 곁에서 우리가 필요로 하는 중개자들이 아니라 그분을 우리 선들의 창시자로 고백하기 위함이다.

2. 죽은 자들은 그들의 자연 상태를 고려할 때, 이 세상에서 무슨 일이 일어나고 있는지, 특히 심장의 내적 움직임을 알지 못한다. 그러나 그레고리우스가 『욥기의 도덕적 해설』 12권에서 말한 것처럼,⁵ 진복자들에게는 우리 주변에서 일어나는 일들, 심지어 마음의 내적인 움직임들에 관해서도 그들에게 알리는 게 적절할 때에 그것이 말씀 안에서 드러난다. 그들은 무엇보다도 그들에게 요구되는 청원들이 무엇인지, 그것이 음성으로 이루어진 것이든 마음으로 이루어진 것이든, 아는 것은 그들의 탁월함에 적절하다. 그러므로 그들은 하느님께서 드러내 보여주시는 가운데 그들에게도 전하는 청원들을 알고 있다.

---

5. c.19: ML 75, 968B.

AD TERTIUM dicendum quod illi qui sunt in hoc mundo aut in Purgatorio, nondum fruuntur visione Verbi, ut possint cognoscere ea quae nos cogitamus vel dicimus. Et ideo eorum suffragia non imploramus orando: sed a vivis petimus colloquendo.

Articulus 5
Utrum in oratione aliquid determinate a Deo petere debeamus

Ad quintum sic proceditur. Videtur quod in oratione nihil determinate a Deo petere debeamus.

1. Quia, ut Damascenus dicit,[1] *oratio est petitio decentium a Deo.* Unde inefficax est oratio per quam petitur id quod non expedit: secundum illud Iac. 4, [3]: *Petitis et non accipitis, eo quod male petatis.* Sed sicut dicitur *Rom.* 8, [26]: *Nam quid oremus sicut oportet, nescimus.* Ergo non debemus aliquid orando determinate petere.

2. Praeterea, quicumque aliquid determinate ab alio petit, nititur voluntatem ipsius inclinare ad faciendum id quod ipse vult. Non autem ad hoc tendere debemus ut Deus velit quod nos volumus, sed magis ut nos velimus quod Deus vult: ut dicit Glossa,[2] super illud

---
1. *De fide orth.*, III, c.24: MG 94, 1089C.
2. Ordin.: ML 113, 888B; Lombardus: ML 191, 325D. Cf. Augustinus, *Enarrat. in Ps.*, Ps.32, enarr.2, serm.1, n.1: ML 36, 277.

3. 이 세상에 있는 사람들이나 연옥에 있는 사람들은 우리가 알고 있거나 말하는 것을 알 수 있을 정도로 아직 말씀(Verbum)에 대한 봄을 향유하지는 못한다. 그러므로 우리는 기도하면서 그들의 대속기도들(suffragia)을 청하는 것이 아니라 산 이들에게 이야기하면서 [그것들을 청한다].

제5절 기도에서 어떤 특정한 것을 청해야 하는가

Parall.: *In Sent.*, IV, d.15, q.4, a.4, qc.1.

[반론] 다섯째는 다음과 같이 진행된다. 우리는 기도할 때 하느님께 어떤 특정한 것을 요구해서는 안 되는 것으로 보인다.

1. 요한 다마셰누스가 말했듯이,[1] 기도는 하느님께 적절한 것들을 청하는 것이다. 그런데 "청하라. 그리고 너희는 청해도 받지 못한다. 너희는 잘못 청하기 때문이다."라는 요한복음서 4장 [3절]에 따라 부당한 것을 요구하는 기도는 효과적이지 못하다. 또한 로마서 8장 [26절]에서 말하듯이, 우리는 우리가 무엇을 청해야 하는지 모른다. 그러므로 우리는 기도하면서 특성한 것을 청하지 말아야 한다.

2. 다른 사람에게 어떤 특정한 것을 요구하는 사람은 자신이 원하는 것을 하기 위해 그 사람의 의지를 굽히려고 한다. 그러나 『주석』이 "의인들이여, 주님 안에서 용약(踊躍)하라."는 시편 구절에 대해 말한 것처럼,[2] 우리는 우리가 원하는 것을 하느님이 원하시도록 하기 위해서가 아니라, 하느님이 원하시는 것을 우리가 원하도록 지향해야 한

Psalm. [Ps. 32, 1], *Exultate, iusti, in Domino*. Ergo non debemus aliquid determinatum a Deo petere.

3. Praeterea, mala a Deo petenda non sunt: ad bona autem Deus ipse nos invitat. Frustra autem ab aliquo petitur ad quod accipiendum invitatur. Ergo non est determinate aliquid a Deo in oratione petendum.

SED CONTRA est quod Dominus, Matth. 6, [9 sqq.] et Luc. 11, [2 sqq.], docuit discipulos determinate petere ea quae continentur in petitionibus Orationis Dominicae.

RESPONDEO dicendum quod, sicut Maximus Valerius refert,[3] *Socrates nihil ultra petendum a diis immortalibus arbitrabatur quam ut bona tribuerent: quia hi demum scirent quid unicuique esset utile; nos autem plerumque id votis expetere quod non impetrasse melius foret.* Quae quidem sententia aliqualiter vera est, quantum ad illa quae possunt malum eventum habere, quibus etiam homo potest male et bene uti: sicut *divitiae, quae,* ut ibidem[4] dicitur, *multis exitio fuere; honores, qui complures pessumdederunt; regna, quorum exitus saepe miserabiles cernuntur; splendida coniugia, quae nonnunquam funditus domos evertunt.* Sunt tamen quaedam bona quibus homo male uti non potest,

---

3. *Factor. et dictor. memor.*, VII, c.2: ed. C. Kempf, Lipsiae, 1888, p.326, ll.17-24.

다. 그러므로 우리는 하느님께 어떤 특정한 것을 요구해서는 안 된다.

3. 하느님으로부터 악한 것들을 추구해서는 안 된다. 하느님은 친히 우리를 선으로 초대하신다. 그런데 어떤 사람이 너에게 받아들이도록 초대하는 것을 청하는 것은 쓸모가 없다. 그러므로 기도에서 하느님께 특정한 것을 청하지 말아야 한다.

[재반론] 그러나 반대로 마태오복음서 6장과 루카복음서 11장에서 주님은 제자들에게 주님의 기도에 있는 청원들에 들어 있는 특정한 것들을 청하도록 가르쳤다.

[답변] 발레리우스 막시무스가 다음과 같이 말했듯이,[3] "소크라테스는 불멸하는 신들에게 좋은 것들을 분배해달라고 청하는 것 외에는 다른 것을 청할 수 없다고 생각했다. 왜냐하면 이들은 각자에게 유익할 수 있는 것이 무엇인지 알 것이기 때문이다. 그러나 우리는 대부분 우리가 얻지 못한다면 더 좋을 것을 청한다." 이 견해에는 옳은 면이 있다. 나쁜 결과를 가져올 수도 있는, 인간이 좋게도 나쁘게도 사용할 수 있는 것들의 경우가 그러하다. 예컨대 재산은, 같은 이가 말하듯이,[4] "많은 이들에게 멸망을 가져왔다. 명예는 많은 이들을 망쳤다. 왕국은 흔히 비참하게 끝났다. 훌륭한 결혼은 드물지 않게 집안을 파멸시켰다." 그러나 인간이 잘못 사용할 수 없으며, 분명히 나쁜 결과를 가질 수 없는 어떤 선들이 있다. 이것들은 우리를 복된 이들이 되게 하는 것이며 우리가 참행복을 누릴 자격이 있게 해주는 것들이다. 이것이

---

4. loc. cit., ed. cit., p.326, ll.17-24.

quae scilicet malum eventum habere non possunt. Haec autem sunt quibus beatificamur et quibus beatitudinem meremur. Quae quidem sancti orando absolute petunt: secundum illud[5]: *Ostende faciem tuam, et salvi erimus;* et iterum[6]: *Deduc me in semitam mandatorum tuorum.*

AD PRIMUM ergo dicendum quod licet homo ex se scire non possit quid orare debeat, *Spiritus* tamen, ut ibidem dicitur, in hoc *adiuvat infirmitatem nostram* quod, inspirando nobis sancta desideria, recte postulare nos facit. Unde Dominus dicit, Ioan. 4, [23-24], quod *veros adoratores adorare oportet in Spiritu et veritate.*[7]

AD SECUNDUM dicendum quod cum orando petimus aliqua quae pertinent ad nostram salutem, conformamus voluntatem nostram voluntati Dei, de quo dicitur, I *ad Tim.* 2, [4], quod *vult omnes homines salvos fieri.*[8]

AD TERTIUM dicendum quod sic ad bona Deus nos invitat quod ad ea non passibus corporis, sed piis desideriis et devotis orationibus accedamus.

---

5. 시편 79,4.
6. 시편 118,35.
7. Vulgata: "veri adoratores adorabunt Patrem in spiritu et veritate… Eos, qui adorant eum, in spiritu et veritate oportet adorare."

성인들이 기도할 때 절대적으로 청하는 것이다. 시편 80[79]편 [4절]에 따르면, "당신의 얼굴을 보여주소서. 그러면 저희가 구원될 것입니다."⁵ 그리고 다시 시편 119[118]편 [35절]에서는 "당신의 계명 길로 저를 인도하소서."⁶라고 말한다.

[해답] 1. 비록 사람이 스스로 무엇을 기도해야 하는지 알 수 없지만, 같은 곳에서 말하는 것처럼, 영(Spiritus)께서는 우리에게 거룩한 갈망을 불어넣어주는 가운데 우리의 나약함을 도와주시고 우리가 올바로 청하게 하신다. 그래서 주님께서는 요한복음서 4장 [23-24절]에서 다음과 같이 말씀하신다: "진정한 흠숭자들은 영과 진리 안에서 흠숭해야 한다."⁷

2. 우리가 기도하면서 우리의 구원에 속하는 것들을 청할 때, 우리는 우리의 뜻을 하느님의 뜻에 일치시킨다. 그에 대해서는 티모테오 1서 2장 [4절]에서 다음과 같이 말한다: "[하느님은] 모든 사람이 구원되기를 원하신다."⁸

3. 그러므로 하느님께서는 우리가 육체의 발걸음이 아니라 경건한 갈망과 신심 어린 기도로 선한 것들에 다가갈 수 있도록 우리를 선한 것들에 초대하신다.

---

8. Vulgata: "omnes homines vult salvos fieri." 우리의 의지와 신적 의지 간의 일치에 대하여: Cf. I-II, q.19, a.10.

Articulus 6
Utrum homo debeat temporalia petere a Deo orando

Ad sextum sic proceditur. Videtur quod homo non debeat temporalia petere a Deo orando.

1. Quae enim orando petimus, quaerimus. Sed temporalia non debemus quaerere: dicitur enim Matth. 6, [33]: *Primum quaerite regnum Dei et iustitiam eius, et haec omnia adiicientur vobis,*[1] scilicet temporalia; quae non quaerenda dicit, sed adiicienda quaesitis. Ergo temporalia non sunt in oratione a Deo petenda.

2. Praeterea, nullus petit nisi ea de quibus est sollicitus. Sed de temporalibus sollicitudinem habere non debemus: secundum quod dicitur Matth. 6, [25][2]: *Nolite solliciti esse animae vestrae, quid manducetis.* Ergo temporalia petere orando non debemus.

3. Praeterea, per orationem nostram mens debet elevari in Deum. Sed petendo temporalia descendit ad ea quae infra se sunt: contra id quod Apostolus dicebat, II *ad Cor.* 4, [18]: *Non contemplantibus nobis quae videntur, sed quae non videntur: quae enim videntur, temporalia sunt; quae autem non videntur, aeterna.* Ergo non debet homo temporalia in oratione a Deo petere.

---

1. Vulgata: "Quaerite ergo primum, etc."
2. Cf. 루카 12,22.

제6절 우리는 기도하면서 현세적인 것들을 청해야 하는가

Parall.: *In Sent.*, IV, d.15, q.4, a.4, qc.2; *In Matth.*, c.6.

[반론] 여섯째는 다음과 같이 진행된다. 인간은 기도하면서 하느님께 현세적인 것을 청해서는 안 되는 것처럼 보인다.

1. 기도하며 청하는 것은 구하는 것이다. 그런데 현세적인 것들은 구하지 말아야 한다. 마태오복음서 6장 [33절]에서는 다음과 같이 말한다: "먼저 하느님의 나라와 그분의 의를 구하라. 그러면 이 모든 것이 너희에게 더해질 것이다."[1] 즉 현세적인 것들이 그러하다. 이것들은 추구돼서는 안 되며 추구된 자들에게 더해져야 한다고 말한다. 그러므로 기도 중에 하느님께 현세적인 것들을 청해서는 안 된다.

2. 아무도 네가 걱정하지 않는 것을 청하지 않는다. 그러나 "너희 영혼이 목숨을 위하여 무엇을 먹을까 걱정하지 말라."고 마태오복음서 6장 [25절]에서 말한 것처럼,[2] 우리는 현세적인 것들에 대해 걱정하지 말아야 한다. 그러므로 우리는 기도하면서 현세적인 것들을 청해서는 안 된다.

3. 우리의 정신은 기도를 통해 하느님께 올라가야 한다. 그런데 현세적인 것들을 청하는 가운데 아래에 있는 것들로 내려간다. 사도는 그것을 거슬러 코린토 2서 4장 [18절]에서 다음과 같이 말했다. "우리에게 있어 우리가 관상하는 것은 보이는 것이 아니라 보이지 않는 것이다. 왜냐하면 보이는 것은 일시적이며 보이지 않는 것은 영원하기 때문이다." 그러므로 우리는 기도할 때에 하느님께 현세적인 것들을 청하지 말아야 한다.

4. Praeterea, homo non debet petere a Deo nisi bona et utilia. Sed quandoque temporalia habita sunt nociva, non solum spiritualiter, sed etiam temporaliter. Ergo non sunt a Deo in oratione petenda.

SED CONTRA est quod dicitur *Prov.* 30, [8]: *Tribue tantum victui meo necessaria.*

RESPONDEO dicendum quod, sicut Augustinus dicit, *ad Probam, de Orando Deum,*[3] *hoc licet orare quod licet desiderare.* Temporalia autem licet desiderare: non quidem principaliter, ut in eis finem constituamus; sed sicut quaedam adminicula quibus adiuvamur ad tendendum in beatitudinem, inquantum scilicet per ea vita corporalis sustentatur, et inquantum nobis organice deserviunt ad actus virtutum, ut etiam Philosophus dicit, in I *Ethic..*[4] Et ideo pro temporalibus licet orare. Et hoc est quod Augustinus dicit, *ad Probam*[5]: *Sufficientiam vitae non indecenter vult quisquis eam vult et non amplius. Quae quidem non appetitur propter seipsam: sed propter salutem corporis et congruentem habitum personae hominis, ut non sit inconveniens eis cum quibus vivendum est. Ista ergo, cum habentur, ut teneantur; cum non habentur, ut habeantur, orandum est.*

---

3. Epist.130, al.121, c.12, n.22: ML 33, 502.
4. c.9, 1099a31-32; S. Thomas, lect.13, n.162
5. Epist. supra cit., c.6, n.12; c.7, n.13: ML 33, 498-499.

4. 인간은 하느님께 선한 것들과 유익한 것들 외에는 아무것도 요구해서는 안 된다. 그런데 때때로 현세적인 것들은 영적으로뿐만 아니라 현세적으로도 해롭다. 그러므로 인간은 기도할 때 하느님께 현세적인 것들을 청해서는 안 된다.

[재반론] 그러나 반대로 잠언 30장 [8절]에서는 다음과 같이 말한다: "제 양식을 위해 필요한 것만 주소서."

[답변] 아우구스티누스가 『하느님께 기도드리는 것에 대하여 미망인 프로바에게』에서 말했듯이,[3] "기도하는 것은 합당하다. 왜냐하면 갈망하는 것은 합당하기 때문이다." 그러나 우리는 현세적인 것들을 갈망할 수 있지만, 주로 현세적인 것들에 목적을 두기 위해 위해서가 아니라, 참행복을 지향하기 위해 도움을 받을 수 있는 몇 가지 지지(支持)들로서, 철학자가 『니코마코스 윤리학』 제1권에서 말하듯이[4] 그것들에 의해 육체적인 생명을 지탱하며 도구적으로 덕의 행위들에 사용되는 한에서, 갈망할 수 있다. 그러므로 현세적인 것들을 위해 기도하는 것은 허용된다.[5] 그리고 이것은 아우구스티누스가 『하느님께 기도드리는 것에 대하여 미망인 프로바에게』에서 다음과 같이 말한 것이다: "어떤 사람이 생명을 유지하는 데 필요한 것만을 원한다고 해서 합당하지 않은 것은 아니다. 이것은 진실로 그 자체로 욕구되는 것이 아니라 몸의 건강과 인간 인격의 적절한 태도 때문에 욕구되는 것으로, 우리가 함께 살아야 할 사람들에게 불편하지 않도록 하기 위해서이다. 그러므로 우리는 이러한 것들을 가지고 있다면 유지할 수 있고, 가지고 있지 않다면 가질 수 있도록 기도해야 한다."

AD PRIMUM ergo dicendum quod temporalia non sunt quaerenda principaliter, sed secundario. Unde Augustinus dicit, in libro *de Serm. Dom. in Monte*[6]: *Cum dixit: illud primo quaerendum est*, scilicet regnum Dei, *significavit quia hoc*, scilicet temporale bonum, *posterius quaerendum est, non tempore, sed dignitate: illud tanquam bonum nostrum, hoc tanquam necessarium nostrum.*

AD SECUNDUM dicendum quod non quaelibet sollicitudo rerum temporalium est prohibita, sed superflua et inordinata, ut supra[7] habitum est.

AD TERTIUM dicendum quod quando mens nostra intendit temporalibus rebus ut in eis quiescat, remanet in eis depressa. Sed quando intendit eis in ordine ad beatitudinem consequendam, non ab eis deprimitur, sed magis ea elevat sursum.

AD QUARTUM dicendum quod ex quo non petimus temporalia tanquam principaliter quaesita, sed in ordine ad aliud, eo tenore a Deo petimus ipsa ut nobis concedantur secundum quod expediunt ad salutem.

Articulus 7
Utrum debeamus pro aliis orare

Ad septimum sic proceditur. Videtur quod non debeamus pro aliis orare.

---

6. II, c.16, n.53: ML 34, 1292.

[해답] 1. 현세적인 것들은 주된 것이 아닌 부차적인 것으로 추구되어야 한다. 그래서 아우구스티누스는 『주님의 산상 설교』 제2권에서[6] 다음과 같이 말했다. "저것, 곧 하느님 나라를 먼저 찾아야 한다고 말씀하셨을 때 이것, 즉 현세적인 선은 나중에 추구되어야 한다는 뜻이다. 이는 시간 안에서가 아니라 품위 가운데 그러해야 하며, 전자는 우리의 선으로서 후자는 우리의 필요로서 그렇다."

2. 현세적인 것들에 대한 모든 염려가 금지된 것이 아니며, 앞서 말한 것처럼[7] 과도하고 무질서한 염려가 그렇다.

3. 우리의 정신이 현세적인 것들에 집중하여 거기에 머물 때, 거기에 함몰된다. 그러나 참행복에 이르기 위해 그것들을 지향할 때, 그것들로 인해 함몰되지 않으며 오히려 그것들을 들어 높인다.

4. 그러므로 우리는 으뜸으로 추구되는 것이 아니라 다른 것으로 질서 지어지는 가운데 현세적인 것들을 청해야 한다. 그런 의미에서 우리는 그것들이 구원에 유익한 바에 따라 하느님께 청한다.

제7절 우리는 다른 이들을 위해 기도해야 하는가

Parall.: *In Sent.*, IV, d.15, q.4, a.4, qc.3.
Doctr. Eccl.: cf. DS 599[=DH 1169].

[반론] 일곱째는 다음과 같이 진행된다. 우리는 다른 사람들을 위해 기도해서는 안 되는 것처럼 보인다.

---

7. q.55, a.6.

1. In orando enim sequi debemus formam quam Dominus tradidit. Sed in Oratione Dominica petitiones pro nobis facimus, non pro aliis, dicentes: *Panem nostrum quotidianum da nobis hodie*, et cetera huiusmodi. Ergo non debemus pro aliis orare.

2. Praeterea, ad hoc oratio fit quod exaudiatur. Sed una de conditionibus quae requiruntur ad hoc quod oratio sit audibilis, est ut aliquis oret pro seipso[1]: unde super illud Ioan. 16, [23], *Si quid petieritis Patrem in nomine meo, dabit vobis*, Augustinus dicit[2]: *Exaudiuntur omnes pro seipsis, non autem pro omnibus. Unde non utcumque dictum est, ⟨Dabit⟩: sed, ⟨Dabit vobis⟩*. Ergo videtur quod non debeamus pro aliis orare, sed solum pro nobis.

3. Praeterea, pro aliis, si sunt mali, prohibemur orare: secundum illud Ierem. 7, [16]: *Tu ergo noli orare pro populo hoc, et non obsistas mihi: quia non exaudiam te.* Pro bonis autem non oportet orare: quia ipsi pro seipsis orantes exaudiuntur. Ergo videtur quod non debeamus pro aliis orare.

SED CONTRA est quod dicitur Iac. 5, [16]: *Orate pro invicem, ut salvemini.*

---

1. Cf. infra, a.15, ad2.

1. 우리는 기도하는 가운데 주님께서 우리에게 선사하신 형태를 따라야 한다. 그런데 「주님의 기도」에서 "오늘 저희에게 매일의 빵 등을 주소서." 하고 말하는 가운데, 다른 사람들이 아니라 우리 자신을 위해 청한다. 그러므로 우리는 다른 사람들을 위해 기도해서는 안 된다.

2. 기도는 청허되도록 행해졌다. 그런데 기도가 청허되기 위해 요청되는 조건들 가운데 하나는 누군가 자신을 위해 기도해야 한다는 것이다.[1] 그러므로 그와 관련해서 요한 16장 [23절]은 다음과 같이 말한다: "만일 너희가 내 이름으로 아버지께 어떤 것을 청하면, 그분께서는 그것을 너희에게 선사해주실 것이다." 아우구스티누스는 『요한복음서 주해』에서 다음과 같이 말한다[2]: "각자는 모든 사람이 아니라 자신을 위해 기도할 때 청허된다. 따라서 그분께서 주실 것이라고 하지 않고 너희에게 주실 것이라고 말한다." 그러므로 우리는 다른 사람들이 아니라 오직 우리를 위해 기도해야 한다.

3. "그러므로 너희는 이 백성을 위해 기도하지 말며 나를 가로막지 말라. 왜냐하면 너를 청허하지 않기 때문이다."라는 예레미야서 7장 [16절]에 따라 다른 사람들을 위해, 만일 그들이 사악하다면, 기도하는 것은 금지된다. 그러나 선한 이들을 위해 기도할 필요는 없다. 왜냐하면 자신을 위해 기도하는 사람은 청허되기 때문이다. 그러므로 다른 사람들을 위해 기도해서는 안 되는 것처럼 보인다.

[재반론] 그러나 반대로 야고보서 5장 [16절]은 다음과 같이 말한다: "여러분은 구원될 수 있도록 서로를 위해 기도하시오."

---

2. *In Ioan.*, tract.102, n.1: ML 35, 1896.

RESPONDEO dicendum quod, sicut dictum est,³ illud debemus orando petere quod debemus desiderare. Desiderare autem debemus bona non solum nobis, sed etiam aliis: hoc enim pertinet ad rationem dilectionis, quam proximis debemus impendere, ut ex supradictis⁴ patet. Et ideo caritas hoc requirit, ut pro aliis oremus. Unde Chrysostomus dicit, *super Matth.*⁵: *Pro se orare necessitas cogit: pro altero autem, caritas fraternitatis hortatur. Dulcior autem ante Deum est oratio, non quam necessitas transmittit, sed quam caritas fraternitatis commendat.*⁶

AD PRIMUM ergo dicendum quod, sicut Cyprianus dicit, in libro *de Orat. Dominica,*⁷ *ideo non dicimus, 《Pater meus》, sed, 《noster》; nec, 《Da mihi》, sed, 《Da nobis》, quia unitatis magister noluit privatim precem fieri, ut scilicet quis pro se tantum precetur. Unum enim orare pro omnibus voluit, quo modo in uno omnes ipse portavit.*

AD SECUNDUM dicendum quod pro se orare ponitur conditio orationis, non quidem necessaria ad effectum merendi, sed sicut necessaria ad indeficientiam impetrandi. Contingit enim quandoque quod oratio pro alio facta non impetrat, etiam si fiat pie et persever-

---

3. 앞 절.
4. q.25, aa.1 & 12; q.27, a.2; q.31, a.1.
5. *Opus imperf. in Matth.*, hom.14, super 6,12: MG 56, 711. (Inter opp. supp. Chrysostomus)
6. Cf. q.32, a.2, 여기서 다른 이들을 위해 기도하는 것이 일곱 가지 영적 희사 가운데 제시되고

[답변] 말한 바와 같이,³ 우리는 기도에서 갈망해야 하는 것을 청해야 한다. 그런데 우리는 단지 우리 자신만이 아니라 다른 사람들을 위해서도 선들을 갈망해야 한다. 왜냐하면 이것은, 앞서 살펴본 것으로부터 귀결되듯이,⁴ 우리가 이웃을 위해 실천해야 하는 사랑의 이유에 속하기 때문이다. 그러므로 참사랑은 우리가 다른 사람들을 위해 기도하는 것을 요청한다. 따라서 크리소스토무스는 『마태오복음 주해』에서⁵ 이렇게 말한다: "필요는 자신을 위하여 기도하도록 강요하지만, 형제적 참사랑은 다른 사람을 위하여 기도하도록 밀어붙인다. 하느님 앞에서 가장 달콤한 기도는 필요에 의해 전달되는 기도가 아니라 형제적 참사랑으로 추천되는 기도이다."⁶

[해답] 1. 키프리아누스가 『주님의 기도』에서⁷ 말하는 것처럼, 우리는 나의 아버지가 아니라 우리의 아버지라고 말한다. 또한 그것을 제게 달라고 하지 않고 저희에게 달라고 한다. 왜냐하면, 일치의 스승님께서는 기도가 개인으로 이루어지는 것, 즉 각자가 자기 자신만을 위해 기도하는 것을 원치 않으셨다. 그분께서 한 사람 안에서 모든 것을 가져가신 것처럼, 각자가 모두를 위해 기도하기를 원하셨다.

2. 자신을 위해 기도하는 것은 기도의 조건으로, 공로의 효과를 위해서기 아니라 부족한 것을 얻기 위해서 필수적이다. 사실 다른 사람을 위한 기도가, 비록 신심과 함께 항구하게 그리고 구원과 관련된 것들에서 이루어졌다고 해도, 예레미야서 15장 [1절]의 "모세와 사무엘

있다.
7. N.8: ML 4, 524A.

anter et de pertinentibus ad salutem, propter impedimentum quod est ex parte eius pro quo oratur: secundum illud Ierem. 15, [1]: *Si steterit Moyses et Samuel coram me, non est anima mea ad populum istum*. Nihilominus tamen oratio meritoria erit oranti, qui ex caritate orat: secundum illud Psalm. [Ps. 34, 13]: *Oratio mea in sinu meo convertetur:* Glossa[8]: *idest: Etsi non eis profuit, ego tamen non sum frustratus mea mercede.*

AD TERTIUM dicendum quod etiam pro peccatoribus orandum est, ut convertantur: et pro iustis, ut perseverent et proficiant. Orantes tamen non pro omnibus peccatoribus exaudiuntur, sed pro quibusdam: exaudiuntur enim pro praedestinatis, non autem pro praescitis ad mortem. Sicut etiam correctio qua fratres corrigimus, effectum habet in praedestinatis, non in reprobatis: secundum illud *Eccle.* 7, [14]: *Nemo potest corrigere quem Deus despexerit.*[9] Et ideo dicitur I Ioan. 5, [16]: *Qui scit fratrem suum peccare peccato*[10] *non ad mortem, petat, et dabitur ei vita peccanti peccatum non ad mortem.* Sed sicut nulli, quandiu hic vivit, subtrahendum est correctionis beneficium, quia non possumus distinguere praedestinatos a reprobatis, ut Augustinus dicit, in libro *de Corr. et Gratia*[11]; ita etiam nulli est denegandum orationis suffragium.[12]

---

8. Interl. Cf. Haymonem, *In Psalm.*, super Ps. 34,13: ML 116, 313A.
9. Vulgata: "Considera opera Dei, quod nemo possit corrigere quem ille despexerit."
10. Vulgata: 'peccatum'

이 내 앞에 있다고 해도, 내 영혼은 그 백성을 위해 있지 않다."는 말에 따라, 기도를 받는 이의 입장에서 방해로 인해 소용이 없을 때도 있다. 그럼에도 불구하고, 참사랑으로 기도하는 사람에게 기도는 공로가 된다. 사실, 시편 35[34]편 [13절]에 "나의 기도는 내 품으로 돌아올 것이다."라는 말과 관련해서, 『주석』은 다음과 같이 해설한다.[8] "즉 비록 기도가 그들에게 도움이 되지 않았다 하더라도, 나는 나의 상급을 잃지 않는다."

3. 또한, 우리는 죄인들의 회개를 위해, 그리고 의인들이 항구하고 진보하도록 기도해야 한다. 하지만 기도하는 이들은 모든 죄인이 아니라 몇 사람들을 위해서만 청허된다. 사실, 하느님은 이미 영원한 죽음을 예견한 이들을 위해서가 아니라 예정된 이들을 위해서만 그들의 기도를 청허하신다. 코헬렛 7장 [13절]에서 "그 누구도 하느님께서 멸시하신 것을 교정할 수 없다."라고 언급되듯이,[9] 형제적 교정은 배척될 이들에 대해서가 아니라 예정된 이들에 대해서 효과를 갖는다. 그래서 요한 1서 5장 [16절]에서 다음과 같이 말한다. "만일 자신의 형제가 사죄(死罪)가 아닌 죄를 범한 것을 보거든,[10] 기도하여라. 그러면 사죄가 아닌 죄를 범한 죄인에게 생명이 주어질 것이다." 그러므로 아우구스티누스가 『훈계와 은총』에서 말한 것처럼,[11] 살아 있는 한 그 누구에게도 형제직 교정의 호의를 거부해서는 안 된다. 왜냐하면 우리는 예정된 이들을 배척된 이들로부터 구별하지 못하기 때문이다. 따라서 그 누구에게도 대속기도를 거부해서는 안 된다.[12]

---

11. Vulgata om.: 'peccatum'
12. c.15: ML 44, 944.

Pro iustis etiam est orandum, triplici ratione. Primo quidem, quia multorum preces facilius exaudiuntur. Unde *Rom.* 15, [30], super illud, *Adiuvetis me in orationibus vestris,* dicit Glossa[13]: *Bene rogat Apostolus minores pro se orare. Multi enim minimi, dum congregantur unanimes, fiunt magni: et multorum preces impossibile est quod non impetrent,* illud scilicet quod est impetrabile. — Secundo, ut ex multis gratia agatur Deo de beneficiis quae confert iustis, quae etiam in utilitatem multorum vergunt: ut patet per Apostolum, II *ad Cor.* 1, [11]. — Tertio, ut maiores non superbiant, dum considerant se minorum suffragiis indigere.

Articulus 8
Utrum debeamus pro inimicis orare

Ad octavum sic proceditur. Videtur quod non debeamus pro inimicis orare.

1. Quia, ut dicitur *Rom.* 15, [4], *quaecumque scripta sunt, ad nostram doctrinam scripta sunt.* Sed in sacra Scriptura inducuntur multae imprecationes contra inimicos: dicitur enim in Psalm. [pS. 6, 11]:

---

[13]. Ordin.: ML 114, 517C; Lombardi: ML 191, 1526D. Cf. Ambrosiastr., *In Rom.*, super 15,30:

그리고 세 가지 이유로 의인들을 위해 기도해야 한다. 첫째, 많은 이들의 기도는 더 쉽게 청허되기 때문이다. 따라서 로마서 15장 [20절]의 "여러분의 기도 안에서 저를 도와주십시오."라는 말씀을 주해하면서 『주석』은 다음과 같이 말한다[13]: "당연히 바오로는 가장 겸손한 형제들에게 자신을 위해 기도해 달라고 청했다. 왜냐하면 많은 작은이들이 한마음으로 모이게 되면 커지며, 많은 이들의 청원은 얻지 못할 수 없기 때문이다." 둘째, 많은 사람이 의인들에게 베푸시는 유익에 대해 하느님께 감사하게 되기 위해서이다. 사도를 통해 코린토 2서 1장 [11절]에서 분명히 드러나듯이, 그 은혜는 많은 이들의 유익을 지향한다. 셋째, 원로들이 젊은 사람들의 대속기도가 필요하다는 것을 생각하여 교만하지 않기 위해서이다.

제8절 우리는 원수들을 위해 기도해야 하는가

Parall.: Supra, q.25, a.9; In Sent., III, d.30, a.2.

[반론] 여덟째는 다음과 같이 진행된다. 우리는 원수들을 위해 기도해서는 안 되는 것으로 보인다.
1. 로마서 15장 [4절]에서 말한 것처럼, 기록된 모든 것은 우리의 배움을 위해 기록된 것이기 때문이다. 그런데 성경에는 원수들에 대한 많은 저주가 소개되어 있다. 시편 6장 [11절]에서도 다음과 같이 말한

ML 17, 177D.

Erubescant et conturbentur omnes inimici mei: erubescant et conturbentur valde velociter.[1] Ergo et nos debemus orare contra inimicos, magis quam pro eis.

2. Praeterea, vindicari de inimicis in malum inimicorum cedit. Sed sancti vindictam de inimicis petunt: secundum illud *Apoc.* 6, [10]: *Usquequo non vindicas sanguinem nostrum de his*[2] *qui habitant in terra?* Unde et de vindicta impiorum laetantur: secundum illud Psalm. [Ps. 57, 11]: *Laetabitur iustus cum viderit vindictam.* Ergo non est orandum pro inimicis, sed magis contra eos.

3. Praeterea, operatio hominis et eius oratio non debent esse contraria. Sed homines quandoque licite impugnant inimicos: alioquin omnia bella essent illicita, quod est contra supradicta.[3] Ergo non debemus orare pro inimicis.

SED CONTRA est quod dicitur Matth. 5, [44]: *Orate pro persequentibus et calumniantibus vos.*

RESPONDEO dicendum quod orare pro alio caritatis est, sicut dictum est.[4] Unde eodem modo quo tenemur diligere inimicos, ten-

---

1. Vulgata: "Erubescant et conturbentur vehementer omnes inimici mei; convertantur et erubescant valde velociter."

다. "내 모든 원수가 부끄러워하고 당황하기를, 그들이 순식간에 부끄러워하고 당황하기를 바란다."¹ 그러므로 우리는 원수들을 위해서가 아니라 그들에 맞서서 기도해야 한다.

2. 자기 원수들에 대해 복수하는 것은 자기 원수들에게 악을 선사하는 것이다. 그러나 "당신은 언제까지 이 땅에 사는 이들에게² 우리의 피에 대한 복수를 미루시렵니까?"라는 요한묵시록 6장 [10절]에 따르면, 성인들은 그들의 원수들에 대한 복수를 청한다. 따라서 "의인은 복수를 보게 될 때 기뻐할 것이다."라는 시편 58[57]편 [11절]에 따라, 그들은 불경한 이들에 대한 복수로 기뻐한다. 그러므로 우리는 원수들을 위해서가 아니라 그들에 맞서서 기도해야 한다.

3. 사람의 행동과 그의 기도가 반대되어서는 안 된다. 그러나 때때로 사람들은 원수들을 적법하게 공격한다. 그렇지 않으면 모든 전쟁이 불법적인 것이 될 것이며, 이는 위에서 말한 것에³ 반대된다. 그러므로 우리는 우리의 적들을 위해 기도해서는 안 된다.

[재반론] 그러나 반대로 마태오복음서 5장 [44절]에서는 다음과 같이 말한다: "너희를 박해하고 중상하는 자들을 위하여 기도하라."

[답변] 밀한 바와 같이,⁴ 다른 이들을 위해 기도하는 것은 참사랑에 속한다. 그러므로 우리가 우리의 원수들을 사랑할 의무가 있는 것처

---

2. Vulgata: 'iis'
3. q.40, a.1.
4. 앞 절.

emur pro inimicis orare. Qualiter autem teneamur inimicos diligere supra[5] habitum est, in tractatu de caritate: ut scilicet in eis diligamus naturam, non culpam; et quod diligere inimicos in generali est in praecepto, in speciali autem non est in praecepto nisi secundum praeparationem animi, ut scilicet homo esset paratus etiam specialiter inimicum diligere et eum iuvare in necessitatis articulo, vel si veniam peteret; sed in speciali absolute inimicos diligere et eos iuvare perfectionis est. Et similiter necessitatis est ut in communibus nostris orationibus quas pro aliis facimus, inimicos non excludamus. Quod autem pro eis specialiter oremus, perfectionis est, non necessitatis, nisi in aliquo casu speciali.

AD PRIMUM ergo dicendum quod imprecationes quae in sacra Scriptura ponuntur quadrupliciter possunt intelligi. Uno modo, secundum quod *prophetae solent figura imprecantis futura praedicere:* ut Augustinus dicit, in libro *de Serm. Dom. in Monte.*[6] — Secundo, prout quaedam temporalia mala peccatoribus quandoque a Deo ad correctionem immittuntur. — Tertio, quia intelliguntur petere non contra ipsos homines, sed contra regnum peccati: ut scilicet correctione hominum peccatum destruatur. — Quarto, conformando voluntatem suam divinae iustitiae circa damnationem perseverantium in peccato.[7]

---

5. q.25, aa.8-9.
6. I, c.21, n.72: ML 34, 1265.

럼, 우리는 우리의 원수들을 위해 기도할 의무도 있다. 그런데 위에서[5] 참사랑에 관해 다루는 가운데 말했듯이, 우리가 우리의 원수들을 사랑해야 하듯이, 그들 안에서 죄과(culpa)가 아니라 본성(natura)을 사랑해야 한다. 그리고 원수들을 일반적으로 사랑하는 것은 계명에 있지만, 만일 영혼의 준비에 따라서가 아니면 특별히 계명에 있는 것이 아니다. 즉 인간은 특별히 원수를 사랑하고 필요한 순간에 그를 도울 준비가 되어 있어야 하며, 용서를 청한다면 사랑해야 한다. 그러나 특별히 절대적으로 원수들을 사랑하고 그들을 도와주는 것은 완전성(perfectio)에 속한다. 그리고 마찬가지로 우리가 다른 사람들을 위해서 하는 우리의 공동기도에서 원수들을 배제하지 말아야 한다. 그러나 우리가 특별히 그들을 위해서 기도하는 것은 어떤 특별한 경우를 제외하고는 필요에 의한 것이 아니라 완전성을 위한 것이다.

[해답] 1. 성경에 기록된 저주들은 네 가지 방법으로 이해될 수 있다. 첫째, 아우구스티누스가 『주님의 산상 설교』에서[6] "예언자들은 종종 저주의 형태로 미래를 예언한다."고 말한 바에 따라 [이해될 수 있다]. 둘째, 하느님은 때때로 죄인들에게 일시적인 악들을 보내어 그들을 교정하시기 때문이다. 셋째로, 그들은 사람들 자신을 거슬러서가 아니라 죄의 왕국을 거슬러서, 즉 사람들의 교정을 통해서 죄가 파괴될 수 있도록 청하는 것으로 이해된다. 넷째, 죄 가운데 항구한 이들을 단죄하는 것과 관련해서 그의 의지를 신적 정의에 일치시키는 것으로 [이해될 수 있다].[7]

---

7. Cf. q.25, a.6, ad3; q.76, a.2.

AD SECUNDUM dicendum quod, sicut in eodem libro[8] Augustinus dicit, *vindicta martyrum est ut evertatur regnum peccati, quo regnante tanta perpessi sunt.* — Vel, sicut dicitur in libro *de Quaest. Vet. et Novi Test.*,[9] *postulant se vindicari non voce, sed ratione: sicut sanguis Abel clamavit de terra.* — Laetantur autem de vindicta non propter eam, sed propter divinam iustitiam.

AD TERTIUM dicendum quod licitum est impugnare inimicos ut compescantur a peccatis: quod cedit in bonum eorum et aliorum. Et sic etiam licet orando petere aliqua temporalia mala inimicorum ut corrigantur. Et sic oratio et operatio non erunt contraria.

Articulus 9
Utrum convernienter septem petitiones Orationis Dominicae assignentur

Ad nonum sic proceditur. Videtur quod inconvenienter septem petitiones Orationis Dominicae assignentur.

1. Vanum enim est petere illud quod semper est. Sed nomen Dei semper est sanctum: secundum illud Luc. 1, [49]: *Sanctum nomen eius.* Regnum etiam eius est sempiternum: secundum illud Psalm

---

8. I, c.22, n.77: ML 34, 1268.

2. 아우구스티누스가 같은 책에서 말했듯이[8] 순교자들의 복수는 그들이 그로 인해 그토록 많은 고통을 받은 죄의 왕국을 전복시키는 것이다. 아니면 『구약과 신약에 관한 질문』[9]에서 말했듯이, 아벨의 피가 땅에서 울부짖었던 것처럼 그들은 음성이 아닌 이성으로 복수를 요청한다. 그러나 그들은 복수 때문이 아니라 신적 정의 때문에 복수를 기뻐한다.

3. 원수들을 공격하여 그들이 그들의 죄로부터 제어되도록 하는 것은 그들과 다른 사람들에게 유익한 것이므로 허용된다. 그래서 원수들의 일시적인 악들이 기도로 고쳐지도록 청하는 것은 합당하다. 그러므로 기도와 행동은 반대되지 않을 것이다.

제9절 주님의 기도의 일곱 가지 청원에 대하여

Parall.: *In Sent.*, III, d.34, q.1, a.6; *Compendium Theol.*, part.II, cc.4sqq.; *Expos. Orat. Domin.*; *In Matth.*, c.6.

[반론] 아홉째는 다음과 같이 진행된다. 주님의 기도의 일곱 가지 청원이 부적절하게 지정된 것으로 보인다.

1. 항상 있는 것을 청하는 것은 헛되기 때문이다. 루카복음서 1장 [49절]의 "그분의 이름은 거룩하다."는 말씀에 따라 하느님의 이름은

---

9. q.68: ML 35, 2262. (Inter opp. Aug.)

[Ps. 114, 13]: *Regnum tuum, Domine,*[1] *regnum omnium saeculorum.* Voluntas etiam Dei semper impletur: secundum illud Isaiae 46, [10]: *Omnis voluntas mea fiet.* Vanum ergo est petere quod *nomen Dei sanctificetur,* quod *regnum eius adveniat,* et quod *eius voluntas fiat.*

2. Praeterea, prius est recedere a malo quam consequi bonum. Inconvenienter igitur videntur praeordinari petitiones quae pertinent ad consequendum bonum, petitionibus quae pertinent ad amotionem mali.

3. Praeterea, ad hoc aliquid petitur ut donetur. Sed praecipuum donum Dei est Spiritus Sanctus,[2] et ea quae nobis per ipsum dantur. Ergo videntur inconvenienter proponi petitiones, cum non respondeant donis Spiritus Sancti.

4. Praeterea, secundum Lucam in Oratione Dominica ponuntur solum quinque petitiones, ut patet Luc. 11, [2 sqq.]. Superfluum igitur fuit quod secundum Matthaeum [6, 9 sqq.] septem petitiones ponuntur.

5. Praeterea, in vanum videtur captare benevolentiam eius qui benevolentia sua nos praevenit. Sed Deus nos sua benevolentia praevenit: quia *ipse prior dilexit nos,* ut dicitur I Ioan. 4, [10]. Superflue ergo praemittitur petitionibus, *Pater noster, qui es in caelis,* quod videtur ad benevolentiam captandam pertinere.

---

1. Vulgata. om.: "Domine"

언제나 거룩하다. 또한 "주님, 당신의 왕국은¹ 모든 세기의 왕국입니다."라는 시편 145[144]편 [13절]에 따르면, 그분의 왕국도 영원하다. "내 모든 뜻이 이루어질 것이다."라는 이사야서 46장 [10절]에 따르면, 하느님의 뜻은 항상 실현된다. 그러므로 하느님의 이름이 거룩하게 되고 그분의 왕국이 도래하며 그분의 뜻이 이루어지기를 청하는 것은 헛되다.

2. 선에 이르는 것보다 악을 멀리하는 것이 먼저이다. 그러므로 악의 제거에 속하는 요청들과 관련해서 선의 달성에 속하는 요청들에 우선순위를 두는 것은 부적절해 보인다.

3. 청하는 것은 주어지도록 하기 위해서이다. 그런데 하느님의 주된 선물은 성령이며,² 또한 성령을 통하여 우리에게 주어지는 것들이다. 그러므로 청원들을 제안하는 것은 성령의 선물들에 상응하는 것이 아니므로 부적절하게 보인다.

4. 루카복음서 11장에서 드러나듯이, 루카에 따르면 주님의 기도에는 단지 다섯 가지 청원만 제안되어 있다. 그러므로 마태오복음서에 따라 일곱 가지 청원이 제안되는 것은 너무 많은 것이다.

5. 자신의 선의와 함께 우리를 앞서가는 사람의 선의를 취하는 것은 헛된 것으로 보인다. 그러나 "그 자신이 먼저 우리를 사랑하셨다."고 요한 1서 4장 [10절]에서 말하듯이, 하느님은 자신의 선의로 우리를 앞서가셨다. 그러므로 "하늘에 계신 우리 아버지"라는 청원들은 과도하게 앞서가는 것으로, 이는 선의의 획득과 관련되는 것처럼 보인다.

---

2. Cf. I, q.38.

q.83, a.9

SED IN CONTRARIUM sufficit auctoritas Christi Orationem instituentis.³

RESPONDEO dicendum quod Oratio Dominica perfectissima est: quia, sicut Augustinus dicit, *ad Probam,*⁴ *si recte et congruenter oramus, nihil aliud dicere possumus quam quod in ista Oratione Dominica positum est.* Quia enim oratio est quodammodo desiderii nostri interpres apud Deum, illa solum recte orando petimus quae recte desiderare valemus.⁵ In Oratione autem Dominica non solum petuntur omnia quae recte desiderare possumus, sed etiam eo ordine quo desideranda sunt: ut sic haec Oratio non solum instruat postulare, sed etiam sit informativa totius nostri affectus.

Manifestum est autem quod primo cadit in desiderio finis; deinde ea quae sunt ad finem. Finis autem noster Deus est. In quem noster affectus tendit dupliciter: uno quidem modo, prout volumus gloriam Dei; alio modo, secundum quod volumus frui gloria eius. Quorum primum pertinet ad dilectionem qua Deum in seipso diligimus: secundum vero pertinet ad dilectionem qua diligimus nos in Deo.⁶ Et ideo prima petitio ponitur: *Sanctificetur nomen tuum,* per quam petimus gloriam Dei. — Secunda vero ponitur: *Adveniat regnum tuum,*

---

3. loc. cit., in 4a.
4. Epist.130, al.121, c.12, n.22: ML 33, 502.
5. Cf. aa.6-7.
6. Cf. q.25, a.4.

[재반론] 그러나 반대로 기도를 제정하신 그리스도의 권위만으로 충분하다.³

[답변] 주님의 기도는 최고로 완전하다. 왜냐하면 아우구스티누스가 『하느님께 기도드리는 것에 대하여 미망인 프로바에게』에서 말하는 것처럼,⁴ 우리가 올바르고 일관되게 기도한다면, 우리는 그 주님의 기도에 설정된 것 외에는 아무것도 말할 수 없기 때문이다. 기도는 어떤 면에서는 하느님 앞에서 우리의 갈망을 해석하는 것이므로, 우리는 올바로 기도함으로써 우리가 제대로 갈망할 수 있는 것만 청한다.⁵ 그리고 주님의 기도는 우리가 마땅히 갈망할 수 있는 것만을 청할 뿐만 아니라, 그것을 갈망해야 하는 순서대로 청한다. 그럼으로써 이 기도는 우리가 청해야 할 것을 가르칠 뿐만 아니라 우리의 모든 감정에 대해 알려준다.

그런데 목적은 갈망에 있어서 첫째가 되는 것이 분명하다. 그다음에는 목적을 향하는 것들이 있다. 그러나 우리의 목적은 하느님이시다. 우리의 감정은 두 가지 방식으로 하느님을 향한다. 한 가지 방식으로, 우리는 하느님의 영광을 원한다. 다른 방식으로, 우리는 그분의 영광에 대해 향유하기를 원한다. 그 가운데 첫째는 우리가 하느님을 그 자체로 사랑하는 사랑에 속한다. 반면, 둘째는 우리가 하느님 안에서 우리 자신을 사랑하는 사랑에 속한다.⁶ 그러므로 첫 번째인 "당신의 이름이 거룩해지소서."라는 요청이 제시된다. 우리는 이를 통해 하느님의 영광을 청한다. 반면, "당신의 나라가 오시며"라는 두 번째 요청이 제기되며, 우리는 이를 통해 그분 왕국의 영광이 도래하도록 청한다.

그러나 어떤 사물이 목적을 향하여 우리를 질서 짓는 데에는 두 가

per quam petimus ad gloriam regni eius pervenire.

Ad finem autem praedictum ordinat nos aliquid dupliciter: uno modo, per se; alio modo, per accidens. Per se quidem, bonum quod est utile in finem. Est autem aliquid utile in finem beatitudinis dupliciter. Uno modo, directe et principaliter, secundum meritum quo beatitudinem meremur Deo obediendo. Et quantum ad hoc ponitur: *Fiat voluntas tua, sicut in caelo, et in terra.* — Alio modo, instrumentaliter, et quasi coadiuvans nos ad merendum. Et ad hoc pertinet quod dicitur: *Panem nostrum quotidianum da nobis hodie:* sive hoc intelligatur de pane sacramentali, cuius quotidianus usus proficit homini, in quo etiam intelliguntur omnia alia sacramenta; sive etiam intelligatur de pane corporali, ut per panem intelligatur *omnis sufficientia victus,* sicut dicit Augustinus, ad Probam[7]; quia et Eucharistia est praecipuum sacramentum, et panis est praecipuus cibus: unde et in Evangelio Matthaei scriptum est, *supersubstantialem,* idest *praecipuum,* ut Hieronymus[8] exponit.

Per accidens autem ordinamur in beatitudinem per remotionem prohibentis. Tria autem sunt quae nos a beatitudine prohibent. Primo quidem, peccatum, quod directe excludit a Regno: secundum illud I *ad Cor.* 6, [9-10]: *Neque fornicarii, neque idolis servientes,* etc., *regnum Dei possidebunt.* Et ad hoc pertinet quod dicitur: *Dimitte nobis debita nostra.* — Secundo, tentatio, quae nos impedit ab observan-

---

7. Epist. cit., c.2, n.21: ML 33, 502.
8. *In Matth.*, I, super 6,11sqq.: ML 26, 43B.

지 방식이 있다. 한 가지 방식은 그 자체로, 다른 방식은 우유적으로 그렇다. 그 자체로 [목적을 향해 질서 짓는 것은], 목적을 위해 유익한 선이다. 그런데 어떤 것이 참행복(beatitudo)이라는 목적에 유익한 데에는 두 가지 방식이 있다. 한 가지 방식으로는 직접 그리고 주로, 우리가 하느님께 순종함으로써 행복을 누릴 자격이 있게 하는 공로에 따라 그렇다. 이것에 관해서는 "당신의 뜻이 하늘에서와 같이 땅에서도 이루어지소서."가 제시된다. 다른 방식으로는 도구적으로, 그리고 거의 우리가 얻을 만한 공로가 있도록 도와주는 가운데 [그렇다]. 그리고 "오늘 우리에게 일용할 우리의 양식을 주소서."라는 말이 여기에 속한다. 이를 성사적 빵을 뜻하는 것으로 이해할 경우, 그 빵의 매일 사용은 인간에게 유익하다. 또한 그 안에서 다른 모든 성사가 이해된다. 또는, 아우구스티누스가 『하느님께 기도드리는 것에 대하여 미망인 프로바에게』[7]에서 말하듯이, "모든 양식의 충분함"으로 이해되는 빵으로서의 육체적인 빵으로 이해할 경우에도 그러하다. 왜냐하면 성찬례는 첫째가는 성사이며, 빵은 첫째가는 음식이기 때문이다. 그래서 마태오복음서 6장 [11절]에 대해 히에로니무스가 설명하듯이,[8] '초실체적(super-substantialem)' [빵], 곧 주된 빵이라고 쓰여 있다.

그러나 우리는 우유적으로 장애물의 제거를 통해 참행복으로 질서시어진다. 그런데 우리가 참행복에 도달하는 것을 막는 세 가지가 있다. 첫째, "간음하는 자들, 우상을 섬기는 자들 등은 하느님의 나라를 차지하지 못할 것이다."라는 코린토 1서 6장 [9-10절]에 따라, 왕국에서 직접 제외되는 죄(peccatum)가 그것이다. 그리고 "우리의 채무들을 면해주소서."라고 언급되는 것이 여기에 속한다. 둘째, 신적 의지의 준수를 막는 유혹(tentatio)이 그것이다. 그리고 "우리를 유혹에 빠지지 말

tia divinae voluntatis. Et ad hoc pertinet quod dicitur: *Et ne nos inducas in tentationem:* per quod non petimus ut non tentemur, sed ut a tentatione non vincamur, quod est in tentationem induci. — Tertio, poenalitas praesens, quae impedit sufficientiam vitae. Et quantum ad hoc dicitur: *Libera nos a malo.*[9]

AD PRIMUM ergo dicendum quod, sicut Augustinus dicit, in libro *de Serm. Dom. in Monte,*[10] cum dicimus, *Sanctificetur nomen tuum,* 《non hoc petitur quasi non sit sanctum Dei nomen: sed ut sanctum ab hominibus habeatur》; quod pertinet ad Dei gloriam in hominibus propagandam. — Quod autem dicitur, *Adveniat regnum tuum,* 《non ita dictum est quasi Deus nunc non regnet》[11]: sed, sicut Augustinus dicit, *ad Probam,*[12] 《desiderium nostrum ad illud regnum excitamus, ut nobis veniat, atque in eo regnemus》. — Quod autem dicitur, *Fiat voluntas tua,* 《recte intelligitur: Obediatur praeceptis tuis. *Sicut in caelo et in terra:* idest, sicut ab angelis, ita ab hominibus》[13]. — Unde hae tres petitiones perfecte complebuntur in vita futura: aliae vero quatuor pertinent ad necessitatem vitae praesentis, sicut Augustinus dicit, in *Enchiridio.*[14]

---

9. 다음에서 주님의 기도에 대한 아주 탁월한 설명을 읽으라: *Catechismus ad Parochos,* p.2, cc.9-17: ed. Patav. 1930, pp.423-498.
10. II, c.5, n.19: ML 34, 1277.
11. II, c.6, n.20: ML 34, 1278.
12. Epist.130, c.2, n.21: ML 34, 1278.

게 하소서."라고 언급되는 것이 여기에 속한다. 우리는 이로 인해 유혹을 받지 말도록 청하지 않고 유혹에 굴복하지 말도록, 즉 유혹에 빠지지 않도록 청한다. 셋째, 생명의 충만함을 막는 현행 형벌(poenalitas praesens)이 그것이다. 그리고 이것과 관련해서 "우리를 악에서 해방하소서."⁹라고 언급된다.

[해답] 1. 아우구스티누스가 『주님의 산상 설교』에서¹⁰ "'당신의 이름이 거룩하소서'라고 말할 때, 이것은 하느님의 이름이 마치 거룩하지 않은 것처럼 청하는 것이 아니라 사람들에 의해 거룩한 것으로 여겨지도록 청하는 것이다."라고 말했듯이, 이것은 사람들 가운데 널리 전파되어야 하는 하느님의 영광에 속한다. 또한 "당신의 나라가 오시며"라고 말할 때, "이것은 마치 하느님이 지금 통치하지 않으신 것처럼 언급되는 것"이 아니라¹¹ 아우구스티누스가 『하느님께 기도드리는 것에 대하여 미망인 프로바에게』에서 말하듯이,¹² "우리가 그 나라를 위한 우리의 갈망을 일으킴으로써, [그 나라가] 우리에게 도래하며 우리도 그 나라에서 통치하게 하소서."라고 언급된다. 그런데 다음과 같이 언급되고 있다. "당신의 뜻이 이루어지소서. 이것은 다음과 같이 올바로 이해된다. 즉 당신의 계명들에 순종하게 하소서. 하늘에서와 같이 땅에서도, 즉 천사들에 의해서와 마찬가지로 사람들에 의해서도."¹³ 그러므로 이 세 가지 청원들은 미래의 삶에서 완전하게 채워질 것이며, 반면 다른 네 가지 [청원들은] 아우구스티누스가 『라우렌티우스에게 보낸 길잡이』에서 말하듯이,¹⁴ 현재 삶의 필요에 속한다.

---

13. *De sermone Dom. in monte*, II, c.6, n.21: ML 34, 1278.
14. c.115: ML 40, 285-286.

q.83, a.9

AD SECUNDUM dicendum quod, cum oratio sit interpres desiderii, ordo petitionum non respondet ordini executionis, sed ordini desiderii sive intentionis, in quo prius est finis quam ea quae sunt ad finem, et consecutio boni quam remotio mali.[15]

AD TERTIUM dicendum quod Augustinus, in libro *de Serm. Dom. in Monte*.[16] adaptat septem petitiones donis et beatitudinibus, dicens: *Si timor Dei est quo beati sunt pauperes spiritu, petamus ut sanctificetur in hominibus nomen Dei timore casto. Si pietas est qua beati sunt mites, petamus ut veniat regnum eius, ut mitescamus, nec ei resistamus. Si scientia est qua beati sunt qui lugent, oremus ut fiat voluntas eius: quia sic non lugebimus. Si fortitudo est qua beati sunt qui esuriunt, oremus ut panis noster quotidianus detur nobis. Si consilium est quo beati sunt misericordes, debita dimittamus, ut nobis nostra dimittantur. Si intellectus est quo beati sunt mundo corde, oremus ne habeamus duplex cor, temporalia sectando, de quibus tentationes fiunt in nobis. Si sapientia est qua beati sunt pacifici quoniam filii Dei vocabuntur, oremus ut liberemur a malo: ipsa enim liberatio liberos nos faciet filios Dei*.[17]

---

15. Cf. I-II, q.29, a.2, ad3.
16. II, c.2, n.38: ML 34, 1286.
17. "청원들을 선물들로 인도하는 것은 청원들에서 선물들의 습성들만을 청한다는 의미로 이해되는 것이 아니라 각각의 청원이 선물들과 관련된 누군가와 연관된 것 중에서 어떤 것을 청하는 한에서 이해된다. 그렇게 인도하는 것은 두 가지 관점에서 이해될 수 있다. 첫째, 일반적으로 이해될 수 있다. 따라서 선물들과 관련된 모든 것은 또한 청원들과 관련되며, 그 역도 마찬가지다. 이런 의미에서 그것들 가운데는 적합한 때문만이 아니라 고유하게 상응한다. 왜냐하면 선물들이 활동 생활과 관상 생활에 관련된 모든 것에서 철저하게 완전하게 하는 것처럼, 모든 것에서 청원들과 함께 하느님의 도움을 간청하기 때문이다. 둘째, 특별한 방식으로 이해된다. 이런 의미에서 각각의 선물을 각각의 청원에 고유하게 상응시킬 수는 없다. 그 이유는 다양한 청원들에서 청하는 것들은 유일한 선물과 관련될 수 있으며, 그 역도 그렇기 때문

2. 기도는 갈망의 해석이므로, 청원들의 순서는 실행의 순서에 상응하지 않고 갈망 또는 지향의 순서에 상응한다. 그 순서에서 목적은 목적을 향하는 것들보다 우선하며, 선의 획득은 악의 제거보다 [우선한다].[15]

3. 아우구스티누스는 『주님의 산상 설교』에서[16] 다음과 같이 말하며 일곱 가지 청원을 선물들과 참행복들에 대응시킨다. "만일 하느님에 대한 두려움(timor)이 영으로 가난한 이들을 진복자들이 되게 한다면, 하느님의 이름이 사람들 가운데 거룩하게 되도록 정결한 두려움으로 청하기로 하자. 만일 경건함(pietas)으로 인해 온유한 이들이 진복자들이 된다면, 그분의 나라가 임하도록, 우리가 온유한 자들이 되도록, 그리고 그분에게 저항하지 않도록 청하기로 하자. 만일 눈물 흘리는 사람들이 지식(scientia)으로 인해 진복자들이 된다면, 그분의 뜻이 이루어지도록 기도하기로 하자. 그럼으로써 우리는 울지 않을 것이기 때문이다. 만일 배고픈 이들이 용기(fortitudo)로 인해 진복자들이 된다면, 우리에게 매일의 빵을 주시도록 기도하기로 하자. 만일 자비로운 이들이 의견(consilium)으로 인해 진복자들이 된다면, 우리의 빚들도 용서받을 수 있도록 우리의 빚진 이들을 용서하기로 하자. 마음이 깨끗한 이들이 통찰(intellectus)로 인해 진복자들이 된다면, 현세적인 것들을 뒤쫓는 가운데 이중적인 마음을 갖지 않도록 기도하기로 하자. 그런 것들에 대한 유혹들이 우리 안에 있게 된다. 만일 평화를 이루는 이들이 지혜(sapientia)로 인해 하느님의 자녀라고 불리게 될 것이기에 진복자들이 된다면, 우리가 악으로부터 해방될 수 있도록 기도하기로 하자. 왜냐하면 자유 자체가 우리를 하느님의 자녀들이 되게 해주기 때문이다."[17]

이다. 그러나 각각의 청원이 각각의 선물과 어떤 유사함을 드러내는 한에서, 일정한 고유화와 함께 그것을 할 수는 있다.": *In Sent.*, III, d.34, q.1, a.6. Cf. ibid., a.4; I-II, q.69, a.3, ad3.

AD QUARTUM dicendum quod, sicut Augustinus dicit, in *Enchirid.*,[18] *Lucas in Oratione Dominica petitiones non septem, sed quinque complexus est. Ostendens enim tertiam petitionem duarum praemissarum esse quodammodo repetitionem, praetermittendo eam facit intelligi:* quia scilicet ad hoc praecipue voluntas Dei tendit ut eius sanctitatem cognoscamus, et cum ipso regnemus. *Quod etiam Matthaeus in ultimo posuit, ⟨Libera nos a malo,⟩ Lucas non posuit, ut sciat unusquisque in eo se liberari a malo quod non infertur in tentationem.*

AD QUINTUM dicendum quod oratio non porrigitur Deo ut ipsum flectamus: sed ut in nobis ipsis fiduciam excitemus postulandi.[19] Quae quidem praecipue excitatur in nobis considerando eius caritatem ad nos, qua bonum nostrum vult, et ideo dicimus, *Pater noster;* et eius excellentiam, qua potest, et ideo dicimus, *qui es in caelis.*

Articulus 10
Utrum orare sit proprium rationalis creaturae

Ad decimum sic proceditur. Videtur quod orare non sit proprium rationalis creaturae.

---

18. c.116: ML 40, 286.

4. 아우구스티누스는 『라우렌티우스에게 보낸 길잡이』에서[18] 다음과 같이 말한 바 있다. "루카는 주님의 기도에서 일곱 가지가 아닌 다섯 가지 청원을 받아들였다. 사실 세 번째 청원이 어떤 면에서 선행하는 두 가지 청원의 반복이라는 것을, 그는 세 번째 청원을 생략함으로써 보여 주었다." 왜냐하면 하느님의 뜻은 무엇보다도 우리가 하느님의 거룩함을 알고 그분과 함께 통치할 수 있게 되는 것을 지향하기 때문이다. "마태오가 마지막에 둔 '우리를 악에서 구하소서.'를 루카는 두지 않았다. 이것은 각자가 유혹에 빠지지 않는 것에 악으로부터 해방이 있다는 것을 알게 하기 위해서이다."

5. 기도는 하느님을 굴복시키기 위해서가 아니라, 우리가 청하는 가운데 우리 자신 안에서 신뢰를 일으키기 위해서 청하는 것이다.[19] 이것은 우리의 선(善)을 원하시는 그분의 참사랑을 숙고할 때 특별히 우리 안에서 일어난다. 그러므로 우리는 "우리의 아버지"라고 말한다. 그리고 그분의 탁월함과 이로 인해 그분이 하실 수 있는 것[을 숙고함으로써], 우리는 "당신은 하늘에 계십니다."라고 말하게 된다.

제10절 기도하는 것은 이성적 피조물의 고유한 것인가

Parall.: *In Sent.*, IV, d.15, q.4, a.6, qc.1 & 3.

[반론] 열째는 다음과 같이 진행된다. 기도하는 것은 이성적 피조물의 고유한 것이 아닌 것으로 보인다.

---

19. Cf. a.2, ad2-3.

q.83, a.10

1. Eiusdem enim videtur esse petere et accipere. Sed accipere convenit etiam Personis increatis, scilicet Filio et Spiritui Sancto. Ergo etiam eis convenit orare: nam et Filius dicit, Ioan. 14, [16]: *Ego rogabo Patrem;* et de Spiritu Sancto dicit Apostolus[1]: *Spiritus postulat pro nobis.*

2. Praeterea, angeli sunt supra rationales creaturas: cum sint intellectuales substantiae. Sed ad Angelos pertinet orare: unde in Psalm. [Ps. 96, 7] dicitur: *Adorate eum, omnes Angeli eius.* Ergo orare non est proprium rationalis creaturae.

3. Praeterea, eiusdem est orare cuius est invocare Deum, quod praecipue fit orando. Sed brutis animalibus convenit invocare Deum: secundum illud Psalm. [Ps. 146, 9]: *Qui dat iumentis escam ipsorum, et pullis corvorum invocantibus eum.* Ergo orare non est proprium rationalis creaturae.

SED CONTRA oratio est actus rationis, ut supra[2] habitum est. Sed rationalis creatura a ratione dicitur. Ergo orare est proprium rationalis creaturae.

RESPONDEO dicendum quod, sicut ex supradictis[3] patet, oratio

---

1. 로마 8,26.

제83문 제10절

1. 청하는 것과 받는 것은 같은 이에게 속하는 것으로 보인다. 받는 것은 창조되지 않은 위격들, 즉 성자와 성령에게도 속한다. 그러므로 그들도 기도하는 것이 적합하다. 왜냐하면 요한복음서 14장 [16절]에서 성자는 이렇게 말씀하셨기 때문이다. "나는 아버지께 물을 것이다." 또한 사도는 로마서 8장 [26절]에서 성령에 대해 다음과 같이 말했다.[1] "영께서 우리를 위해 청하신다."

2. 천사들은 이성적 피조물들 위에 있는데, 왜냐하면 그들은 지적 실체들이기 때문이다. 그러나 기도하는 것은 천사들에게도 속한다. 그래서 시편 97[96]편 [7절]에서는 다음과 같이 말한다: "그분의 모든 천사들은 그분을 흠숭하라." 그러므로 기도하는 것은 이성적 피조물의 고유한 것이 아니다.

3. 기도하는 것은 하느님께 애원하는 것과 같은 것이며, 이것은 특별히 기도하는 가운데 이루어진다. 그러나 "짐승들에게, 그리고 애원하는 까마귀 새끼들에게 그들의 먹이를 주시는 분"이라고 하는 시편 147[146]편 [9절]에 따라, 애원하는 것은 야수(野獸)들에게 적합하다. 그러므로 기도하는 것은 이성적 피조물의 고유한 것이 아니다.

[재반론] 그러나 반대로 위에서 말한 것처럼,[2] 기도는 이성의 행위이다. 그런데 이성적 피조물은 이성에 의해 그렇게 일컬어진다. 그러므로 기도하는 것은 이성적 피조물의 고유한 것이다.

[답변] 위의 내용에서 알 수 있듯이,[3] 명령이 이성의 행위로서 하급자

---

2. a.1.
3. Ibid.

est actus rationis per quem aliquis superiorem deprecatur, sicut imperium est actus rationis quo inferior ad aliquid ordinatur. Illi ergo proprie competit orare cui convenit rationem habere, et superiorem quem deprecari possit. Divinis autem Personis nihil est superius: bruta autem animalia non habent rationem. Unde neque divinis Personis neque brutis animalibus convenit orare, sed proprium est rationalis creaturae.

AD PRIMUM ergo dicendum quod divinis Personis convenit accipere per naturam: orare autem est accipientis per gratiam. Dicitur autem Filius rogare, vel orare, secundum naturam assumptam, scilicet humanam: non secundum divinam.[4] Spiritus autem Sanctus dicitur postulare, quia postulantes nos facit.[5]

AD SECUNDUM dicendum quod ratio et intellectus in nobis non sunt diversae potentiae, ut in Primo[6] habitum est: differunt autem secundum perfectum et imperfectum. Et ideo quandoque intellectuales creaturae, quae sunt angeli, distinguuntur a rationalibus: quandoque autem sub rationalibus comprehenduntur. Et hoc modo dicitur oratio esse proprium rationalis creaturae.

AD TERTIUM dicendum quod pulli corvorum dicuntur Deum invocare, propter naturale desiderium quo omnia suo modo desiderant consequi bonitatem divinam. Sic etiam bruta animalia dicuntur Deo obedire, propter naturalem instinctum quo a Deo moventur.

에게 어떤 것을 명령하듯이, 기도는 이성의 행위로, 누군가는 이를 통해 상급자에게 애원한다. 그러므로 기도하는 것은 이성을 갖는 것이 적합한 사람과 그가 애원할 수 있는 상급자에게 고유하게 어울린다. 그런데 신적 위격들보다 더 높은 것은 없지만, 야수들은 이성을 갖지 않는다. 그러므로 기도하는 것은 신적 위격들과 야수들에게 적합하지 않고, 이성적 피조물에게 고유하다.

[해답] 1. 받는 것은 신적 위격들에게 본성적으로 적합하지만, 기도하는 것은 은총으로 받아들이는 사람에게 속한다. 그런데 성자는 신성에 따라서가 아니라 취해진 본성, 즉 인성에 따라 청하거나 기도한다.[4] 그러나 성령은 우리로 하여금 청하게 하기 위해 요청하신다고 말한다.[5]

2. 앞서 말한 것처럼,[6] 우리 안에 있는 이성과 지성은 서로 다른 능력이 아니라 완전함과 불완전함에 따라 구별된다. 그래서 때로는 지적 피조물들, 즉 천사들은 이성적 피조물들과 구별되기도 하고, 때로는 이성적인 피조물들 아래 포함되기도 한다. 이러한 [후자의] 방식으로 기도는 이성적 피조물의 고유한 것이라고 말한다.

3. 까마귀 새끼들은 모든 것이 신적 선을 얻기 위해 자신들의 방식으로 갈망하는 자연적 갈망으로 인해 하느님께 애원한다고 말한다. 이러한 방식으로 심지어 야수들도 하느님께 순종하는 것으로 알려져 있는데, 그것은 그들이 하느님에 의해 움직이는 자연적 본능 때문이다.

---

4. Cf. III, q.21, a.1.
5. Cf. a.5, ad1 & ad3; III, q.26, a.1, ad3.
6. q.79, a.8.

Articulus 11
Utrum sancti qui sunt in patria orent pro nobis

Ad undecimum sic proceditur. Videtur quod sancti qui sunt in patria non orent pro nobis.

1. Actus enim alicuius magis est meritorius sibi quam aliis. Sed sancti qui sunt in patria non merentur sibi, nec pro se orant: quia iam sunt in termino constituti. Ergo etiam neque pro nobis orant.

2. Praeterea, sancti perfecte suam voluntatem Deo conformant, ut non velint nisi quod Deus vult. Sed illud quod Deus vult semper impletur. Ergo frustra sancti pro nobis orarent.

3. Praeterea, sicut sancti qui sunt in patria sunt superiores nobis, ita et illi qui sunt in purgatorio: quia iam peccare non possunt. Sed illi qui sunt in Purgatorio non orant pro nobis, sed magis nos pro eis. Ergo nec sancti qui sunt in patria pro nobis orant.

4. Praeterea, si sancti qui sunt in patria pro nobis orarent, superiorum sanctorum esset efficacior oratio. Non ergo deberet implorari suffragium orationum sanctorum inferiorum, sed solum superiorum.

5. Praeterea, anima Petri non est Petrus. Si ergo animae sanctorum pro nobis orarent quandiu sunt a corpore separatae, non deberemus

제11절 성인들은 본향에서 우리를 위해 기도하는가

Parall.: *In Sent.*, IV, d.15, q.4, a.6, qc.2; d.45, q.3, a.3.
Doctr. Eccl.: 위의 제4절에 제시된 텍스트 참조.

[반론] 열한째는 다음과 같이 진행된다. 본향(patria)에 있는 성인들은 우리를 위해 기도하지 않는 것으로 보인다.

1. 한 사람의 행위는 다른 사람들보다 자신에게 더 공로적이다. 그러나 본향에 있는 성인들은 자신들을 위하여 공로를 얻지 않고 자신들을 위해 기도하지도 않는다. 왜냐하면 그들은 이미 종착지에 도달했기 때문이다. 그러므로 그들은 우리를 위해 기도하지 않는다.

2. 성인들은 자신들의 의지를 완전하게 하느님께 일치시켜, 하느님께서 원하시는 것만을 원한다. 그러나 하느님이 원하는 것은 언제나 실현된다. 그러므로 우리를 위해 기도하는 것은 성인들에게 헛되다.

3. 본향에 있는 성인들이 우리보다 우월한 것처럼, 연옥에 있는 이들도 더 이상 죄를 지을 수 없기 때문에 우리보다 우월하다. 그러나 연옥에 있는 이들은 우리를 위해서 기도하지 않고, 우리가 그들을 위해서 기도한다. 그러므로 본향에 있는 성인들도 우리를 위해서 기도하지 않는다.

4. 만일 본향에 있는 성인들이 우리를 위해 기도한다면, 더 높은 성인들의 기도가 더 효과적일 것이다. 그러므로 더 낮은 성인들의 기도의 대속기도(suffragium)는 애원되어서는 안 되며, 오직 상위 성인들의 대속기도만 [애원되어야 한다].

5. 베드로의 영혼은 베드로가 아니다. 만일 성인들의 영혼이 육체에

interpellare sanctum Petrum ad orandum pro nobis, sed animam eius. Cuius contrarium Ecclesia facit. Non ergo sancti, ad minus ante resurrectionem, pro nobis orant.

SED CONTRA est quod dicitur II *Mach.* ult., [14]: *Hic est qui multum orat pro populo et universa sancta civitate, Ieremias, propheta Dei.*

RESPONDEO dicendum quod, sicut Hieronymus dicit,[1] Vigilantii error fuit quod, *dum vivimus, mutuo pro nobis orare possumus; postquam autem mortui fuerimus, nullius sit pro alio exaudienda oratio: praesertim cum martyres, ultionem sui sanguinis obsecrantes, impetrare nequiverint.* — Sed hoc est omnino falsum. Quia cum oratio pro aliis facta ex caritate proveniat, ut dictum est,[2] quanto sancti qui sunt in patria sunt perfectioris caritatis, tanto magis orant pro viatoribus, qui orationibus iuvari possunt: et quanto sunt Deo coniunctiores, tanto eorum orationes sunt magis efficaces. Habet enim hoc divinus ordo, ut ex superiorum excellentia in inferiora refundatur, sicut ex claritate solis in aerem. Unde et de Christo dicitur, *Heb.* 7, [25]: *Accedens per semetipsum ad Deum ad interpellandum pro nobis.* Et propter hoc Hi-

---

1. *Contra vigilant.*, n.6: ML 23, 344B.

서 분리되어 있는 동안 우리를 위해 기도한다면, 우리는 성 베드로가 아니라 그의 영혼이 우리를 위해 기도하도록 호소해야 한다. 교회는 그 반대의 일을 한다. 그러므로 성인들은 적어도 부활 전에는 우리를 위해 기도하지 않는다.

[재반론] 그러나 반대로 마카베오기 하권 15장 [14절]에서는 다음과 같이 말한다. "이 사람이 백성과 온 거룩한 도성을 위하여 많이 기도하는 하느님의 예언자, 예레미야이다."

[답변] 히에로니무스가 말한 것처럼,[1] "우리가 살아 있는 동안에는 서로를 위하여 기도할 수 있지만, 우리가 죽은 후에는 그 누구의 기도도 다른 사람에 의해 청허될 수 없다. 순교자들이 그들의 피에 대한 복수를 애원했지만 그것을 얻을 수 없었기 때문이다."라고 생각한 비질란티우스는 잘못을 범했다. 이것은 완전히 잘못된 것이다. 왜냐하면 다른 사람들을 위해 기도하는 것이, 말한 것처럼,[2] 참사랑에서 유래하는 것일 때, 본향에 있는 성인들이 참사랑 안에서 더욱 완전할수록, 그들은 기도로 도와줄 수 있는 나그네들을 위해 더욱 많이 기도하며, 그들이 하느님과 더욱 일치할수록, 그들의 기도는 더욱 효과적이기 때문이다. 사실, 태양의 광채로부터 공기 가운데 [넘쳐흐르듯이], 더 높은 자들의 탁월함으로부터 더 낮은 자들 안으로 넘쳐흐르는 것은 신적 질서이다. 그런데 히브리서 7장 [25절]은 그리스도에 대해 다음과 같이 말한다. "그리스도께서는 우리를 위해 호소하고자 친히 하느님께 가까

---

2. aa.7-8.

eronymus, *contra Vigilantium*,³ dicit: *Si Apostoli et martyres adhuc in corpore constituti possunt orare pro ceteris, quando pro se adhuc debent esse solliciti; quanto magis post coronas, victorias et triumphos!*

AD PRIMUM ergo dicendum quod sanctis qui sunt in patria, cum sint beati, nihil deest nisi gloria corporis, pro qua orant. Orant autem pro nobis, quibus deest beatitudinis ultima perfectio. Et eorum orationes habent efficaciam impetrandi ex praecedentibus eorum meritis, et ex divina acceptatione.

AD SECUNDUM dicendum quod sancti impetrant illud quod Deus vult fieri per orationes eorum.⁴ Et hoc petunt quod aestimant eorum orationibus implendum secundum Dei voluntatem.

AD TERTIUM dicendum quod illi qui sunt in Purgatorio, etsi sint superiores nobis propter impeccabilitatem, sunt tamen inferiores quantum ad poenas quas patiuntur. Et secundum hoc non sunt in statu orandi, sed magis ut oretur pro eis.

AD QUARTUM dicendum quod Deus vult inferiora per omnia superiora iuvari. Et ideo oportet non solum superiores, sed etiam inferiores sanctos implorare. Alioquin esset solius Dei misericordia imploranda.⁵ — Contingit tamen quandoque quod imploratio inferioris sancti efficacior est: vel quia devotius implorantur; vel quia Deus vult

---

3. loc. cit.
4. Cf. a.2, c & ad2.

이 다가가신다." 이로 인해 히에로니무스는 비질란티우스를 거슬러 다음과 같이 말했다.³ "사도들과 순교자들이 아직도 육체 안에 있어서 자신들을 염려해야 할 때 다른 사람들을 위하여 기도할 수 있다면, 왕관, 승리 그리고 개선 후에는 얼마나 더 그러할까."

[해답] 1. 본향에 있는 진복자들인 성인들에게는 육체의 영광 외에는 아무것도 부족하지 않다. 그들은 이 육체를 통해 기도한다. 그런데 그들은 우리를 위해 기도한다. 우리에게는 참행복의 궁극적인 완성이 부족하다. 그리고 그들의 기도들은 그들의 이전 공로들과 신적인 수락에 의해 [그것을] 얻는 효과를 갖는다.

2. 성인들은 하느님께서 그들의 기도를 통해 이루어지기를 원하시는 것을 얻는다.⁴ 그리고 이것은 그들의 기도가 하느님의 뜻에 따라 이루어진다고 여기는 것을 요청한다.

3. 연옥에 있는 사람들은 비록 그들이 죄를 지을 수 없기 때문에 우리보다 우월하지만, 그들이 겪는 형벌에 있어서는 여전히 열등하다. 이에 따라 그들은 기도하는 상태에 있지 않으며, 오히려 그들을 위해 기도를 받아야 할 [필요가 있다].

4. 하느님께서는 더 낮은 이들이 더 높은 모든 이들에 의해 도움 받기를 원하신다. 그러므로 더 높은 성인들뿐만 아니라 더 낮은 성인들도 애원해야 한다. 그렇지 않으면, 단지 하느님의 자비를 애원할 뿐이다.⁵ 그러나 때로는 더 낮은 성인들의 애원이 더욱 효과적일 수 있는 일이 일어난다. 그것은 더 많은 신심으로 애원되거나, 하느님이 그들

---

5. Cf. a.4.

eorum sanctitatem declarare.[6]

AD QUINTUM dicendum quod quia sancti viventes meruerunt ut pro nobis orarent, ideo eos invocamus nominibus quibus hic vocabantur, quibus etiam nobis magis innotescunt. Et iterum propter fidem resurrectionis insinuandam: sicut legitur *Exod.* 3, [6][7]: *Ego sum Deus Abraham,* etc.

Articulus 12
Utrum oratio debeat esse vocalis

Ad duodecimum sic proceditur. Videtur quod oratio non debeat esse vocalis.

1. Oratio enim, sicut ex dictis[1] patet, principaliter Deo porrigitur. Deus autem locutionem cordis cognoscit. Frustra igitur vocalis oratio adhibetur.

2. Praeterea, per orationem mens hominis debet in Deum ascendere, ut dictum est.[2] Sed voces retrahunt homines ab ascensu contemplationis in Deum: sicut et alia sensibilia. Ergo in oratione non est vocibus utendum.

3. Praeterea, oratio debet offerri Deo in occulto: secundum illud

---

6. Cf. *In Sent.*, IV, d.45, q.3, a.2, ad (=Sup., q.72, a.2, ad2).
7. Cf. *In Matth.*, 22,31-32.

의 거룩함을 선언하기를 원하기 때문이다.[6]

    5. 성인들은 살아 있을 때 우리를 위하여 기도할 공로를 얻었으므로, 우리는 그들이 여기서 불렸던 이름으로 그들을 부른다. 또한 그들은 이로써 우리에게 더 잘 알려진다. 그리고 "나는 아브라함의 하느님이다."라고 탈출기 3장 [6절]에 나오는 것처럼,[7] 재차 부활에 대한 믿음을 암시하기 위해서이다.

제12절 기도는 소리적이어야 하는가

Parall.: *In Sent.*, III, d.9, q.1, a.3, qc.3, ad2; IV, d.15, q.4, a.2, qc.1.

    [반론] 열두째는 다음과 같이 진행된다. 기도는 소리적이어서는 안 되는 것으로 보인다.

    1. 위에서 말한 것에 의해 분명히 드러나듯이,[1] 기도는 주로 하느님께 드린다. 그런데 하느님은 마음의 말을 아신다. 그러므로 소리 기도가 사용되는 것은 쓸모없다.

    2. 말한 바와 같이,[2] 인간의 정신은 기도를 통해 하느님께 올라가야 한다. 그러나 소리는 다른 감각적인 것들에 대해서처럼, 하느님에 대한 관상의 상승으로부터 뒤로 물러서게 한다. 그러므로 기도는 소리적이어서는 안 된다.

    3. "너는 기도할 때에, 방에 들어가서 문을 닫고 숨어서 너의 아버지

---

1. a.4.
2. a.1, ad2.

Matth. 6, [6]: T*u autem cum oraveris, intra in cubiculum, et clauso ostio, ora Patrem tuum in abscondito.* Sed per vocem oratio publicatur. Ergo non debet oratio esse vocalis.

SED CONTRA est quod dicitur in Psalm. [Ps. 141, 2]: *Voce mea ad Dominum clamavi, voce mea ad Dominum deprecatus sum.*

RESPONDEO dicendum quod duplex est oratio: communis, et singularis. Communis quidem oratio est quae per ministros Ecclesiae in persona totius fidelis populi Deo offertur. Et ideo oportet quod talis oratio innotescat toti populo, pro quo profertur. Quod non posset fieri nisi esset vocalis. Et ideo rationabiliter institutum est ut ministri Ecclesiae huiusmodi orationes etiam alta voce pronuntient, ut ad notitiam omnium possit pervenire.

Oratio vero singularis est quae offertur a singulari persona cuiuscumque sive pro se sive pro aliis orantis. Et de huiusmodi orationis necessitate non est quod sit vocalis. Adiungitur tamen vox tali orationi triplici ratione. Primo quidem, ad excitandum interiorem devotionem, qua mens orantis elevetur in Deum. Quia per exteriora signa, sive vocum sive etiam aliquorum factorum, movetur mens hominis et secundum apprehensionem, et per consequens secundum affectionem.[3] Unde Augustinus dicit, *ad Probam,*[4] quod *verbis et aliis*

---

3. Cf. q.81, a.7.
4. Epist.130, al.121, c.9: ML 33, 501.

께 기도하여라."라는 마태오복음서 6장 [6절]에 따라, 기도는 하느님께 은밀하게 드려야 한다. 그런데 기도는 소리를 통해 공포된다. 그러므로 기도는 소리적이어서는 안 된다.

[재반론] 그러나 반대로 시편 142[141]편 [2절]에서는 다음과 같이 말한다. "나는 내 목소리로 주님께 부르짖었고, 내 목소리로 주님께 애원하였다."

[답변] 공통적이고 개별적인 이중 기도가 있다. 공통 기도는 모든 충실한 백성을 대신하여 교회의 직무자들을 통해 하느님께 봉헌되는 기도이다. 그러한 기도는 그들을 대신하여 그것이 발음되는 모든 사람들에게 알려질 필요가 있다. 이것은 소리적이지 않으면 이루어질 수 없다. 그러므로 교회의 직무자들도 그러한 기도들을 큰 소리로 말하여 모든 사람들의 앎에 이르도록 하는 것이 이성적으로 정해져 있다.

그러나 개별 기도는 자신이나 다른 사람들을 위해 기도하는 것과는 독립적으로 개별적인 사람에 의해 드려지는 것이다. 그리고 이러한 기도가 소리적이어야 할 필요는 없다. 그럼에도 소리는 삼중적인 이유로 그러한 기도에 첨가된다. 첫째, 기도하는 사람의 정신이 하느님께로 올라가는 내적 신심을 불러일으킨다. 왜냐하면 사람의 정신은 외적 표지(signum)들을 통해서, 소리나 심지어 어떤 사실들을 통해서, 이해에 따라, 그리고 정감(affectio)에 따라 움직여지기 때문이다.[3] 그러므로 아우구스티누스는 『하느님께 기도드리는 것에 대하여 미망인 프로바에게』[4]에서 다음과 같이 말했다. "우리는 말들과 다른 표지들로서 거룩한 갈망을 성장시키기 위해 우리 자신을 더욱 일깨우기로 하자." 그러

signis ad augendum sanctum desiderium nosipsos acrius excitamus. Et ideo in singulari oratione tantum est vocibus et huiusmodi signis utendum quantum proficit ad excitandum interius mentem. Si vero mens per hoc distrahatur, vel qualitercumque impediatur, est a talibus cessandum. Quod praecipue contingit in illis quorum mens sine huiusmodi signis est sufficienter ad devotionem parata. Unde Psalmista dicebat[5]: *Tibi dixit cor meum: Exquisivit te facies mea;* et de Anna legitur, I *Reg.* 1, [13], quod *loquebatur in corde suo*.

Secundo, adiungitur vocalis oratio quasi ad redditionem debiti: ut scilicet homo Deo serviat secundum totum illud quod ex Deo habet, idest non solum mente, sed etiam corpore. Quod praecipue competit orationi secundum quod est satisfactoria.[6] Unde dicitur Osee ult., [3]: *Omnem aufer iniquitatem,[7] et accipe bonum: et reddemus vitulos labiorum nostrorum*.

Tertio, adiungitur vocalis oratio ex quadam redundantia ab anima in corpus ex vehementi affectione: secundum illud Psalm. [Ps. 15, 9]: *Laetatum est cor meum, et exultavit lingua mea*.[8]

AD PRIMUM ergo dicendum quod vocalis oratio non profertur ad hoc quod aliquid ignotum Deo manifestetur: sed ad hoc quod mens orantis vel aliorum excitetur in Deum.

---

5. 시편 26,8.
6. Cf. Sup. q.15, a.3 c & ad1. Cf. *In Sent.*, IV, d.15, q.4, a.7, qc.1 & ad1.
7. Vulgata om.: "et"

므로 이와 같은 말들과 표지들은 개별 기도에서 정신을 내적으로 일깨 운다는 점에서 사용되어야 한다. 그러나 정신이 이것에 의해 산만해지 거나 어떤 식으로든 방해를 받으면, 그러한 일을 그만두어야 할 필요 가 있다. 이것은 특히 그 정신이 그러한 표지들 없이 신심을 위해 충분 히 준비된 사람들에게서 일어난다. 그러므로 시편 27[26]편 [8절]은 다음과 같이 말한다.[5] "제 마음이 당신께 말하였고, 제 얼굴이 당신을 찾았습니다." 사무엘기 상권 1장 [13절]에서는 한나에 대해 다음과 같이 읽힌다. "그는 그의 마음 안에서 말했다."

둘째, 빚을 갚기 위해 소리 기도가 추가된다. 즉 사람이 하느님으로부터 가지고 있는 모든 것, 정신만이 아니라 육체에 따라 하느님을 섬기도록 하는 것이다. 이것은 특히 만족스러운 한에서 보속을 위한 기도에 일어난다.[6] 호세아서 14장 [3절]에서는 다음과 같이 말한다. "모든 불의를 없애주시고[7] 좋은 것을 받아주십시오. 이제 저희는 어린 송아지들이 아니라 저희 입술을 바치렵니다."

셋째, "나의 마음이 기뻐하고 내 혀가 용약했습니다."라는 시편 16[15]편 [9절]에 따르면,[8] 육체에서 영혼에 의해 강렬한 정감(affectio) 으로 넘쳐흐르는 것처럼 소리 기도가 추가된다.

[해답] 1. 소리 기도는 하느님에게 알려지지 않은 어떤 것이 드러나기 때문이 아니라 기도하는 이나 다른 이들의 정신이 하느님 안에서 일깨워지게 하도록 드려진다.

---

8. S. Thomas, *In Sent.*, IV, d.15, q.4, a.2, qc.1. "또한 아는 바와 같이, 네 번째 이유를 통해 개별 기도에 소리를 추가해야 한다. 인간은 분산되지 않기 위해 자신의 지향을 간직해야 한다. 이러한 지향이 어떤 것과 더욱 결속되려면, 또한 말들이 기도하는 이의 정감에 깊이 일치해야 한다."

AD SECUNDUM dicendum quod verba ad aliud pertinentia distrahunt mentem, et impediunt devotionem orantis. Sed verba significantia aliquid ad devotionem pertinens excitant mentes, praecipue minus devotas.

AD TERTIUM dicendum quod, sicut Chrysostomus dicit, *super Matth.*,[9] *eo proposito Dominus vetat in conventu orare ut a conventu videatur. Unde orans nihil novum facere debet quod aspiciant homines, vel clamando vel pectus percutiendo vel manus expandendo.* — *Nec tamen*, ut Augustinus dicit, in libro *de Serm. Dom. in Monte*,[10] *videri ab hominibus nefas est: sed ideo haec agere ut ab hominibus videaris.*

Articulus 13
Utrum de necessitate orationis sit quod sit attenta

Ad tertiumdecimum sic proceditur. Videtur quod de necessitate orationis sit quod sit attenta.

1. Dicitur enim Ioan. 4, [24]: *Spiritus est Deus: et eos qui adorant eum, in spiritu et veritate adorare oportet.*[1] Sed oratio non est in spiritu si non sit attenta. Ergo de necessitate orationis est quod sit attenta.

---

9. *Opus imperf. in Matth.*, hom.13, super 6,5: MG 56, 709. (Inter opp. supp. Chrysostomus)
10. II, c.3, n.10: ML 34, 1274.

2. 다른 것들과 관련된 말들은 정신을 산란케 하거나 기도하는 이의 신심을 방해한다. 그러나 신심과 관련된 어떤 것을 의미하는 말들은 정신들, 특히 덜 신심이 있는 이들의 정신을 일깨운다.

3. 크리소스토무스는 『마태오복음 주해』에서[9] 다음과 같이 말한다. "주님은 보이기 위한 목적으로 모임 가운데 기도하는 것을 금지하신다. 그러므로 기도하는 사람은 소리를 지르거나 가슴을 치거나 손을 뻗거나 하는 가운데 사람들이 볼 수 있는 새로운 것을 하지 말아야 한다." 그럼에도 아우구스티누스는 『주님의 산상 설교』에서[10] 다음과 같이 말한다. "죄악은 사람들에 의해 보이는 것이 아니라 사람들에 의해 보이기 위해 이것을 하는 데 있다."

제13절 기도를 위해 주의가 필요한가

Parall.: *In Sent.*, IV, d.15, q.4, a.2, qc.4 & 5; *In Ep. I ad Cor.*, c.14, lect.3.

[반론] 열셋째는 다음과 같이 진행된다. 기도는 주의가 필요한 것으로 보인다.

1. 요한복음서 4장 [24절]은 다음과 같이 말한다. "하느님은 영이시며, 그분을 흠숭하는 사람들은 영과 진리로 흠숭해야 한다."[1] 그러나 주의하지 않으면 기도는 영으로 [드리는 것이] 아니다. 그러므로 기도는 주의해야 한다.

---

1. Vulgata: "oportet adorare."

2. Praeterea, oratio est *ascensus intellectus in Deum.*[2] Sed quando oratio non est attenta, intellectus non ascendit in Deum. Ergo de necessitate orationis est quod sit attenta.

3. Praeterea, de necessitate orationis est quod careat omni peccato. Sed non est absque peccato quod aliquis orando evagationem mentis patiatur: videtur eum deridere Deum, sicut et si alicui homini loqueretur et non attenderet ad ea quae ipse proferret. Unde Basilius dicit[3]: *Est divinum auxilium implorandum non remisse, nec mente huc illuc evagante: eo quod talis non solum non impetrabit quod petit, sed et magis Deum irritabit.* Ergo de necessitate orationis esse videtur quod sit attenta.

SED CONTRA est quod etiam sancti viri quandoque orantes evagationem mentis patiuntur: secundum illud Psalm. [Ps. 39, 13]: *Cor meum dereliquit me.*

RESPONDEO dicendum quod quaestio haec praecipue locum habet in oratione vocali. Circa quam sciendum est quod necessarium dicitur aliquid dupliciter.[4] Uno modo, per quod melius pervenitur ad finem. Et sic attentio absolute orationi necessaria est.

Alio modo dicitur aliquid necessarium sine quo res non potest

---

2. Damascus, *De fide orth.*, III, c.24: MG 94, 1089C.
3. *Constit. Monast.*, c.1, n.4: MG 31, 1333A.

2. 기도는 하느님을 향한 지성의 상승(ascensus)이다.[2] 그러나 기도가 주의하지 않으면, 지성은 하느님께로 상승하지 못한다. 그러므로 기도는 주의를 기울여야 한다.

3. 기도에 필요한 것은 [기도하는 이가] 모든 죄에서 멀리해야 한다는 것이다. 그러나 누군가 기도하는 동안에 그의 정신이 방황하는 것을 겪는다면 죄가 없지 않다. 그것은 마치 다른 사람과 이야기하면서 말하는 것에 관심을 기울이지 않는 것처럼, 하느님을 조롱하는 듯이 보인다. 그래서 바실리우스는 다음과 같이 말한다.[3] "하느님의 도우심을 애원하는 것을 멈추지 말아야 하며, 정신을 이리저리 방황하지 말아야 한다. 왜냐하면 그러한 사람은 그가 청하는 것을 얻지 못할 뿐만 아니라 하느님을 더욱 화나게 할 것이기 때문이다." 그러므로 기도에 주의가 필요한 것으로 보인다.

[재반론] 그러나 반대로 "내 마음이 나를 떠난다."는 시편 40[39]편 [13절]에 따르면, 성인들도 때때로 기도하는 동안 정신의 방황을 겪는다.

[답변] 이 문제는 특히 소리 기도에서 중요하다. 우리는 이와 관련해서 어떤 것이 두 가지 방식으로 필수적이라고 한다는 것을 알아야 한다.[4] 한 가지 방식으로, 이에 힘입어 목적에 더 잘 도달할 수 있다. 그러므로 이러한 의미에서는 기도를 위해서 절대적으로 주의가 필요하다.

다른 방식으로, 어떤 것이 그것 없이 그 효과를 달성할 수 없는 것을 필수적인 것이라고 한다. 그런데 기도의 효과는 삼중적이다. 사실, 첫

---

4. Cf. q.88, a.2; q.141, a.6, ad2; etc.

consequi suum effectum. Est autem triplex effectus orationis. Primus quidem communis omnibus actibus caritate informatis, quod est mereri. Et ad hunc effectum non ex necessitate requiritur quod attentio adsit orationi per totum, sed vis primae intentionis qua aliquis ad orandum accedit, reddit totam orationem meritoriam: sicut in aliis meritoriis actibus accidit.[5] — Secundus autem effectus orationis est ei proprius, quod est impetrare. Et ad hunc etiam effectum sufficit prima intentio, quam Deus principaliter attendit. Si autem prima intentio desit, oratio nec meritoria est nec impetrativa: *illam* enim *orationem Deus non audit cui ille qui orat non intendit*, ut Gregorius dicit.[6] — Tertius autem effectus orationis est quem praesentialiter efficit, scilicet quaedam spiritualis refectio mentis. Et ad hoc de necessitate requiritur in oratione attentio. Unde dicitur I *ad Cor.* 14, [14]: *Si orem lingua, mens mea sine fructu est.*

Sciendum tamen quod est triplex attentio quae orationi vocali potest adhiberi. Una quidem qua attenditur ad verba, ne quis in eis erret. Secunda qua attenditur ad sensum verborum. Tertia qua attenditur ad finem orationis, scilicet ad Deum et ad rem pro qua oratur: quae quidem est maxime necessaria. Et hanc etiam possunt habere idiotae. Et quandoque intantum abundat haec intentio, qua mens fertur in Deum, ut etiam omnium aliorum mens obliviscatur, sicut dicit Hugo de Sancto Victore.[7]

---

5. Cf. I-II, q.1, a.6, ad3.
6. Cf. Hugon de S. Victore, *Exposit. in Reg. S. Aug.*, c.3: ML 176, 892B.

째는 참사랑에 의해 형상이 주어진 모든 행위들에 공통된 것으로, 공로적이다. 이 효과를 위해서는 기도하는 모든 곳에 주의를 기울여야 할 필요는 없으며, 다른 공로적인 행위들에서 일어나듯이, 기도에 다가가게 해주는 첫 번째 지향의 힘이 모든 기도를 공로적이게 한다.[5] 그러나 기도의 두 번째 효과는 청하는 것을 얻는 것으로, 이는 기도에 고유하다. 또한 이 효과를 위해서도 하느님께 주의를 기울이는 첫 번째 지향만으로 충분하다. 그러나 첫 번째 지향이 결여되어 있다면, 기도는 공로적이지도 않고 성취적이지도 않다. 왜냐하면 그레고리우스가 말한 것처럼,[6] "하느님께서는 주의를 기울이지 않는 사람이 하는 기도를 들어주시지 않기 때문이다." 반면, 기도의 세 번째 효과는 기도가 현재에 만들어 내는 효과, 즉 정신의 어떤 영적 원기회복(refectio)이다. 그리고 이를 위해서는 기도에 주의가 필요하다. 그러므로 코린토 1서 14장 [14절]에서는 다음과 같이 말한다: "내가 혀로 기도하면, 나의 정신은 열매가 없습니다."

그러나 소리 기도에 적용될 수 있는 세 가지 주의 사항이 있음을 알아야 한다. 첫 번째는 실수하지 않도록 말들(verba)에 주의를 기울이는 것이다. 두 번째는 말들의 의미(sensum verborum)에 관심을 기울이는 것이다. 세 번째는 기도의 목적(fine), 즉 하느님과 청하는 것[대상]에 주의를 기울이는 것으로, 이것은 가장 필요한 것이다. 심지어 무지한 이들도 이것[주의]을 가질 수 있다. 그리고 때로는 정신을 하느님께 인도되게 하는 이 주의가 매우 강하여, 성 빅토르의 후고가 말하듯이,[7] 정신이 다른 것들을 잊게 된다.

---

7. *De modo orandi*, c.2: ML 176, 980A.

AD PRIMUM ergo dicendum quod in spiritu et veritate orat qui ex instinctu Spiritus ad orandum accedit, etiam si ex aliqua infirmitate mens postmodum evagetur.

AD SECUNDUM dicendum quod mens humana, propter infirmitatem naturae, diu in alto stare non potest: pondere enim infirmitatis humanae deprimitur anima ad inferiora. Et ideo contingit quod quando mens orantis ascendit in Deum per contemplationem, subito evagetur ex quadam infirmitate.

AD TERTIUM dicendum quod si quis ex proposito in oratione mente evagetur, hoc peccatum est, et impedit orationis fructum. Et contra hoc Augustinus dicit, in Regula[8]: *Psalmis et hymnis cum oratis Deum, hoc versetur in corde quod profertur in ore.* Evagatio vero mentis quae fit praeter propositum, orationis fructum non tollit. Unde Basilius dicit[9]: *Si vero, debilitatus a peccato, fixe nequis orare, quantumcumque potes teipsum cohibeas, et Deus ignoscit: eo quod non ex negligentia, sed ex fragilitate non potes, ut oportet, assistere coram eo.*

---

8. Epist.211, al.109, n.7: ML 33, 960.

[해답] 1. 영의 충동에 의해 기도하는 이는, 비록 정신이 어떤 나약함으로 인해 헤맬지라도, 영과 진리 안에서 기도한다.

2. 인간의 정신은 본성의 나약함 때문에 오랫동안 높은 상태에 있을 수 없다. 왜냐하면 인간적인 나약함의 무게가 영혼을 낮은 곳으로 내리누르기 때문이다. 그래서 기도하는 이의 정신이 관상을 통해 하느님께 올라갈 때, 즉시 어떤 질병으로 인해 헤매는 일이 일어난다.

3. 만일 누군가 기도에서 의도적으로 빗나간다면, 이것은 죄이며 기도의 열매를 방해한다. 이를 거슬러서 아우구스티누스는 『규칙서』에서[8] 다음과 같이 말했다. "여러분은 시편과 찬미가에서 하느님께 기도할 때 입에서 말하는 것을 마음으로 몰두해야 합니다." 그러나 의도 없이 이루어지는 정신의 빗나감은 기도의 열매를 제거하지 않는다. 그러므로 바실리우스는 다음과 같이 말한다.[9] "만일 진정 죄에 의해 나약해졌다면, 최대한 자제하려고 노력해도 너는 확고하게 기도할 수 없지만, 하느님께서 용서하신다. 왜냐하면 게으름 때문이 아니라 나약함 때문에 네가 마땅히 [해야 하는 것만큼] 그분 앞에 있을 수 없기 때문이다."

---

9. loc. cit. in art.: MG 31, 1333BC.

Articulus 14
Utrum oratio debeat esse diuturna

Ad quartumdecimum sic proceditur. Videtur quod oratio non debeat esse diuturna.

1. Dicitur enim Matth. 6, [7]: *Orantes nolite multum loqui*. Sed oportet multum loqui diu orantem: praesertim si oratio sit vocalis. Ergo non debet esse oratio diuturna.

2. Praeterea, oratio est explicativa desiderii. Sed desiderium tanto est sanctius quanto magis ad unum restringitur: secundum illud Psalm. [Ps. 26, 4]: *Unam petii a Domino, hanc requiram*. Ergo et oratio tanto est Deo acceptior quanto est brevior.

3. Praeterea, illicitum videtur esse quod homo transgreditur terminos a Deo praefixos, praecipue in his quae pertinent ad cultum divinum: secundum illud *Exod.* 19, [21]: *Contestare populum, ne forte velit transcendere propositos[1] terminos ad videndum Dominum, et pereat ex eis plurima multitudo*. Sed a Deo praefixus est nobis terminus orandi per institutionem orationis dominicae, ut patet Matth. 6, [9 sqq.]. Ergo non licet ultra orationem protendere.

SED CONTRA, videtur quod continue sit orandum. Quia Do-

---

1. Vulgata om.: "propositos"

제14절 기도는 오래 해야 하는가

Parall.: *In Sent.*, IV, d.15, q.4, a.2, qc.2-3; *ScG*, III, 96; *In Ep. ad Rom.*, c.1, lect.5; *In Ep. ad Col.*, c.1, lect.2; *In Ep. ad Thess.*, c.5, lect.2.

[반론] 열넷째는 다음과 같이 진행된다. 기도는 오래 하지 말아야 하는 것으로 보인다.

1. 마태오복음서 6장 [7절]은 다음과 같이 말한다. "기도할 때, 말을 많이 하지 마라." 그런데 오래 기도할 때는 말을 많이 해야 하는데, 특히 기도가 소리적이면 더욱 그렇다. 그러므로 기도는 길지 않아야 한다.

2. 기도는 갈망에 대한 설명이다. 그러나 "저는 주님께 한 가지만 청했으며, 그것을 추구했습니다."라는 시편 27[26]편 [4절]에 따르면, 한 가지에 국한될수록 갈망은 더욱 거룩하다. 그러므로 기도는 짧을수록 더욱 하느님께 받아들여진다.

3. "백성이 주님을 뵙도록 정해진[1] 경계를 넘지 말도록, 그래서 그로 인해 큰 무리가 멸망하지 않도록 그들에게 경고하여라."라는 탈출기 19장 [21절]에 따르면, 하느님에 의해 정해진 한계, 특히 신적 예배에 속한 것을 위반하는 것은 사람에게 부당한 것으로 보인다. 그러나 마태오복음서 6장 [9절 이하]에서 분명히 드러나듯이, 하느님께서는 주님의 기도의 제정을 통해 우리의 기도에 한계를 두셨다. 그러므로 기도를 넘어서 연장하는 것은 허용되지 않는다.

[재반론] 그러나 반대로 우리는 끊임없이 기도해야 하는 것으로 보인

minus dicit, Luc. 18, [1]: *Oportet semper orare, et non deficere.* Et I *ad Thess.* 5, [17]: *Sine intermissione orate.*

RESPONDEO dicendum quod de oratione dupliciter loqui possumus: uno modo, secundum seipsam; alio modo, secundum causam suam. Causa autem orationis est desiderium caritatis, ex quo procedere debet oratio. Quod quidem in nobis debet esse continuum vel actu vel virtute: manet enim virtus huius desiderii in omnibus quae ex caritate facimus; *omnia* autem debemus *in gloriam Dei facere*, ut dicitur I *ad Cor.* 10, [31].[2] Et secundum hoc oratio debet esse continua. Unde Augustinus dicit, *ad Probam*[3]: *In ipsa fide, spe et caritate continuato desiderio semper oramus.*

Sed ipsa oratio secundum se considerata non potest esse assidua: quia oportet aliis operibus occupari. *Sed*, sicut Augustinus ibidem[4] dicit, *ideo per certa intervalla horarum et temporum etiam verbis rogamus Deum, ut illis rerum signis nosipsos admoneamus; quantumque in hoc desiderio profecerimus, nobis ipsis innotescamus; et ad hoc agendum nosipsos acrius excitemus.* Uniuscuiusque autem rei quantitas debet esse proportionata fini: sicut quantitas potionis sanitati. Unde et conveniens est ut oratio tantum duret quantum est utile ad excitandum

---

2. Cf. I-II, q.88, a.1, ad2; q.100, a.10, ad2.
3. Epist.130, a.l121, c.9: ML 33, 501.

다. 왜냐하면 주님은 루카복음서 18장 [1절]에서 다음과 같이 말씀하셨기 때문이다. "지치지 말고 항상 기도해야 한다." 그리고 테살로니카 1서 5장 [17절]도 "끊임없이 기도하시오."라고 말한다.

[답변] 우리는 기도에 대해 두 가지 방식으로 말할 수 있다. 하나는 기도 자체에 따라 [말하는 것이고], 다른 하나는 기도의 원인에 따라 [말하는 것이다]. 그런데 기도의 원인은 참사랑의 갈망으로, 기도는 거기서부터 진행되어야 한다. 이것은 실제적으로든 잠재적으로든 우리 안에서 지속되어야 하는데, 왜냐하면 이 갈망의 덕은 우리가 참사랑으로 하는 모든 것에 남아 있기 때문이다. 그러나 코린토 1서 10장 [31절]에서 말한 것처럼,[2] "우리는 모든 것을 하느님의 영광을 위해 해야 한다." 그래서 아우구스티누스는 『하느님께 기도드리는 것에 대하여 미망인 프로바에게』에서[3] 다음과 같이 말한다. "우리는 항상 믿음과 희망과 참사랑 안에 자리한 끊임없는 갈망으로 기도한다."

그러나 그 자체로 고려된 기도 자체는 지속적일 수 없다. 왜냐하면 기도는 다른 일들에 대해 염려해야 하기 때문이다. 아우구스티누스가 같은 곳에서[4] 말한 것처럼, "우리는 특정한 시간과 시간의 간격에서 또한 하느님께 말씀으로 기도하여, 그 사물의 표지들이 우리 자신을 일깨우게 하자. 그리고 우리가 이 갈망에서 얼마나 많이 진보했는지, 그것을 알기로 하자. 우리는 이렇게 행동하기 위해 더욱 힘차게 노력해야 한다." 그러나 약의 양이 치료에 비례하는 것처럼, 모든 것의 양은 목적에 비례해야 한다. 그러므로 기도는 내적 갈망을 불러일으키는 데

---

4. loc. cit.

interioris desiderii fervorem. Cum vero hanc mensuram excedit, ita quod sine taedio durare non possit, non est ulterius oratio protendenda. Unde Augustinus dicit, *ad Probam*[5]: *Dicuntur fratres in Aegypto crebras quidem habere orationes, sed eas tamen brevissimas, et raptim quodammodo iaculatas: ne illa vigilanter erecta, quae oranti plurimum necessaria est, per productiores moras evanescat atque hebetetur intentio. Ac per hoc etiam ipsi satis ostendunt hanc intentionem, sicut non esse obtundendam si perdurare non potest, ita, si perduraverit, non cito esse rumpendam.* — Et sicut hoc est attendendum in oratione singulari per comparationem ad intentionem orantis, ita etiam in oratione communi per comparationem ad populi devotionem.

AD PRIMUM ergo dicendum quod, sicut Augustinus dicit, *ad Probam,*[6] *non est hoc orare in multiloquio, si diutius oretur. Aliud est sermo multus; aliud diuturnus affectus. Nam et de ipso Domino scriptum est quod pernoctaverit in orando, et quod prolixius oraverit, ut nobis praeberet exemplum.* Et postea[7] subdit: *Absit ab oratione multa locutio: sed non desit multa precatio, si fervens perseverat intentio. Nam multum loqui est in orando rem necessariam superfluis agere verbis. Plerumque autem hoc negotium plus gemitibus quam sermonibus agitur.*

AD SECUNDUM dicendum quod prolixitas orationis non consistit in hoc quod multa petantur: sed in hoc quod affectus continue-

---

5. Ibid., c.10, n.20: ML 33, 501-502.
6. Ibid., c.10, n.19: ML 33, 501.

유익이 되는 만큼 오래 지속되어야 한다. 그것이 지치지 않고 지속될 수 없도록 이 기준을 초과할 때는 더 이상 기도를 연장할 필요가 없다. 그러므로 아우구스티누스는 『하느님께 기도드리는 것에 대하여 미망인 프로바에게』에서[5] 다음과 같이 말했다. "형제들은 이집트에서 자주 기도하지만, 그럼에도 매우 짧고 어떤 면에서는 갑자기 이루어지기 때문에, 더할 나위 없이 기도에 필요한 주의가 사라지지 않고 연장된 기다림과 함께 잠재워지지 않도록 한다. 그리고 이것으로 그들은 또한 그 의도를 충분히 나타낸다. 기도를 오래 지속할 수 없을 때 무리하게 강요하지 말아야 하고, 지속할 수 있을 때 중단하지 말아야 하는 것이다. 개인적인 기도에서 기도하는 이의 지향과 관련하여 이를 고려해야 하는 것처럼, 백성의 신심과 관련된 공통 기도에서도 [그렇다].

[해답] 1. 아우구스티누스가 『하느님께 기도드리는 것에 대하여 미망인 프로바에게』에서[6] 말했듯이, "만일 더 오래 기도한다고 해도, 많은 말로 기도하는 것이 아니다. 많이 말하는 것과 연장된 감정은 다르다. 사실, 밤에 기도하며 우리에게 모범을 전해주시기 위해 길게 기도하신 주님에 관해 기록되어 있기 때문이다." 이어서[7] 다음과 같이 덧붙였다. "기도하면서 많은 말을 하지 않는다고 하더라도, 지향이 열렬히 계속된다면 많은 청원은 부족하지 않다. 기도에서 많이 말하는 것은 쓸데없는 말로 필요한 일을 하는 것이다. 그러나 일반적으로 이 일은 말보다는 탄식(gemitus)으로 이루어진다."

2. 기도의 기간은 많은 것을 청하는 데 있지 않고, 감정이 한 가지를

---

7. Ibid., c.10, n.20: ML 33, 502.

tur ad unum desiderandum.

AD TERTIUM dicendum quod Dominus non instituit hanc Orationem ut his solis verbis uti debeamus in orando, sed quia ad haec sola impetranda debet tendere nostrae orationis intentio, qualitercumque ea proferamus vel cogitemus.[8]

AD QUARTUM[9] dicendum quod aliquis continue orat, vel propter continuitatem desiderii, ut dictum est.[10] — Vel quia non intermittit quin temporibus statutis oret. — Vel propter effectum: sive in ipso orante, qui etiam post orationem remanet magis devotus; sive etiam in alio, puta cum aliquis suis beneficiis provocat alium ut pro se oret, etiam quando ipse ab orando quiescit.

Articulus 15
Utrum oratio sit meritoria

Ad quintumdecimum sic proceditur. Videtur quod oratio non sit meritoria.

1. Omne enim meritum procedit a gratia. Sed oratio praecedit gratiam: quia etiam ipsa gratia per orationem impetratur, secundum illud Luc. 11, [13]: *Pater vester de caelo dabit spiritum bonum petenti-*

---

8. Cf. a.9.
9. 재반론.

계속 갈망하는 데 있다.

3. 주님은 우리가 기도할 때 이 말들만 사용하도록 이 기도를 제정하신 것이 아니라 우리 기도의 지향이 우리가 그것들을 어떻게 말하거나 어떻게 생각하든지, 그것들만 얻는 것을 지향하도록 [제정하셨다].[8]

4.[9] 지속적으로 기도한다는 것은 위에서 말한 바와 같이[10] 갈망의 연속성을 통해 기도하거나 또는 정해진 시간에 기도를 멈추지 않기 때문이다. 또는 결과가 지속되는 것인데, 기도하는 사람 자신이 기도 후에 더 신심이 깊게 되었거나 아니면 다른 사람들 안에서, 그의 호의로 다른 이들이 그를 위하여 기도하게 할 때, 그 자신이 기도를 멈췄을 때도 [지속적으로 기도한다].

제15절 기도는 공로적인가

Parall.: Supra, a.7, ad2; *In Sent.*, IV, d.15, q.4, a.7, qc.2-3.

[반론] 열다섯은 다음과 같이 진행된다. 기도는 공로적이지 않은 것처럼 보인다.

1. 모든 공로(meritum)는 은총에서 나온다. 그러나 기도는 은총에 선행한다. "하늘에 계신 너희 아버지께서 청하는 자들에게 좋은 영을 주실 것이다."라는 루카복음서 11장 [13절]에 따르면, 은총 그 자체는 기도를 통해서 얻어지기 때문이다. 그러므로 기도는 공로적인 행위가 아

---

10. 본론.

bus se. Ergo oratio non est actus meritorius.

2. Praeterea, si oratio aliquid meretur, maxime videtur mereri illud quod orando petitur. Sed hoc non semper meretur: quia multoties etiam sanctorum orationes non exaudiuntur; sicut Paulus non est exauditus petens removeri a se stimulum carnis.[1] Ergo oratio non est actus meritorius.

3. Praeterea, oratio praecipue fidei innititur: secundum illud Iac. 1, [6]: *Postulet autem in fide, nihil haesitans.* Fides autem non sufficit ad merendum: ut patet in his qui habent fidem informem. Ergo oratio non est actus meritorius.

SED CONTRA est quod super illud Psalm. [Ps. 34, 13], *Oratio mea in sinu meo convertetur,* dicit Glossa[2]: *Etsi eis non profuit, ego tamen non sum frustratus mea mercede.* Merces autem non debetur nisi merito. Ergo oratio habet rationem meriti.

RESPONDEO dicendum quod, sicut dictum est,[3] oratio, praeter effectum spiritualis consolationis quam praesentialiter affert, duplicem habet virtutem respectu futuri effectus: scilicet virtutem merendi, et virtutem impetrandi. Oratio autem, sicut et quilibet alius actus virtutis, habet efficaciam merendi inquantum procedit ex

---

1. 2코린 12,7 이하.

니다.

2. 만일 기도가 공로가 되는 어떤 것이라면, 기도에서 청하는 것이 상당히 공로적인 것으로 보인다. 그러나 이것이 항상 공로적인 것은 아니다. 많은 경우 성인들의 기도가 청허되지 않기 때문이다. 그것은 마치 바오로가 자신에게서 육(肉)의 가시를 제거하도록 청하는 것을 청허받지 못한 것과 같다.[1] 그러므로 기도는 공로적인 행위가 아니다.

3. "주저하지 말고 믿음으로 청하라."는 야고보서 1장 [6절]에 따르면, 기도는 특히 믿음에 달려 있다. 그러나 형태가 없는 믿음을 가진 사람들에게서 분명하듯이, 믿음은 공로를 얻기에 충분하지 않다. 그러므로 기도는 공로적인 행위가 아니다.

[재반론] 그러나 반대로 "나의 기도는 나의 가슴을 향한다."라는 시편 35[34]편 [13절]에 관해서 『주석』은[2] 다음과 같이 말한다. "비록 그들에게 아무것도 소용이 없었지만, 나는 나의 상급에 실망하지 않는다." 그러나 상급(merces)은 오직 공로에만 빚지고 있다. 그러므로 기도는 공로의 이유를 갖는다.

[답변] 말한 바와 같이,[3] 기도는 현재에 가져다주는 영적 위로이 효과 이상으로, 그것의 미래적인 효과, 즉 공로가 될 수 있는 능력과 청하는 것을 얻을 수 있는 능력에 관한 이중적인 능력을 갖고 있다. 그러나 다른 모든 덕의 행위와 마찬가지로, 기도는 참사랑의 뿌리에서 유래하

---

2. Interl. Cf. Haymo, *In Psalmos*, super Ps.34,13: ML 116, 313A.
3. a.13.

radice caritatis, cuius proprium obiectum est bonum aeternum, cuius fruitionem meremur.[4] Procedit tamen oratio a caritate mediante religione, cuius est actus oratio ut dictum est[5]; concomitantibus etiam quibusdam aliis virtutibus quae ad bonitatem orationis requiruntur, scilicet humilitate et fide. Ad religionem enim pertinet ipsam orationem Deo offerre. Ad caritatem vero pertinet desiderium rei cuius complementum oratio petit. Fides autem est necessaria ex parte Dei, quem oramus: ut scilicet credamus ab eo nos posse obtinere quod petimus. Humilitas autem est necessaria ex parte ipsius petentis, qui suam indigentiam recognoscit. Est etiam et devotio necessaria: sed haec ad religionem pertinet, cuius est primus actus, necessarius ad omnes consequentes, ut supra[6] dictum est.

Efficaciam autem impetrandi habet ex gratia Dei, quem oramus, qui etiam nos ad orandum inducit. Unde Augustinus dicit, in libro *de Verb. Dom.*[7]: *Non nos hortaretur ut peteremus, nisi dare vellet.* Et Chrysostomus dicit[8]: *Nunquam oranti beneficia denegat qui ut orantes non deficiant sua pietate instigat.*

AD PRIMUM ergo dicendum quod oratio quae est sine gratia gratum faciente meritoria non est: sicut nec aliquis alius actus virtuosus. Et tamen etiam oratio quae impetrat gratiam gratum facientem

---

4. Cf. I-II, q.114, a.4.
5. a.3.
6. a.3, ad1; q.82, aa.1-2.

는 한에서 공로의 효과를 갖는다.⁴ 참사랑의 고유한 대상은 영원한 선으로, 우리는 그것을 향유할 만한 자격을 갖는다. 기도는 종교를 통하여 참사랑에서 유래하며, 이미 말한 바와 같이,⁵ 기도는 종교 행위이다. 또한 그것은 기도의 선성을 위해 요구되는 다른 덕들, 즉 겸손(humilitas)과 믿음과 함께 공존한다. 사실, 하느님께 기도드리는 것은 종교에 속한다. 그러나 기도로 성취하고자 하는 것에 대한 갈망은 참사랑에 속한다. 그런데 우리가 기도하는 하느님에 대해서는 믿음이 필요하다. 다시 말하면, 우리가 구하는 것을 그분에게서 얻을 수 있다고 믿어야 한다. 그러나 겸손은 자신의 필요성을 인정하는 청하는 사람 자신 편에서 필요하다. 신심(devotio)도 필요하지만, 이것은 종교에 속하며, 앞서 말한 것처럼,⁶ 그것은 모든 결과에 필요한 첫 번째 행위이다.

그러나 우리가 기도하는 것을 얻는 효과는 하느님의 은총으로부터 나온다. 하느님 자신이 또한 우리를 기도로 인도한다. 그래서 아우구스티누스는 『주님의 말씀』에서⁷ 다음과 같이 말한다. "주고자 하지 않으신다면, 그분은 우리에게 기도하도록 권고하지 않으실 것이다." 그리고 크리소스토무스는 다음과 같이 말한다.⁸ "기도하는 이들이 경건함을 잃지 않도록 촉구하시는 그분은, 기도하는 이에게 호의를 거절하지 않으신다."

[해답] 1. 다른 모든 덕스러운 행위의 경우와 마찬가지로, 성화 은총(gratia gratum faciens)이 없다면 기도는 공로가 되지 못한다. 그럼에도 성화 은총을 얻게 하는 기도는 어떤 은총, 즉 무상적인 선물로부터 유래

---

7. serm.105, ad1; q.82, aa.1-2.
8. Cf. *Catenam auream*, In Luc., c.18, n.1.

q.83, a.15

procedit ex aliqua gratia, quasi ex gratuito dono: quia ipsum orare est quoddam *donum Dei*, ut Augustinus dicit, in libro *de Perseverantia*.[9]

AD SECUNDUM dicendum quod ad aliud principaliter respicit meritum orationis quandoque quam ad id quod petitur: meritum enim praecipue ordinatur ad beatitudinem; sed petitio orationis directe se extendit quandoque ad aliqua alia, ut ex dictis[10] patet. Si ergo illud aliud quod petit aliquis pro seipso, non sit ei ad beatitudinem utile, non meretur illud, sed quandoque hoc petendo et desiderando meritum amittit, puta si petat a Deo complementum alicuius peccati, quod est non pie orare. — Quandoque vero non est necessarium ad salutem, nec manifeste saluti contrarium. Et tunc, licet orans possit orando mereri vitam aeternam, non tamen meretur illud obtinere quod petit. Unde Augustinus dicit, in libro *Sententiarum Prosperi*[11]: *Fideliter supplicans Deo pro necessitatibus huius vitae, et misericorditer auditur, et misericorditer non auditur. Quid enim infirmo sit utile magis novit medicus quam aegrotus.* Et propter hoc etiam Paulus non est exauditus petens amoveri stimulum carnis, quia non expediebat. — Si vero id quod petitur sit utile ad beatitudinem hominis, quasi pertinens ad eius salutem, meretur illud non solum orando, sed etiam alia bona opera faciendo. Et ideo indubitanter accipit quod petit, sed quando debet accipere: *quaedam enim non negantur, sed ut congruo dentur tempore, differuntur,* ut Augustinus dicit, *super Ioan.*.[12]

---

9. c.23, n.64: ML 45, 1032. Cf. Epist.94, al.105, *ad Sixt.*, c.4, n.16: ML 33, 879.
10. a.6.

한다. 기도 자체는 아우구스티누스가 『항구함』에서 말하는 것처럼 하느님의 선물(donum Dei)이기 때문이다.⁹

2. 기도의 공로는 때때로 요구되는 것보다는 다른 것과 연관된다. 기도의 공로는 주로 참행복을 향해 질서 지어져 있는데, 그러나 말한 것에서 분명하듯이,¹⁰ 기도의 요청은 때때로 다른 것들을 향한다. 그러므로 어떤 사람이 자기 자신을 위해서 요구하는 것이 참행복에 유익하지 않다면, 그는 그것을 받을 자격을 얻지 못한다. 때로는 그것을 청하고 갈망하기 때문에, 예컨대 하느님께 어떤 죄의 실현을 청하는 경우, 공로를 잃어버리게 된다. 이는 경건하게 기도하지 않는 죄에 해당하는 것이다. 때때로 그것[사람들이 청하는 것]은 구원을 위해 필요하지도 않고, 명백히 구원에 반대되지도 않는다. 그리고 그렇게 기도하는 사람은 기도함으로써 영원한 생명을 얻을 수 있지만, 그가 청하는 것을 얻을 자격은 없다. 아우구스티누스는 『프로스페르의 명제집』에서 말하기를,¹¹ "현세 삶의 필요를 위하여 하느님께 충실하게 애원하는 사람에게, 그분은 자비롭게 청허하시고, 자비롭게 청허하지 않으신다. 의사는 환자에게 좋은 것이 무엇인지 환자보다 잘 알고 있기 때문이다." 이 때문에 바오로도 육(肉)의 가시를 제거해 달라고 청하는 것을 허락받지 못했다. 그것이 적절하지 않았기 때문이다. 그러나 어떤 사람이 구원에 속한 깃처럼 그의 참행복에 유익한 것을 청한다면, 그는 기도뿐만 아니라 다른 선행으로도 공로를 얻는다. 그는 그가 요구하는 것을 분명히 받지만, 아우구스티누스가 『요한복음서 강해』에서¹² 말한 것처럼, 그가 그것을 받아야 할 때, "어떤 것들은 거부되지 않고, 적절

---

11. Sent.213, al.212: ML 51, 457A.
12. trac.102, super 16,23, n.1: ML 35, 1896.

— Quod tamen potest impediri, si in petendo non perseveret. Et propter hoc dicit Basilius[13]: *Ideo quandoque petis et non accipis, quia perperam postulasti, vel infideliter vel leviter, vel non conferentia tibi, vel destitisti.* — Quia vero homo non potest alii mereri vitam aeternam ex condigno, ut supra[14] dictum est; ideo per consequens nec ea quae ad vitam aeternam pertinent potest aliquando aliquis ex condigno alteri mereri. Et propter hoc non semper ille auditur qui pro alio orat, ut supra[15] habitum est.

Et ideo ponuntur quatuor conditiones, quibus concurrentibus, semper aliquis impetrat quod petit: ut scilicet *pro se* petat, *necessaria ad salutem, pie* et *perseveranter.*

AD TERTIUM dicendum quod oratio innititur principaliter fidei non quantum ad efficaciam merendi, quia sic innititur principaliter caritati: sed quantum ad efficaciam impetrandi. Quia per fidem habet homo notitiam omnipotentiae divinae et misericordiae, ex quibus oratio impetrat quod petit.

---

13. *Constit. Monast.*, c.1, n.5: MG 31, 1336C.
14. I-II, q.114, a.6.

한 때 그것을 받기 위해 연기된다." 그러나 청하는 데 있어서 항구하지 않으면 이것은 방해를 받을 수 있다. 바실리우스는 이렇게 말한다.[13] "그래서 너는 때때로 청하면서 받지 못하는 것이다. 너는 잘못 청했거나, 불충실하게 혹은 가볍게 청했거나, 너에게 유익하지 않은 것을 [청했거나], [청하는 것을] 그만뒀기 때문이다." 그러나 위에서 말한 바와 같이,[14] 사람은 다른 사람에게서 합당하게 영원한 생명을 얻을 수 없으므로, 영원한 생명에 관계되는 것들도 다른 사람을 위하여 항상 얻을 수 없다. 이런 이유로 위에서 말한 것처럼[15] 다른 사람을 위해 기도하는 사람이 항상 청허되는 것은 아니다.

그러므로 누군가 자신이 청하는 것을 늘 얻기 위해서는 네 가지 조건이 있다. 즉 자기 자신을 위해서 구원을 위해 필요한 것들을 경건하게 그리고 항구하게 청할 것이다.

3. 공로의 효과와 관련되지 않은 한에서 기도는 우선적으로 신앙에 의지한다. 획득하는 효과와 관련해서 그것은 우선적으로 참사랑에 의지하기 때문이다. 인간은 신앙을 통해 신적 전능함과 자비를 안다. 기도는 그것에 의해 자신이 청하는 것을 얻는다.

---

15. a.7, ad2-3.

Articulus 16
Utrum peccatores orando impetrent aliquid a Deo

Ad sextumdecimum sic proceditur. Videtur quod peccatores orando non impetrent aliquid a Deo.

1. Dicitur enim Ioan. 9, [31]: *Scimus quia peccatores Deus non audit.* Quod consonat ei quod dicitur *Prov.* 28, [9]: *Qui declinat aures suas ne audiat legem, oratio eius erit execrabilis:* oratio autem execrabilis non impetrat aliquid a Deo. Ergo peccatores non impetrant aliquid a Deo.

2. Praeterea, iusti impetrant a Deo illud quod merentur, ut supra[1] habitum est. Sed peccatores nihil possunt mereri: quia gratia carent, et etiam caritate, quae est *virtus pietatis,* ut dicit Glossa,[2] II *ad Tim.* 3, super illud [5], *Habentes quidem speciem pietatis, virtutem autem eius abnegantes;* et ita non pie orant, quod requiritur ad hoc quod oratio impetret, ut supra[3] dictum est. Ergo peccatores nihil impetrant orando.

3. Praeterea, Chrysostomus dicit, *super Matth.*[4]: *Pater non libenter*

---
1. 앞 절 제2답.
2. Lombardus: ML 192, 375A; Ordin.: ML 114, 636C.
3. 앞 절 제2답.

제16절 죄인들은 기도하면서 하느님에게서 어떤 것을 얻을 수 있는가

Parall.: Infra, q.178, a.2, ad1; *ScG*, III, 96; *De potentia*, q.6, a.9, ad5; *In Ioan.*, c.9, lect.3.

[반론] 열여섯째는 다음과 같이 진행된다. 죄인들은 기도하면서 하느님에게서 아무것도 얻지 못하는 것처럼 보인다.

1. 요한복음서 9장 [31절]은 다음과 같이 말한다. "우리는 하느님이 죄인들의 말을 듣지 않으심을 알고 있다." 이것은 잠언 28장 [9절]에서 "자신의 귀를 멀리해서 율법을 듣지 않는 자의 기도는 끔찍하다."라고 말한 것과 일치한다. 끔찍한 기도는 하느님으로부터 아무것도 얻지 못한다. 그러므로 죄인들은 하느님으로부터 아무것도 얻지 못한다.

2. 위에서 말한 바와 같이,¹ 의인들은 하느님으로부터 그들이 받을 자격이 있는 것을 받을 것이다. 그러나 죄인들은 아무것도 받을 자격이 없다. 『주석』이² 티모테오 2서 3장 [5절]에서 "그들은 경건함의 겉모습을 갖고 있지만, 그들의 그 [경건함의] 덕은 거부한다."고 말한 것처럼, 그들에게는 은총 그리고 경건함의 덕인 참사랑이 부족하기 때문이다. 그래서 위에서 말한 섯저럼³ 그들은 기도가 [청한 것을] 얻는 데 필요한 경건한 기도를 하지 않는다. 그러므로 죄인들은 기도하면서 아무것도 얻지 못한다.

3. 크리소스토무스는 『마태오복음 주해』에서⁴ 다음과 같이 말한다.

---

4. *Opus imperf. in Matth.*, homill.14, super 6,12: MG 56, 711. (Iner opp. supp. Chrysost.)

exaudit orationem quam Filius non dictavit. Sed in Oratione quam Christus dictavit dicitur, *Dimitte nobis debita nostra, sicut et nos dimittimus debitoribus nostris*[5]: quod peccatores non faciunt. Ergo vel mentiuntur hoc dicentes, et sic non sunt exauditione digni: vel, si non dicant, non exaudiuntur, quia formam orandi a Christo institutam non servant.

SED CONTRA est quod Augustinus dicit, *super Ioan.*[6]: *Si peccatores non exaudiret Deus, frustra publicanus dixisset: Domine, propitius esto mihi peccatori.* Et Chrysostomus dicit, *super Matth.*[7]: *Omnis qui petit accipit: idest, sive iustus sit sive peccator.*

RESPONDEO dicendum quod in peccatore duo sunt consideranda: scilicet natura, quam diligit Deus; et culpa, quam odit.[8] Si ergo peccator orando aliquid petit inquantum peccator, idest secundum desiderium peccati, hoc a Deo non auditur ex misericordia, sed quandoque auditur ad vindictam, dum Deus permittit peccatorem adhuc amplius ruere in peccata: *Deus* enim *quaedam negat propitius quae concedit iratus,* ut Augustinus dicit.[9]

---

5. 마태 6,12.
6. tract.44, n.13: ML 35, 1718.
7. *Opus imperf. in Matth.*, homil.18, super 7,8: MG 56, 732. (Inter opp. supp. Chrysost.)

"아버지는 아들이 말하지 않은 기도를 자발적으로 청허하지 않는다." 그러나 그리스도께서 말씀하신 기도에서는 다음과 같이 말한다: "저희에게 잘못한 이를 저희가 용서하듯이 저희 죄를 용서하소서."[5] 죄인들은 이것을 하지 않는다. 그러므로 그들은 이 말을 하면서 거짓말을 함으로써 청허될 만한 자격이 없다. 또는 그들이 그렇게 말하지 않는다면 그들은 청허되지 않는다. 그들은 그리스도에 의해 제정된 기도의 형태를 지키지 않기 때문이다.

[재반론] 그러나 반대로 아우구스티누스는 『요한복음서 강해』에서[6] 다음과 같이 말한다. "하느님께서 죄인들을 청허하지 않으셨다면 세리는 다음과 같이 헛되게 말했을 것이다. '주님, 죄인인 제게 자비를 베푸소서.'" 그리고 크리소스토무스는 『마태오복음 주해』에서[7] 다음과 같이 말했다. "청하는 모든 사람은 [그가] 의인이든 죄인이든 받는다."

[답변] 죄인에게는 고려해야 할 두 가지가 있는데, 즉 하느님이 사랑하는 본성과 그분이 미워하시는 죄과(culpa)이다.[8] 그러므로 죄인이 기도하면서 죄인인 한에서, 즉 죄의 갈망에 따라 무엇인가를 청한다면, 이것은 하느님에 의해 자비로 경청되는 것이 아니라 종종 처벌을 위해 경청 된다. "하느님께서 분노로 인해 동의하시는 것보다 더 호의로 어떤 것들을 거부하신다."고 아우구스티누스가 말한 것처럼,[9] 하느님께서는 죄인이 한층 더 죄에 뛰어드는 것을 허용하신다.

---

8. Cf. q.31, a.2, ad2; q.32, a.9, ad1; q.64, a.6; I, q.64, a.6; et I, q.20, a.2, ad4.
9. *In Ioan.*, tract.73, n.1: ML 35, 1824; *De verbis Domini*, serm.354, al.53, c.7: ML 39, 1567. Cf. I-II, q.87, a.2.

Orationem vero peccatoris ex bono naturae desiderio procedentem Deus audit, non quasi ex iustitia, quia peccator hoc non meretur, sed ex pura misericordia: observatis tamen quatuor praemissis[10] conditionibus, ut scilicet pro se petat, necessaria ad salutem, pie et perseveranter.

AD PRIMUM ergo dicendum quod, sicut Augustinus dicit, *super Ioan.*,[11] illud verbum est caeci *adhuc inuncti,* idest nondum perfecte illuminati. Et ideo non est ratum. — Quamvis possit verificari si intelligatur de peccatore inquantum est peccator. Per quem etiam modum oratio eius dicitur execrabilis.

AD SECUNDUM dicendum quod peccator non potest pie orare quasi eius oratio ex habitu virtutis informetur. Potest tamen eius oratio esse pia quantum ad hoc quod petit aliquid ad pietatem pertinens: sicut ille qui non habet habitum iustitiae, potest aliquid iustum velle, ut ex supradictis[12] patet. Et quamvis eius oratio non sit meritoria, potest tamen esse impetrativa: quia meritum innititur iustitiae, sed impetratio gratiae.

AD TERTIUM dicendum quod, sicut dictum est,[13] Oratio Dominica profertur ex persona communi totius Ecclesiae. Et ideo si aliquis

---

10. 앞 절 제2답.
11. tract.44, n.13: ML 35, 1718.

그러나 하느님은 죄인의 본성에서 오는 선한 갈망에서 유래하는 그의 기도를 경청하신다. 이는 정의에서 나오는 것이 아니다. 죄인은 정의에 합당한 자격을 갖추지 못했으며 네 가지 선행조건들을[10] 준수하는 가운데, 즉 자신을 위해 기도하고 구원을 위해 필요한 것들을 경건하고 항구하게 청하는 가운데 순수한 자비로 [자격을 갖출 수 있기 때문이다].

[해답] 1. 아우구스티누스가 『요한복음서 강해』에서 말한 것처럼,[11] 그 말은 "이제 막 기름바름을 받은" 눈먼 자들, 즉 아직 완전하게 조명되지 못한 자들을 위한 것이다. 그러므로 그것은 확정된 것이 아니다. 그럼에도 불구하고, 죄인인 한에서 죄인에 관한 것이라면 참될 수 있다. 이 때문에 그의 기도 방식도 끔찍하다고 불린다.

2. 죄인은 자신의 기도가 덕의 습성에 의해 형성된 것처럼 경건하게 기도할 수 없다. 그럼에도 불구하고, 그의 기도는 경건함에 속하는 것을 청하는 한에서 경건할 수 있으며, 마찬가지로 위에서 말한 바와 같이[12] 정의의 습성이 없는 사람이 정의로운 것을 원할 수도 있다. 비록 그의 기도가 공로적이지 않을지라도, 여전히 성취적일 수 있다. 왜냐하면 공로는 정의에 달려 있지만 얻는 것은 자비에 달려 있기 때문이다.

3. 밑한 바와 같이,[13] 주님의 기도는 교회 전체의 공통된 이름으로 드려진다. 그러므로 누군가 자기 이웃의 빚을 용서하기를 원하지 않는 가운데 주님의 기도를 드린다면, 비록 그가 말하는 것이 자신에 대

---

12. q.59, a.2.
13. a.7, ad1.

nolens dimittere debita proximo dicat Orationem Dominicam, non mentitur, quamvis hoc quod dicit non sit verum quantum ad suam personam: est enim verum quantum ad personam Ecclesiae. Extra quam est merito: et ideo fructu orationis caret. — Quandoque tamen aliqui peccatores parati sunt debitoribus suis remittere. Et ideo ipsi orantes exaudiuntur: secundum illud *Eccli.* 28, [2]: *Relinque proximo tuo nocenti te: et tunc deprecanti tibi peccata solventur.*

Articulus 17
Utrum convenienter dicantur esse orationis partes
obsecrationes, orationes, postulationes, gratiarum actiones

Ad septimumdecimum sic proceditur. Videtur quod inconvenienter dicantur esse orationis partes *obsecrationes, orationes, postulationes, gratiarum actiones.*

1. Obsecratio enim videtur esse quaedam adiuratio. Sed, sicut Origenes dicit, *super Matth.*,[1] *non oportet ut vir qui vult secundum Evangelium vivere, adiuret alium: si enim iurare non licet, nec adiurare.* Ergo inconvenienter ponitur obsecratio orationis pars.

2. Praeterea, oratio, secundum Damascenum,[2] est *petitio decentium*

---

1. *Commentarior. series*, n.110, super 26,63: MG 13, 1757BC.

해서는 참되지 않더라도, 교회 전체에 대해서는 참되므로, 그는 거짓 말을 하는 것이 아니다. 그는 공로에 있어서 교회 밖에 있으며, 따라서 기도의 열매가 없다. 그럼에도 불구하고 어떤 죄인들은 그들의 빚진 자들을 용서할 준비가 되어 있다. 그러므로 "너를 해치는 이웃을 용서하여라. 그러면 네가 기도할 때 너의 죄가 용서받을 것이다."라는 집회서 28장 [2절]에 따라서, 기도하는 사람들은 청허된다.

제17절 기도의 부분들을 탄원, 기도, 요청, 감사라고 말하는 것은 적절한가

Parall.: *In Sent.*, IV, d.15, q.4, a.3; *In Ep. ad Philipp.*, c.4, lect.1; *In Ep. I ad Tim.*, c.2, lect.1.

[반론] 열일곱째는 다음과 같이 진행된다. 기도의 부분들을 탄원, 기도, 요청, 감사라고 말하는 것은 부적절해 보인다.

1. 탄원(obsecratio)은 어떤 선서(adiuratio)처럼 보인다. 그러나 오리게네스가 『마태오복음 주해』에서[1] 말한 것처럼, "복음에 따라 살려는 사람은 다른 사람에게 선서할 필요가 없다. 만일 맹세하는 것이 정당하지 않다면, 선서하는 것도 그렇지 않다." 그러므로 탄원을 기도의 일부분에 배치하는 것은 적절하지 않다.

2. 다마스쿠스의 요한에 따르면,[2] 기도는 하느님께 적절한 것을 청

---

2. *De fide orth.*, III, c.24: MG 94, 1089C.

a Deo. Inconvenienter ergo orationes contra postulationes dividuntur.

3. Praeterea, gratiarum actiones pertinent ad praeterita, alia vero ad futura. Sed praeterita sunt priora futuris. Inconvenienter ergo gratiarum actiones post alia ponuntur.

IN CONTRARIUM est auctoritas Apostoli, I *ad Tim.* 2, [1].

RESPONDEO dicendum quod ad orationem tria requiruntur. Quorum primum est ut orans accedat ad Deum, quem orat. Quod significatur nomine *orationis:* quia oratio est *ascensus intellectus in Deum*.[3] — Secundo, requiritur petitio, quae significatur nomine *postulationis:* sive petitio proponatur determinate, quod quidem nominant quidam[4] proprie *postulationem;* sive indeterminate, ut cum quis petit iuvari a Deo, quod nominant *supplicationem;* sive solum factum narretur, secundum illud Ioan. 11, [3]: *Ecce, quem amas infirmatur*, quod vocant *insinuationem*. — Tertio, requiritur ratio impetrandi quod petitur. Et hoc vel ex parte Dei, vel ex parte petentis. Ratio quidem impetrandi ex parte Dei est eius sanctitas, propter quam petimus exaudiri: secundum illud Dan. 9, [17-18]: *Propter temetipsum*

---

3. Damascus, loc. cit.
4. Cf. Hugo de S. Victore, *De modo orandi*, c.2: ML 176, 979C.

하는 것이다. 그러므로 기도들이 요청들에 반하여 나뉘는 것은 적절하지 않다.

3. 감사는 과거에 속하지만 다른 것은 미래에 속한다. 그런데 과거는 미래보다 우선한다. 그러므로 감사가 다른 것들 뒤에 배치되는 것은 적절하지 않다.

[재반론] 그러나 반대로 티모테오 1서 2장 [1절]의 사도의 권위로 충분하다.

[답변] 기도에는 세 가지가 필요하다. 첫째, 기도하는 사람이 기도를 드리는 하느님께 가까이 가는 것이다. 이것은 기도(oratio)의 이름으로 표시되는데, 왜냐하면 기도는 지성이 하느님께 올라가는 것이기 때문이다.³ 둘째, 청원(petito)이 요구되며, 그것은 요청(postulatio)의 이름으로 표시된다. 청원은 명확하게 이루어지기도 하는데, 어떤 사람들에 따르면⁴ 이것은 고유하게 요청으로 불린다. 또는 청원이 불명확하게 [이루어지는데], 누군가 하느님에 의해 도움을 받고자 청원할 때, 그들이 애원(supplicatio)이라고 부르는 것과 같다. 또는 요한복음서 11장 [3절]에 따라 사실을 이야기하는 것에 그친다. "보십시오. 당신께서 사랑하는 사람이 병들었습니다." 그들이 암시(insinuatio)라고 부르는 것에 의해서 [그렇게 되었다]. 셋째, 요청된 것을 얻기 위해서는 이유(ratio)가 요구된다. 이것은 하느님의 편에서나 요청자의 편에서 [그렇다]. 사실 "나의 하느님, 당신 자신에 대한 사랑으로 당신의 귀를 기울이소서."라는 다니엘서 9장 [17절]에 따르면, 하느님 편에서 그것을 얻기 위한 이유는 그분의 거룩함 때문으로, 우리는 이로 인해 청허되도록 청한다.

inclina, Deus meus, aurem tuam. Et ad hoc pertinet *obsecratio,* quae est *per sacra contestatio:* sicut cum dicimus: *Per nativitatem tuam, libera nos, Domine.*[5] — Ratio vero impetrandi ex parte petentis est *gratiarum actio:* quia *de acceptis beneficiis gratias agentes, meremur accipere potiora,* ut in collecta[6] dicitur.

Et ideo dicit Glossa,[7] I *ad Tim.* 2, [1], quod *in missa obsecrationes sunt quae praecedunt consecrationem,* in quibus quaedam sacra commemorantur; *orationes sunt in ipsa consecratione,* in qua mens maxime debet elevari in Deum; *postulationes autem sunt in sequentibus petitionibus; gratiarum actiones in fine.* — In pluribus etiam Ecclesiae collectis haec quatuor possunt attendi. Sicut in collecta Trinitatis, quod dicitur, *Omnipotens, sempiterne Deus,* pertinet ad orationis ascensum in Deum; quod dicitur, *qui dedisti famulis tuis* etc., pertinet ad gratiarum actionem; quod dicitur, *praesta, quaesumus* etc., pertinet ad postulationem; quod in fine ponitur, *per Dominum nostrum* etc., pertinet ad obsecrationem.

In *Collationibus* autem *Patrum*[8] dicitur quod *obsecratio est imploratio pro peccatis; oratio, cum aliquid Deo vovemus; postulatio, cum pro aliis petimus.* Sed primum melius est.

AD PRIMUM ergo dicendum quod obsecratio non est adiuratio

---

5. Litan. SS.
6. Fer. VI Quat. Temp. Sept. et in Communi Conf. Pont., Missa "Statuit", Postcomm.
7. Ordin.: ML 114, 627B; Lombardus: ML 192, 336AB. Cf. Haymo, *In I Tim.*, super 2,1: ML 117, 788C; Augustinus, Epist.149, c.6, n.16: ML 33,636-637.

그리고 "주님, 당신의 탄생으로 저희를 해방하소서."[5]라고 말하는 것처럼, 여기에는 거룩한 무엇인가에 호소하는 것인 탄원이 속한다. 요청자의 편에서 그것을 얻는 이유는 감사이다. 왜냐하면 본기도에서 언급되듯이,[6] "우리는 받은 호의들에 대해 감사드림으로써 더 나은 것을 얻기에 합당하게 되기 때문"이다.

그래서 티모테오 1서 2장 [1절]에 관해 『주석』은[7] 다음과 같이 말한다. "미사에는 축성에 선행하는 탄원들이 있다." 여기서 몇 가지 거룩한 것들이 기념된다. 기도는 축성 자체에 들어 있다. 그 기도들에서는 정신이 특히 하느님께 고양(高揚)되어야 한다. 그러나 요청들은 뒤에 계속되는 청원들에 있다. 마지막으로 감사들[이 있다]. 또한 이 네 가지는 다수의 교회 본기도들에 있을 수 있다. 예컨대 삼위일체 대축일 기도문에서 말하는 "전능하시고 영원하신 하느님"은 하느님을 향한 기도의 오름에 속한다. "당신께서는 당신의 종들에게 선사해주셨습니다."라고 말하는 것은 감사에 속한다. "[당신께] 청하오니, 허락하소서."라고 말하는 것은 요청에 속한다. 마지막에 두는 "우리 주님을 통하여"는 탄원에 속한다.

그러나 교부들의 담화들에서는[8] 탄원이 죄인들을 위한 간청(imploratio)이라고 말한다. 우리가 하느님께 무언가를 서원할 때 기도[라고 하며], 다른 사람들을 위해 청할 때 요청[이라고 한다]. 하지만 첫 번째가 더 낫다.

[해답] 1. 탄원은 금지된 일인 강제로 하는 선서가 아니라 자비를 향

---

8. Cassian., Collat.9, cc.11-13: ML 49, 783A & 785A.

ad compellendum, quae prohibetur: sed ad misericordiam implorandum.

AD SECUNDUM dicendum quod *oratio* communiter sumpta includit omnia quae hic dicuntur. Sed secundum quod contra alia dividitur, importat proprie ascensum in Deum.

AD TERTIUM dicendum quod in diversis praeterita praecedunt futura: sed aliquid unum et idem prius est futurum quam sit praeteritum. Et ideo gratiarum actio de aliis beneficiis praecedit postulationem aliorum beneficiorum: sed idem beneficium prius postulatur, et ultimo, cum acceptum fuerit, de eo gratiae aguntur. Postulationem autem praecedit oratio, per quam acceditur ad eum a quo petimus. Orationem autem praecedit obsecratio, quia ex consideratione divinae bonitatis ad eum audemus accedere.

한 간청이다.

  2. 일반적 의미의 기도는 여기서 언급된 모든 것을 포함한다. 그러나 그것은 다른 것들을 거슬러서 나뉘는 데 따라 고유한 의미에서는 하느님을 향한 상승을 의미한다.

  3. 다양한 것들 안에서는 과거가 미래에 앞서지만, 하나이자 동일한 어떤 것은 과거보다 미래가 앞선다. 그래서 다른 호의들에 대한 감사는 다른 호의들에 대한 요청에 선행하지만, 동일한 호의에 있어서는 먼저 그것이 요청되며, 마지막으로 그것을 받았을 때 그에 대해 감사한다. 그러나 기도는 요청에 선행하며, 기도를 통해 우리가 청하는 분에게 가까이 간다. 그런데 탄원은 기도에 앞선다. 우리는 신적 선성의 숙고에서부터 감히 그분에게 가까이 갈 수 있기 때문이다.

QUAESTIO LXXXIV
DE ADORATIONE
in tres articulos divisa

Deinde considerandum est de exterioribus actibus latriae.[1] Et primo, de adoratione, per quam aliquis suum corpus ad Deum venerandum exhibet; secundo, de illis actibus quibus aliquid de rebus exterioribus Deo offertur[2]; tertio, de actibus quibus ea quae Dei sunt assumuntur.[3]

Circa primum quaeruntur tria.

Primo: utrum adoratio sit actus latriae.

Secundo: utrum adoratio importet actum interiorem, vel exteriorem.

Tertio: utrum adoratio requirat determinationem loci.

Articulus 1
Utrum adoratio sit actus latriae sive religionis

Ad primum sic proceditur. Videtur quod adoratio non sit actus latriae sive religionis.

---

1. Cf. q.82, Introd.

제84문

흠숭에 대하여

(전3절)

이제 흠숭의 외적 행위들에 대해 숙고하기로 하자.[1]

첫째, 흠숭에 대하여, 사람은 흠숭을 통해 자신의 몸으로 하느님께 경배 드린다.

둘째, 외적인 것들 가운데 어떤 것을 하느님께 봉헌하는 행위들에 대하여.[2]

셋째, 하느님의 것들을 취하는 행위들에 대하여.[3]

첫째에 관해서는 세 가지가 질문된다.

첫, 흠숭은 라트리아의 행위인가?

둘째, 흠숭은 내적 행위 또는 외적 행위를 내포하는가?

셋째, 흠숭은 장소의 특정함을 요구하는가?

제1절 흠숭은 라트리아의 행위 또는 종교 행위인가

[반론] 첫째는 다음과 같이 진행된다. 흠숭은 라트리아(흠숭, latria)의 행위 또는 종교 행위가 아닌 것으로 보인다.

---

2. q.85.
3. q.89.

q.84, a.1

1. Cultus enim religionis soli Deo debetur. Sed adoratio non debetur soli Deo: legitur enim *Gen.* 18, [2] quod Abraham adoravit angelos; et III *Reg.* 1, [23] dicitur quod Nathan Propheta, ingressus ad regem David, *adoravit eum pronus in terram.*[1] Ergo adoratio non est actus religionis.

2. Praeterea, religionis cultus debetur Deo prout in ipso beatificamur: ut patet per Augustinum, in X *de Civ. Dei.*[2] Sed adoratio debetur ei ratione maiestatis: quia super illud Psalm. [Ps. 95, 9], *Adorate Dominum in atrio sancto eius,* dicit Glossa[3]: *De his atriis venitur in atrium ubi maiestas adoratur.* Ergo adoratio non est actus latriae.

3. Praeterea, unius religionis cultus tribus Personis debetur. Non autem una adoratione adoramus tres Personas, sed ad invocationem trium Personarum singulariter genu flectimus.[4] Ergo adoratio non est actus latriae.

SED CONTRA est quod Matth. 4, [10][5] inducitur: *Dominum Deum tuum adorabis, et illi soli servies.*

RESPONDEO dicendum quod adoratio ordinatur in reverentiam

---

1. Vulgata: "...et adorasset eum pronus in terram ..."
2. c.3, n.2: ML 41, 280.
3. Ordin.: ML 113, 1005D; Lombardus: ML 191, 882B. Cf. Cassiodorus, *Exposit. in Psalt.*,

1. 종교적인 예배는 오직 하느님께만 마땅하다. 그런데 흠숭은 오직 하느님께만 마땅한 것이 아니다. 왜냐하면 창세기 18장 [2절]에서는 아브라함이 천사들을 흠숭했다고 읽히기 때문이다. 그리고 열왕기 상권 1장 [23절]에서는 나탄 예언자가 다윗 왕에게 들어가서 "땅에 엎드려 그분을 흠숭했습니다."라고 말한다.[1] 그러므로 흠숭은 종교 행위가 아니다.

2. 『신국론』 제10권에서[2] 아우구스티누스를 통해 분명히 드러나듯이, 우리가 하느님 안에서 참행복을 누리는 한에서 종교적인 예배는 하느님께 마땅한 것이다. 그러나 흠숭은 위엄의 이유로 그분께 마땅하다. 왜냐하면 "그분의 거룩한 안뜰에서 주님을 흠숭하라."라는 시편 96[95]편 [9절]에 관해 『주석』은[3] 다음과 같이 말하기 때문이다. "그분은 이 안뜰에서 위엄이 흠숭 받는 안뜰로 오신다." 그러므로 흠숭은 라트리아의 행위가 아니다.

3. 한 종교의 숭배는 세 위격에 의한 것이다. 우리는 한 번의 예배로 세 위격을 경배하는 것이 아니라 세 위격을 부를 때 각각 무릎을 구부린다.[4] 그러므로 흠숭은 라트리아의 행위가 아니다.

[재반론] 그러나 반대로 마태오복음서 4장 [10절]에서는[5] 다음과 같이 제시된다. "너의 주님이신 하느님을 흠숭하고 오직 그분만 섬겨라."

[답변] 흠숭은 흠숭을 받는 분에 대한 경외(reverentia)를 향하여 질서

---

super Ps. 95,9: ML 70, 680B.
4. Feria IV *in Parasceve*, in Ador. Crucis.
5. Cf. 신명 6,13.

eius qui adoratur. Manifestum est autem ex dictis[6] quod religionis proprium est reverentiam Deo exhibere. Unde adoratio qua Deus adoratur est religionis actus.

AD PRIMUM ergo dicendum quod Deo debetur reverentia propter eius excellentiam, quae aliquibus creaturis communicatur non secundum aequalitatem, sed secundum quandam participationem.[7] Et ideo alia veneratione veneramur Deum, quod pertinet ad latriam: et alia veneratione quasdam excellentes creaturas, quod pertinet ad duliam, de qua post[8] dicetur. Et quia ea quae exterius aguntur signa sunt interioris reverentiae, quaedam exteriora ad reverentiam pertinentia exhibentur excellentibus creaturis, inter quae maximum est adoratio: sed aliquid est quod soli Deo exhibetur, scilicet sacrificium. Unde Augustinus dicit, in X *de Civ. Dei*[9]: *Multa de cultu divino usurpata sunt quae honoribus deferrentur humanis, sive humilitate nimia sive adulatione pestifera: ita tamen ut quibus ea deferrentur, homines haberentur, qui dicuntur colendi et venerandi; si autem multum eis additur, et adorandi. Quis vero sacrificandum censuit nisi ei quem Deum aut scivit, aut putavit, aut finxit?*

Secundum reverentiam igitur quae creaturae excellenti debetur, Nathan adoravit David. Secundum autem reverentiam quae Deo

---

6. q.81, aa.2 & 4.
7. Cf. q.81, a.4, ad3.

지어져 있다. 그런데 말한 바에서⁶ 하느님께 경외를 드리는 것은 종교의 고유한 것으로 분명히 드러난다. 그러므로 하느님이 흠숭 받는 흠숭은 종교 행위이다.

[해답] 1. 경외는 하느님의 탁월함으로 인해 그분께 마땅하다. 그 탁월함은 동등함이 아니라 참여에 따라 어떤 피조물들에게 통교된다.⁷ 그러므로 우리가 하느님을 경배하는 경배(veneratio)는 라트리아에 속하며, 그것은 우리가 다른 탁월한 피조물들을 경배하는 둘리아(공경, dulia)에 속하는 경배와 다르다. 둘리아에 대해서는 나중에⁸ 다룰 것이다. 외적인 것들은 내적인 경외심의 표지들이므로, 탁월한 피조물들에게는 다른 경외심에 속하는 몇몇 외적인 것들을 드리게 된다. 그 가운데 흠숭은 최고의 것이지만, 오직 하느님께만 드리는 어떤 것, 즉 희생제사(sacrificium)가 있다. 그러므로 아우구스티누스는 『신국론』 제10권에서 다음과 같이 말한다.⁹ "그럼에도 신적 예배에 속하는 많은 용어들이 과도한 비하에서건 아첨하는 해로운 관습에서건 전용되어서 인간을 칭송하는 데 사용되었다. 그것이 바쳐지는 대상들은 숭배해야 하고 경외해야 하며 더 심하게는 흠숭해야 하는 사람들로 일컬어진다. 하느님이라고 알거나 하느님으로 여기거나 상상한 대상이 아니라면, 그에게 제사를 드려야 한다고 누가 생각했겠는가?"

그러므로 나탄은 탁월한 피조물에게 마땅한 경외심에 따라 다윗을

---

8. q.103.
9. c.4: ML 41, 281.

debetur, Mardochaeus noluit adorare Aman, *timens ne honorem Dei transferret ad hominem*, ut dicitur *Esther* 13, [14].[10]

Et similiter secundum reverentiam debitam creaturae excellenti, Abraham adoravit Angelos; et etiam Iosue, ut legitur *Iosue* 5, [15]. Quamvis possit intelligi quod adoraverint adoratione latriae Deum, qui in persona angeli apparebat et loquebatur. — Secundum autem reverentiam quae debetur Deo, prohibitus est Ioannes angelum adorare, *Apoc.* ult., [8-9]. Tum ad ostendendum dignitatem hominis, quam adeptus est per Christum, ut angelis aequetur: unde ibi subditur: *Conservus tuus sum et fratrum tuorum*. Tum etiam ad excludendum idololatriae occasionem: unde subditur: *Deum adora*.[11]

AD SECUNDUM dicendum quod sub maiestate divina intelligitur omnis Dei excellentia, ad quam pertinet quod in ipso, sicut in summo bono, beatificamur.

AD TERTIUM dicendum quod quia una est excellentia trium Personarum, unus honor et reverentia eis debetur: et per consequens una adoratio. In cuius figuram, cum legatur de Abraham, *Gen.* 18, [2-3], quod tres viri ei apparuerunt, adorans unum alloquitur, dicens: *Domine, si inveni gratiam* etc. Trina autem genuflexio signum est ternarii Personarum: non autem diversitatis adorationum.

---

10. Vulgata: "timui ne honorem Dei mei transferrem ad hominem."
11. Cf. q.103, a.2, ad1.

흠숭했다. 그러나 에스테르기 13장 [14절]에서 말하듯이,¹⁰ 모르도카이는 하느님의 명예를 인간에게 옮길까 두려워하며 하느님께 마땅한 경외심에 따라 하만을 흠숭하길 원치 않았다.

마찬가지로 탁월한 피조물에게 마땅한 경외심에 따라, 아브라함은 천사들을 흠숭했다. 또한 여호수아기 5장 [15절]에서 읽을 수 있듯이, 여호수아도 [그들을 흠숭했다]. 그들이 천사의 위격 안에서 나타나고 말씀하신 하느님을 라트리아의 흠숭으로 흠숭했다고 이해할 수도 있다. 그러나 하느님께 마땅한 경외심에 따라 요한에게는 요한묵시록 22장 [9절]에서 천사를 흠숭하는 것이 금지되었다. 그러므로 [이것은 인간이] 천사들과 동등해지도록 그리스도를 통해 받은 그의 품위를 드러내기 위함이다. 그래서 다음의 말씀이 따라온다. "저는 당신과 당신 형제들의 동료 종입니다." 또한 [그것은] 우상숭배의 기회를 피하기 위함이다. 그래서 요한묵시록 22장 [9절]의 다음 말씀이 따라온다. "하느님을 흠숭하라."¹¹

2. 신적 위엄 아래 하느님의 모든 탁월함으로 이해된다. 우리가 최고선으로서 그분 안에서 참행복을 누리는 것은 이 탁월함에 속한다.

3. 세 위격의 탁월함은 하나이므로, 그분들에게 마땅한 명예(honor)와 경외심(reverentia)도 하나이다. 따라서 흠숭도 [하나이다]. 이는 창세기 18장 [2-3절]에서 아브라함에 대해 읽을 때, 그들의 모습에서 아브라함에게 세 사람이 나타났는데, 그는 한 사람을 흠숭하며 "주님, 제가 만일 은총을 발견했다면…"이라고 말을 하는 데에서 분명히 드러난다. 그러나 세 번의 무릎 꿇음은 위격들이 셋임을 드러내는 표지이지만 흠숭들의 상이함의 [표지는] 아니다.

Articulus 2
Utrum adoratio importet actum corporalem

Ad secundum sic proceditur. Videtur quod adoratio non importet actum corporalem.

1. Dicitur enim Ioan. Ivan Ivanovich, [23]: *Veri adoratores adorabunt Patrem in spiritu et veritate.* Sed id quod fit in spiritu non pertinet ad corporalem actum. Ergo adoratio non importat corporalem actum.

2. Praeterea, nomen adorationis ab *oratione* sumitur. Sed oratio principaliter consistit in interiori actu: secundum illud I *ad Cor.* 14, [15]: *Orabo spiritu, orabo et mente.* Ergo adoratio maxime importat spiritualem actum.

3. Praeterea, corporales actus ad sensibilem cognitionem pertinent. Deum autem non attingimus sensu corporis, sed mentis. Ergo adoratio non importat corporalem actum.

SED CONTRA est quod super illud *Exod.* 20, [5], *Non adorabis ea, neque coles*, dicit Glossa[1]: *Nec affectu colas, nec specie adores.*

RESPONDEO dicendum quod, sicut Damascenus dicit, in IV libro,[2] *quia ex duplici natura compositi sumus, intellectuali scilicet et*

---

1. Ordin.: ML 113 ,252C. Cf. Origenes, *In Exod.*, hom.8, n.4: MG 12, 354C.

제2절 흠숭은 육체의 행위를 내포하는가

Parall.: Supra, q.81, a.7; In Sent., III, d.9, q.1, a.3, qc.3.

[반론] 둘째는 다음과 같이 진행된다. 흠숭은 육체적인 행위를 내포하지 않는 것처럼 보인다.

1. 요한복음서 4장 [23절]은 다음과 같이 말한다. "진정한 흠숭자들은 영과 진리 안에서 흠숭할 것이다." 영 안에서 행해지는 것은 육체의 행위에 속하지 않는다. 그러므로 흠숭은 육신의 행위를 내포하지 않는다.

2. 흠숭의 이름은 기도에서 취해진다. 그런데 "나는 영으로 기도할 것이며, 정신으로 기도할 것입니다."라는 코린토 2서 14장 [15절]에 따라서, 기도는 주로 내적 행위로 구성된다. 그러므로 흠숭은 특히 영적 행위를 내포한다.

3. 육체적 행위는 감각적 지식에 속한다. 그러나 우리는 몸의 감각이 아니라 정신의 [감각으로] 하느님께 도달한다. 그러므로 흠숭은 육체의 행위를 의미하지 않는다.

[재반론] 그러나 반대로 "너는 그것들을 흠숭하지 말고 경배하지도 말라."라는 탈출기 20장 [5절]에 관해 『주석』[1]은 다음과 같이 말한다. "정감으로 경배하지 말고 상(像)으로도 흠숭하지 말라."

[답변] 요한 다마셰누스가 『정통 신앙론』에서 말한 것처럼,[2] "우리는

---

2. De fide orth., IV, c.12: MG 94, 1133B.

sensibili, duplicem adorationem Deo offerimus: scilicet spiritualem, quae consistit in interiori mentis devotione[3]; et corporalem, quae consistit in exteriori corporis humiliatione. Et quia in omnibus actibus latriae id quod est exterius refertur ad id quod est interius sicut ad principalius, ideo ipsa exterior adoratio fit propter interiorem: ut videlicet per signa humilitatis quae corporaliter exhibemus, excitetur noster affectus ad subiiciendum se Deo; quia connaturale est nobis ut per sensibilia ad intelligibilia procedamus.

AD PRIMUM ergo dicendum quod etiam adoratio corporalis in spiritu fit, inquantum ex spirituali devotione procedit, et ad eam ordinatur.

AD SECUNDUM dicendum quod sicut oratio primordialiter quidem est in mente, secundario autem verbis exprimitur, ut supra[4] dictum est; ita etiam adoratio principaliter quidem in interiori Dei reverentia consistit, secundario autem in quibusdam corporalibus humilitatis signis: sicut genu flectimus nostram infirmitatem significantes in comparatione ad Deum; prosternimus autem nos quasi profitentes nos nihil esse ex nobis.

AD TERTIUM dicendum quod etsi per sensum Deum attingere non possumus, per sensibilia tamen signa mens nostra provocatur ut tendat in Deum.

---

3. Cf. q.82.

이중적인 본성, 즉 지적이고 감각적인 본성으로 구성되어 있으므로 하느님께 이중적인 흠숭을 드린다." 즉 정신의 내적 신심으로 이루어진 영적인 [흠숭을 드리며],³ 흠숭과 육체의 외적 낮춤으로 이루어진 육체적인 [흠숭을 드린다]. 라트리아에 속하는 모든 행위들에서 외적인 것은 주요한 요소인 내적인 것에 관련되므로, 외적인 흠숭도 내적인 것을 위하여 이루어지는 것이다. 따라서 우리의 감정은 우리가 육체적으로 드러내는 표지들을 통해 하느님께 순종하기 위해 일으켜진다. 감각적인 것을 통해 지성적인 것으로 나아가는 것은 우리에게 고유하다.

[해답] 1. 육체적인 흠숭도 영적 신심에서 유래하고 그곳으로 질서 지어진 한에서 영 안에서 이루어진다.

2. 기도는 우선적으로 정신에 있지만, 이미 말한 것처럼⁴ 부차적으로는 말로 표현된다. 또한 흠숭은 주로 하느님에 대한 내적 경외심에 있지만, 부차적으로는 우리가 무릎을 꿇는 것처럼 하느님 앞에서 우리의 나약함을 나타내는 겸손의 어떤 육체적인 표지로 이루어진다. 우리는 우리 자신에 대해 아무것도 아니라고 고백하며 부복한다.

3. 비록 우리가 감각들을 통해 하느님께 도달할 수는 없지만, 그럼에도 우리의 정신은 감각적인 표지들을 통해 하느님을 향하도록 지극빈는다.

---

4. q.83, a.12.

Articulus 3
Utrum adoratio requirat determinatum locum

Ad tertium sic proceditur. Videtur quod adoratio non requirat determinatum locum.

1. Dicitur enim Ioan. 4, [21]: *Venit hora quando neque in monte hoc, neque in Ierosolymis adorabitis Patrem.* Eadem autem ratio videtur esse et de aliis locis. Ergo determinatus locus non requiritur ad adorandum.

2. Praeterea, adoratio exterior ordinatur ad interiorem. Sed interior adoratio fit ad Deum ut ubique existentem. Ergo exterior adoratio non requirit determinatum locum.

3. Praeterea, idem Deus est qui in novo et veteri Testamento adoratur. Sed in veteri Testamento fiebat adoratio ad occidentem: nam ostium tabernaculi respiciebat ad orientem, ut habetur *Exod.* 26, [18 sqq.].[1] Ergo, eadem ratione, etiam nunc debemus adorare ad occidentem, si aliquis locus determinatus requiritur ad adorandum.

SED CONTRA est quod dicitur Isaiae 56, [7], et inducitur Ioan. 2, [16][2]: *Domus mea domus orationis vocabitur.*

---

1. Cf. c.38, vv.13sqq.

제3절 흠숭은 특정한 장소를 필요로 하는가

Parall.: *In Sent.*, III, d.9, q.1, a.3, qc.3, ad3; *In Ep. I ad Tim.*, c.2, lect.2.

[반론] 셋째는 다음과 같이 진행된다. 흠숭은 특정 장소를 필요로 하지 않는 것처럼 보인다.

1. 요한복음서 4장 [21절]은 다음과 같이 말한다. "너희가 이 산에서도 예루살렘에서도 아버지를 흠숭하지 않을 때가 온다." 같은 이유가 다른 장소들에도 요구되는 것처럼 보인다. 따라서 흠숭을 위한 특정한 장소가 필요하지 않다.

2. 외적 흠숭은 내적 [흠숭]으로 질서 지어진다. 그런데 내적 흠숭은 어디에나 존재하시는 하느님을 향한다. 그러므로 외적 흠숭은 특정한 장소를 필요로 하지 않는다.

3. 같은 하느님께서 신약과 구약에서 흠숭 받으신다. 그런데 탈출기 26장 [18절 이하]에서[1] 말하듯이, 구약에서는 성막의 문이 동쪽을 향했기 때문에 흠숭은 서쪽을 향했다. 그러므로 같은 이유로, 우리는 지금도 흠숭을 위해 특정한 장소가 필요하다면 서쪽으로 흠숭해야 한다.

[재반론] 그러나 반대로 요한복음서 2장 [16절]에는[2] 이사야서 56장 [7절]이 쓰여 있다. "나의 집은 기도의 집이라 불릴 것이다."

---

2. Cf. 마태 21,13; 마르 11,17; 루카 19,46.

RESPONDEO dicendum quod, sicut dictum est,[3] in adoratione principalior est interior devotio mentis, secundarium autem est quod pertinet exterius ad corporalia signa. Mens autem interius apprehendit Deum quasi non comprehensum aliquo loco: sed corporalia signa necesse est quod in determinato loco et situ sint. Et ideo determinatio loci non requiritur ad adorationem principaliter, quasi sit de necessitate ipsius: sed secundum quandam decentiam, sicut et alia corporalia signa.

AD PRIMUM ergo dicendum quod Dominus per illa verba praenuntiat cessationem adorationis tam secundum ritum Iudaeorum adorantium in Ierusalem, quam etiam secundum ritum Samaritanorum adorantium in monte Garizim. Uterque enim ritus cessavit veniente spirituali Evangelii veritate, secundum quam *in omni loco* Deo *sacrificatur*, ut dicitur Malach. 1, [11].

AD SECUNDUM dicendum quod determinatus locus eligitur ad adorandum, non propter Deum, qui adoratur, quasi loco concludatur, sed propter ipsos adorantes. Et hoc triplici ratione. Primo quidem, propter loci consecrationem, ex qua spiritualem devotionem concipiunt orantes, ut magis exaudiantur: sicut patet ex adoratione Salomonis, III *Reg.* 8. — Secundo, propter sacra mysteria et alia sanctitatis signa quae ibi continentur. — Tertio, propter concursum multorum adorantium, ex quo fit oratio magis exaudibilis: secundum illud Matth. 18, [20]: *Ubi sunt duo vel tres congregati in nomine meo,*

제84문 제3절

[답변] 위에서 말했듯이,[3] 흠숭에서 정신의 내적 신심은 더욱 중요하지만, 부차적인 것들은 육체적인 표지들에 외적으로 속한다. 내적 정신은 하느님을 어느 장소에서도 포함되지 않은 것처럼 내적으로 포착하지만, 육체적인 표지들은 반드시 정해진 장소와 위치에 있어야 한다. 그러므로 장소의 결정은 마치 자신의 필요에 의한 것처럼 주로 흠숭에 필요한 것이 아니라 다른 육체적 표지들과 같은 어떤 합당함에 따라 요구된다.

[해답] 1. 주님은 이 말씀과 함께 예루살렘에서 흠숭하는 유다인들의 예식과 그리심 산에서 흠숭하는 사마리아인들의 예식에 따라 흠숭이 중단될 것을 예언하신다. 이 두 가지 예식은 "모든 곳에서 하느님께 희생제사가 드려진다."라고 말라키서 1장 [11절]이 말한 것처럼, 복음의 영적 진리의 도래와 함께 중단되었다.

2. 예배를 위한 특정한 장소가 선택되는 것은 마치 한 장소에서 완성된 것처럼 흠숭받는 하느님 때문이 아니라 흠숭자들 자신 때문이다. 이것은 세 가지 이유 때문이다. 첫째, 장소의 축성으로 인해, 거기에서 기도하는 사람들은 영적인 신심을 품게 하려고, 그럼으로써 열왕기 상권 8장에서 솔로몬의 흠숭에 의해 분명히 드러나듯이, 더욱 청허되게 하기 위함이다. 둘째, 거룩한 신비와 그 안에 담겨 있는 다른 거룩한 표지들로 인해 [그렇다]. 셋째, 많은 흠숭자들의 모임으로 인해, "두 세 [사람이] 내 이름으로 모여 있는 곳에 나도 그들 가운데 있다."라는 마태오복음서 18장 [20절]에 따라서, 이와 함께 기도는 더욱 청허될 수

---

3. 앞 절.

ibi sum ego in medio eorum.

AD TERTIUM dicendum quod secundum quandam decentiam adoramus versus orientem.[4] Primo quidem, propter divinae maiestatis indicium quod nobis manifestatur in motu caeli, qui est ab oriente. — Secundo, propter Paradisum in oriente constitutum, ut legitur *Gen.* 2, [8], secundum litteram Septuaginta: quasi quaeramus ad Paradisum redire. — Tertio, propter Christum, qui est *lux mundi*[5] et *Oriens* nominatur, Zach. 6, [5]; et *qui ascendit super caelum caeli ad orientem*[6]; et ab oriente etiam expectatur venturus, secundum illud Matth. 24, [27]: *Sicut fulgur exit ab oriente et paret usque ad occidentem, ita erit adventus Filii hominis.*[7]

---

4. Cf. I-II, q.102, a.4, ad5.
5. 요한 8,12; 9,5.

있다.

3. 우리는 어떤 합당함에 따라 동쪽을 향해 흠숭한다.[4] 첫째, 동쪽에서 오는 하늘의 움직임에서 우리에게 나타나는 신적 위엄의 징후로 인해 [그렇다]. 둘째, 칠십인역 성경에 따라 창세기 2장 [8절]에서 읽을 수 있듯이, 낙원(paradisus)은 동쪽에 세워져 있는데, 우리는 낙원으로 돌아가기를 원하듯이 하는 것이다. 셋째, "세상의 빛"[5]이자 즈카르야서 6장 [5절]에 의해 "동방의 빛"이라 불리는 그리스도로 인해 [그렇다]. 그분은 동쪽을 향해서 하늘 위의 하늘로 오르셨고[6], 또한 "번개가 동쪽에서 나와 서쪽까지 비추듯이, 사람의 아들의 도래도 그러할 것이다."[7]라는 마태오복음서 24장 [27절]에 따라, [그분은] 동쪽에서 올 것으로 예상된다.

---

6. 시편 67,34.
7. Vulgata: "Sicut fulgur exit ab oriente et paret usque in occidentem, ita erit et adventus Filii hominis."

QUAESTIO LXXXV
DE SACRIFICIIS
in quatuor articulos divisa

Deinde considerandum est de actibus quibus aliquae res exteriores Deo offeruntur.[1] Circa quos occurrit duplex consideratio: primo quidem, de his quae Deo a fidelibus dantur; secundo, de votis, quibus ei aliqua promittuntur.[2] Circa primum, considerandum est de sacrificiis, oblationibus,[3] primitiis[4] et decimis.[5]

Circa sacrificia quaeruntur quatuor.

Primo: utrum offerre Deo sacrificium sit de lege naturae.

Secundo: utrum soli Deo sit sacrificium offerendum.

Tertio: utrum offerre sacrificium sit specialis actus virtutis.

Quarto: utrum omnes teneantur ad sacrificium offerendum.

---

1. Cf. q.84, Introd.
2. q.88.
3. q.86.

제85문

희생제사에 대하여

(전4절)

이제 하느님께 외적인 것들을 봉헌하기 위한 행위들에 대하여 숙고하기로 하자.[1] 이것들에 대해서는 이중적인 숙고가 필요하다.

첫째, 신자들이 하느님께 드리는 것들에 대하여.

둘째, 그분께 어떤 것을 약속하기 위한 서원들에 대하여.[2]

첫째에 관해서는 희생제사들, 봉헌물들,[3] 맏물들[4] 그리고 십일조에[5] 대하여 숙고하기로 하자. 희생제사에 대해서는 네 가지를 조사해야 한다.

첫째, 하느님께 희생제사를 봉헌하는 것은 자연법에 속하는가?

둘째, 오직 하느님께만 희생제사를 드려야 하는가?

셋째, 희생제사를 봉헌하는 것은 특별한 덕의 행위인가?

넷째, 모든 사람은 희생제사를 봉헌해야 하는가?

---

4. Ibid., a.4.
5. q.87.

Articulus 1
Utrum offerre sacrificium Deo sit de lege naturae

Ad primum sic proceditur. Videtur quod offerre sacrificium Deo non sit de lege naturae.

1. Ea enim quae sunt iuris naturalis communia sunt apud omnes. Non autem hoc contingit circa sacrificia: nam quidam leguntur obtulisse in sacrificium panem et vinum, sicut de Melchisedech dicitur, *Gen.* 14, [18]; et quidam haec, quidam illa animalia. Ergo oblatio sacrificiorum non est de iure naturali.

2. Praeterea, ea quae sunt iuris naturalis omnes iusti servaverunt. Sed non legitur de Isaac quod sacrificium obtulerit: neque etiam de Adam, de quo tamen dicitur, *Sap.* 10, [2], quod *sapientia eduxit eum*[1] *a delicto suo*. Ergo oblatio sacrificii non est de iure naturali.

3. Praeterea, Augustinus dicit, X *de Civ. De,i*[2] quod sacrificia in quadam significantia offeruntur. Voces autem, quae sunt praecipua inter signa, sicut idem dicit, in libro *de Doct. Christ.*,[3] *non significant naturaliter, sed ad placitum*, secundum Philosophum.[4] Ergo sacrificia non sunt de lege naturali.

SED CONTRA est quod in qualibet aetate, et apud quaslibet

---

1. Vulgata: "illum"
2. cc.5 & 19: ML 41, 282 & 297.

제1절 하느님께 희생제사를 봉헌하는 것은 자연법에 속하는가

[반론] 첫째는 다음과 같이 진행된다. 하느님께 희생제사를 드리는 것은 자연법에 속하지 않는 것으로 보인다.

1. 사실, 자연법에 속하는 것들은 모두에게 공통적이다. 그러나 희생제사에 관해서는 그렇게 일어나지 않는다. 창세기 14장 [18절]에서 멜키체덱에 관해 말하듯이, 어떤 사람들은 빵과 포도주를 희생제물로 바쳤음을 읽을 수 있다. 그리고 어떤 이들은 이것들을, 어떤 이들은 동물들을 [바쳤다]. 그러므로 희생제사의 봉헌은 자연법에 속하지 않는다.

2. 모든 의인은 자연법에 속하는 것들을 지켜왔다. 그런데 이사악이나 아담이 희생제사를 봉헌했다는 것을 읽을 수는 없다. 지혜서 10장 [2절]은 아담에 대해, 지혜가 그를[1] 자신의 위반에서 빼냈다고 말한다. 그러므로 희생제사의 봉헌은 자연법에 속하지 않는다.

3. 아우구스티누스는 『신국론』 제10권에서[2] 희생제사는 어떤 의미와 함께 다른 어떤 것을 나타내는 표지로 봉헌된다고 말한다. 표지들 가운데 가장 중요한 것은 말인데, 철학자에 따라서[3] 그가 『그리스도교 교양』[4]에서 말했듯이, 말은 자연적으로 무엇을 나타내는 것이 아니라 결정에 의해서 나타내는 것이다. 그러므로 희생제사는 자연법에 속하지 않는다.

[재반론] 그러나 반대로 모든 시대에, 그리고 사람들의 모든 나라 사

---

3. *Perihermen.*, I, c.4, 16a26; S. Thomas, lect.4, n.6.
4. II, c.3: ML 34, 37.

hominum nationes, semper fuit aliqua sacrificiorum oblatio. Quod autem est apud omnes, videtur naturale esse. Ergo et oblatio sacrificii est de iure naturali.

RESPONDEO dicendum quod naturalis ratio dictat homini quod alicui superiori subdatur, propter defectus quos in seipso sentit, in quibus ab aliquo superiori eget adiuvari et dirigi.[5] Et quidquid illud sit, hoc est quod apud omnes dicitur Deus. Sicut autem in rebus naturalibus naturaliter inferiora superioribus subduntur, ita etiam naturalis ratio dictat homini secundum naturalem inclinationem ut ei quod est supra hominem subiectionem et honorem exhibeat secundum suum modum. Est autem modus conveniens homini ut sensibilibus signis utatur ad aliqua exprimenda, quia ex sensibilibus cognitionem accipit.[6] Et ideo ex naturali ratione procedit quod homo quibusdam sensibilibus rebus utatur offerens eas Deo, in signum debitae subiectionis et honoris, secundum similitudinem eorum qui dominis suis aliqua offerunt in recognitionem dominii. Hoc autem pertinet ad rationem sacrificii. Et ideo oblatio sacrificii pertinet ad ius naturale.[7]

---

5. "희생제사를 지시하는 이유는 많은 전제에서 출발하는 이유이다. 물론 자연에는 최고의 누구인가가 있다. 그리고 그는 우리의 개별적인 행동들을 독특하게 알고 있다. 그는 우리의 특별한 후원자이다. 이 모든 것들은 자연적 이성에 의해 알려질 수 있으므로, 많은 사실에 기초한 자연적 이성은 자신이 특히 영혼에 관하여 부족하다고 느끼는 사람이 우리가 하느님이라고 부르는 도움을 주는 분이자 상위 지도자에게 복종하도록 명령한다.": Cajetanus in h. a., n.2.
6. Cf. q.81, a.7; q.84, a.2.
7. S. Thomas, "그는 희생제사의 봉헌이 자연법과 관련될 뿐만 아니라 외적인 희생제사의 봉헌과도 연관된다는 사실을 입증했다. 왜냐하면 지적 본성이신 하느님께는 정신의 내적 봉헌만으로도 충분하다고 말할 수 있기 때문이다. 그러므로 인간에게 있어 감각들의 지식을 받기 위

이에 언제나 어떤 희생제사의 봉헌이 있었다. 모든 사람 안에 있는 것은 자연적인 것처럼 보인다. 그러므로 희생제사의 봉헌은 자연법에 속한다.

[답변] 자연적 이성(naturalis ratio)은 인간에게 더 높은 자에게 복종하라고 지시하는데, 이것은 그가 자신 안에서 느끼는 결핍 때문에 더 높은 자에게 도움을 받고 인도될 필요가 있기 때문이다.[5] 그리고 어떠하든 간에, 이분은 모두가 하느님이라고 부르는 분이다. 자연적인 것들 가운데 하등한 것이 더 높은 것에 종속되는 것처럼, 자연적 이성은 인간이 자신의 자연적 성향에 따라 자신의 방식으로 자신 위에 있는 분에게 복종하고 명예를 드리도록 명령한다. 그런데 어떤 것을 표현하기 위해 감각적인 표지들을 사용하는 것은 인간에게 적합하다. 왜냐하면 그러한 감각적 표지들로부터 인식을 받기 때문이다.[6] 그러므로 자연적 이성으로부터 인간이 어떤 감각적인 것들을 사용한다는 사실이 따라온다. 자기 주인의 지배를 인정하는 가운데 그것들을 그들에게 봉헌하는 사람들의 유사함에 따라 주인에게 무엇을 바치는 사람들과 마찬가지로, 그는 그것들을 복종과 명예에 마땅한 표지로 하느님께 봉헌한다. 그런데 이것은 희생제사의 이유에 속한다. 그러므로 희생제사의 봉헌은 자연법에 속한다.[7]

해 자신의 내적 정신을 외적 표지들과 함께 표현하는 것을 자연스러운 일로 여기는 저자는 사람에게 외적 봉헌을 향한 정신의 내적 봉헌을 설명하는 것도 자연스러운 일이라고 가르친다. 그리고 그것은 필연적인 것이 아니라는 것을 명심해야 한다. 왜냐하면 우리는 감각적인 표지를 통해서가 아니라면 다른 사람에게 우리의 정신을 표현할 수 없기 때문이다. 그러나 사람이 감각적 표지로 표현하는 것은 자연스러우므로, 저자는 본성의 관점에서 진행했다. 인간은 감각적인 것으로부터 지식을 받기 때문이다. 필연적 이성은 마음을 바라보시는 하느님과 관련해서 자리가 없다. 그러나 자연적 이성은 희생제사를 바치는 사람의 편에서 가장 좋은 자리를 차지한다.": Cajetanus in h. a., n.4.

AD PRIMUM ergo dicendum quod, sicut supra[8] dictum est, aliqua in communi sunt de iure naturali quorum determinationes sunt de iure positivo: sicut quod malefactores puniantur habet lex naturalis, sed quod tali poena vel tali puniantur est ex institutione divina vel humana. Similiter etiam oblatio sacrificii in communi est de lege naturae: et ideo in hoc omnes conveniunt. Sed determinatio sacrificiorum est ex institutione humana vel divina: et ideo in hoc differunt.

AD SECUNDUM dicendum quod Adam et Isaac, sicut et alii iusti, Deo sacrificium obtulerunt secundum sui temporis congruentiam: ut patet per Gregorium, qui dicit[9] quod apud antiquos per sacrificiorum oblationes remittebatur pueris originale peccatum. Non tamen de omnibus iustorum sacrificiis fit mentio in Scriptura: sed solum de illis circa quae aliquid speciale accidit.

Potest tamen esse ratio quare Adam non legitur sacrificium obtulisse, ne, quia in ipso notatur origo peccati, simul etiam in eo sanctificationis origo significaretur. — Isaac vero significavit Christum inquantum ipse oblatus est in sacrificium.[10] Unde non oportebat ut significaret quasi sacrificium offerens.

AD TERTIUM dicendum quod significare conceptus suos est homini naturale: sed determinatio signorum est secundum humanum placitum.

---

8. I-II, q.95, a.2.
9. *Moral.*, IV, c.3: ML 75, 635B. Cf. III, q.70, a.4, ad2.

[해답] 1. 위에서 말한 바와 같이,[8] 일반적으로 자연법에는, 예컨대 범죄자들이 처벌되기를 바라지만 그러한 형벌이나 처벌이 신적 제정이나 인간적 제정에 의해 이루어지기를 바라는 자연법처럼, 그 결정들이 실정법에 속하는 것들이 있다. 마찬가지로 희생제사의 봉헌은 자연법에 따라 일반적인 것이며, 따라서 모든 사람이 이에 일치한다. 그러나 희생제사의 결정은 인간적 또는 신적 제정으로부터 오며, 따라서 그것들은 이 점에서 다르다.

2. 그레고리우스는 고대인들 사이에서 희생제사의 봉헌을 통해 어린아이들의 원죄가 사함을 받았다고 말했다.[9] 이런 그에 의해 분명히 드러나듯이, 아담과 이사악은 다른 의인들과 마찬가지로 자신의 시대의 적절함에 따라 하느님께 희생제사를 드렸다. 하지만 모든 의로운 희생제사가 성경에 언급되어 있는 것이 아니라 특별한 일이 일어나는 것들에 대해서만 [언급되어 있다].

아담이 희생제사를 바쳤다는 것을 읽을 수 없는 이유가 있을 수 있다. 그 안에 죄의 기원이 표시되어 있으므로 성화의 기원이 그 안에서 드러나지 않도록 하기 위해서이다. 그러나 이사악은 자신을 희생제사로 봉헌하신 그리스도를 드러냈다.[10] 그러므로 희생제사를 바치는 것으로 드러낼 필요는 없었다.

3. 자신의 개념들을 드러내는 것은 인간에게 자연스럽지만, 표지들의 결정은 인간의 지시에 따른 것이다.

---

10. 창세 22,9-10.

Articulus 2
Utrum soli summo Deo sit sacrificium offerendum

Ad secundum sic proceditur. Videtur quod non soli summo Deo sit sacrificium offerendum.

1. Cum enim sacrificium Deo offerri debeat, videtur quod omnibus illis sit sacrificium offerendum qui divinitatis consortes fiunt. Sed etiam sancti homines *efficiuntur divinae naturae consortes*, ut dicitur II Petri 1, [4][1]: unde et de eis in Psalm. [Ps. 81, 6] dicitur: *Ego dixi: Dii estis*. Angeli etiam *filii Dei* nominantur, ut patet *Iob* 1, [6]. Ergo omnibus his debet sacrificium offerri.

2. Praeterea, quanto aliquis maior est, tanto ei maior honor debet exhiberi. Sed angeli et sancti sunt multo maiores quibuscumque terrenis principibus: quibus tamen eorum subditi multo maiorem honorem impendunt, se coram eis prosternentes et munera offerentes, quam sit oblatio alicuius animalis vel rei alterius in sacrificium. Ergo multo magis angelis et sanctis potest sacrificium offerri.

3. Praeterea, templa et altaria instituuntur ad sacrificia offerenda.

---

1. Vulgata: "···ut per haec efficiamini divinae consortes naturae."

제2절 오직 하느님께만 희생제사를 드려야 하는가

Parall.: Supra, q.84, a.1, ad1; infra, q.94, a.2; I-II, q.102, a.3; *ScG*, III, 120, *In Psalm.* 28; *In Ep. ad Rom.*, c.1, lect.7.

Doctr. Eccl.: "교회가 가끔 성인들을 공경하고 기억하며 미사를 거행하곤 하지만, 교회는 그 제사가 성인들에게 바쳐지는 것이 아니라 오로지 그들에게 영광의 관을 씌워 주신 하느님께만 바쳐지는 것이라고 가르치고 있다."(트리엔트 공의회 제22회기, 제3장): DS 941[=DH 1744]

[반론] 둘째는 다음과 같이 진행된다. 희생제사는 오직 최고의 하느님께만 봉헌해서는 안 되는 것으로 보인다.

1. 희생제사는 하느님께 봉헌되어야 하므로, 신성에 함께 참여하는 모든 사람에게 봉헌되어야 하는 것처럼 보인다. 그러나 베드로 2서 1장 [4절]에서 말한 것처럼,[1] 거룩한 사람들도 "신적 본성의 동료들이 된다." 그들에 대해 시편 82[81]편 [6절]에서도 말하고 있다. "나는 말했노라. 너희들은 신들이다." 욥기 1장 [6절]에서 분명히 드러나듯이, 천사들도 "하느님의 자녀들"이라고 일컬어진다. 그러므로 희생제사는 이들 모두에게 봉헌되어야 한다.

2. 사람이 크면 클수록 그에게 더 큰 명예가 주어져야 한다. 그러나 천사들과 성인들은 지상의 모든 군주보다 훨씬 더 위대하지만, 그들의 수하들은 어떤 동물이나 다른 것들을 희생제사로 봉헌하는 것보다 그들 앞에 부복하고 선물들을 봉헌하는 가운데 더 큰 명예를 드린다. 그러므로 희생제사는 천사들과 성인들에게 훨씬 더 많이 봉헌될 수 있다.

3. 희생제사들을 봉헌하기 위해 성전과 제단들이 세워졌다. 그런데 성전과 제단들은 천사들과 성인들을 위해 세워졌다. 그러므로 그들에

Sed templa et altaria instituuntur angelis et sanctis. Ergo etiam sacrificia possunt eis offerri.

SED CONTRA est quod dicitur *Exod.* 22, [20]: *Qui immolat diis, occidetur, praeter*[2] *Domino soli.*

RESPONDEO dicendum quod, sicut dictum est,[3] oblatio sacrificii fit ad aliquid significandum. Significat autem sacrificium quod offertur exterius, interius spirituale sacrificium, quo anima seipsam offert Deo, secundum illud Psalm. [Ps. 50, 19], *Sacrificium Deo spiritus contribulatus:* quia, sicut supra[4] dictum est, exteriores actus religionis ad interiores ordinantur. Anima autem se offert Deo in sacrificium sicut principio suae creationis et sicut fini suae beatificationis. Secundum autem veram fidem solus Deus est creator animarum nostrarum, ut in Primo[5] habitum est. In solo etiam eo animae nostrae beatitudo consistit, ut supra[6] dictum est. Et ideo sicut soli Deo summo debemus sacrificium spirituale offerre, ita etiam soli ei debemus offerre exteriora sacrificia: sicut etiam, *orantes atque laudantes, ad eum dirigimus significantes voces cui res ipsas in corde quas significamus, offerimus,* ut Augustinus dicit, X *de Civ. Dei.*[7] — Hoc etiam videmus

---

2. Vulgata: 'praeterquam'
3. 앞 절.
4. q.81, a.7; q.84, a.2.

게도 희생제사들이 봉헌될 수 있다.

[재반론] 그러나 반대로 탈출기 22장 [20절]에서는 다음과 같이 말한다. "오직 주님 외에[2] 다른 신들에게 제물을 바치는 자는 죽임을 당할 것이다."

[답변] 위에서 말했듯이,[3] 희생제사의 봉헌은 다른 어떤 것을 의미한다. 그런데 외적으로 봉헌하는 희생제사는 내적인 제사를 의미하며, "억눌린 영이 하느님께 드리는 희생제사이다."라는 시편 51[50]편 [19절]에 따라서 영혼은 이를 통해 자신을 하느님께 봉헌한다. 위에서 말한 바와 같이,[4] 외적인 종교 행위들은 내적인 [행위들을 향해] 질서 지어졌다. 그런데 영혼은 자기 창조의 시작이자 자기 참행복의 목적으로서 하느님께 자신을 희생제사로 봉헌한다. 그러나 참된 신앙에 따르면, 먼저 말한 바와 같이[5] 오직 하느님만이 우리 영혼들의 창조주이시다. 또한 위에서 말한 바와 같이,[6] 오직 여기에 우리 영혼의 참행복이 있다. 그러므로 우리가 지고하신 하느님께만 영적인 희생제사를 드리듯이, 그분께만 외적인 희생제사들을 드려야 한다. 또한 아우구스티누스가 『신국론』 제10권에서 말하듯이,[7] "기도하고 찬미하면서 무엇인가를 나타내는 음성을 하느님께 향할 때 마음속으로는 우리가 음성으로 상징하는 사물 자체를 하느님께 봉헌하는 것이다." 또한, 우리는 모

---

5. q.80, a.3; q.118, a.2.
6. I-II, q.1, a.8; q.2, a.8; q.3, a.1 & 7-8.
7. c.19: ML 41, 297.

in omni republica observari, quod summum rectorem aliquo signo singulari honorant, quod cuicumque alteri deferretur, esset crimen laesae maiestatis. Et ideo in lege divina statuitur poena mortis his qui divinum honorem aliis exhibent.[8]

AD PRIMUM ergo dicendum quod nomen divinitatis communicatur aliquibus non per aequalitatem, sed per participationem. Et ideo nec aequalis honor eis debetur.[9]

AD SECUNDUM dicendum quod in oblatione sacrificii non pensatur pretium occisi pecoris: sed significatio, qua hoc fit in honorem summi Rectoris totius universi. Unde, sicut Augustinus dicit, X *de Civ. Dei*,[10] *daemones non cadaverinis nidoribus, sed divinis honoribus gaudent.*

AD TERTIUM dicendum quod, sicut Augustinus dicit, VIII *de Civ. Dei*,[11] *non constituimus martyribus templa, sacerdotia: quoniam non ipsi, sed Deus eorum nobis est Deus. Unde sacerdos non dicit: Offero tibi sacrificium, Petre, vel Paule. Sed Deo de illorum victoriis gratias agimus, et nos ad imitationem eorum adhortamur.*

---

8. 탈출 22,20; 30,31 이하.
9. Cf. q.81, a.4, ad3; q.84, a.1, ad1.

든 공화국에서 이것을 관찰할 수 있는데, 그들은 어떤 독특한 표지로 최고 통치자에게 명예를 드리며, 그 표지를 다른 사람에게 부여하면, 이는 위엄의 모욕이라는 범죄가 된다. 그러므로 신법(lex divina)에서는 다른 사람들에게 신적 명예를 드리는 사람들에게 사형을 선고한다.[8]

[해답] 1. 신성(divinitas)의 이름은 동등함을 통해서가 아니라 참여(participatio)를 통해서 통교된다. 그러므로 그들에게는 동등한 명예도 속하지 않는다.[9]

2. 희생제사의 봉헌에는 희생된 가축의 값이 아니라, 그것이 온 우주의 최고 통치자를 기리는 의미가 헤아려진다. 그러므로 아우구스티누스가 『신국론』 제10권에서 말했듯이,[10] "마귀들은 시체의 연기가 아니라 신적 명예를 즐긴다."

3. 아우구스티누스는 『신국론』 제8권에서[11] 다음과 같이 말한다. "우리는 순교자들을 위해 성전이나 사제직을 세우지 않았다. 순교자들이 아니라 그들의 하느님이 우리의 하느님이시기 때문이다. 그래서 사제는 '베드로나 바오로여 당신에게 희생제사를 드립니다.'라고 말하지 않는다. 우리는 그들의 승리에 대해 하느님께 감사드리며 그들을 닮도록 격려받는다."

---

10. loc. cit.: ML 41, 298.
11. c.27, n.2: ML 41, 255.

Articulus 3
Utrum oblatio sacrificii sit specialis actus virtutis

Ad tertium sic proceditur. Videtur quod oblatio sacrificii non sit specialis actus virtutis.

1. Dicit enim Augustinus, X *de Civ. Dei*[1]: *Verum sacrificium est omne opus quod agitur ut sancta societate inhaereamus Deo*. Sed omne opus bonum non est specialis actus alicuius determinatae virtutis. Ergo oblatio sacrificii non est specialis actus determinatae virtutis.

2. Praeterea, maceratio corporis quae fit per ieiunium, pertinet ad abstinentiam; quae autem fit per continentiam, pertinet ad castitatem; quae autem est in martyrio, pertinet ad fortitudinem. Quae omnia videntur comprehendi sub sacrificii oblatione: secundum illud *Rom.* 12, [1], *Exhibeatis corpora vestra hostiam viventem*. Dicit etiam Apostolus, *ad Heb.* ult., [16]: *Beneficentiae et communionis nolite oblivisci: talibus enim hostiis promeretur Deus:* beneficentia autem et communio pertinent ad caritatem, misericordiam et liberalitatem. Ergo sacrificii oblatio non est specialis actus determinatae virtutis.

3. Praeterea, sacrificium videtur quod Deo exhibetur. Sed multa sunt quae Deo exhibentur: sicut devotio, oratio, decimae, primitiae, oblationes et holocausta. Ergo sacrificium non videtur esse aliquis specialis actus determinatae virtutis.

제3절 희생제사를 봉헌하는 것은 어떤 덕의 특수한 행위인가

Parall.: *In Sent.*, III, d.9, q.1, a.1, qc.2.

[반론] 셋째는 다음과 같이 진행된다. 희생제사는 특별한 덕의 행위가 아닌 것으로 보인다.

1. 아우구스티누스는 『신국론』 제10권에서[1] 다음과 같이 말한다. "거룩한 친교로 하느님과 합일하게 만드는 모든 일이 다 참다운 제사다." 그러나 모든 좋은 일이 특정한 덕의 특별한 행위는 아니다. 그러므로 희생제사의 봉헌은 특정한 덕의 특별한 행위가 아니다.

2. 단식을 통해 하는 육체적 고행(maceratio)은 금욕(abstinentia)에 속한다. 그러나 자제(continentia)로 행하는 것은 정결에 속한다. 하지만 순교에 있는 것은 용기에 속한다. "여러분의 몸을 살아 있는 제물로 바치십시오."라는 로마서 12장 [1절]에 따르면, 이 모든 것들이 희생제사의 봉헌 아래 내포된 것처럼 보인다. 또한 사도는 히브리서 13장 [16절]에서 다음과 같이 말한다. "선행과 친교를 잊지 마십시오. 그것은 하느님 마음에 드는 희생제물입니다." 그런데 선행과 친교는 참사랑, 자비, 아량에 속한다. 그러므로 희생제사들을 바치는 것은 특정한 덕의 특별한 행위가 아니다.

3. 희생제사는 하느님께 드리는 것처럼 보인다. 그러나 신심, 기도, 십일조, 맏물, 봉헌물들과 번제물처럼 많은 것들이 하느님께 바쳐진다. 그러므로 희생제사는 특정한 덕의 특별한 행위가 아닌 것으로 보인다.

---

1. c.6: ML 41, 283.

SED CONTRA est quod in lege specialia praecepta de sacrificiis dantur, ut patet in principio *Levitici*.

RESPONDEO dicendum quod, sicut supra[2] habitum est, quando actus unius virtutis ordinatur ad finem alterius virtutis, participat quodammodo speciem eius: sicut cum quis furatur ut fornicetur, ipsum furtum accipit quodammodo fornicationis deformitatem, ita quod si etiam alias non esset peccatum, ex hoc iam peccatum esset quod ad fornicationem ordinatur. Sic igitur sacrificium est quidam specialis actus laudem habens ex hoc quod in divinam reverentiam fit. Propter quod ad determinatam virtutem pertinet, scilicet ad religionem.

Contingit autem etiam ea quae secundum alias virtutes fiunt, in divinam reverentiam ordinari: puta cum aliquis eleemosynam facit de rebus propriis propter Deum, vel cum aliquis proprium corpus alicui afflictioni subiicit propter divinam reverentiam. Et secundum hoc etiam actus aliarum virtutum sacrificia dici possunt.[3] Sunt tamen quidam actus qui non habent ex alio laudem nisi quia fiunt propter reverentiam divinam. Et isti actus proprie sacrificia dicuntur: et pertinent ad virtutem religionis.

AD PRIMUM ergo dicendum quod hoc ipsum quod Deo quadam

---

2. Cf. I-II, q.18, aa.6-7; q.60, a.3, ad2.

[재반론] 그러나 반대로 레위기의 시작 부분에서 분명히 볼 수 있듯이, 법에는 희생제사에 관한 특별한 규정이 주어져 있다.

[답변] 위에서 말한 바와 같이,[2] 어떤 덕의 행위가 다른 덕의 목적으로 질서 지어져 있을 때, 그것은 어떤 형태로 그것의 종(種)에 참여한다. 마치 누군가 간음을 저지르기 위해 훔치는 것처럼, 도둑질 그 자체는 어떤 식으로든 간음의 수치를 취한다. 그럼으로써 설령 다른 것 때문에는 죄가 아니라고 해도, 간음으로 질서 지어져 있으므로, 이로 인해 이미 죄이다. 이와 같이 희생제사는 하느님에 대한 경외심에서 행하는 것이기 때문에 칭찬할 만한 특수한 행위이다. 그러므로 그것은 특정한 덕, 즉 종교에 속한다.

그러나 다른 덕들에 따라 행해지는 일들도 신적 경외를 향해 질서 지어질 수 있는데, 이는 가령 어떤 사람이 하느님을 위하여 자신의 것들을 자선할 때나, 또는 어떤 사람이 신적 경외로 인해 자신의 몸을 어떤 고행 아래 둘 때와 같은 것이다. 이에 따라 다른 덕들의 행위들도 희생제사라고 부를 수 있다.[3] 그러나 신적 경외심 때문에 이루어지는 것이 아니라면, 다른 사람의 칭찬을 받을 가치가 없는 특정 행위들이 있다. 이러한 행위들은 고유하게 희생제사라고 불리며 종교의 덕에 속한다.

[해답] 1. 우리가 어떤 영적 교제 안에서 하느님께 유착하기를 원한

---

3. Participative.

spirituali societate volumus inhaerere, ad divinam reverentiam pertinet. Et ideo cuiuscumque virtutis actus rationem sacrificii accipit ex hoc quod agitur ut sancta societate Deo inhaereamusa).

AD SECUNDUM dicendum quod triplex est hominis bonum.[4] Primum quidem est bonum animae: quod Deo offertur interiori quodam sacrificio per devotionem et orationem et alios huiusmodi interiores actus. Et hoc est principale sacrificium. — Secundum est bonum corporis: quod Deo quodammodo offertur per martyrium, et abstinentiam seu continentiam. — Tertium est bonum exteriorum rerum: de quo sacrificium offertur Deo, directe quidem, quando immediate res nostras Deo offerimus; mediate autem, quando eas communicamus proximis propter Deum.

AD TERTIUM dicendum quod *sacrificia* proprie dicuntur quando circa res Deo oblatas aliquid fit: sicut quod animalia occidebantur, quod panis frangitur et comeditur et benedicitur. Et hoc ipsum nomen sonat: nam sacrificium dicitur ex hoc quod homo *facit* aliquid *sacrum*. — *Oblatio* autem directe dicitur cum Deo aliquid offertur, etiam si nihil circa ipsum fiat: sicut dicuntur offerri denarii vel panes in altari, circa quos nihil fit. Unde omne sacrificium est oblatio, sed non convertitur. — *Primitiae* autem oblationes sunt, quia Deo offerebantur, ut legitur *Deut.* 26: non autem sunt sacrificia, quia nihil sacrum circa eas fiebat. — *Decimae* autem, proprie loquendo, non

---

4. Cf. q.73, a.3; q.104, ad.3; q.117, a.6; q.118, a.5; q.152, a.2; q.186, a.7; praeterea I-II, q.84,

다는 바로 그 자체는 신적 경외(reverentia)에 속한다. 그러므로 모든 덕의 행위는 우리가 하느님과 거룩한 교제에 유착할 수 있도록 만들어졌다는 사실 때문에 희생제사의 측면을 취한다.

2. 사람의 선(善)은 세 가지다.[4] 첫째는 신심과 기도, 그리고 이와 같은 다른 내적 행위들을 통해 하느님께 일종의 내적 희생제사로 바치는 영혼의 선이다. 이것이 가장 큰 희생제사이다. 두 번째는 순교와 금욕 또는 자제를 통해 하느님께 드리는 육체의 선이다. 세 번째는 외적인 것들의 선으로, 우리가 하느님께 우리의 것들을 즉시 봉헌할 때, 외적인 것들로 하느님께 직접 희생제사를 봉헌한다. 반면 하느님 때문에 그것들을 이웃들과 나눌 때 간접적으로 [봉헌된다].

3. 희생제사들은 하느님께 봉헌되는 것들에 무엇을 행할 때, 예컨대 짐승을 죽이고 빵을 쪼개며 먹고 축복하는 것과 관련하여 어떤 일이 이루어질 때 고유하게 언급된다. 그리고 이름 자체가 이를 말해준다. 왜냐하면 희생제사는 사람이 어떤 거룩한 것(sacrum)을 한다(facit)는 것에 의해 언급되기 때문이다. 그러나 돈이나 빵을 제단에 바친다고 언급되듯이, 그와 관련해서 아무것도 하지 않는 것처럼, 비록 하느님께 아무것도 하지 않는다고 해도, 하느님께 어떤 것을 봉헌할 때, 직접적으로 봉헌(oblatio)이라고 한다. 그러므로 모든 희생제사는 봉헌이지만, 그 역은 아니다. 그러나 맏물들은 봉헌물들이다. 신명기 26장에서 읽은 것처럼, 그것들은 하느님께 드리는 것이기 때문이다. 그러나 그것들이 희생제물들은 아니다. 왜냐하면 이것들과 관련해서 거룩한 것이 전혀 이루어지지 않았기 때문이다. 십일조들은 고유하게 말하면 희

---

a.4; q.87, a.7, c & ad2; q.108, a.4; Sup., q.15, a.3.

sunt neque sacrificia neque oblationes: quia non immediate Deo, sed ministris divini cultus exhibentur.

Articulus 4
Utrum omnes teneantur ad sacrificia offerenda

Ad quartum sic proceditur. Videtur quod non omnes teneantur ad sacrificia offerenda.

1. Dicit enim Apostolus, *Rom.* 3, [19]: *Quaecumque lex loquitur, his qui sunt in lege loquitur.*[1] Sed lex de sacrificiis non fuit omnibus data, sed soli populo Hebraeorum. Ergo non omnes ad sacrificia tenebantur.

2. Praeterea, sacrificia Deo offeruntur ad aliquid significandum. Sed non est omnium huiusmodi significationes intelligere. Ergo non omnes tenentur ad sacrificia offerenda.

3. Praeterea, ex hoc sacerdotes dicuntur quod Deo sacrificium offerunt. Sed non omnes sunt sacerdotes. Ergo non omnes tenentur ad sacrificia offerenda.

SED CONTRA est quod sacrificium offerre est de lege naturae, ut supra[2] habitum est. Ad ea autem quae sunt legis naturae omnes

---

1. Vulgata: "iis qui in lege sunt loquitur."

생제물이나 봉헌물은 아니며, 하느님께 직접 드리는 것이 아니라 신적 예배의 직무자들에게 드리는 것이다.

제4절 모든 사람은 희생제사를 봉헌해야 하는가

[반론] 넷째는 다음과 같이 진행된다. 모든 사람들이 희생제사를 봉헌해야 하는 것처럼 보이지 않는다.

1. 사도는 로마서 3장에서 다음과 같이 말한다. "율법이 말하는 모든 것은 율법 안에 있는 자들에게 말하는 것이다."[1] 그러나 희생제사에 관한 율법은 모든 사람에게 주어지는 것이 아니라 오직 히브리 민족에게만 주어졌다. 그러므로 모든 사람이 희생제사를 봉헌해야 하는 것은 아니다.

2. 희생제사들은 어떤 의미를 위해 하느님께 봉헌된다. 그러나 모든 사람이 그러한 의미를 이해할 수 있는 것은 아니다. 그러므로 모든 사람이 희생제사를 봉헌하는 것은 아니다.

3. 사제들은 하느님께 희생제사들을 봉헌하기 때문에 사제들이라고 불린다. 그러나 모두가 사제들인 것은 아니다. 그러므로 모든 사람이 희생제사를 봉헌해야 하는 것은 아니다.

[재반론] 그러나 반대로 희생제사를 봉헌하는 것은 앞서 말한 것처럼[2] 자연법에 속한다. 그런데 모든 사람은 자연법에 속한 것들에 의해 유지

---

2. a.1.

tenentur. Ergo omnes tenentur ad sacrificium Deo offerendum.

RESPONDEO dicendum quod duplex est sacrificium, sicut dictum est.[3] Quorum primum et principale est sacrificium interius, ad quod omnes tenentur: omnes enim tenentur Deo devotam mentem offerre. — Aliud autem est sacrificium exterius. Quod in duo dividitur. Nam quoddam est quod ex hoc solum laudem habet quod Deo aliquid exterius offertur in protestationem divinae subiectionis. Et ad hoc aliter tenentur illi qui sunt sub lege nova vel veteri: aliter illi qui non sunt sub lege. Nam illi qui sunt sub lege, tenentur ad determinata sacrificia offerenda secundum legis praecepta. Illi vero qui non erant sub lege, tenebantur ad aliqua exterius facienda in honorem divinum, secundum condecentiam ad eos inter quos habitabant: non autem determinate ad haec vel ad illa. — Aliud vero est exterius sacrificium quando actus exteriores aliarum virtutum in divinam reverentiam assumuntur.[4] Quorum quidam cadunt sub praecepto, ad quos omnes tenentur: quidam vero sunt supererogationis, ad quos non omnes tenentur.

AD PRIMUM ergo dicendum quod ad illa determinata sacrificia quae in lege erant praecepta, non omnes tenebantur: tenebantur

---

3. a.2.

되는 것들을 지켜야 한다. 그러므로 모든 사람은 하느님께 희생제사를 봉헌해야 한다.

[답변] 위에서 말한 것처럼³ 희생은 이중적이다. 그중 첫 번째이자 중요한 것은 모든 사람이 해야 하는 내적 희생제사로, 모든 사람은 하느님께 경건한 정신을 봉헌해야 한다. 그러나 외적 희생제사는 다른 것이다. 이것은 둘로 나뉜다. 그 한 가지는, 오직 신적 복종에 대한 고백을 위해 외적인 어떤 것을 하느님께 바친다는 점에서 칭찬할 만한 것이 된다. 이에 대해서는 새 법 아래 있는 자들과 옛 법 아래 있는 자들이, 그리고 법 아래 있지 않는 자들이 서로 다른 의무를 갖는다. 사실, 법 아래 있는 사람들은 법의 규정에 따라 일정한 희생제사들을 봉헌해야 한다. 그러나 법 아래에 있지 않은 자들은 그들이 함께 사는 자들의 관습에 따라 신적 명예를 위하여 외적으로 어떤 일을 행할 의무가 있지만, 이것이나 저것으로 결정되지는 않았다. 또 하나의 외적인 희생제사는, 다른 덕들의 외적인 행위들이 신적 경외에 받아들여지는 것이다.⁴ 그들 중 일부는 계명 아래 있으며, 모든 사람은 이를 위해 의무적이다. 하지만 다른 일부는 의무를 넘어서는 것으로, 모든 사람이 이를 위해 의무적인 것은 아니다.

[해답] 1. 모든 사람이 법에 규정되어 있는 특별한 희생제사들에 의무를 지는 것이 아니라, 위에서 말한 바와 같이⁵ 어떤 내적 또는 외적 희생제사에 의무를 진다.

---

4. 앞 절 본론과 제2답 참조.

tamen ad aliqua sacrificia interiora vel exteriora, ut dictum est.[5]

AD SECUNDUM dicendum quod quamvis non omnes sciant explicite virtutem sacrificiorum, sciunt tamen implicite: sicut et habent fidem implicitam, ut supra[6] habitum est.

AD TERTIUM dicendum quod sacerdotes offerunt sacrificia quae sunt specialiter ordinata ad cultum divinum, non solum pro se, sed etiam pro aliis. Quaedam vero sunt alia sacrificia quae quilibet potest pro se Deo offerre, ut ex supradictis[7] patet.

---

5. 본론.
6. q.2, aa.6-8.

2. 비록 모든 사람이 희생제사의 힘을 명시적으로 알고 있는 것은 아니지만, 그들은 위에서 말한 것처럼[6] 암묵적인 신앙을 가진 것처럼 그것을 암묵적으로 알고 있다.

3. 사제들은 자신들뿐만 아니라 다른 사람들을 위해서도 신적 예배를 위해 특별하게 질서 지어진 희생제사들을 봉헌한다. 그러나 위에서 말한 바와 같이[7] 누구든지 자신을 위해 하느님께 바칠 수 있는 다른 희생제사들도 있다.

---

7. 본론과 제2답.

QUAESTIO LXXXVI
DE OBLATIONIBUS ET PRIMITIIS
in quatuor articulos divisa

Deinde considerandum est de oblationibus et primitiis.[1]

Et circa hoc quaeruntur quatuor.

Primo: utrum aliquae oblationes sint de necessitate praecepti.

Secundo: quibus oblationes debeantur.

Tertio: de quibus rebus fieri debeant.

Quarto: specialiter de oblationibus primitiarum, utrum ad eas homines ex necessitate teneantur.

Articulus 1
Utrum homines teneantur ad oblationes ex necessitate praecepti

Ad primum sic proceditur. Videtur quod homines non teneantur ad oblationes ex necessitate praecepti.

1. Non enim homines tempore Evangelii tenentur ad observanda caeremonialia praecepta veteris legis, ut supra[1] habitum est. Sed oblationes offerre ponitur inter caeremonialia praecepta veteris legis:

---

1. Cf. q.85, Introd.

제86문
봉헌들과 만물들에 대하여
(전4절)

이제 봉헌들과 만물들에 대하여 숙고하기로 하자. 이에 관해서는 네 가지가 조사된다.[1]

첫째, 어떤 봉헌들은 계명에 의하여 반드시 바쳐야 하는가?

둘째, 누구에게 봉헌들을 주어야 하는가?

셋째, 어떤 것들에 대하여 해야 하는가?

넷째, 특히 만물들의 봉헌들에 대하여, 사람들은 이 봉헌들을 반드시 해야 하는가?

제1절 사람들이 계명의 필요에 의해 봉헌들에 대해 의무가 있는가

[반론] 첫째는 다음과 같이 진행된다. 사람들이 계명의 필요에 의해 봉헌들을 바쳐야 할 의무가 없는 것처럼 보인다.

1. 사실, 위에서 언급한 바와 같이,[1] 복음 시대의 사람들은 우리가 이미 말한 것처럼 옛 율법의 예식적 계명을 지킬 의무가 없기 때문이다. 그러나 봉헌들을 드리는 것은 옛 율법의 예식적 계명들 사이에 있다.

---

1. II-II, q.103, a.3.

q.86, a.1

dicitur enim *Exod.* 23, [14]: *Tribus vicibus per singulos annos mihi festa celebrabitis*, et postea [15] subditur: *Non apparebis in conspectu meo vacuus*. Ergo ad oblationes non tenentur nunc homines ex necessitate praecepti.

2. Praeterea, oblationes, antequam fiant, in voluntate hominis consistunt: ut videtur per hoc quod Dominus dicit, Matth. 5, [23], *Si offers munus tuum ad altare*, quasi hoc arbitrio offerentium relinquatur. Postquam autem oblationes sunt factae, non restat locus iterato eas offerendi. Ergo nullo modo aliquis ex necessitate praecepti ad oblationes tenetur.

3. Praeterea, quicumque aliquid tenetur reddere Ecclesiae, si non reddat, potest ad id compelli per subtractionem ecclesiasticorum sacramentorum. Sed illicitum videtur his qui offerre noluerint ecclesiastica sacramenta denegare: secundum illud decretum Sextae Synodi[2] quod habetur I, qu. 1[3]: *Nullus qui sacram communionem dispensat, a percipiente gratiam aliquid exigat: si vero exegerit, deponatur*. Ergo non tenentur homines ex necessitate ad oblationes.

SED CONTRA est quod Gregorius[4] dicit[5]: *Omnis Christianus procuret ad Missarum solemnia aliquid Deo offerre*.

---

2. Gratianus, *Decretum*, p.2, causa 1, q.1, can.100: ed. Richter-Friedberg, t.1, p.398.
3. Conc. in Trullo, a.692, can.23: ed. I. D. Mansi, t.11, p.954.
4. "그레고리우스 7세"를 말한다.

왜냐하면 탈출기 23장 [14절]에서 "너희는 일 년에 세 번씩 내 축제를 거행하라."고 말하며, 그다음에[15절] 즉시 다음과 같이 말하기 때문이다. 너는 "내 앞에 빈손으로 나타나지 말라." 그러므로 사람들은 더 이상 계명의 필요에 의해 봉헌들을 바쳐야 할 의무가 없다.

2. 봉헌들은 이루어지기 전에 인간의 의지에 달려 있다. 마태오복음서 5장 [23절]에서 주님은 "만일 네가 제단에 너의 예물을 봉헌하면"이라고 하시며, 마치 이것을 봉헌자의 재량에 맡기는 것처럼 말씀하신다. 그러나 일단 봉헌들이 이루어지면, 그것들을 반복할 여지가 없다. 그러므로 아무도 어떤 방식으로든 봉헌들을 위한 계명의 필요성에 의해 강제되지 않는다.

3. 교회에 무언가를 바쳐야 할 의무가 있는 사람이 그렇게 하지 않으면, 교회의 성사들을 철회함으로써 그렇게 하도록 강요받을 수 있다. 그러나 『교령』 제1부 제1문에서 언급한 바와 같이[2] 제6차 보편 공의회 교령에 따라서,[3] 봉헌하는 것을 원치 않는 이들에게 교회의 성사들을 거부하는 것은 합당하지 않다. "거룩한 성체를 분배하는 사람은 은총의 수취인에게 아무것도 요구해서는 안 된다." 그러므로 사람들은 반드시 봉헌해야 할 의무가 없다.

[재반론] 그러나 반대로 그레고리우스는[4] 다음과 같이 말한다.[5] "모든 그리스도인은 미사의 장엄함에서 하느님께 어떤 것을 드리려고 노력해야 한다."

---

5. 제5차 공의회, can.12: ed. I. D., Mansi, t.20, p.510. Cf. Gratianus, *Decretum*, p.3, d.1, can.69: ed. Richter-Friedberg, t.1, p.1312.

RESPONDEO dicendum quod, sicut dictum est,[6] nomen oblationis commune est ad omnes res quae in cultum Dei exhibentur. Ita quod si aliquid exhibeatur in cultum divinum quasi in aliquod sacrum quod inde fieri debeat consumendum, et oblatio est et sacrificium: unde dicitur *Exod.* 29, [18]: *Offeres totum arietem in incensum super altare: oblatio est Domino, odor suavissimus victimae Dei*[7]; et *Levit.* 2, [1] dicitur: *Anima cum obtulerit oblationem sacrificii Domino, simila erit eius oblatio.* Si vero sic exhibeatur ut integrum maneat, divino cultui deputandum vel in usus ministrorum expendendum, erit oblatio et non sacrificium.

Huiusmodi ergo oblationes de sui ratione habent quod voluntarie offerantur: secundum illud *Exod.* 25, [2]: *Ab homine qui offert ultroneus, accipietis eas.*[8] Potest tamen contingere quod aliquis ad oblationes teneatur quadruplici ratione. Primo quidem, ex praecedenti conventione: sicut cum alicui conceditur aliquis fundus Ecclesiae, ut certis temporibus certas oblationes faciat. Quod tamen habet rationem census. — Secundo, propter praecedentem deputationem sive promissionem: sicut cum aliquis offert donationem inter vivos, vel cum relinquit in testamento Ecclesiae aliquam rem, mobilem vel immobilem, in posterum solvendam. — Tertio modo, propter Ecclesiae necessitatem: puta si ministri Ecclesiae non haberent unde sustentarentur. — Quarto modo, propter consuetudinem: tenentur enim

---

6. q.85, a.3, ad3.
7. Vulgata: 'Dei'

[답변] 위에서 말한 바와 같이,6 봉헌이라는 이름은 하느님에 대한 예배를 위해 바쳐지는 모든 것에 공통적이다. 그러므로 어떤 것이 거룩한 방식으로 소비되어야 하는 것으로서 신적 예배에 제시된다면, 탈출기 29장 [18절]에서 "너는 그 숫양의 전부를 제단 위에 분향하여 주님께 드려라. [이것은] 주님께 드리는 봉헌으로, 하느님의 제물에서 나오는 지극히 감미로운 향기이다."라고 말한 것처럼,7 그것은 봉헌이자 희생제사이다. 레위기 2장 [1절]은 다음과 같이 말한다. "영혼이 주님께 희생제사의 봉헌을 바칠 때, 그의 봉헌은 고운 밀가루가 될 것이다." 그러나 만일 그것이 온전히 남아 있고, 신적 예배를 드리기 위해서 또는 직무자들의 사용을 위해서 정해진다면, 그것은 봉헌이지 희생제사가 아닐 것이다.

그러므로 "자발적으로 봉헌하는 사람으로부터 그것들을 받을 것이다."라는 탈출기 25장 [2절]에 따라서,8 이와 비슷한 봉헌들은 자신의 이유로 자발적으로 봉헌된다. 그러나 누군가가 봉헌을 해야 할 의무를 지닐 수도 있는데, 그것은 네 가지 이유에 의해서이다. 첫째, 어떤 사람에게 일정한 시간에 일정한 봉헌을 하는 조건으로 교회의 어떤 토지가 주어지는 것과 같은 이전의 합의에 의해서이다. 이는 마치 임차료와 같은 것이다. 둘째, 누군가가 살아 있는 사람들 사이에 기부를 제공하거나 교회의 유언장에 재산, 동산이나 부동산을 남겨서 장차 지불할 때와 같은 이전의 지정이나 약속으로 인해 [그렇다]. 셋째, 교회의 필요에 따라서, 예컨대 만일 교회의 직무자들이 생계를 유지할 곳이 없을 경우에 그렇다. 넷째, 관습으로 인해, 신자들은 어떤 대축일에 어떤

---

8. Vulgata: "ab omni homine, qui offeret ultroneus, accipietis eas."

fideles in aliquibus solemnitatibus ad aliquas oblationes consuetas. — Tamen in his duobus ultimis casibus remanet oblatio quodammodo voluntaria: scilicet quantum ad quantitatem vel speciem rei oblatae.

AD PRIMUM ergo dicendum quod in nova lege homines non tenentur ad oblationem causa solemnitatum legalium, ut in *Exodo* dicitur: sed ex quibusdam aliis causis, ut dictum est.[9]

AD SECUNDUM dicendum quod ad oblationes faciendas tenentur aliqui et antequam fiant, sicut in primo et tertio et quarto modo: et etiam postquam eas fecerint per deputationem sive promissionem; tenentur enim realiter exhibere quod est Ecclesiae per modum deputationis oblatum.

AD TERTIUM dicendum quod illi qui debitas oblationes non reddunt possunt puniri per subtractionem sacramentorum, non per ipsum sacerdotem cui sunt oblationes faciendae, ne videatur pro sacramentorum exhibitione aliquid exigere, sed per superiorem aliquem.

Articulus 2
Utrum oblationes solum sacerdotibus debeantur

Ad secundum sic proceditur. Videtur quod oblationes non solum sacerdotibus debeantur.

1. Inter oblationes enim praecipue videmus esse quae hostiarum sacrificiis deputantur. Sed ea quae pauperibus dantur in Scripturis

관습적인 봉헌을 바쳐야 한다. 그러나 후자의 두 경우에도 봉헌은 어느 정도 자발적인 것, 즉 봉헌되는 물건의 양이나 종(種)에 관해서는 자발적인 것으로 남는다.

[해답] 1. 사람들은 새 법에서 탈출기에서 말하는 큰 축일들에 봉헌해야 할 의무가 없다. 그러나 말한 바와 같이,[9] 다른 특정 원인에 의해서는 [그러한 의무가 있다].

2. 어떤 사람들은 첫 번째, 세 번째, 네 번째 방식으로 봉헌을 하기 전에도 봉헌의 의무를 지니고 있고, 지정이나 약속을 통해 그것들을 한 이후에도 [그러해야 한다]. 사실, 그들은 이미 지정의 방식을 통해 이미 교회에 속하게 된 것을 실제로 드릴 의무가 있다.

3. 당연한 봉헌들을 바치지 않는 사람들은 그런 봉헌물들이 속하는 사제 자신에 의해서가 아니라 어떤 상급자에 의해 성사들의 제거를 통해 처벌될 수 있다. 이는 성사들의 수여를 위해 어떤 것이 요구되는 것처럼 보이지 않기 위해서이다.

제2절 봉헌들은 사제들에게만 주어야 하는가

[반론] 둘째는 다음과 같이 진행된다. 봉헌들은 사제들에게만 주어야 하는 것이 아닌 것으로 보인다.

1. 사실 봉헌들 가운데 주된 것은 특히 희생제사들의 제물들을 위해 지정된 것들이다. 그러나 "선행과 친교들을 잊지 말라. 이와 같은 제물

---

9. 본론.

hostiae dicuntur: secundum illud *Heb.* ult., [16]: *Beneficentiae et communionis nolite oblivisci: talibus enim hostiis promeretur Deus.* Ergo multo magis oblationes pauperibus debentur.

2. Praeterea, in multis parochiis monachi de oblationibus partem habent. *Alia autem est causa clericorum, alia monachorum,* ut Hieronymus dicit.[1] Ergo non solum sacerdotibus oblationes debentur.

3. Praeterea, laici de voluntate Ecclesiae emunt oblationes, ut panes et huiusmodi. Sed non nisi ut haec in suos usus convertant. Ergo oblationes possunt etiam ad laicos pertinere.

SED CONTRA est quod dicit Canon Damasi Papae,[2] et habetur X, qu. 1[3]: *Oblationes quae intra sanctam Ecclesiam offeruntur, tantummodo sacerdotibus, qui quotidie Domino servire videntur, licet comedere et bibere. Quia in veteri Testamento prohibuit Dominus panes sanctos comedere filiis Israel, nisi tantummodo Aaron et filiis eius.*

RESPONDEO dicendum quod sacerdos quodammodo constituitur *sequester et medius* inter populum et Deum, sicut de Moyse legitur *Deut.* 5, [5]. Et ideo ad eum pertinet divina dogmata et sacra-

---

1. Epist.14, al.1, *ad Heliod.*, n.8: ML 22, 352.
2. Gratianus, *Decretum*, p.2, causa 10, q.1, can.15: ed. Richter-Friedberg, t.1, p.616.

들로 하느님은 마땅히 받으신다." 히브리서 13장 [16절]에 따라, 성경에서 가난한 사람들에게 주어지는 것을 제물(hostia)이라고 한다. 그러므로 봉헌들은 가난한 사람들에게 더욱 많이 주어야 한다.

2. 많은 본당에서 수도승들은 봉헌들의 일부를 갖는다. 그러나 히에로니무스는 다음과 같이 말한다.[1] "성직자들의 경우가 있고 수도승들의 경우가 있다." 그러므로 봉헌들은 사제들에게만 주어야 하는 것이 아니다.

3. 평신도들은 교회의 뜻에 따라 봉헌물들, 즉 빵 그리고 그와 비슷한 것들을 구입한다. 그러나 그들은 오직 이러한 것들을 자신의 용도로 전환하기 위해서 그렇게 한다. 그러므로 봉헌물들은 평신도에게도 속할 수 있다.

[재반론] 그러나 반대로『교령』제10권, 제1문에서 언급한 바와 같이,[2] 다마수스 1세 교황의 법령은 다음과 같이 말한다.[3] "첫째, 거룩한 교회 내에서 바쳐지는 봉헌물들은 매일 주님을 섬기는 것으로 보이는 사제들에게만 먹고 마시는 것이 허용된다. 구약에서 주님께서는 아론과 그의 아들들 외에는 거룩한 빵들을 먹지 말도록 이스라엘의 아들들에게 금지하셨기 때문이다."

[답변] 신명기 5장 [5절]에서 모세에 대해 읽을 수 있듯이, 사제는 백성과 하느님 사이의 조정자이자 중개자로 세워졌다. 그러므로 백성에게 신적 가르침들과 성사들을 제시하는 것은 그에게 속한다. 예컨대 간

---

3. Primi.

menta exhibere populo: et iterum ea quae sunt populi, puta preces et sacrificia et oblationes, per eum Domino debent exhiberi; secundum illud Apostoli, *ad Heb.* 5, [1]: *Omnis pontifex ex hominibus assumptus pro hominibus constituitur in his*[4] *quae sunt ad Deum, ut offerat dona et sacrificia pro peccatis.* Et ideo oblationes quae a populo Deo exhibentur ad sacerdotes pertinent, non solum ut eas in suos usus convertant, verum etiam ut fideliter eas dispensent: partim quidem expendendo eas in his quae pertinent ad cultum divinum; partim vero in his quae pertinent ad proprium victum, quia *qui altari deserviunt cum altari participantur*,[5] ut dicitur I *ad Cor.* 9, [13]; partim etiam in usus pauperum, qui sunt, quantum fieri potest, de rebus Ecclesiae sustentandi; quia et Dominus in usum pauperum loculos habebat, ut Hieronymus dicit, *super Matth.*.[6]

AD PRIMUM ergo dicendum quod ea quae pauperibus dantur, sicut non proprie sunt sacrificia, dicuntur tamen sacrificia inquantum eis dantur propter Deum,[7] ita etiam secundum eandem rationem oblationes dici possunt: tamen non proprie, quia non immediate Deo offeruntur. Oblationes vero proprie dictae in usum pauperum cedunt non per dispensationem offerentium, sed per dispensationem sacerdotum.

---

4. Vulgata: "in iis."
5. Vulgata: 'participant'

청들(preces)과 희생제사들 그리고 봉헌들처럼 백성에게 속한 것들도 그를 통하여 주님께 드려야 한다. 히브리서 5장 [1절]의 사도의 말에 따르면, "사람들 가운데 취해진 모든 대사제는 죄들을 위해 선물들과 희생제물들을 봉헌하기 위해 하느님과 관련된 일에서 사람들을[4] 위해 세워졌다." 그러므로 백성이 하느님께 드리는 봉헌들은, 그것들을 자신의 사용을 위해서뿐만 아니라 그것들을 충실하게 분배하도록 사제들에게 귀속된다. 그 일부는 신적 예배에 속하는 것들을 위해 분배되고, 또 일부는 그들 자신의 생계와 관련된 것들을 위해 분배된다. 왜냐하면 코린토 1서 9장 [13절]에서 말하듯이, "제단을 충실히 섬기는 사람들은 제단에 참여하기 때문이다."[5] 또 부분적으로는 가난한 이들의 사용을 위한 것이기도 하다. 그들은 가능한 한 교회의 재산에서 지원을 받아야 한다. 히에로니무스가 『마태오복음 주해』에서 말한 것처럼,[6] 주님도 가난한 사람들을 위한 돈주머니를 가지고 계셨기 때문이다.

[해답] 1. 가난한 사람들에게 주어지는 것들이 고유하게 희생제물들은 아니지만, 하느님으로 인해[7] 그들에게 주어지는 한에서 희생제물로 불리는 것처럼, 마찬가지로 같은 이유로 봉헌물들이라고 불릴 수 있지만, 고유하게는 아니다. 왜냐하면 그것들은 하느님께 직접 봉헌되지 않기 때문이다. 그러니 고유하게 언급된 봉헌물은 봉헌자들의 분배를 통해서가 아니라 사제들의 분배를 통해 가난한 이들의 사용을 위한 것이다.

---

6. III, super 17,26: ML 26, 128A. Cf. Augustinus, *In Ioan.*, tract.62, n.5, super 13,28: ML 35, 1803; Gratianus, *Decretum*, p.2, causa 12, q.1, can.17: ed. Richter-Friedberg, t.1, p.683.
7. Cf. q.85, a.3.

AD SECUNDUM dicendum quod monachi sive alii religiosi possunt oblationes recipere tripliciter. Uno modo, sicut pauperes, per dispensationem sacerdotis vel ordinationem Ecclesiae. — Alio modo, si sint ministri altaris. Et tunc possunt accipere oblationes sponte oblatas. — Tertio, si parochiae sint eorum. Et tunc ex debito possunt accipere, tanquam ecclesiae rectores.

AD TERTIUM dicendum quod oblationes, postquam fuerint consecratae, non possunt cedere in usum laicorum: sicut vasa et vestimenta sacra. Et hoc modo intelligitur dictum Damasi Papae.[8] — Illa vero quae non sunt consecrata, possunt in usum laicorum cedere ex dispensatione sacerdotum, sive per modum donationis sive per modum venditionis.

Articulus 3
Utrum homo possit oblationes facere de omnibus rebus licite possessis

Ad tertium sic proceditur. Videtur quod non possit homo oblationes facere de omnibus rebus licite possessis.

1. Quia secundum iura humana,[1] *turpiter facit meretrix in hoc quod est meretrix, non tamen turpiter accipit:* et ita licite possidet. Sed non licet de eo facere oblationem: secundum illud *Deut.* 23, [18]: *Non*

---

8. sc.

2. 수도승들이나 다른 수도자들은 세 가지 방식으로 봉헌물들을 받을 수 있다. 어떤 의미에서는, 가난한 사람들처럼 사제의 분배나 교회의 명령을 통해서 [받을 수 있다]. 다른 방식으로, 만일 그들이 제단의 직무자들이라면, 그들은 자발적으로 바쳐진 봉헌물들을 받을 수 있다. 셋째, 만일 본당들이 그들의 것이라면 [받을 수 있다]. 이 경우 그들은 교회의 통치자로서 마땅히 받을 수 있다.

3. 봉헌물들은 거룩한 그릇들과 옷들처럼 축성된 이후에는 평신도들의 사용을 위해 양도될 수 없다. 다마수스 교황의 말은 이런 방식으로 이해된다.[8] 그러나 축성되지 않은 것들은 사제들의 분배에 의해 기증의 방식이나 판매의 방식으로 평신도들의 사용을 위해 양도될 수 있다.

제3절 인간은 합법적으로 소유한 모든 것으로 봉헌할 수 있는가

[반론] 셋째는 다음과 같이 진행된다. 인간은 합법적으로 소유한 모든 것으로 봉헌할 수 없는 것으로 보인다.

1. 인정법(ius humanum)에 따르면[1] 매춘부는 매춘부인 한에서 부끄럽게 행동하지만, 돈을 받는 데서는 부끄럽게 행동하지 않으며, 따라서 합법직으로 소유한다. 그러나 "너는 너의 주 하느님의 집에서 창녀의 보수를 봉헌하지 말라."는 신명기 23장 [18절]에 따라, 그것으로 봉헌하는 것은 합당하지 않다. 그러므로 합법적으로 소유한 모든 것으로 봉헌하는 것은 허용되지 않는다.

---

1. *Digest.*, XII, tit.5, c.4: ed. Krueger, t.1, p.201a.

offeres mercedem prostibuli in domo Domini Dei tui. Ergo non licet facere oblationem de omnibus licite possessis.

2. Praeterea, ibidem prohibetur quod *pretium canis* non offeratur in domo Dei. Sed manifestum est quod pretium canis iuste venditi iuste possidetur. Ergo non licet de omnibus iuste possessis oblationem facere.

3. Praeterea, Malach. 1, [8] dicitur: *Si offeratur[2] claudum et languidum, nonne malum est?* Sed claudum et languidum est animal iuste possessum. Ergo videtur quod non de omni iuste possesso possit oblatio fieri.

SED CONTRA est quod dicitur *Prov.* 3, [9]: *Honora Dominum de tua substantia.* Ad substantiam autem hominis pertinet quidquid iuste possidet. Ergo de omnibus iuste possessis potest oblatio fieri.

RESPONDEO dicendum quod, sicut Augustinus dicit, in libro *de Verb. Dom.*,[3] *si depraedareris aliquem invalidum et de spoliis eius dares alicui iudici si pro te iudicaret, tanta vis est iustitiae ut et tibi displiceret. Non est talis Deus tuus qualis non debes esse nec tu.* Et ideo dicitur *Eccli.* 34, [21] *Immolantis ex iniquo oblatio est maculata.* Unde patet quod de iniuste acquisitis et possessis non potest oblatio fieri.

In veteri autem lege, in qua figurae serviebatur, quaedam propter

---

2. Vulgata: 'offeratis'

2. 같은 곳에서, 하느님의 집에서 개의 값이 봉헌되지 못하도록 금지되어 있다. 그러나 정당하게 판매된 개의 값이 합법적으로 소유되는 것은 분명하다. 그러므로 합법적으로 소유한 모든 것을 봉헌하는 것은 허용되지 않는다.

3. 말라키서 1장 [8절]은 다음과 같이 말한다. "다리를 절거나 병든 제물이 봉헌되면[2] 나쁘지 않은가?" 그러나 다리를 절고 병든 동물은 합법적으로 소유된다. 그러므로 합법적으로 소유한 모든 것을 봉헌할 수 있어 보이진 않는다.

[재반론] 그러나 반대로 잠언 3장 [9절]은 다음과 같이 말한다. "너의 재산(substantia)으로 주님께 명예를 드려라." 그런데 합법적으로 소유한 것은 모두 사람의 재산에 속한다. 그러므로 합법적으로 소유한 모든 것을 봉헌할 수 있다.

[답변] 아우구스티누스는 『주님의 말씀』에서[3] 다음과 같이 말한다. "만일 네가 건강하지 못한 사람을 약탈하고 그의 약탈품의 일부를 재판관에게 주어 너를 편들어 재판하게 한다면, 정의의 힘이 너무 커서 네가 싫어할 것이다. 너의 하느님은 네가 되지 말아야 할 그런 분이 아니다." 그러므로 집회서 34장 [21절]은 다음과 같이 말한다. "불의한 봉헌물을 바치는 자의 봉헌은 불결하다." 그러므로 부당하게 획득하고 소유한 것으로는 어떠한 봉헌도 할 수 없다는 것이 분명하다.

형상(figura)들이 사용되는 옛 법에서는 그것이 상징하는 의미로 인해

---

3. Serm.113, al. *de verbis Domini* 35, c.2: ML 38, 649.

significationem reputabantur immunda, quae offerre non licebat. Sed in nova lege omnis creatura Dei reputatur munda, ut dicitur *ad Tit.* 1, [15].[4] Et ideo, quantum est de se, de quolibet licite possesso potest oblatio fieri. Per accidens tamen contingit quod de aliquo licite possesso oblatio fieri non potest: puta si vergat in detrimentum alterius, ut si filius aliquis offerat Deo id unde debet patrem nutrire, quod Dominus improbat Matth. 15, [5-6]; vel propter scandalum, vel propter contemptum, vel aliquid aliud huiusmodi.

AD PRIMUM ergo dicendum quod in veteri lege prohibebatur oblatio de mercede prostibuli propter immunditiam. In nova autem lege propter scandalum: ne videatur Ecclesia favere peccato, si de lucro peccati oblationem recipiat.

AD SECUNDUM dicendum quod canis secundum legem reputabatur animal immundum. Alia tamen animalia immunda redimebantur, et eorum pretium poterat offerri: secundum illud *Levit.* ult., [27]: *Si immundum animal est, redimet qui obtulerit.*[5] Sed canis nec offerebatur nec redimebatur: tum quia idololatrae canibus utebantur in sacrificiis idolorum; tum etiam quia significant rapacitatem, de qua non potest fieri oblatio.[6] Sed haec prohibitio cessat in nova lege.

AD TERTIUM dicendum quod oblatio animalis caeci vel claudi

---

4 . 1티모 4,4 참조.

부정한 것으로 간주되어 봉헌하는 것이 허용되지 않았다. 그러나 티토서 1장 [15절]에서 말하듯이,[4] 새 법에서는 하느님의 모든 피조물이 깨끗한 것으로 간주된다. 그러므로 그 자체로서는 어떠한 합법적 소유물에 대해서도 봉헌을 바칠 수 있다. 그러나 우유적으로는 합법적으로 소유하고 있는 어떤 것을 봉헌할 수 없는 일이 일어난다. 예컨대 마태오복음서 15장 [5-6절]에서 주님이 인정하지 않으셨듯이, 어떤 아들이 자신의 아버지를 부양해야 할 것을 하느님께 드리는 것처럼, 다른 사람에게 해를 끼치는 경향이 있다면 [봉헌할 수 없다]. 또는 걸림돌이나 경멸 또는 그와 비슷한 다른 것으로 인해 [봉헌할 수 없다].

[해답] 1. 옛 법에서는 부정을 이유로 창녀의 보수에 대한 봉헌이 금지되어 있었다. 그러나 새 법에서는 스캔들 때문에 [봉헌이 금지된다]. 죄의 이익으로부터 봉헌을 받음으로써 교회가 죄를 옹호하는 것으로 보이지 않도록 하기 위해서이다.

2. 법에 따르면, 개는 부정한 동물로 간주되었다. 다른 더러운 동물들의 경우는 그것을 되샀으며, "만일 더러운 동물이면, 그것을 봉헌한 자가 그것을 다시 살 것이다."[5]라는 레위기 27장 [27절]에 따라, 그것들의 값은 봉헌될 수 있었다. 그러나 우상숭배자들이 우상들이 희생제시들에서 개들을 사용했기 때문에 봉헌되지도 않았고 되사지도 않았다. 또한 [그 개들은] 욕심을 의미하기 때문에, 그것들로 봉헌할 수 없다.[6] 그러나 이러한 금지는 새 법에서 중단된다.

3. 눈이 멀거나 다리를 저는 동물의 봉헌은 삼중으로 불법적인 것이

---

5. Vulgata: "Si immundum est animal, redimet qui obtulit."

reddebatur illicita tripliciter. Uno modo, ratione eius ad quod offerebatur. Unde dicitur Malach. 1, [8]: *Si offeratis caecum ad immolandum, nonne malum est?* sacrificia autem oportebat esse immaculata. — Secundo, ex contemptu. Unde ibidem [12] subditur: *Vos polluistis nomen meum in eo quod dicitis: Mensa Domini contaminata est, et quod superponitur contemptibile est.*[7] — Tertio modo, ex voto praecedenti, ex quo obligatur homo ut integrum reddat quod voverat. Unde ibidem [14] subditur: *Maledictus dolosus qui habet in grege suo masculum, et votum faciens immolat debile Domino.*

Et eaedem causae manent in lege nova. Quibus tamen cessantibus, non est illicitum.

Articulus 4
Utrum ad primitias solvendas homines teneantur

Ad quartum sic proceditur. Videtur quod ad primitias solvendas homines non teneantur.

1. Quia *Exod.* 13, [9], data lege primogenitorum, subditur: *Erit quasi signum in manu tua:* et ita videtur esse praeceptum caeremoniale. Sed praecepta caeremonialia non sunt servanda in lege nova. Ergo neque primitiae sunt solvendae.

---

6. 이사 61,8.

되었다. 첫째, 봉헌되는 이유로 인해 [그렇다]. 그러므로 말라키서 1장 [8절]은 다음과 같이 말한다. "눈이 먼 것을 산 제물로 바치면 나쁘지 않은가?" 희생제물은 흠결이 없어야 한다. 둘째, 경멸로 인해 [그렇다]. 같은 곳에서[12절] 이렇게 말한다. "너희는 말하는 것으로 나의 이름을 더럽혔다. 주님의 식탁이 오염되었고 그 위에 놓인 것이 멸시되었다."[7] 셋째, 이전의 서원으로 인해 [그렇다]. 인간은 그 서원으로 인해 [자신이] 서원한 것을 완전히 이행해야 한다. 그러므로 같은 곳에서[14절] 이렇게 말한다. "자신의 가축 떼 가운데 수컷을 갖고 있는데 서원을 하고 나약한 것을 주님께 산 제물로 바치는 교활한 자는 저주받을지어다." 동일한 이유들은 새 법에 남아 있다. 그러나 [그 이유들이] 중단되면, [그것은] 불법이 아니다.

제4절 사람들이 만물들을 봉헌하는 것은 의무인가

[반론] 넷째는 다음과 같이 진행된다. 사람들이 만물들을 봉헌하는 것은 의무가 아닌 것으로 보인다.

1. 장자법(長子法)이 주어진 다음, 탈출기 13장 [9절]은 다음과 같이 말한다. "그것은 네 손에서 표지가 될 것이다." 그리고 이것은 예식 규정으로 여겨진다. 그러나 예식 규정들은 새 법에서 지켜져서는 안 된다. 그러므로 만물들은 봉헌될 의무가 없다.

2. "너는 네 모든 수확물의 만물들을 따서 그때 거기 있던 사제에게

---

7. Vulgata: "Vos polluistis illud, etc."

2. Praeterea, primitiae offerebantur Domino pro speciali beneficio illi populo exhibito: unde dicitur *Deut.* 26, [2-3]: *Tolles de cunctis frugibus tuis primitias, accedesque ad sacerdotem qui fuerit in diebus illis, et dices ad eum: Profiteor hodie coram Domino Deo tuo quod ingressus sum terram pro qua iuravit patribus nostris ut daret eam nobis.* Ergo aliae nationes non tenentur ad primitias solvendas.

3. Praeterea, illud ad quod aliquis tenetur debet esse determinatum. Sed non invenitur nec in nova lege nec in veteri determinata quantitas primitiarum. Ergo ad eas solvendas non tenentur homines ex necessitate.

SED CONTRA est quod dicitur XVI, qu. 7[1]: *Oportet decimas et primitias, quas iure sacerdotum esse sancimus, ab omni populo accipere.*

RESPONDEO dicendum quod primitiae ad quoddam genus oblationum pertinent: quia Deo exhibentur cum quadam professione, ut habetur *Deut.* 26, [3]. Unde et ibidem [4] subditur: *Suscipiens sacerdos cartallum,* scilicet primitiarum, *de manu eius qui defert primitias, et ponet ante altare Domini Dei tui;* et postea [10] mandatur ei quod dicat: *Idcirco nunc offero primitias frugum terrae, quas Dominus dedit mihi.* Offerebantur autem primitiae ex speciali causa, scilicet in recognitionem divini beneficii: quasi aliquis profiteatur se a Deo fructus terrae percipere, et ideo se teneri ad aliquid de huiusmodi Deo exhibendum, secundum illud I *Paral.* ult., [14]: *Quae de manu*

다가가 그에게 말하여라: [주 하느님께서] 우리 선조들에게 맹세하며 우리에게 주실 땅에 제가 들어왔음을, 오늘 주 당신의 하느님 앞에 아룁니다." 하고 신명기 26장 [2-3절]에서 말하듯이, 맏물들은 저 백성에게 보여진 특별한 호의에 대하여 주님께 봉헌되었다. 그러므로 다른 민족들은 맏물들을 봉헌할 의무가 없다.

3. 한 사람이 의무를 지닌 일에 대해서는 규정되어야 한다. 그러나 새 법이나 옛 법에는 맏물들의 정해진 양이 없다. 그러므로 사람들은 그것들을 반드시 지불할 의무가 없다.

[재반론] 그러나 반대로 『교령』 제16권 제7문은[1] 다음과 같이 말한다. "우리는 사제법으로 승인한 십일조들과 맏물들을 모든 백성으로부터 받아야 한다."

[답변] 신명기 26장 [3절]에서 말하는 것처럼, 맏물들은 어떤 고백을 하면서 하느님께 드리기 때문에 일정한 유(類)의 봉헌에 속한다. 그러므로 같은 곳에서 다음과 같이 말한다. "사제가 광주리, 즉 맏물들의 [광주리를] 맏물들을 가져오는 사람의 손에서 취해 너의 주 하느님의 제단 앞에 놓는다." 이어서 다음과 같은 말을 반복하도록 명령받았다. "그러므로 이제 주님께서 나에게 주신 땅의 수확물의 맏물들을 봉헌한다." 그러나 맏물들은 특별한 이유로 인해, 즉 신적 호의에 대한 감사로 봉헌된다. "저희가 당신의 손에서 받은 것을 당신께 드립니다."라는 역대기 상권 29장 [14절]에 따라, 마치 누군가 하느님으로부터 땅의 열

---

1. Gratianus, *Decretum*, p.2, causa 16, q.7, can.1: ed. Richter-Friedberg, t.1, p.800.

tua accepimus, dedimus tibi. Et quia Deo debemus exhibere id quod praecipuum est, ideo primitias, quasi praecipuum aliquid de fructibus terrae, praeceptum fuit Deo offerre. Et quia sacerdos *constituitur populo in his quae sunt ad Deum,*[2] ideo primitiae a populo oblatae in usum sacerdotum cedebant: unde dicitur *Num.* 18, [8]: *Locutus est Dominus ad Aaron: Ecce, dedi tibi custodiam primitiarum mearum.*

Pertinet autem ad ius naturale ut homo ex rebus sibi datis a Deo aliquid exhibeat ad eius honorem.[3] Sed quod talibus personis exhibeatur, aut de primis fructibus, aut in tali quantitate, hoc quidem fuit in veteri lege iure divino determinatum: in nova autem lege definitur per determinationem Ecclesiae, ex qua homines obligantur ut primitias solvant secundum consuetudinem patriae et indigentiam ministrorum Ecclesiae.

AD PRIMUM ergo dicendum quod caeremonialia proprie erant in signum futuri: et ideo ad praesentiam veritatis significatae cessaverunt. Oblatio autem primitiarum fuit in signum praeteriti beneficii, ex quo etiam debitum recognitionis causatur secundum dictamen rationis naturalis. Et ideo in generali huiusmodi obligatio manet.

---

2. 히브 5,1.
3. "희생제사에 대한 자연적 이성의 판단은 희생제사 자체가 하느님의 명예라는 것을 지시한다. 그러나 봉헌들에 있어서 그것들이 하느님의 명예를 위한 것이라고 가정할 때, 하느님께서 우리에게 주신 것들 중에 어떤 것을 봉헌하도록 지시한다. 그러한 봉헌들이 하느님의 명예를 위

매들을 받았으며, 따라서 하느님께 그와 같은 것들을 드려야 하는 것을 고백하듯이 [봉헌된다]. 그리고 우리는 하느님께 가장 중요한 것을 드려야 한다. 그러므로 땅의 열매 중에서 가장 중요한 것으로 하느님께 맏물들을 드리라는 계명이 있었다. "사제는 하느님께 속한 것들 가운데 백성에 의해 세워졌으므로"[2], 백성에 의해 바쳐진 맏물들은 사제들의 사용을 위해 양도된다. 그러므로 민수기 18장 [8절]은 다음과 같이 말한다. "주님께서는 아론에게 다음과 같이 말씀하셨다: 보라, 내가 너에게 나의 맏물들을 수호하도록 맡겨주었다."

그런데 인간이 하느님께 명예를 드리기 위해[3] 하느님으로부터 받은 것들 가운데 어떤 것을 드리는 것은 자연법에 속한다. 그러나 맏물들에 있어서나 그런 양에 있어서 그런 사람들에게 주는 것은 옛 법에서 신법에 의해 설정되었지만, 새 법에서는 교회의 결정에 의해 규정되었다. 이로 인해 사람들은 국가의 관습이나 교회 직무자들의 필요에 따라 맏물들을 바쳐야 한다.

[해답] 1. 예식들은 고유하게 미래의 표지였고, 따라서 그것이 나타내었던 진리가 현존하게 되었을 때 예식들은 중단되었다. 그런데 맏물들을 바치는 것은 과거의 호의들에 대한 표지였으며, 또한 여기서부터 자연적 이성의 명령에 따라 인성의 의무가 유래한다. 그러므로 일반적으로 이와 비슷한 의무는 남는다.

한다는 사실은 신적 예배의 직무자들, 그런 봉헌들의 분배자들, 그들 앞에서 하느님으로부터 받은 것들에 대한 그러한 선서를 전제로 한다. 이런 이유로 인해 희생제사들은, 아벨과 카인의 봉헌들이 증언하듯이, 처음부터 유일한 것으로 보인다(창세 4,34): 각각의 봉헌은 자신의 고유한 희생제사의 방식으로 봉헌된다(히브 11,4).": Cajetanus in h. a., n.1.

AD SECUNDUM dicendum quod primitiae offerebantur in veteri lege non solum propter beneficium terrae promissionis datae a Deo, sed etiam propter beneficium fructuum terrae a Deo datorum. Unde dicitur *Deut.* 16, [10]: *Offero primitias frugum terrae, quas Dominus Deus dedit mihi.* Et haec secunda causa apud omnes est communis.

Potest etiam dici quod sicut speciali quodam beneficio terram promissionis contulit Deus, ita generali beneficio toti humano generi contulit terrae dominium: secundum illud Psalm. [Ps. 113, 16]: *Terram dedit filiis hominum.*

AD TERTIUM dicendum quod, sicut Hieronymus dicit,[4] *ex maiorum traditione introductum est quod qui plurimum, quadragesimam partem dabant sacerdotibus loco primitiarum; qui minimum, sexagesimam.* Unde videtur quod inter hos terminos sint primitiae offerendae, secundum consuetudinem patriae. Rationabiliter tamen primitiarum quantitas non fuit determinata in lege, quia, sicut dictum est,[5] primitiae dantur per modum oblationis, de cuius ratione est quod sint voluntariae.[6]

---

4. *In Ezechiel.*, XIV,, super 45,13: ML 25, 451A.

2. 옛 법에서 만물들은 하느님에 의해 선사된 약속의 땅의 호의 때문만이 아니라 하느님에 의해 선사된 땅의 열매들의 호의 때문에 바쳐졌다. 그러므로 신명기 26장 [10절]은 다음과 같이 말한다. "나는 주 하느님께서 내게 주신 땅의 첫 열매를 드린다." 이 두 번째 원인은 모두에게 공통적이다. 또한 하느님께서 특별한 호의를 갖고 약속의 땅을 가져오신 것처럼, "[그분은] 사람의 자녀들에게 땅을 주셨다."라는 시편 115[113]편 [16절]에 따라 모든 인류에게 일반적인 호의를 가지고 땅의 소유권을 주셨다.

3. 히에로니무스는 다음과 같이 말한다.[4] "고대인들의 전통에서 부유한 이들은 만물들 대신에 사십 분의 일의 몫을 주고, 가난한 이들은 육십 분의 일의 몫을 사제들에게 주던 것이 도입되었다." 그러므로 이러한 한계 사이에 국가의 관습에 따라 봉헌해야 할 만물들이 있다. 그러나 합리적으로 첫 열매의 양은 법에 규정되어 있지 않은데, 이는 앞서 말한 바와 같이[5] 만물들은 봉헌의 방식으로 드리는 것이며, 그 이유는 그것이 자발적이기 때문이다.[6]

---

5. 본론.
6. Cf. a.1.

QUAESTIO LXXXVII
DE DECIMIS
in quatuor articulos divisa

Deinde considerandum est de decimis.[1]

Et circa hoc quaeruntur quatuor.

Primo: utrum homines teneantur ad solvendas decimas ex necessitate praecepti.

Secundo: de quibus rebus sint decimae dandae.

Tertio: quibus debeant dari.

Quarto: quibus competat eas dare.

Articulus 1
Utrum homines teneantur dare decomas ex necessitate praecepti

Ad primum sic proceditur. Videtur quod homines non teneantur dare decimas ex necessitate praecepti.

1. Praeceptum enim de solutione decimarum in lege veteri datur:

---

1. Cf. q.85, Introd.

제87문

십일조에 대하여

(전4절)

이제 십일조에 대하여 숙고하기로 하자.[1] 이에 대해서는 네 가지가 조사된다.

첫째, 사람들은 계명의 필요에 의해 십일조를 지불해야 하는가?
둘째, 어떤 것들에 대해 십일조를 내야 하는가?
셋째, 누구에게 주어야 하는가?
넷째, 그것들을 누가 주어야 하는가?

제1절 사람들은 계명의 필요에 의해 십일조를 지불해야 하는가

Parall.: *Quodlibet.*, II, q.4, a.3; VI, q.5, a.4; *In Matth.*, c.23; *In Ep. ad Heb.*, c.7, lect.1-2.
Doctr. Eccl.: 콘스탄츠 공의회 제8회기(1418)는 다음의 명제로 존 위클리프를 단죄했다: "십일조는 순수한 자선금이다. 본당 신자들은 그 고위 성직자의 죄로 인해 임의로 이를 거두어갈 수 있다."(DS 598=DH 1168)

[반론] 첫째는 다음과 같이 진행된다. 사람들이 계명의 필요에 의해 십일조를 줄 의무가 없는 것으로 보인다.

1. 레위기 27장 [30절]에서 분명히 드러나듯이, 십일조의 지불에 대한 계명은 옛 법에서 주어졌다. "땅의 모든 십일조는 수확물이나 과실 나무나 주님의 것이다." 그리고 그다음에[32절] 이렇게 말한다. "목자

q.87, a.1

ut patet *Levit.* 27, [30]: *Omnes decimae terrae, sive de frugibus sive de pomis arborum, Domini sunt;* et infra [32]: *Omnium decimarum ovis et bovis*[1] *et caprae, quae sub pastoris virga transeunt, quidquid decimum venerit, sanctificabitur Domino.* Non autem potest computari hoc inter praecepta moralia: quia ratio naturalis non magis dictat quod decima pars debeat magis dari quam nona vel undecima. Ergo vel est praeceptum iudiciale, vel caeremoniale. Sed sicut supra[2] habitum est, tempore gratiae non obligantur homines neque ad praecepta caeremonialia neque ad iudicialia veteris legis. Ergo homines nunc non obligantur ad solutionem decimarum.

2. Praeterea, illa sola homines observare tenentur tempore gratiae quae a Christo per Apostolos sunt mandata: secundum illud Matth. ult., [20]: *Docentes eos servare omnia quaecumque mandavi vobis;* et Paulus dicit, *Act.* 20, [27]: *Non enim subterfugi quominus annuntiarem vobis omne consilium Dei.*[3] Sed neque in doctrina Christi neque in doctrina Apostolorum aliquid continetur de solutione decimarum: nam quod Dominus de decimis dicit, Matth. 23, [23], *haec oportuit facere*, ad tempus praeteritum legalis observantiae referendum videtur; ut dicit Hilarius, *super Matth.*[4]: *Decimatio illa olerum, quae in praefigurationem futurorum erat utilis, non debebat omitti.* Ergo homines tempore gratiae non tenentur ad decimarum solutionem.

---

1. Vulgata: "bovis et ovis."
2. I–II, q.103, a.3; q.104, a.3.

의 지팡이 아래 지나가는 양과 소와,¹ 염소의 십분의 일은 모두 주님께 바쳐져 거룩하게 될 것이다." 그러나 이것은 도덕적 계명에 헤아려질 수 없다. 왜냐하면 자연적 이성은 십분의 일을 구분의 일이나 십일 분의 일보다 더 부과하지 않기 때문이다. 그러므로 그것은 사법상의 또는 예식상의 계명일 뿐이다. 그러나 위에서 말한 바와 같이,² 은총의 때에는 사람들이 옛 법의 예식이나 계명에 강제되지 않는다. 그러므로 이제 사람들은 더 이상 십일조를 지불할 의무가 없다.

2. "내가 너희에게 명령한 모든 것을 지키도록 그들을 가르치라."는 마태오복음서 28장 [20절]에 따라, 은총의 시대에 사람들은 오직 사도들을 통하여 그리스도에 의해 명령된 것만을 지켜야 할 의무가 있다. 그리고 바오로는 사도행전 20장 [27절]에서 다음과 같이 말한다. "이는 내가 하느님의 모든 의견을 여러분에게 감추지 않았기 때문입니다."³ 그러나 그리스도의 가르침이나 사도의 가르침에는 십일조의 지불에 대한 것이 없다. 주님께서 마태오복음서 23장 [23절]에서 "그것은 이러한 일을 할 필요가 있었다"라고 십일조에 관해 말씀하신 것은 법적 준수에 대한 과거의 시간을 가리키는 것으로 보이기 때문이다. 힐라리우스는 『마태오복음 주해』에서⁴ 다음과 같이 말한다. "야채의 십일조를 생략하지 않아야 했다. 그것은 미래의 것들을 예시하는 데 유용했다." 그러므로 사람들은 은총의 때에 십일조를 지불할 의무가 없다.

---

3. Vulgata: "quominus annuntiarem omne consilium Dei vobis."
4. Comment. c.24, n.7: ML 9, 1959B.

3. Praeterea, homines tempore gratiae non magis tenentur ad observantiam legalium quam ante legem. Sed ante legem non dabantur decimae ex praecepto, sed solum ex voto: legitur enim *Gen.* 28, [20 sqq.] quod Iacob *vovit votum dicens: Si fuerit Deus mecum et custodierit me in via qua ambulo*,[5] etc., *cunctorum quae dederis mihi decimas offeram tibi.* Ergo etiam neque tempore gratiae tenentur homines ad decimarum solutionem.

4. Praeterea, in veteri lege tenebantur homines ad triplices decimas solvendas. Quarum quasdam solvebant Levitis: dicitur enim *Num.* 18, [24]: *Levitae decimarum oblatione contenti erunt, quas in usus eorum et necessaria separavi.* Erant quoque et aliae decimae, de quibus legitur *Deut.* 14, [22-23]: *Decimam partem separabis de cunctis fructibus tuis qui nascuntur in terra per annos singulos, et comedes in conspectu Domini Dei tui in loco quem elegerit Deus.*[6] Erant quoque et aliae decimae, de quibus ibidem [28-29] subditur: *Anno tertio separabis aliam decimam ex omnibus quae nascuntur tibi eo tempore, et repones intra ianuas tuas, venietque Levites, qui aliam non habet partem neque*[7] *possessionem tecum, et peregrinus ac pupillus et vidua qui intra portas tuas sunt, et comedent et saturabuntur.* Sed ad secundas et tertias decimas homines non tenentur tempore gratiae. Ergo neque ad primas.

5. Praeterea, quod sine determinatione temporis debetur, nisi statim solvatur, obligat ad peccatum. Si ergo homines tempore gratiae

---

5. Vulgata: "per quam ego ambulo."

3. 은총의 때에 사람들은 법 이전보다 법을 준수할 의무가 더 없다. 그러나 법이 있기 전에는 십일조가 계명으로 주어지는 것이 아니라 오직 서원으로 주어지는 것이다. 창세기 28장 [20절 이하]에는 다음과 같이 쓰여 있다. "야곱은 다음과 같이 말하며 서원했다: 만일 하느님이 나와 함께하시고 내가 가는 길에 나를 지키신다면,[5] 제게 주시는 것의 십분의 일을 바치겠습니다." 그러므로 은총의 때에도 사람들은 십일조를 바칠 의무가 없다.

4. 옛 법에서는 사람들이 세 가지로 십일조를 내야 했다. 민수기 18장 [24절]에서 말한 바와 같이, 그 가운데 일부는 레위 사람들에게 지불되었다. "레위 사람들은 내가 그들의 쓰임과 필요를 위하여 떼어놓은 십일조 제물로 만족할 것이다." 또 다른 십일조가 있었는데, 신명기 14장 [22-23절]은 그에 대해 다음과 같이 말한다. "너는 매년 땅에서 나는 모든 열매의 십일조를 떼어 하느님이 택하실 곳에서 너의 주 하느님 앞에서 먹으라."[6] 또 다른 십일조가 있었는데 같은 곳에서[28-29절] 다음과 같이 말한다. "세 번째 해에 너는 그때 너에게 생겨날 모든 것 가운데 다른 십일조를 분리해서, 너의 문 안에 두어라. 그것을 너와 함께 다른 몫이나 소유도 없는[7] 레위인들에게, 너의 문 안으로 오게 될 외국인과 고아 그리고 과부에게 두어라. 그러면 그들은 먹고 배부르게 될 것이다." 그러나 사람들은 은총의 때에 두 번째와 세 번째 십일조에 의무가 없다. 그러므로 첫 번째 [십일조]에도 [그런 의무가] 없다.

5. 시간의 한정 없이 의무적인 것은, 만일 즉시 지불되지 않는다면

---

6. Vulgata om.: 'Deus'
7. Vulgata: 'nec'

obligarentur ex necessitate praecepti ad decimas solvendas, in terris in quibus decimae non solvuntur omnes essent in peccato mortali, et per consequens etiam ministri Ecclesiae dissimulando: quod videtur inconveniens. Non ergo homines tempore gratiae ex necessitate tenentur ad solutionem decimarum.

SED CONTRA est quod Augustinus dicit,[8] et habetur XVI, qu. 1[9]: *Decimae ex debito requiruntur: et qui eas dare noluerint, res alienas invadunt.*

RESPONDEO dicendum quod decimae in veteri lege dabantur ad sustentationem ministrorum Dei: unde dicitur Malach. 3, [10]: *Inferte omnem decimationem in horreum meum, ut sit cibus in domo mea.*[10] Unde praeceptum de solutione decimarum partim quidem erat morale, inditum naturali rationi: partim autem erat iudiciale, ex divina institutione robur habens.[11] Quod enim eis qui divino cultui ministrabant ad salutem populi totius, populus necessaria victus ministraret, ratio naturalis dictat: sicut et his qui communi utilitati invigilant, scilicet principibus et militibus et aliis huiusmodi, stipendia victus debentur a populo. Unde et Apostolus hoc probat, I *ad Cor.* 9, [7], per humanas consuetudines, dicens: *Quis militat suis*

---

8. Append. Serm.277, al.219, de Temp., n.3: ML 39, 2268. (Inter opp. Aug.)
9. Cf. Gratianus, *Decretum*, p.2, causa 16, q.1, can.66: ed. Richter-Friedberg, t.1, p.784.
10. Vulgata: "Inferte omnem decimam in horreum, et sit cibus in domo mea."

제87문 제1절

죄가 된다. 그러므로 은총의 때에 사람들이 십일조를 바쳐야 한다는 계명의 의무를 갖는다면, 십일조를 바치지 않는 땅들에서는 사람들이 모두 사죄(死罪)를 짓게 될 것이며, 따라서 교회의 직무자들도 이를 간과한 셈인데, 이것은 부적절해 보인다. 따라서 사람들은 은총의 때에 십일조를 내야 할 의무가 없다.

[재반론] 그러나 반대로 아우구스티누스와[8] 『교령』 제16권 제1문은[9] 다음과 같이 말한다. "십일조들은 채무로 요구되며, 그것들을 주는 것을 원치 않는 사람들은 다른 사람들의 재산을 침범하는 것이다."

[답변] 옛 법에서 십일조는 하느님의 종들을 먹이기 위한 것이었다. 그래서 말라키서 3장 [10절]에서 다음과 같이 말한다. "너희는 십일조를 다 내 창고로 가져다가 내 집에 음식이 있게 하라."[10] 그러므로 십일조를 바치는 것에 관한 계명은 부분적으로는 도덕적인 것이었고, 자연적 이성에 의해 주어졌지만, 부분적으로는 사법적인 것이었으며, 신적 제정에 의해 힘을 받았다.[11] 자연적 이성은 모든 백성의 무사함을 위해 신적 예배에 봉사하는 사람들에게 필요한 음식을 제공해야 한다고 요구하며, 공동의 유익을 지키는 사람들, 즉 군주와 군인 그리고 그와 비슷한 사람들도 마찬가지다. 그러므로 사도 바오로도 코린토 1서 9장 [7절]에서 인간적인 관습들에 따라 다음과 같이 말하며 이것을 인정하고 있다. "누가 자기가 지출을 하면서 싸우겠는가? 누가 포도나무를

---

11. 제2부 제1편 제99문 제2-4절에서 도덕적 계명들과 예식적 계명들 그리고 사법적 계명들 사이의 구별이 제시되고 있다. 반면에 제100-104문에서는 개별적인 계명의 부류들이 고려되고 있다.

stipendiis unquam? Quis plantat vineam et de fructibus[12] *eius non edit?* Sed determinatio certae partis exhibendae ministris divini cultus non est de iure naturali, sed est introducta institutione divina secundum conditionem illius populi cui lex dabatur; qui cum in duodecim tribus esset divisus, duodecima tribus, scilicet Levitica, quae tota erat divinis ministeriis mancipata, possessiones non habebat: unde convenienter institutum est ut reliquae undecim tribus decimam partem suorum proventuum Levitis darent,[13] ut honorabilius viverent, et quia etiam aliqui per negligentiam erant transgressores futuri. Unde quantum ad determinationem decimae partis, erat iudiciale: sicut et alia multa specialiter in illo populo instituta erant ad aequalitatem inter homines ad invicem conservandam secundum populi illius conditionem, quae iudicialia praecepta dicuntur; licet ex consequenti aliquid significarent in futurum, sicut et omnia eorum facta, secundum illud I *ad Cor.* 10, [11], *Omnia in figuram contingebant illis;* in quo conveniebant cum caeremonialibus praeceptis, quae principaliter instituta erant ad significandum aliquid futurum. Unde et praeceptum de decimis persolvendis hic significat aliquid in futurum: qui enim decimam dat, quae est perfectionis signum (eo quod denarius est quodammodo numerus perfectus, quasi primus limes numerorum, ultra quem numerum non procedunt, sed reiterantur ab uno), novem sibi partibus reservatis, protestatur quasi in quodam signo ad se pertinere imperfectionem, perfectionem vero, quae erat futura per Christum, esse expectandam a Deo.[14] Nec tamen propter hoc est caeremoniale

제87문 제1절

심고 그것의 열매를[12] 먹지 않겠는가?" 그러나 신적 예배의 직무자들에게 일정한 몫을 주는 것에 대한 결정은 자연법에 속한 것이 아니라, 법이 주어진 그 백성의 조건에 따라 신적 제정을 통해 도입되었다. 이 백성은 열두 지파로 나뉘었으며, 그의 모든 것이 신적 봉사에 바쳐진 열두 번째 지파, 즉 레위지파는 아무것도 소유하지 않았다. 그러므로 남은 열한 지파들이 자신들의 수입의 십분의 일의 몫을 레위인들에게 줌으로써[13] 그들이 더욱 명예롭게 살도록 적절하게 제정되었다. 또한 일부 사람들은 게으름으로 인해 장차 이를 위반할 것이기 때문에도 제정되었다. 그러므로 십분의 일의 몫에 대한 결정과 관련된 것은 사법적인 것으로, 다른 많은 것이 그 백성의 조건에 따라 사람들 간에 서로 동등함을 보존하기 위해 법적 규정으로 그 백성 안에 특별하게 세워진 것과 같다. "모든 것은 그들에게 전형(典型)으로 일어났다."라는 코린토 1서 10장 [11절]에 따라, 결과적으로 이 규정들은 그 백성의 다른 모든 사건들과 마찬가지로 미래의 어떤 것을 의미했다. 이 점에서 이들은 주로 미래적인 어떤 것을 가리키기 위해 제정된 예식 규정들과 유사하다. 그러므로 여기서 십일조 지불에 대한 규정은 미래에 어떤 것을 가리킨다. 왜냐하면 구분의 일의 몫을 자신에게 보존하는 가운데 완전함의 표지인 십일조를 주는 사람은(어떤 의미에서 10은 완전한 숫자이며, 숫자가 앞으로 나아가지 않고 하나에서 반복되는 첫 번째 한계이다) 어떤 표지로 자신에게 불완전함이 속한다는 것을 고백하기 때문이다.[14] 그러나 그리스도를 통해 오게 될 완전함은 하느님으로부터 고대하는 것이다.

---

12. Vulgata: 'fructu'
13. 민수 18,21.

praeceptum, sed iudiciale, ut dictum est.

Est autem haec differentia inter caeremonialia et iudicialia legis praecepta, ut supra[15] diximus, quod caeremonialia illicitum est observare tempore legis novae: iudicialia vero, etsi non obligent tempore gratiae, tamen possunt observari absque peccato, et ad eorum observantiam aliqui obligantur si statuatur auctoritate eorum quorum est condere legem. Sicut praeceptum iudiciale veteris legis est quod *qui furatus fuerit ovem, reddat quatuor oves,* ut legitur *Exod.* 22, [1]: quod, si ab aliquo rege statuatur, tenentur eius subditi observare. Ita etiam determinatio decimae partis solvendae est auctoritate Ecclesiae tempore novae legis instituta secundum quandam humanitatem: ut scilicet non minus populus novae legis ministris novi Testamenti exhiberet quam populus veteris legis ministris veteris Testamenti exhibebat; cum tamen populus novae legis ad maiora obligetur, secundum illud Matth. 5, [20]: *Nisi abundaverit iustitia vestra plus quam Scribarum et Pharisaeorum, non intrabitis in regnum caelorum:* et cum ministri novi Testamenti sint maioris dignitatis quam ministri veteris Testamenti, ut probat Apostolus, II *ad Cor.* 3, [7 sqq.].

Sic ergo patet quod ad solutionem decimarum homines tenentur, partim quidem ex iure naturali, partim etiam ex institutione Ecclesiae: quae tamen, pensatis opportunitatibus temporum et personarum, posset aliam partem determinare solvendam.

---

14. Cf. III, q.31, a.8.

하지만 말한 바와 같이 이로 인해 규정이 예식적인 것은 아니며 사법적이다.

그런데 위에서 말했듯이,[15] 예식적 규정들과 사법적 규정들 사이에는 다음과 같은 차이가 있다. 즉 새 법의 시대에는 예식적 [규정들을] 지키는 것이 불법이지만, 사법적 [규정들은 그렇지 않다]. 비록 은총의 시간에는 [그것들이] 강제적이진 않지만, 죄없이 지킨다고 해서 죄가 되지는 않으며, [그것들이] 이 법을 제정해야 하는 사람들의 권위에 의해 설립되면, 어떤 사람들은 그것들을 준수해야 한다. 탈출기 22장 [1절]에서 읽을 수 있듯이, 한 마리의 양을 훔친 사람이 네 마리를 돌려줘야 하는 것은 옛 법의 사법적 규정인데, 만일 어떤 왕에 의해 제정되면, 그의 수하들은 그것을 지켜야 한다. 또한 새 법의 시대에 교회의 권위에 의해 지불되어야 할 십일조 몫의 결정은 인간적인 방식으로 제정되었으므로, 새 법의 백성들은 새 법의 직무자들에게도 옛 법의 백성들이 구약의 직무자들에게 제출한 것보다 적지 않게 제시해야 한다. 그러나 마태오복음서 5장 [20절]에 따라, 새 법의 백성은 더 큰 것에 의무가 있다. "너희의 의로움이 율법학자들과 바리사이들의 [의로움]보다 더 많지 않으면, 너희는 하늘나라에 들어가지 못할 것이다." 이는 사도가 코린토 2서 3장 [7절 이하]에서 입증하듯이, 신약의 직무자들은 구약의 직무자들보다 더 고상하기 때문이기도 하다.

그러므로 사람들은 부분적으로는 자연법에 의해, 부분적으로는 교회의 제정에 의해 십일조를 지불해야 하는 것이 분명하다. 그러나 교회는 시대와 사람들의 기회들을 생각할 때, 지불해야 할 다른 몫을 결

---

15. I-II, q.104, a.3.

Et per hoc patet responsio AD PRIMUM.

AD SECUNDUM dicendum quod praeceptum de solutione decimarum, quantum ad id quod erat morale, datum est in Evangelio a Domino ubi dicit, Matth. 10, [10][16]: *Dignus est operarius mercede sua;* et etiam ab Apostolo, ut patet I *ad Cor.* 9, [4 sqq.]. Sed determinatio certae partis est reservata ordinationi Ecclesiae.

AD TERTIUM dicendum quod ante tempus veteris legis non erant determinati ministri divini cultus: sed dicitur quod primogeniti erant sacerdotes, qui duplicem portionem accipiebant. Et ideo etiam non erat determinata aliqua pars exhibenda ministris divini cultus, sed ubi aliquis occurrebat, unusquisque dabat ei propria sponte quod sibi videbatur. Sicut Abraham quodam prophetico instinctu dedit decimas Melchisedech, sacerdoti Dei summi, ut dicitur *Gen.* 14, [20]. Et similiter etiam Iacob decimas vovit se daturum: quamvis non videatur decimas vovisse quasi aliquibus ministris exhibendas, sed in divinum cultum, puta ad sacrificiorum consummationem; unde signanter dicit: *Decimas offeram tibi.*

AD QUARTUM dicendum quod secundae decimae, quae reservabantur ad sacrificia offerenda, locum in nova lege non habent, cessantibus legalibus victimis. Tertiae vero decimae, quas cum pauperibus comedere debebant, in nova lege augentur, per hoc quod Dominus non solum decimam partem, sed omnia superflua pauperi-

---

16. 루카 10,7.

정할 수 있다.

[해답] 1. 이로써 첫 번째 [반론]에 대한 답은 명확해졌다.

2. 십일조 지불의 계명은 도덕적인 한에서 복음서에서 주님에 의해 주어진 것으로, 마태오복음서 10장 [10절]에서 다음과 같이 말한다.[16] "일꾼은 자신의 보수를 받을 만하다." 또한 코린토 1서 9장 [4절 이하]에서 분명히 드러나듯이, 사도에 의해서도 [그렇다]. 그러나 어떤 특정한 부분의 결정은 교회의 명령에 유보되어 있다.

3. 옛 법의 시대 전에는 신적 예배의 결정된 직무자들이 없었지만, 맏이들은 두 배의 몫을 받는 사제들이었다고 한다. 그러므로 어떤 부분도 신적 예배의 직무자들에게 제시되는 것이 결정되지 않았지만, 누군가 필요한 곳에서는 각자가 자신의 자발성으로 자신에게 보이는 것을 그에게 주었다. 창세기 14장 [20절]에서 말하듯이, 아브라함이 어떤 예언적 충동으로 지극히 높으신 하느님의 사제 멜키체덱에게 십일조를 준 것처럼, 야곱도 마찬가지로 [십일조를] 주겠다고 서원했는데, 비록 그가 어떤 직무자들에게 십일조를 주겠다고 서원하는 것은 아니지만, 예컨대 희생제사의 완성을 위한 신적 예배를 드리는 것으로 보인다. 그러므로 분명하게 다음과 같이 말한다. "제가 당신께 십일조를 드리겠습니다."

4. 희생제사를 봉헌하기 위하여 유보된 두 번째 십일조는 합법적인 제물들이 중단되었으므로 새 법에 자리하지 않는다. 그런데 가난한 사람들과 함께 먹어야 했던 세 번째 십일조는 새 법에서 증가하는데, 이것은 루카복음서 11장 [41절]에 따라 주님께서 십분의 일의 몫만이 아니라 모든 잉여분을 가난한 사람들에게 주라고 명령하셨기 때문이다.

bus iubet exhiberi: secundum illud Luc. 11, [41]: *Quod superest, date eleemosynam*. Ipsae etiam decimae quae ministris Ecclesiae dantur, per eos debent in usus pauperum dispensari.[17]

AD QUINTUM dicendum quod ministri Ecclesiae maiorem curam debent habere spiritualium bonorum in populo promovendorum quam temporalium colligendorum. Et ideo Apostolus noluit uti potestate sibi a Domino tradita, ut scilicet acciperet stipendia victus ab his quibus Evangelium praedicabat, ne daretur aliquod impedimentum Evangelio Christi.[18] Nec tamen peccabant illi qui ei non subveniebant: alioquin Apostolus eos corrigere non omisisset. Et similiter laudabiliter ministri Ecclesiae decimas Ecclesiae non requirunt, ubi sine scandalo requiri non possent, propter dissuetudinem vel propter aliquam aliam causam. Nec tamen sunt in statu damnationis qui non solvunt, in locis illis in quibus Ecclesia non petit: nisi forte propter obstinationem animi, habentes voluntatem non solvendi etiam si ab eis peterentur.

---

17. Cf. a.3, ad1; a.4, ad4.

"남은 것으로 자선을 베풀어라." 교회의 직무자들에게 주어지는 십일조 자체도 가난한 사람들의 사용을 위해 그들에 의해 분배되어야 한다.[17]

5. 교회의 직무자들은 백성 안에서 현세적인 [재화들의] 수집보다 영적인 재화들을 증진하는 일에 더 많은 관심을 기울여야 한다. 그래서 사도는 그리스도의 복음에 어떤 장애를 주지 않기 위해 자신의 주님에 의해 전수된 권한, 즉 복음을 설교하는 사람으로서 보수를 받는 것을 사용하지 않으려 했다.[18] 그럼에도 불구하고 그를 돕지 않은 사람들이 죄를 짓는 것은 아니다. 그렇지 않다면 사도는 그들을 교정할 것을 소홀히 하지 않았을 것이다. 그리고 마찬가지로, 걸림돌이나 다른 어떤 이유로 인해 걸림돌 없이 [십일조를] 요구할 수 없을 때, 마찬가지로 교회의 직무자들이 교회로부터 십일조를 요구하지 않는 것도 칭찬받을 만하다. 그러나 교회가 요청하지 않는 곳에서는, 아마도 영혼의 완고함 때문에, 비록 그들에게 요청된다고 해도 지불하지 않으려고 하는 경우 외에는, [십일조를] 지불하지 않는 사람들이 단죄의 상태에 있는 것은 아니다.

---

18. 1코린 9,12.

Articulus 2
Utrum de omnibus teneantur homines decimas dare

Ad secundum sic proceditur. Videtur quod non de omnibus teneantur homines decimas dare.

1. Solutio enim decimarum videtur esse ex veteri lege introducta. Sed in veteri lege nullum praeceptum datur de personalibus decimis, quae scilicet solvuntur de his quae aliquis acquirit ex proprio actu, puta de mercationibus vel de militia. Ergo de talibus decimas solvere nullus tenetur.

2. Praeterea, de male acquisitis non debet fieri oblatio, ut supra[1] dictum est. Sed oblationes, quae immediate Deo exhibentur, videntur magis pertinere ad divinum cultum quam decimae, quae exhibentur ministris. Ergo etiam nec decimae de male acquisitis sunt solvendae.

3. Praeterea, *Levit.* ult., [30-32] non mandatur solvi decima nisi *de frugibus et pomis arborum, et* animalibus *quae transeunt sub virga pastoris.* Sed praeter haec sunt quaedam alia minuta quae homini proveniunt, sicut herbae quae nascuntur in horto, et alia huiusmodi. Ergo nec de illis homo decimas dare tenetur.

4. Praeterea, homo non potest solvere nisi id quod est in eius potestate. Sed non omnia quae proveniunt homini de fructibus agrorum aut animalium remanent in eius potestate: quia quaedam aliquando subtrahuntur per furtum vel rapinam; quaedam vero quandoque in alium transferuntur per venditionem; quaedam etiam aliis debentur,

제2절 사람들은 모든 것에 대해 십일조를 주어야 하는가

[반론] 둘째는 다음과 같이 진행된다. 사람들은 모든 것에 대해 십일조를 주어야 하는 것은 아닌 것으로 보인다.

1. 십일조의 지불은 옛 법에서 도입된 것으로 보인다. 그러나 옛 법에는 분명 개인이 자신의 행위, 예컨대 상업이나 군 복무에서 얻은 것에서 지불하는 개인적인 십일조에 대한 규정이 없었다. 그러므로 아무도 그러한 것들에 대해 십일조를 지불할 의무가 없다.

2. 위에서 말한 것처럼,[1] 나쁘게 취득한 것들로 봉헌해서는 안 된다. 그런데 하느님께 직접 바치는 봉헌물은 직무자들에게 드리는 십일조보다는 신적 예배에 더 속하는 것처럼 보인다. 그러므로 나쁘게 취득한 것들로 십일조를 지불해서는 안 된다.

3. 레위기 27장 [30-32절]에서는 "수확물과 열매 나무, 그리고 목자의 지팡이 아래 지나가는 동물들을 제외하고" 십일조를 지불하지 말도록 명한다. 그러나 이 외에도 정원에서 자라는 풀과 그와 비슷한 것들처럼 사소한 것들이 사람에게 나온다. 그러므로 인간은 그것들에 대해 십일조를 지불할 의무가 없다.

4. 인간은 자신의 능력에 있는 것이 아니면 지불할 수 없다. 그러나 밭들이나 동물들의 열매들로부터 인간에게 이른 모든 것이 그의 능력에 남아 있는 것은 아니다. 왜냐하면 때로는 도둑질이나 강탈로 빼앗기도 하고, 때로는 판매로 다른 사람에게 옮겨지기도 하며, 때로는 세금이 군주들에게 마땅히 [지불되어야 하고] 봉급이 일꾼들에게 마땅히

---

1. q.86, a.3.

sicut principibus debentur tributa et operariis debentur mercedes. Ergo de his non tenetur aliquis decimas dare.

SED CONTRA est quod dicitur *Gen.* 28, [22]: *Cunctorum quae dederis mihi decimas offeram tibi.* Sed omnia quae homo habet sunt ei data divinitus. Ergo de omnibus debet decimas dare.

RESPONDEO dicendum quod de unaquaque re praecipue est iudicandum secundum eius radicem. Radix autem solutionis decimarum est debitum quo seminantibus spiritualia debentur carnalia, secundum illud Apostoli, I *ad Cor.* 9, [11]: *Si nos vobis spiritualia seminavimus, magnum est si carnalia vestra metamus?*[2] Super hoc enim debitum fundavit Ecclesia determinationem solutionis decimarum. Omnia autem quaecumque homo possidet sub carnalibus continentur. Et ideo de omnibus possessis decimae sunt solvendae.

AD PRIMUM ergo dicendum quod specialis ratio fuit quare in veteri lege non fuit datum praeceptum de personalibus decimis, secundum conditionem populi illius: quia omnes aliae tribus certas possessiones habebant, de quibus poterant sufficienter providere Levitis, qui carebant possessionibus; non autem interdicebatur eis quin

---

2. Vulgata: "si nos carnalia vestra metamus."

[지불되어야 하는 것처럼], 어떤 사람들이 다른 사람들에게 마땅히 [지불해야 한다]. 그러므로 이들 가운데 아무도 십일조를 줄 의무가 없다.

[재반론] 그러나 반대로 창세기 28장 [22절]은 다음과 같이 말한다. "저는 당신께서 제게 주신 모든 것의 십분의 일을 당신께 드립니다." 그런데 사람이 가진 모든 것은 다 하느님께서 주신 것이다. 그러므로 [받은] 모든 것에서 십일조를 드려야 한다.

[답변] 모든 것에 대해서 특히 그 뿌리에 따라 판단되어야 한다. 코린토 1서 9장 [11절]에 있는 "우리가 여러분에게 영적인 것들을 심었다면, 여러분의 육적인 것들을 거두는 것이 큰일이겠습니까?"[2]라는 사도의 말에 따르면, 십일조를 지불하는 것의 뿌리는 영적인 선들을 씨 뿌리는 이들에게 빚지고 있는 육적인 것들이다. 사실, 교회는 이 빚 위에 십일조 지불에 대한 결정을 바탕 지었다. 그런데 사람이 소유하는 모든 것은 다 육적인 것들에 포함된다. 그러므로 십일조는 모든 소유에 대하여 지불되어야 한다.

[해답] 1. 옛 법에는 그 백성의 상황에 따라 개인적인 십일조에 대한 규정이 주어지지 않은 특별한 이유가 있는데, 이는 다른 모든 지파가 어떤 소유물들을 갖고 있었기 때문이고, 그것들과 더불어 소유물이 없는 레위인들에게 충분히 공급할 수 있었기 때문이다. 그런데 레위인들에게도 다른 유다인들과 마찬가지로 다른 정직한 일들로부터 이익을 얻는 것은 금지되지 않았다. 그러나 새 법에 속한 사람들은 세계에 흩어져 있다. 그들 대부분은 소유물이 없는데, 만일 그들의 일에 대한

de aliis operibus honestis lucrarentur, sicut et alii Iudaei. Sed populus novae legis est ubique per mundum diffusus, quorum plurimi possessiones non habent, sed de aliquibus negotiis vivunt: qui nihil conferrent ad subsidium ministrorum Dei, si de eorum negotiis decimas non solverent. Ministris etiam novae legis arctius interdicitur ne se ingerant negotiis lucrativis: secundum illud II *ad Tim.* 2, [4]: *Nemo militans Deo implicat se saecularibus negotiis.*[3] Et ideo in nova lege tenentur homines ad decimas personales, secundum consuetudinem patriae et indigentiam ministrorum. Unde Augustinus dicit,[4] et habetur XVI qu. 1, cap. *Decimae*[5]: *De militia, de negotio et de artificio redde decimas.*

AD SECUNDUM dicendum quod aliqua male acquiruntur dupliciter. Uno modo, quia ipsa acquisitio est iniusta, puta quae acquiruntur per rapinam aut usuram: quae homo tenetur restituere, non autem de eis decimas dare. Tamen si ager aliquis sit emptus de usura, de fructu eius tenetur usurarius decimas dare: quia fructus illi non sunt ex usura, sed ex Dei munere. — Quaedam vero dicuntur male acquisita quia acquiruntur ex turpi causa, sicut de meretricio, de histrionatu, et aliis huiusmodi, quae non tenentur restituere. Unde de talibus tenentur decimas dare secundum modum aliarum personalium decimarum. Tamen Ecclesia non debet eas recipere

---

3. Vulgata: "negotiis saecularibus."
4. Gratianus, *Decretum*, p.2, causa 16, q.1, can.66: ed. Richter-Friedberg, t.1, p.784.

십일조를 지불하지 않으면, 하느님의 직무자들의 생계를 위해 아무런 도움도 주지 않는 일을 하며 사는 것이다. 한편 "하느님을 위해 싸우는 사람은 아무도 세속의 일들에 관심을 갖지 않습니다."[3]라는 티모테오 2서 2장 [4절]에 따르면, 새 법의 직무자들에게는 좀 더 이익이 많은 일을 하는 것이 엄격하게 금지되어 있다. 그래서 새 법에서는 사람들이 국가의 관습과 직무자들의 필요에 따라 개인적인 십일조를 지불해야 한다. 그러므로 아우구스티누스와 『교령』 제16권 제1문의 "십일조" 장(章)은[4] 다음과 같이 말한다.[5] "전쟁, 사업, 수공업에서 십일조를 지불할 것이다."

2. 어떤 것들은 두 가지 방법으로 잘못 얻어진다. 첫째로, 그 취득 자체가 불법이기 때문에, 예를 들어 도둑질이나 고리대금으로 취득한 것들은 사람이 반드시 반환해야 하고, 그 물건의 십분의 일을 주어서는 안 된다. 그런데 만일 밭을 고리대금으로 취득하면 고리대금업자는 그 열매들에 대하여 십일조를 바치는 것이다. 왜냐하면 열매들은 고리대금이 아니라 하느님에게서 오는 것이기 때문이다. 그러나 어떤 것들은 부끄러운 원인, 예를 들어 매춘, 지나친 연기, 그리고 그와 비슷한 것들로 인해 얻어지기 때문에 나쁘게 얻어진 것이라고 말하며, 그것들은 되돌려줄 의무가 없다. 그래서 그들은 다른 개인적인 십일조의 방법들로 수입과 마찬가지로 십일조를 지불해야 한다. 그러나 교회는 그들이 죄 중에 있을 때 그것들을 받지 말아야 하며, 그들의 죄에 동참하는 것으로 보이지 않도록 해야 한다. 뉘우친 후에는 그들로부터 십분의 일을 받을 수 있다.

---

5. Serm.277, a.219 de Temp., n.1: ML 39, 2267.

quandiu sunt in peccato, ne videatur eorum peccatis communicare: sed postquam poenituerint, possunt ab eis de his recipi decimae.

AD TERTIUM dicendum quod ea quae ordinantur in finem sunt iudicanda secundum quod competunt fini.[6] Decimarum autem solutio est debita non propter se, sed propter ministros, quorum honestati non convenit ut etiam minima exacta diligentia requirant: hoc enim, in vitium computatur, ut patet per Philosophum, in IV *Ethic.*.[7] Et ideo lex vetus non determinavit ut de huiusmodi minutis rebus decimae dentur, sed relinquit hoc arbitrio dare volentium: quia minima quasi nihil computantur.[8] Unde Pharisaei, quasi perfectam legis iustitiam sibi adscribentes, etiam de his minutis decimas solvebant.[9] Nec de hoc reprehenduntur a Domino: sed solum de hoc quod maiora, idest spiritualia praecepta, contemnebant. Magis autem de hoc eos secundum se commendabiles esse ostendit, dicens: *Haec oportuit facere:* scilicet tempore legis, ut Chrysostomus exponit.[10] Quod etiam videtur magis in quandam decentiam sonare quam in obligationem. Unde et nunc de huiusmodi minutis non tenentur homines decimas dare: nisi forte propter consuetudinem patriae.

AD QUARTUM dicendum quod de his quae furto vel rapina tolluntur ille a quo auferuntur decimas solvere non tenetur antequam recuperet: nisi forte propter culpam vel negligentiam suam damnum incurrerit; quia ex hoc Ecclesia non debet damnificari. — Si vero

---

6. Cf. q.141, a.6.

3. 목적을 지향하는 것들은 목적에 적합한 것에 따라 판단되어야 한다.[6] 그런데 십일조를 지불하는 것은 그 자체를 위하여 빚진 것이 아니라 직무자들에게 빚진 것이며, 그들이 아주 작은 것까지 정확하게 요구하는 것은 그들의 품위에 합당하지 않다. 왜냐하면 이것은 『니코마코스 윤리학』에서[7] 철학자에 의해 분명하게 드러나는 바와 같이 악습으로 간주되기 때문이다. 그러므로 옛 법은 이렇게 작은 일로 십일조를 드리는 것을 규정하지 않았고 다만 주고자 하는 자들의 재량에 맡기는 것이니, 이것은 작은 것들이 아무것도 아닌 것으로 여겨지기 때문이다.[8] 그러므로 바리사이들은 법의 완전한 의로움을 자기들에게 돌리면서 이 작은 일들에 대해서도 십일조를 바쳤다.[9] 그들은 이에 대해서 주님에 의해 책망받는 것이 아니라 그들이 큰 계명들, 즉 영적인 계명들을 경멸했기 때문에 책망받는다. 그러나 더욱이, 그것 자체에 대해서는 칭찬받을 만한 것을 보여주며, 크리소스토무스가 설명한 것처럼[10] 법의 시대에는 이 일들을 해야 했다. 그러나 이것은 또한 의무라기보다 일종의 적합함처럼 보인다. 그러므로 지금도 사람들은 아마도 이 나라의 관습 때문이 아니라면 그러한 사소한 것들의 십일조를 줄 의무가 없다.

4. 도둑질이나 강탈로 빼앗긴 물건들에 대해서, [그것들을] 빼앗긴 사람은 [그것들을] 되찾을 때까지 십일조를 지불할 의무가 없다. 그 사람이 자신의 탓이나 게으름으로 손해를 보지 않는 한, 교회가 이로 인

---

7. c.4, 1122b8-10; S. Thomas, lect.6, n.716.
8. Cf. q.66, a.6, ad3.
9. 마태 23,23; 루카 11,42.
10. *Opus imperf. in Matth.*, hom.44, super 23,24: MG 56, 883. (Inter Opp. Chrysost.)

vendat triticum non decimatum, potest Ecclesia decimas exigere et ab emptore, quia habet rem Ecclesiae debitam; et a venditore, qui, quantum est de se, fraudavit Ecclesiam. Uno tamen solvente, alius non tenetur. — Debentur autem decimae de fructibus terrae inquantum proveniunt ex divino munere. Et ideo decimae non cadunt sub tributo, nec etiam sunt obnoxiae mercedi operariorum. Et ideo non debent prius deduci tributa[11] et pretium operariorum[12] quam solvantur decimae: sed ante omnia debent decimae solvi ex integris fructibus.[13]

Articulus 3
Utrum decimae sint clericis dandae

Ad tertium sic proceditur. Videtur quod decimae non sint clericis dandae.

1. Levitis enim in veteri Testamento decimae dabantur quia non habebant aliquam partem in possessionibus populi, ut habetur *Num.* 18, [23-24]. Sed clerici in novo Testamento habent possessiones: et patrimoniales interdum, et ecclesiasticas. Recipiunt insuper primitias, et oblationes pro vivis et mortuis. Superfluum igitur est quod eis decimae dentur.

---

11. Cf. *Decretal. Greg. IX*, III, tit.30, c.33: ed. Richter-Friedberg, t.2, p.568.
12. Cf. ibid., c.7: ed. cit., t.2, p.558.

해 손해를 보아서는 안 되기 때문이다. 그런데 먼저 십분의 일을 떼지 않은 밀을 팔면, 구매자는 교회가 마땅히 가져야 할 것을 가지고 있으므로, 구매자에게도 십일조를 요구할 수 있고, 교회를 속인 판매자에게도 요구할 수 있다. 그러나 하나를 지불하면 다른 하나는 강제되지 않는다. 이 땅의 열매들은 하느님에게서 선사되는 한에서 그것들에 대한 십일조의 의무가 있다. 따라서 십일조에는 세금이 부과되지 않으며 [11] 노동자의 임금이 공제되지도 않는다.[12] 그러므로 세금과 노동자의 임금은 십일조를 내기 전에 먼저 떼어서는 안 되며, 오히려 먼저 그 열매 전체에 대한 십일조를 내야 한다.[13]

제3절 십일조는 성직자들에게 주어지는가

[반론] 셋째는 다음과 같이 진행된다. 십일조는 성직자들에게 주어지지 않는 것으로 보인다.

1. 옛 계약에서는 십일조가 레위인들에게 주어졌는데, 이것은 민수기 18장 [23-24절]에서 말한 것처럼, 그들이 백성의 소유물에서 아무런 몫도 가지고 있지 않았기 때문이다. 그러나 새 계약의 성직자들은 소유물들, 때로는 세습자산들, 그리고 교회의 [자산]을 가지고 있다. 더욱이 이들은 만물과 산 이와 죽은 이들을 위한 봉헌물을 받는다. 그러므로 십일조를 드리는 것은 쓸데가 없다.

---

13. Cf. ibid., c.26: ed. cit., t.2, p.564.

2. Praeterea, contingit quandoque quod aliquis habet domicilium in una parochia, et colit agros in alia; vel aliquis pastor ducit gregem per unam partem anni in terminis unius parochiae, et alia parte anni in terminis alterius; vel habet ovile in una parochia, et pascit oves in alia: in quibus et similibus casibus non videtur posse distingui quibus clericis sint decimae solvendae. Ergo non videtur quod aliquibus clericis determinate sint solvendae decimae.

3. Praeterea, generalis consuetudo habet in quibusdam terris quod milites decimas ab Ecclesia in feudum tenent. Religiosi etiam quidam decimas accipiunt. Non ergo videtur quod solum clericis curam animarum habentibus decimae debentur.

SED CONTRA est quod dicitur *Num.* 18, [21]: *Filiis Levi dedi omnes decimas Israel*[1] *in possessionem, pro ministerio quo serviunt mihi in tabernaculo.* Sed filiis levi succedunt clerici in novo Testamento. Ergo solis clericis decimae debentur.

RESPONDEO dicendum quod circa decimas duo sunt consideranda: scilicet ipsum ius accipiendi decimas; et ipsae res quae nomine decimae dantur. Ius autem accipiendi decimas spirituale est: con-

---

1. Vulgata: 'Israelis'

2. 때로는 어떤 사람이 한 본당사목구에 집을 갖고 있고 다른 [본당사목구에서] 밭을 경작한다. 어떤 목자가 1년 중에 일부는 한 본당사목구 경계 안에서, 다른 부분은 다른 본당사목구의 경계 안에서 가축 떼를 몰기도 한다. 또는 한 본당사목구에서 양 우리를 가지고 있고 다른 본당사목구에서도 양을 치는 경우가 있는데, 이와 같은 경우에는 어떤 성직자들에게 십일조를 바쳐야 하는지 구별할 수 없을 것 같다. 따라서 일부 성직자들에게 특정한 십일조를 지불하는 것은 결정되지 않는 것으로 보인다.

3. 일부 국가에서는 군인들이 교회의 십일조를 봉토로 받는 것이 일반적인 관습이다. 또한 어떤 수도자들이 십일조를 받기도 한다. 그러므로 십일조는 영혼을 돌보는 성직자들에게만 해당되는 것으로 보이지 않는다.

[재반론] 그러나 반대로 민수기 18장 [21절]에서는 다음과 같이 말한다. "나는 레위 자손들이 성막에서 나를 섬기는 직무로 인해 그들에게 이스라엘의¹ 모든 십일조를 주었다." 그런데 신약에서 성직자들은 레위 자손들을 계승한다. 그러므로 십일조는 성직자에게만 [지불되어야] 한다.

[답변] 십일조에 관하여 고려해야 할 두 가지가 있는데, 그것은 바로 십일조를 받을 권리 자체와 십일조라는 이름으로 주어지는 것들이다. 그런데 십일조를 받을 권리는 영적인 것이다. 왜냐하면 그것은 제대의

---

2. 1코린 9,11.

sequitur enim illud debitum quo ministris altaris debentur sumptus de ministerio, et quo *seminantibus spiritualia debentur temporalia*[2]; quod ad solos clericos pertinet habentes curam animarum. Et ideo eis solum competit hoc ius habere. — Res autem quae nomine decimarum dantur, corporales sunt. Unde possunt in usum quorumlibet cedere. Et sic possunt etiam ad laicos pervenire.

AD PRIMUM ergo dicendum quod in veteri lege, sicut dictum est,[3] speciales quaedam decimae deputabantur subventioni pauperum. Sed in nova lege decimae clericis dantur non solum propter sui sustentationem, sed etiam ut ex eis subveniant pauperibus. Et ideo non superfluunt: sed ad hoc necessariae sunt et possessiones ecclesiasticae et oblationes et primitiae, simul cum decimis.

AD SECUNDUM dicendum quod decimae personales debentur Ecclesiae in cuius parochia homo habitat. — Decimae vero praediales rationabiliter magis videntur pertinere ad Ecclesiam in cuius terminis praedia sita sunt. Tamen iura[4] determinant quod in hoc servetur consuetudo diu obtenta. — Pastor autem qui diversis temporibus in duabus parochiis gregem pascit, debet proportionaliter utrique Ecclesiae decimas solvere. Et quia ex pascuis fructus gregis proveniunt, magis debetur decima gregis Ecclesiae in cuius territorio grex pascitur, quam illi in cuius territorio ovile locatur.

---

3. a.1, ad4.

직무자들에게 직무의 비용을 지불해야 하는 빚에서 비롯되며, 영적인 것을 씨 뿌리는 이들에게 현세적인 것을 빚지고 있기 때문이다.[2] 그것은 영혼을 돌보는 성직자들에게만 속한다. 오직 그들만 이 권리를 갖기에 적합하다. 그런데 십일조라는 이름으로 주어지는 것들은 육체적인 것들이다. 그러므로 모든 이의 사용을 위해 허용될 수 있다. 그럼으로써 평신도들에게도 도달할 수 있을 것이다.

[해답] 1. 우리가 이미 말했듯이,[3] 옛 법에서는 가난한 사람들의 생계를 위해 특별한 십일조들이 할당되었다. 그러나 새 법에서 십일조는 성직자들에게 그들의 생계를 위해서뿐만 아니라 가난한 사람들을 돕기 위해서도 주어진다. 그러므로 [십일조는] 쓸데없는 것이 아니라 교회의 재물과 봉헌물들, 그리고 맏물들은 십일조와 함께 이 목적을 위하여 필요하다.

2. 개인적인 십일조는 그 사람이 사는 본당사목구의 교회에 [지불해야] 하는 것이다. 부동산들의 십일조는 재산이 위치한 경계 안에 있는 교회에 속하는 것이 더 합리적으로 보인다. 하지만 법들은[4] 이와 관련하여 오랫동안 습득한 관습을 보존해야 한다고 규정하고 있다. 서로 다른 계절에 두 개의 본당사목구에서 가축 떼를 먹이는 목자는 두 교회에 비례하여 십일조를 지불해야 한다. 가축 떼[가 먹는] 열매들이 풀밭에서 나오는 것처럼, 십일조는 양 우리가 있는 곳에 있는 지역의 가축 떼보다 가축 떼를 먹이는 지역에 있는 교회의 가축 떼에게 더 많은 빚을 지고 있다.

---

4. Cf. *Decretal. Greg. IX*, III, tit.30, cc.18 & 20: ed. Richter-Friedberg, t.2, p.562.

AD TERTIUM dicendum quod sicut res nomine decimae acceptas potest Ecclesia alicui laico tradere, ita etiam potest ei concedere ut dandas decimas ipsi accipiant, iure accipiendi ministris Ecclesiae reservato: sive pro necessitate Ecclesiae, sicut quibusdam militibus decimae dicuntur in feudum per Ecclesiam concessae; sive etiam ad subventionem pauperum, sicut quibusdam religiosis laicis vel non habentibus curam animarum aliquae decimae sunt concessae per modum eleemosynae. Quibusdam tamen religiosis competit accipere decimas ex eo quod habent curam animarum.

Articulus 4
Utrum etiam clerici teneantur decimas dare

Ad quartum sic proceditur. Videtur quod etiam clerici teneantur decimas dare.

1. Quia de iure communi[1] Ecclesia parochialis debet recipere decimas praediorum quae in territorio eius sunt. Contingit autem quandoque quod clerici habent in territorio alicuius parochialis Ecclesiae aliqua praedia propria. Vel etiam aliqua alia Ecclesia habet ibi possessiones ecclesiasticas. Ergo videtur quod clerici teneantur dare praediales decimas.

2. Praeterea, aliqui religiosi sunt clerici. Qui tamen tenentur dare decimas Ecclesiis ratione praediorum quae etiam manibus propriis

3. 교회가 십일조의 이름으로 받은 것들을 평신도에게 넘겨줄 수 있는 것처럼, 그에게 줄 것인 십일조를 받도록 허락할 수도 있다. 그러나 받는 권리는 성직자들에게만 유보된다. 이렇게 하는 것은 교회의 필요 때문인 경우가 있다. 왜냐하면 십일조는 어떤 군인들에게 교회에 의해 봉토(feudum)로 주어진다고 말하기 때문이다. 또는 가난한 이들에 대한 원조(subventio)를 위해 [주어지기도 한다]. 어떤 십일조는 일부 평수도자들이나 영혼을 돌보지 않는 사람들에게 자선으로 주어지기 때문이다. 그러나 일부 종교인들[수도자들]은 영혼들을 돌보기 위해 그들이 가지고 있는 것들에 대한 십일조를 받을 권리를 갖는다.

제4절 성직자들도 십일조를 내야 하는가

[반론] 넷째는 다음과 같이 진행된다. 성직자들도 십일조를 내야 하는 것으로 보인다.

1. 본당사목구의 교회는 보편법에 의해[1] 자기 관할구역에 있는 토지의 십일조를 받아야 한다. 그런데 종종 성직자가 본당사목구에 속한 교회의 관할구역에 자신의 토지를 가진 경우가 발생한다. 아니면 다른 교회도 그곳에 교회 소유물을 갖기도 한다. 따라서 성직자들은 토지의 십일조를 바쳐야 한다.

2. 일부 종교인들[수도자들]은 성직자들이다. 그런데 이들은 자신들의 손으로 경작하는 토지들의 이유로 교회에 십일조를 바칠 의무가 있

---

1. Cf. *Decretal. Greg. IX*, III, tit.30, c.7: ed. Richter-Friedberg, t.2, p.558.

excolunt.[2] Ergo videtur quod clerici non sint immunes a solutione decimarum.

3. Praeterea, sicut *Num.* 18, [21] praecipitur quod Levitae a populo decimas accipiant, ita etiam praecipitur quod ipsi dent decimas summo sacerdoti [26 sqq.]. Ergo, qua ratione laici debent dare decimas clericis, eadem ratione clerici debent dare decimas Summo Pontifici.

4. Praeterea, sicut decimae debent cedere in sustentationem clericorum, ita etiam debent cedere in subventionem pauperum. Si ergo clerici excusantur a solutione decimarum, pari ratione excusantur et pauperes. Hoc autem est falsum. Ergo et primum.

SED CONTRA est quod dicit decretalis Paschalis Papae[3]: *Novum genus exactionis est ut clerici a clericis decimas exigant.*

RESPONDEO dicendum quod idem non potest esse causa dandi et recipiendi, sicut nec causa agendi et patiendi: contingit autem ex diversis causis, et respectu diversorum, eundem esse dantem et recipientem, sicut agentem et patientem. Clericis autem inquantum sunt ministri altaris spiritualia populo seminantes, decimae a fidelibus debentur. Unde tales clerici, inquantum clerici sunt, idest inquantum possessiones habent ecclesiasticas, decimas solvere non tenentur. —

---

2. Cf. ibid., cc.27 & 34: ed. cit., t.2, pp.565 & 568.

다.² 따라서 성직자는 십일조의 지불에서 면제되지 않는 것으로 보인다.

3. 민수기 18장에서 명하듯이, 레위인들은 백성에게서 십일조를 받고, 또한 그들 자신도 대사제에게 십일조를 바치라는 명령을 받았다. 그러므로 평신도들이 성직자들에게 십일조를 바쳐야 하는 것처럼 성직자들도 대사제에게 십일조를 바쳐야 한다.

4. 십일조가 성직자들의 생계유지를 위해 주어져야 하듯이 가난한 사람들에 대한 원조에도 주어져야 한다. 따라서 만일 성직자들이 십일조를 면제받으면 가난한 사람들도 마찬가지로 면제된다. 그러나 이것은 잘못이다. 그러므로 첫째 것도 [잘못이다].

[재반론] 그러나 반대로 교황 파스칼 2세의 『교령』에 따르면,³ 성직자들이 성직자에게 십일조를 요구하는 것은 새로운 종류의 부당한 요구(exactio)이다.

[답변] 주는 것과 받는 것의 원인은 같을 수 없고, 또한 행위의 원인과 고통의 원인이 같을 수 없지만, 서로 다른 이유들로 인하여 다양한 일들에서 주는 이와 받는 이가 동일하며 행위자와 겪는 자가 동일하게 되기도 한다. 제단의 직무자로서 백성들을 위해 영적인 것을 심는 성직자들에게 신자들은 십일조를 바쳐야 한다. 그러므로 그러한 성직자들은 그들이 성직자인 한에서, 즉 그들이 교회 재산을 가지고 있는 한에서, 십일조를 지불할 의무가 없다. 그러나 또 다른 이유, 즉 그들의 권리로 인해, 또는 부모의 계승으로 인해, 또는 구매로 인해, 또는 다

---

3. Cf. ibid., c.2: ed. cit., t.2, p.556.

Ex alia vero causa, scilicet propter hoc quod possident proprio iure, vel ex successione parentum, vel ex emptione, vel quocumque huiusmodi modo, sunt ad decimas solvendas obligati.

Unde patet responsio AD PRIMUM. Quia clerici de propriis praediis tenentur solvere decimas parochiali Ecclesiae sicut et alii, etiam si ipsi sint eiusdem Ecclesiae clerici: quia aliud est habere aliquid ut proprium, aliud ut commune. — Praedia vero Ecclesiae non sunt ad decimas solvendas obligata, etiam si sint infra terminos alterius parochiae.

AD SECUNDUM dicendum quod religiosi qui sunt clerici, si habeant curam animarum spiritualia populo dispensantes, non tenentur decimas dare, sed possunt eas recipere. — De aliis vero religiosis, etiam si sint clerici, qui non dispensant populo spiritualia, est alia ratio. Ipsi enim tenentur de iure communi decimas dare: habent tamen aliquam immunitatem secundum diversas concessiones eis a Sede Apostolica factas.[4]

AD TERTIUM dicendum quod in veteri lege primitiae debebantur sacerdotibus,[5] decimae autem Levitis: et quia sub sacerdotibus Levitae erant, Dominus mandavit ut ipsi, loco primitiarum, solverent summo sacerdoti decimam decimae. Unde nunc, eadem ratione, tenentur clerici Summo Pontifici decimam dare, si exigeret. Naturalis enim ratio dictat ut illi qui habet curam de communi multitudinis statu, provideatur unde possit exequi ea quae pertinent ad commu-

른 여하한 방식으로 인해 가지고 있는 것에 대해서 그들은 십일조를 지불해야 한다.

[해답] 1. 따라서 첫 번째 [반론]에 대한 대답은 분명하다. 성직자들은 다른 사람들과 마찬가지로 자신의 토지에 대해서 본당사목구 교회에 십일조를 지불해야 한다. 비록 같은 교회의 성직자들이라고 해도 [그래야 한다]. 어떤 것을 자신의 것으로 갖는 것과 어떤 것을 공통으로 갖는 것은 다르기 때문이다. 그러나 교회의 토지는 다른 본당사목구의 경계 안에 있더라도 십일조를 낼 의무가 없다.

2. 만일 종교인들[수도자들]이, 백성에게 영적인 것들을 분배하는 영혼을 돌보는 성직자들이라면, 십일조를 바칠 의무는 없지만 [그것들을] 받을 수는 있다. 다른 종교인들[수도자들]에 관해서는, 백성에게 영적인 것들을 분배하지 않는 성직자라도, [십일조를 바치지 않을] 또 다른 이유가 있다. 왜냐하면 그들 자신은 일반법에 의해 십일조를 바칠 의무가 있지만, 사도좌(sede apostolica)가 그들에게 다양하게 베푼 것에 따라 어느 정도 면제를 받기 때문이다.[4]

3. 옛 법에서는 맏물들이 사제들에게 마땅했으나[5] 레위인들에게는 십일조가 있었고, 레위인들은 사제들 아래 있었으므로, 주님은 맏물들 대신 십일조의 십분의 일을 대사제에게 바치라고 명하셨다. 그러므로 이제 같은 이유로, 대사제가 십일조를 요구하는 경우, 성직자들은 그에게 십일조를 줄 의무가 있다. 왜냐하면 자연적 이성은 군중의 일반

---

4. Cf. ibid., cc.3 & 27 & 12: ed. cit., t.2, pp.556 & 565 & 560.
5. loc. cit. in arg., vv.8sqq.

nem salutem.

AD QUARTUM dicendum quod decimae debent cedere in subventionem pauperum per dispensationem clericorum.[6] Et ideo pauperes non habent causam accipiendi decimas, sed tenentur eas dare.

---

6. Cf. a.1, ad4; a.3, ad1.

적인 상태에 대해 돌보는 사람은 공공의 안녕에 속하는 것들을 실행할 수 있는 수단을 갖고 있어야 한다고 부과하기 때문이다.

4. 십일조는 성직자들의 분배를 통해 가난한 사람들을 위한 원조로 양도되어야 한다.[6] 그러므로 가난한 사람들은 십일조를 받을 이유가 없고, 그것을 주어야 한다.

QUAESTIO LXXXVIII
DE VOTO
in duodecim articulos divisa

Deinde considerandum est de voto, per quod aliquid Deo promittitur.[1]

Et circa hoc quaeruntur duodecim.

Primo: quid sit votum.

Secundo: quid cadat sub voto.

Tertio: de obligatione voti.

Quarto: de utilitate vovendi.

Quinto: cuius virtutis sit actus.

Sexto: utrum magis meritorium sit facere aliquid ex voto quam sine voto.

Septimo: de solemnitate voti.

Octavo: utrum possint vovere qui sunt potestati alterius subiecti.

Nono: utrum pueri possint voto obligari ad religionis ingressum.

Decimo: utrum votum sit dispensabile vel commutabile.

Undecimo: utrum in solemni voto continentiae possit dispensari.

Duodecimo: utrum requiratur in dispensatione voti superioris auctoritas.

---

1. Cf. q.85, Introd.

제88문
서원에 대하여
(전12절)

이제 서원에 대해 숙고하기로 하자. 서원을 통해 하느님께 어떤 것을 약속한다.[1] 그리고 이에 대해서는 열두 가지가 조사된다.

첫째, 서원은 무엇인가?
둘째, 서원 아래 무엇이 떨어지는가?
셋째, 서원들의 의무에 대하여?
넷째, 서원하는 것의 유익함에 대하여?
다섯째, 어떤 덕에 속하는 행위인가?
여섯째, 서원 없이 하는 것보다 서원에 의해 어떤 것을 하는 것이 더 공로적인가?
일곱째, 서원의 장엄함에 대하여?
여덟째, 다른 이의 권한에 종속된 사람들이 서원을 할 수 있는가?
아홉째, 어린이들은 종교 안으로 들어가는 서원에 의해 스스로 의무를 질 수 있는가?
열째, 서원은 변제되거나 교환될 수 있는가?
열한째, 자제의 장엄 서원이 관면될 수 있는가?
열두째, 서원들의 면제에 있어서 장상들의 권위에 호소해야 하는가?

Articulus 1
Utrum votum consistat in solo proposito voluntatis

Ad primum sic proceditur. Videtur quod votum consistat in solo proposito voluntatis.

1. Quia secundum quosdam,[1] votum est *conceptio boni propositi, animi deliberatione firmata, qua quis ad aliquid faciendum vel non faciendum se Deo obligat.* Sed conceptio boni propositi, cum omnibus quae adduntur, potest in solo motu voluntatis consistere. Ergo votum in solo proposito voluntatis consistit.

2. Praeterea, ipsum nomen *voti* videtur a *voluntate* assumptum: dicitur enim aliquis proprio voto facere quae voluntarie facit. Sed propositum est actus voluntatis: promissio autem rationis. Ergo votum in solo actu voluntatis consistit.

3. Praeterea, Dominus dicit, Luc. 9, [62]: *Nemo mittens manum ad aratrum et aspiciens retro aptus est regno Dei.*[2] Sed aliquis ex hoc ipso quod habet propositum bene faciendi mittit manum ad aratrum. Ergo, si aspiciat retro, desistens a bono proposito, non est aptus regno Dei. Ex solo igitur bono proposito aliquis obligatur apud Deum, etiam nulla promissione facta. Et ita videtur quod in solo proposito voluntatis votum consistat.

---

1. 다음을 보라: Guilelm. Altissiodor., *Summ. Aur.*, p.3, tract.22, c.1, q.1.

제1절 서원은 무엇인가

Parall.: *In Sent.*, IV, d.38, q.1, a.1, qc.1.

[반론] 첫째는 다음과 같이 진행된다. 서원은 단순한 의지의 결심으로 이루어진 것처럼 보인다.

1. 어떤 사람들에 따르면,[1] "서원은 정신의 심사숙고에 의해 확인된 좋은 의도를 품는 것이며, 사람은 이것으로 하느님께 어떤 것을 하거나 하지 않을 의무를 지니게 된다." 그러나 좋은 의도를 품는 것은 추가되는 모든 것과 함께 오직 의지의 운동에만 있을 수 있다. 그러므로 서원은 오직 의지의 의도에만 있다.

2. 서원이라는 이름 자체는 의지라는 단어에서 나온 것으로 보인다. 자발적으로 행하는 것을 자신의 의지로 행한다고 말하기 때문이다. 그러나 의도는 의지의 행위이며 약속은 이성의 행위이다. 그러므로 서원은 의지의 유일한 행위에 있다.

3. 루카복음서 9장 [62절]에서 주님은 다음과 같이 말씀하셨다. "쟁기에 손을 대고 뒤를 돌아보는 사람은 하느님의 나라에 합당한 사람이 아니다."[2] 그런데 선을 행하려는 의도를 지닌 자는 바로 이 때문에 쟁기에 손을 얹는다. 그가 자신의 선한 의도를 포기하는 가운데 뒤를 돌아본다면, 그는 하느님 나라에 적합하지 않다. 그러므로 인간이 아무런 약속을 하지 않았다고 해도, 그는 선한 의도만으로 하느님과 묶여 있다. 그래서 서원은 오직 의지의 의도에 있는 것처럼 보인다.

---

2. Vulgata: "Nemo mittens manum suam ad aratrum et respiciens retro aptus est regno Dei."

q.88, a.1

SED CONTRA est quod dicitur *Eccle.* 5, [3]: *Si quid vovisti Deo, ne moreris reddere: displicet enim ei infidelis et stulta promissio.* Ergo vovere est promittere, et votum est promissio.

RESPONDEO dicendum quod votum quandam obligationem importat ad aliquid faciendum vel dimittendum. Obligat autem homo se homini ad aliquid per modum promissionis, quae est rationis actus, ad quam pertinet ordinare: sicut enim homo imperando vel deprecando ordinat quodammodo quid sibi ab aliis fiat,[3] ita promittendo ordinat quid ipse pro alio facere debeat. Sed promissio quae ab homine fit homini, non potest fieri nisi per verba vel quaecumque exteriora signa. Deo autem potest fieri promissio per solam interiorem cogitationem: quia ut dicitur I *Reg.* 16, [7], *homines vident ea quae parent, sed Deus intuetur cor.*[4] Exprimuntur tamen quandoque verba exteriora vel ad sui ipsius excitationem, sicut circa orationem dictum est[5]: vel ad alios contestandum, ut non solum desistat a fractione voti propter timorem Dei, sed etiam propter reverentiam hominum. Promissio autem procedit ex proposito faciendi. Propositum autem aliquam deliberationem praeexigit: cum sit actus voluntatis deliberatae. Sic igitur ad votum tria ex necessitate requiruntur: primo quidem, deliberatio;

---

3. Cf. q.83, a.1.
4. Vulgata: "Homo videt ea quae parent, Dominus autem intuetur cor."

[재반론] 그러나 반대로 코헬렛 5장 [3절]에서는 다음과 같이 말한다: "네가 하느님께 무엇인가를 약속했다면, 지체치 말고 그것을 채워라. 하느님은 불충실하고 어리석은 약속을 싫어하기 때문이다." 서원하는 것은 약속하는 것이며 서원은 약속이다.

[답변] 서원은 무언가를 하거나 하지 않는 어떤 의무를 의미한다. 사람은 이성의 행위인 약속을 통해 다른 사람에게 어떤 의무를 지게 되는데, 이성에는 지도하는 역할이 속한다. 왜냐하면 사람은 명령하거나 애원하면서 다른 사람들이 자신에게 하는 것을 어떤 방식으로든 명령하는 것처럼,[3] 또한 약속하는 가운데 자신이 다른 사람을 위해 해야 할 것을 명령하기 때문이다. 사람이 사람에게 한 약속은 말들이나 외적인 표지로만 이루어질 수 있다. 그러나 하느님을 향한 약속은 오직 내적 생각(interior cogitatio)을 통해서만 이루어질 수 있다. 왜냐하면 사무엘기 상권 16장[7절]에서 언급되듯이, "사람들은 겉으로 보이는 것을 보지만, 하느님은 마음(cor)을 보시기"[4] 때문이다. 하지만 기도에 대해 언급되듯이[5] 자신을 고양하기 위해서나 다른 사람들에게 입증하기 위해서 때때로 외적인 말들이 표현되곤 한다. 이는 하느님을 두려워하는 것뿐만 아니라 사람들의 존경심 때문에 서원을 깨뜨리는 것을 중단하기 위해서이다. 약속은 행하려는 의도에서 나온다. 그러나 의도는 숙고된 의지의 행위이기 때문에 어떤 심사숙고(deliberatio)를 전제로 한다. 그러므로 서원을 하기 위해서는 반드시 세 가지가 필요하다: 첫째,

---

5. q.83, a.12.

secundo, propositum voluntatis; tertio, promissio, in qua perficitur ratio voti. Superadduntur vero quandoque et alia duo, ad quandam voti confirmationem: scilicet pronuntiatio oris, secundum illud Psalm. [Ps. 65, 13-14]: *Reddam tibi vota mea, quae distinxerunt labia mea;* et iterum testimonium aliorum. Unde Magister dicit, 38 dist.[6] IV lib. *Sent.*, quod votum est *testificatio quaedam promissionis spontaneae, quae Deo et de his quae sunt Dei fieri debet:* quamvis testificatio possit ad interiorem testificationem proprie referri.

AD PRIMUM ergo dicendum quod conceptio boni propositi non firmatur ex animi deliberatione nisi promissione deliberationem consequente.

AD SECUNDUM dicendum quod voluntas movet rationem ad promittendum aliquid circa ea quae eius voluntati subduntur. Et pro tanto votum a voluntate accepit nomen quasi a primo movente.

AD TERTIUM dicendum quod ille qui mittit manum ad aratrum iam facit aliquid. Sed ille qui solum proponit nondum aliquid facit. Sed quando promittit, iam incipit se exhibere ad faciendum, licet nondum impleat quod promittit: sicut ille qui ponit manum ad aratrum nondum arat, iam tamen apponit manum ad arandum.

---

6. In princ. Cf. Hugo de S. Vict., *De sacram.*, l.2, p.12, c.3: ML 176, 521B.

심사숙고, 둘째, 의지의 의도, 셋째, 서원의 이유가 이루어지는 약속. 그러나 때로는 서원에 대한 추인으로 다른 두 가지가 추가된다. 즉 "제 입술이 나눈 제 서원을 당신께 돌려드리겠습니다."라는 시편 66[65]편 [13-14절]에 따라, 입의 선포가 [추가된다]. 더 나아가, 다른 사람들의 증언도 [추가된다]. 그래서 스승은 『명제집』 제4권 제38구분에서[6] 다음과 같이 말한다. 비록 그 증거가 엄밀하게 내적인 증거와 연관된 것이라고 해도 "서원은 하느님께 그리고 하느님에게 속하는 것들에 대해 해야 하는 어떤 자발적인 약속의 증거이다."

[해답] 1. 좋은 의도를 품는 것은 심사숙고에 따른 약속 없이 정신의 심사숙고만으로 설정되지 않는다.

2. 의지는 이성이 자신의 의지에 복종하는 것들에 대해 무언가를 약속하게 한다. 그래서 서원은 첫 번째 운동자로서 의지의 이름을 받았다.

3. 쟁기에 손을 대는 사람은 이미 무언가를 하는 것이다. 단지 제안만 하는 사람은 아직 아무것도 하지 않은 것이다. 그러나 약속할 때, 비록 아직 약속한 것을 이행하지는 않았지만, 그는 이미 약속을 이행하기 위한 태도를 보이기 시작한다. 이처럼 쟁기에 손을 댄 사람이 아직 쟁기질을 한 것은 아니지만, 그는 쟁기질을 하기 위해 손을 댄 것이다.

Articulus 2
Utrum votum semper debeat fieri de meliori bono

Ad secundum sic proceditur. Videtur quod votum non semper debeat fieri de meliori bono.

1. Dicitur enim melius bonum quod ad supererogationem pertinet. Sed votum non solum fit de his quae sunt supererogationis, sed etiam de his quae pertinent ad salutem. Nam et *in baptismo vovent homines abrenuntiare Diabolo et pompis eius, et fidem servare:* ut dicit Glossa,[1] super illud Psalm. [Ps. 75, 12], *Vovete et reddite Domino Deo vestro.* Iacob etiam vovit quod esset ei *Dominus in Deum,* ut habetur *Gen.* 28, [21]: hoc autem est maxime de necessitate salutis. Ergo votum non solum fit de meliori bono.

2. Praeterea, Iephte in catalogo Sanctorum ponitur, ut patet *Heb.* 11, [32]. Sed ipse filiam innocentem occidit propter votum, ut habetur *Iudic.* 11, [39]. Cum igitur occisio innocentis non sit melius bonum, sed sit secundum se illicitum, videtur quod votum fieri possit non solum de meliori bono, sed etiam de illicitis.

3. Praeterea, ea quae redundant in detrimentum personae, vel quae ad nihil sunt utilia, non habent rationem melioris boni. Sed quando-

---

1. Ordin.: ML 113, 964D; Lombardus: ML 191, 708D. Cf. Augustinus, *Enarrat.*, Ps 75, n.16: ML 36, 967; Sermon. 264 (supposit.), n.3: ML 39, 2234-2235.

제2절 서원은 언제나 더 좋은 선에 대해 해야 하는가

Parall.: *In Sent.*, IV, d.38, q.1, a.1, qc.2.
Doctr. Eccl.: cf. 교회법 제1307조, §1: "가능하고 더 나은 선에 대한 심사숙고되고 자유로운 약속인 서원은 종교의 힘에 의해 이루어져야 한다."

[반론] 둘째는 다음과 같이 진행된다. 서원은 언제나 더욱 좋은 선에 대해 해야 하는 게 아닌 것으로 보인다.

1. 넘치는 것(supererogatio)에 속하는 것을 더 좋은 것이라고 부른다. 그러나 서원은 넘치는 것들뿐만 아니라 구원에 속하는 것들에 대해서도 행해진다. 『주석』이[1] "주님이신 너희의 하느님께 서원을 하고 채워 드려라."라는 시편 76[75]편 [12절]에 관해 말한 것처럼, "세례를 받을 때, 악마와 그의 허세를 포기하고 믿음을 지킬 것을 서원하기" 때문이다. 또한 창세기 28장 [21절]에서 야곱은 "주님이 자신에게 하느님이 되실 것"이라고 서원했다. 그러나 이것은 특히 구원의 필요성에 관한 것이다. 그러므로 서원은 단지 더 좋은 선을 위해서만 행해지는 것이 아니다.

2. 히브리서 11장 [32절]에서 분명히 알 수 있듯이, 입타는 성인들의 목록에 포함되어 있다. 그러나 판관기 11장 [39절]에서 말하듯이, 그는 자신의 서원 때문에 무쇠한 딸을 살해했다. 무고한 사람을 죽이는 것은 더 좋은 것이 아니라 그 자체로 불법이므로, 더 좋은 것뿐만 아니라 불법적인 것들에도 서원할 수 있는 것처럼 보인다.

3. 사람에게 해를 끼치거나 아무 소용이 없는 것들은 더 좋은 선의 이유를 갖지 않는다. 그러나 때로는 사람을 위험에 빠뜨리는 경향이 있는 과도한 밤샘(vigilia)과 단식(ieiunium)에 대한 어떤 서원들이 이루어

que fiunt aliqua vota de immoderatis vigiliis et ieiuniis, quae vergunt in periculum personae. Quandoque etiam fiunt aliqua vota de aliquibus indifferentibus et ad nihil valentibus. Ergo non semper votum est melioris boni.

SED CONTRA est quod dicitur *Deut.* 23, [22]: *Si nolueris polliceri, absque peccato eris.*

RESPONDEO dicendum quod, sicut dictum est,[2] votum est promissio Deo facta. Promissio autem est alicuius quod quis pro aliquo voluntarie facit. Non enim esset promissio, sed comminatio, si quis diceret se contra aliquem facturum. Similiter vana esset promissio si aliquis alicui promitteret id quod ei non esset acceptum. Et ideo, cum omne peccatum sit contra Deum; nec aliquod opus sit Deo acceptum nisi sit virtuosum: consequens est quod de nullo illicito, nec de aliquo indifferenti debeat fieri votum, sed solum de aliquo actu virtutis.

Sed quia votum promissionem voluntariam importat, necessitas autem voluntatem excludit, id quod est absolute necessarium esse vel non esse nullo modo cadit sub voto: stultum enim esset si quis voveret se esse moriturum, vel se non esse volaturum. — Illud vero quod non habet absolutam necessitatem, sed necessitatem finis, puta quia sine eo non potest esse salus, cadit quidem sub voto inquantum voluntarie fit, non autem inquantum est necessitatis.[3] — Illud autem

진다. 그리고 때로는 무관하고 영향력이 없는 어떤 것들에 대해 서원을 하기도 한다. 그러므로 서원이 항상 더 좋은 것에 대한 것은 아니다.

[재반론] 그러나 반대로 신명기 23장에서는 다음과 같이 말한다. "네가 만일 약속하기를 거절하면, 너는 죄가 없을 것이다."

[답변] 말한 바와 같이,[2] 서원은 하느님께 하는 약속이다. 그런데 약속은 누군가가 누군가를 위하여 의지적으로 하는 어떤 것이다. 만일 누군가가 어떤 사람을 거슬러 행할 것이라고 말한다면, 그것은 약속이 아니라 협박일 것이다. 마찬가지로, 만일 누군가가 어떤 사람에게 기꺼이 받아들일 수 없는 어떤 것을 약속한다면, 약속은 헛될 것이다. 그러므로 모든 죄는 하느님을 거스르는 것이고, 어떤 일도 덕스러운 것이 아니면 하느님께 받아들여지지 않는다. 따라서 어떤 불법적인 것이나 무관한 것에 대해 서원을 하지 말고, 오직 어떤 덕의 행위에 대해서만 [서원해야 한다].

그러나 서원은 의지적인 약속을 의미하지만, 필요는 의지를 배제하기 때문에, 절대적으로 필요한 것은 결코 서원 아래에 있지 않다. 왜냐하면 사람이 죽을 것이라거나 날지 않을 것에 대해 서원하는 것은 어리석은 것이기 때문이다. 그러나 절대적으로 필요한 것이 아니라 예컨대 목적을 위하여 필요를 갖는 것, 예컨대 구원에 필수적인 것은 필연적인 한에서가 아니라 의지적인 한에서 서원 아래 있다.[3] 절대적인 필요성이나 목적의 필요성 아래 있지 않는 것은 온전히 의지적인 것이다. 그

---

2. 앞 절.
3. De distinctione inter necessitatem absolutam et necessitatem finis. Cf. supra q.58, a.3, ad2.

quod neque cadit sub necessitate absoluta neque sub necessitate finis, omnino est voluntarium. Et ideo hoc propriissime cadit sub voto.[4] Hoc autem dicitur esse maius bonum in comparatione ad bonum quod communiter est de necessitate salutis. Et ideo, proprie loquendo, votum dicitur esse de bono meliori.

AD PRIMUM ergo dicendum quod hoc modo sub voto baptizatorum cadit abrenuntiare pompis Diaboli et fidem Christi servare, quia voluntarie fit, licet sit de necessitate salutis.

Et similiter potest dici de voto Iacob. Quamvis etiam possit intelligi quod Iacob vovit se habere Dominum in Deum per specialem cultum, ad quem non tenebatur: sicut per decimarum oblationem, et alia huiusmodi quae ibi [v. 22] subduntur.

AD SECUNDUM dicendum quod quaedam sunt quae in omnem eventum sunt bona: sicut opera virtutis et alia quae absolute possunt cadere sub voto. — Quaedam vero in omnem eventum sunt mala: sicut ea quae secundum se sunt peccata. Et haec nullo modo possunt sub voto cadere. — Quaedam vero sunt quidem in se considerata bona, et secundum hoc possunt cadere sub voto: possunt tamen habere malum eventum, in quo non sunt observanda. Et sic accidit in voto Iephte, qui, ut dicitur *Iudic.* 11, [30-31], *votum vovit Domino, dicens: Si tradideris filios Ammon in manus meas, quicumque primus*

---

4. 그러므로 서원은 초과 지출과 권고에 대해 적절하게 말해야 한다. 그러나 명령된 행동은 무상

리고 이것은 서원 아래 지극히 고유하게 떨어진다.[4] 그런데 이것은 일반적으로 구원에 필요한 선과 비교하여 더 큰 선이라고 말한다. 그러므로 고유하게 말해서 서원은 더 좋은 것에 대한 것이라고 말한다.

[해답] 1. 세례를 받은 이들이 악마의 허세를 포기하고 그리스도의 믿음을 지키겠다는 것이 서원에 포함되는 이유는, 구원을 위하여 필요한 것이기는 하지만 의지적으로 하는 것이기 때문이다. 야곱의 서원에 대해서도 마찬가지로 말할 수 있다. 야곱은 자신에게 의무가 아닌 특별한 예배를 통해서, 예컨대 십일조의 봉헌과 이어서[22절] 언급한 것들을 통해서 하느님을 주님으로 갖겠다고 서원했지만, 모시겠다고 서원한 것으로 이해할 수 있다.

2. 모든 경우에 좋은 것들이 있는데, 이는 덕스러운 행위들과 절대적으로 서원에 포함될 수 있는 다른 것들이다. 반면, 그 자체로 죄가 되는 것들처럼 모든 경우에 악한 것들이 있는데, 이것들은 결코 어떤 식으로든 서원 아래 떨어질 수 없다. 어떤 것들은 그 자체로 좋은 것이며, 이에 따라서 그것들은 서원 아래에 떨어질 수 있지만, 그들은 준수되어서는 안 되는 나쁜 결과를 가질 수 있다. 판관기 11장 [30-31]에서 언급하듯이, 판관으로 불린 입타의 서원에서 그렇게 일이 일어났다. "그는 다음과 같이 말히며 주님께 서원했다: 당신께서 암몬 자손들을 제 손에 넘겨만 주신다면, 제가 암몬 자손들을 이기고 평화 중에 돌아갈 때, 저를 맞으러 제 집 문을 처음 나오는 사람을 제가 주님께 번

적이며 도덕적인 의무만을 초래하므로, 말하자면 서원을 위해 여전히 충분한 내용이다. 또한 그것에 대해 서원을 할 수 있다.

egressus fuerit de foribus domus meae mihique occurrerit revertenti in pace, eum offeram holocaustum Domino.[5] Hoc enim poterat malum eventum habere, si occurreret ei aliquod animal non immolativum, sicut asinus vel homo: quod et accidit. Unde, ut Hieronymus[6] dicit, *in vovendo fuit stultus*, quia discretionem non adhibuit, *et in reddendo impius*. Praemittitur tamen ibidem[7] quod *factus est super eum Spiritus Domini:* quia fides et devotio ipsius, ex qua motus est ad vovendum, fuit a Spiritu Sancto. Propter quod ponitur in catalogo Sanctorum: et propter victoriam quam obtinuit; et quia probabile est eum poenituisse de facto iniquo, quod tamen aliquod bonum figurabat.

AD TERTIUM dicendum quod maceratio proprii corporis, puta per vigilias et ieiunia, non est Deo accepta nisi inquantum est opus virtutis: quod quidem est inquantum cum debita discretione fit, ut scilicet concupiscentia refrenetur et natura non nimis gravetur.[8] Et sub tali tenore possunt huiusmodi sub voto cadere. Propter quod et Apostolus, *Rom.* 12, [1]. postquam dixerat, *Exhibeatis corpora vestra hostiam viventem, sanctam, Deo placentem,* addidit: *rationabile obsequium vestrum.* — Sed quia in his quae ad seipsum pertinent de facili fallitur homo in iudicando, talia vota congruentius secundum arbitrium superioris sunt vel servanda vel praetermittenda. Ita tamen quod si ex observatione talis voti magnum et manifestum gravamen

---

5. Vulgata: "mihique occurrerit revertenti cum pace a filiis Ammon, eum holocaustum offeram Domino."
6. Cf. Petrus Comestor, *Hist. Schol.*, *Hist. Iud.*, c.12: ML 198, 128C.

제물로 바치겠습니다."⁵ 이것은 희생제물로 봉헌될 수 없는 어떤 동물, 예컨대 나귀나 사람이 그를 만난다면 부정적인 영향을 미칠 수 있기 때문이다. 그리고 그 일이 일어났다. 그러므로 히에로니무스는 다음과 같이 말한다.⁶ "그는 서원하는 데 있어서 어리석었다." 그는 분별력(discretio)을 사용하지 않았기 때문이다. 그리고 불경한 자는 [그것을] 되돌려준다. "그리고 그것을 갚는 데에 있어서 불경했다." 그럼에도 같은 곳에서⁷ 주님의 영이 그 위에 내렸다고 언급되어 있다. 왜냐하면 성령에서 유래한 그의 믿음과 신심에 의해 서원을 하도록 움직여졌기 때문이다. 그는 획득한 승리로 인해 그리고 이 불의를 참회했기 때문에 성인들의 목록에 있게 되었다. 또한 이 불의는 미래의 선의 예표가 되었다.

3. 자기 육체의 고행, 예컨대 밤샘과 단식은, 만일 그것이 덕의 행위인 한에서가 아니라면, 하느님께 받아들여질 수 없다. 이를 위해서 그것은 마땅한 분별력으로, 곧 본성에 과도한 부담을 주지 않으면서 욕망을 억제하는 것이 되어야 한다.⁸ 그리고 그런 어조로 그것들은 서원 아래 떨어질 수 있다. 그래서 사도는 로마서 12장 [1절]에서 "여러분의 몸들을 거룩하고 하느님의 마음에 드는 살아 있는 희생제물로 드리십시오."라고 말한 다음, "여러분의 합당한 순종(obsequium)"이라고 덧붙였다. 그러나 인간은 자신에게 속한 일들에서 판단하는 데 있어 잘못하기 쉬우므로, 그러한 서원들은 상급자의 재량(arbitrium)에 따라 보존되거나 간과되는 것이 더 적합하다. 만일 그가 그러한 서약을 준수하

---

7. 유다 11,29.
8. Cf. q.147, a.1.

sentiret, et non esset facultas ad superiorem recurrendi, non debet homo tale votum servare.

Vota vero quae sunt de rebus vanis et inutilibus sunt magis deridenda quam servanda.

Articulus 3
Utrum omne votum obliget ad sui observationem

Ad tertium sic proceditur. Videtur quod non omne votum obliget ad sui observationem.

1. Homo enim magis indiget his quae per alium hominem fiunt quam Deus, qui *bonorum nostrorum non eget*.[1] Sed promissio simplex homini facta non obligat ad servandum, secundum institutionem legis humanae[2]: quod videtur esse institutum propter mutabilitatem humanae voluntatis. Ergo multo minus simplex promissio Deo facta, quae dicitur votum, obligat ad observandum.

2. Praeterea, nullus obligatur ad impossibile. Sed quandoque illud quod quis vovit fit ei impossibile: vel quia dependet ex alieno arbitrio, sicut cum quis vovet aliquod monasterium intrare cuius monachi eum nolunt recipere; vel propter emergentem defectum, sicut mulier quae vovit virginitatem servare et postea corrumpitur, vel vir

---

1. 시편 15,2.

는 것에 대해 크고 명백한 고통을 느꼈다면, 그리고 상급자에게 호소할 가능성이 없었다면, 인간은 그러한 서원을 지켜서는 안 된다. 헛되고 쓸모없는 것들에 관한 서원은 준수하기보다는 조롱할 대상이 된다.

제3절 모든 서원은 그 자체로 준수되어야 하는가

Parall.: Infra, q.189, a.3; *In Sent.*, IV, d.38, q.1, a.3, qc.1; qc.3, ad1; *Quodlibet*, III, q.5, a.2.

[반론] 셋째는 다음과 같이 진행된다. 모든 서원이 그 자체로 준수되어야 하는 것은 아닌 것으로 보인다.

1. 인간은 우리의 선이 필요하지 않은[1] 하느님보다 다른 사람을 통해 행해지는 것들을 더 필요로 한다. 그러나 인간에게 한 단순한 약속은 인간 의지의 가변성 때문에 제정된 것으로 보이는 인정법의 제도에 따라,[2] 그가 약속을 유지하도록 강요하지 않는다. 그러므로 하느님께 한 단순한 약속, 즉 서약이라고 불리는 약속은 우리가 그것을 준수하도록 훨씬 덜 강요한다.

2. 누구도 불가능한 일에 강요당하지 않는다. 그러나 때로는 사람이 서원하는 것이 불가능하게 된다. 때로는 그것이 다른 사람의 의지에 달려 있기 때문에, 예컨대 누가 수도원에 들어가기로 서원을 하는데 그 수도원의 수도승들이 그를 받아들이려 하지 않을 때, 또는 어떤 결함이 발생하기 때문에, 예컨대 동정을 보존하겠다고 서원한 다음에 타

---

2. *Dig.*, L, tit.12, leg.1: ed. Krueger, t.I, p.905b.

q.88, a.3

qui vovet pecuniam dare et postea amittit pecuniam. Ergo non semper votum est obligatorium.

3. Praeterea, illud ad cuius solutionem est aliquis obligatus, statim solvere tenetur. Sed aliquis non statim solvere tenetur illud quod vovit: praecipue cum sub conditione futura vovet. Ergo votum non semper est obligatorium.

SED CONTRA est quod dicitur *Eccle.* 5, [3-4]: *Quodcumque voveris, redde. Multoque melius est non vovere quam post votum promissa non reddere.*

RESPONDEO dicendum quod ad fidelitatem hominis pertinet ut solvat id quod promisit: unde secundum Augustinum,[3] *fides dicitur ex hoc quod fiunt dicta.*[4] Maxime autem debet homo Deo fidelitatem: tum ratione dominii; tum etiam ratione beneficii suscepti. Et ideo maxime obligatur homo ad hoc quod impleat vota Deo facta: hoc enim pertinet ad fidelitatem quam homo debet Deo, fractio autem voti est quaedam infidelitatis species. Unde Salomon rationem assignat quare sint vota reddenda, quia *displicet Deo infidelis promissio.*[5]

AD PRIMUM ergo dicendum quod secundum honestatem ex qualibet promissione homo homini obligatur: et haec est obligatio

---

3. *De Mend.*, c.20: ML 40, 515.
4. 위에서(q.80, a.1, ad3) 언급한 바와 같이 충실함은 진리에 담겨 있다.
5. loc. cit. in arg. sc., v.3. S. Thomas, *Quodlibet*, III, q.5, a.2. 유효한 서원의 의무를 명백하게

락하는 여성이나 돈을 주겠다고 서원하고 돈을 잃어버리기 때문에 서원한 것을 지키기가 불가능하다. 그러므로 서원이 항상 의무적인 것은 아니다.

3. 누군가가 지불해야 하는 것은 즉시 지불해야 하는 것이다. 그러나 사람은 서원한 것을 즉시 지불할 의무가 없으며, 특히 미래의 조건 아래에서 서원할 때 그렇다. 그러므로 서원이 항상 의무적인 것은 아니다.

[재반론] 그러나 반대로 코헬렛 5장 [3-4절]에서는 다음과 같이 말한다. "당신이 무엇을 서원하든, 이행하십시오. 그리고 서원한 후에 약속을 이행하지 않는 것보다 서원하지 않는 것이 훨씬 낫습니다."

[답변] 약속한 것을 실행하는 것은 인간의 충실함에 속하는 것이므로, 아우구스티누스에 따르면³ "충실함(fides)이라는 단어는 말한 것을 행한다(fiunt dicta)는 데에서 나온다."⁴ 그런데 사람은 무엇보다도 하느님께 충실해야 하며, [이는] 통치권의 이유 때문이기도 하고, 받은 호의의 이유 때문이기도 하다. 그러므로 인간은 하느님께 한 서원을 이행할 의무가 더 많은데, 이는 인간이 하느님께 빚지고 있는 충실함에 속하기 때문이며, 서원을 깨뜨리는 것은 일종의 불충실함이기 때문이다. 그러므로 솔로몬은 서원을 이행해야 하는 이유를 들었다. 왜냐하면 불충실한 약속은 하느님의 마음에 들지 않기 때문이다.⁵

[해답] 1. 정직함에 따르면, 인간은 모든 약속에 의해 인간에게 의무를 갖게 되며, 이것이 자연법의 의무이다. 그러나 한 사람이 어떤 약속

부인하는 자를 이단자라고 부른다.

iuris naturalis. Sed ad hoc quod aliquis obligetur ex aliqua promissione obligatione civili, quaedam alia requiruntur.[6] Deus autem etsi bonis nostris non egeat, ei tamen maxime obligamur. Et ita votum ei factum est maxime obligatorium.

AD SECUNDUM dicendum quod si illud quod quis vovit ex quacumque causa impossibile reddatur, debet homo facere quod in se est: ut saltem habeat promptam voluntatem faciendi quod potest. Unde ille qui vovit monasterium aliquod intrare debet dare operam quam potest ut ibi recipiatur. Et si quidem intentio sua fuit se obligare ad religionis ingressum principaliter, et ex consequenti elegit hanc religionem vel hunc locum quasi sibi magis congruentem, tenetur, si non potest ibi recipi, aliam religionem intrare. Si autem principaliter intendit se obligare ad hanc religionem vel ad hunc locum, propter specialem complacentiam huius religionis vel loci, non tenetur aliam religionem intrare si illi eum recipere nolunt.

Si vero incidit in impossibilitatem implendi votum ex propria culpa, tenetur insuper de propria culpa praeterita poenitentiam agere. Sicut mulier quae vovit virginitatem, si postea corrumpatur, non solum debet servare quod potest, scilicet perpetuam continentiam, sed etiam de eo quod admisit peccando poenitere.

AD TERTIUM dicendum quod obligatio voti ex propria voluntate et intentione causatur: unde dicitur *Deut.* 23, [23]: *Quod semel egressum est de labiis tuis, observabis: et facies sicut promisisti domino Deo tuo, et propria voluntate et ore tuo locutus es.* Et ideo si in intentione et

에 따라 시민의 의무를 지기 위해서는 다른 것들이 필요하다.[6] 비록 하느님이 우리의 재화들을 필요로 하진 않지만, 그러나 우리는 그분에게 지극한 의무를 갖고 있다. 그래서 서원은 그에게 최고의 의무이다.

  2. 누군가 어떤 이유로든 서원으로 약속한 것이 불가능하게 된다면, 사람은 가능한 것을 해야 하며, 적어도 그가 할 수 있는 것을 행할 준비된 의지를 가져야 한다. 그러므로 어떤 수도원에 들어가기로 서원한 사람은 그곳에 받아들여질 수 있도록 최선을 다해야 한다. 그리고 만일 그의 주된 의도가 수도생활을 하려는 것이고 그 다음에 이 수도회나 이 장소를 그에게 아주 적합한 것으로 선택했다면, 만일 그가 거기서 받아들여질 수 없을 경우, 다른 수도회로 들어가야 할 의무가 있다. 그 수도회나 장소가 특별히 마음에 들어서 이 수도회나 장소에 주로 전념하려고 한다고 해도, 다른 수도회가 그를 받아들이기를 거부한다면, 그 수도회에 입회할 의무가 없다. 그러나 자신의 탓으로 인해 서원을 이행하는 게 불가능하게 되면, 그는 그뿐만 아니라 자신의 과거의 탓으로 인해 참회해야 한다. 동정 서원을 하는 여인으로서, 만약 그녀가 나중에 타락한다면, 그녀는 그녀가 할 수 있는 것, 즉 영원한 자제를 지킬 뿐만 아니라 자신이 죄를 짓는 것에 대해 허용한 것을 뉘우쳐야 한다.

  3. 서원의 의무는 자신의 이지와 지향에 의해 일어난다. 그래서 신명기 23장 [23절]에서는 다음과 같이 말한다. "한번 네 입에서 나온 것은 네가 지키고 너의 주 하느님께 약속한 대로 행하라. 너의 의지대로 너의 입으로 말하였다." 그리고 만약 즉시 이행하도록 의무를 진다는 것

---

6. Cf. *Dig.*, loc. cit. in arg.

voluntate voventis est obligare se ad statim solvendum, tenetur statim solvere. Si autem ad certum tempus, vel sub certa conditione, non tenetur statim solvere. Sed nec debet tardare ultra quam intendit se obligare: dicitur enim ibidem [21]: *Cum votum voveris Domino Deo tuo, non tardabis reddere: quia requiret illud Dominus Deus tuus; et si moratus fueris, reputabitur tibi in peccatum.*

Articulus 4
Utrum expediat aliquid vovere

Ad quartum sic proceditur. Videtur quod non expediat aliquid vovere.

1. Non enim alicui expedit ut privet se bono quod ei Deus donavit. Sed libertas est unum de maximis bonis quae homini Deus dedit, qua videtur privari per necessitatem quam votum imponit. Ergo non videtur expediens homini quod aliquid voveat.

2. Praeterea, nullus debet se periculis iniicere. Sed quicumque

이 서원자의 의도와 의지에 들어 있다면, 그는 즉시 이행할 의무가 있다. 하지만 특정 기간에 또는 특정 조건 아래에서 하고자 한 것이라면, 즉시 이행할 의무가 없다. 그러나 자신이 의무를 지려고 한 기간 이상으로 지연되어서는 안 된다. 왜냐하면 같은 곳에서 다음과 같이 말했기 때문이다. "너의 주 하느님께 서원을 했다면, 그것을 이행하는 데 지체하지 말 것이다. 왜냐하면 너의 주 하느님께서 그것을 요구하시기 때문이다. 그리고 네가 만일 지체한다면, 너를 죄인으로 여길 것이다."

제4절 서원하는 것은 유익한가

Parall.: ScG, III, 138.
Doctr. Eccl.: "사람들이 이미 받은 세례의 기억을 상기하도록 하여, 세례 이후에 발한 모든 서원들은 이미 세례 때에 그들이 한 약속의 효력 때문에 전부 무효임을 알게 함으로써, 마치 그 서원들이 그들이 고백한 신앙과 세례 자체에 손상을 가하는 것처럼 말하는 자는 파문될 것이다."(트리엔트 공의회 제7회기, can.9): DS 865[=DH 1622] 인노첸시오 11세는 1687년에 미겔 데 몰리노스의 다음 명제를 단죄했다: "3. 무엇인가 하려는 서원은 완덕의 장애물이다.": DS 1223[=DH 2203]. Cf. DS 1285[=DH 2265]

[반론] 넷째는 다음과 같이 진행된다. 서원하는 것은 유익하지 않은 것으로 보인다.

1. 누구도 하느님이 자신에게 주신 선을 박탈하는 것은 좋지 않다. 그런데 자유(libertas)는 하느님께서 인간에게 주신 가장 큰 선들 가운데 하나이며, 그는 서원이 요구하는 필요 때문에 [그 자유를] 박탈당하는 것처럼 보인다. 그러므로 사람이 서원하는 것은 유익하지 않다.

2. 누구도 자신을 위험에 처하게 하지 않아야 한다. 그런데 서원을

vovet se periculo iniicit: quia quod ante votum sine periculo poterat praeteriri, si non servetur post votum, periculosum est. Unde Augustinus dicit, in epistola *ad Armentarium et Paulinam*[1]: *Quia iam vovisti, iam te obstrinxisti, aliud tibi facere non licet. Non talis eris si non feceris quod vovisti, qualis mansisses si nihil tale vovisses. Minor enim tunc esses, non peior. Modo autem, tanto, quod absit, miserior si fidem Deo fregeris, quanto beatior si persolveris.* Ergo non expedit aliquid vovere.

3. Praeterea, Apostolus dicit, I *ad Cor.* 4, [16]: *Imitatores mei estote, sicut et ego Christi.* Sed non legitur neque Christum aliquid vovisse, nec Apostolos. Ergo videtur quod non expediat aliquid vovere.

SED CONTRA est quod dicitur in Psalm. [Ps. 75, 12]: *Vovete et reddite Domino Deo vestro.*

RESPONDEO dicendum quod, sicut dictum est,[2] votum est promissio Deo facta. Alia autem ratione promittitur aliquid homini, et alia ratione Deo. Homini quidem promittimus aliquid propter eius utilitatem, cui utile est et quod ei aliquid exhibeamus, et quod

---

1. Epist.127, al45, n.8: ML 33, 487.

하는 사람은 위험에 처하게 된다. 서원 전에 안전하게 간과할 수 있는 일이 서원 후에 이행되지 않으면 위험하기 때문이다. 그래서 아우구스티누스는 『아르멘타리우스와 바울리나에게 보낸 편지』에서[1] 다음과 같이 말한다. "당신은 이미 서원을 했기 때문에 묶여 있으므로, 다른 것을 하는 것이 허용되지 않습니다. 만일 서원한 것을 하지 않는다면, 그것을 서원하지 않았을 때와 같은 상태로 남아 있지 않을 것입니다. 그랬더라면[서원을 하지 않았다면], 당신은 덜 위대했겠지만, 더 악하지는 않았을 것입니다. 그러나 [여러분이] 하느님에 대한 충실함을 깨뜨릴수록 여러분은 더 비참해지고, 여러분이 [서원을] 이행했을 때는 더 복됩니다." 그러므로 서원하는 것은 유익하지 않다.

3. 사도는 코린토 1서 4장 [16절]에서 다음과 같이 말한다. "제가 그리스도를 본받듯이, 여러분은 저를 본받으십시오." 그러나 그리스도나 사도들이 어떤 것을 서원했다는 것은 읽을 수 없다. 그러므로 서원하는 것은 유익하지 않은 것으로 보인다.

[재반론] 그러나 반대로 시편 76[75]편 [12절]에서는 다음과 같이 말한다. "너희는 너희 주 하느님께 서원하고 채워드려라."

[답변] 말한 바와 같이,[2] 서원은 하느님께 한 약속이다. 그런데 사람에게 약속하는 이유와 하느님께 약속하는 이유는 서로 다르다. 사실, 우리는 사람에게 그의 이익을 위해 무엇인가를 약속하는데, 우리가 그에게 무엇인가를 지불하고, 먼저 그에게 미래의 지불에 대해 입증하는

---

2. aa.1-2.

eum de futura exhibitione prius certificemus. Sed promissionem Deo facimus non propter eius utilitatem, sed propter nostram.³ Unde Augustinus dicit, in praedicta⁴ epistola: *Benignus exactor est, non egenus: et qui non crescat ex redditis, sed in se crescere faciat redditores.* Et sicut id quod damus Deo non est ei utile, sed nobis, quia *quod ei redditur reddenti additur*, ut Augustinus ibidem dicit; ita etiam promissio qua Deo aliquid vovemus, non cedit in eius utilitatem, qui a nobis certificari non indiget; sed ad utilitatem nostram, inquantum vovendo voluntatem nostram immobiliter firmamus ad id quod expedit facere. Et ideo expediens est vovere.

AD PRIMUM ergo dicendum quod sicut non posse peccare non diminuit libertatem, ita etiam necessitas firmatae voluntatis in bonum non diminuit libertatem: ut patet in Deo et in beatis.⁵ Et talis est necessitas voti, similitudinem quandam habens cum confirmatione beatorum. Unde Augustinus in eadem epistola⁶ dicit quod *felix necessitas est quae in meliora compellit.*

AD SECUNDUM dicendum quod quando periculum nascitur ex ipso facto, tunc illud factum non est expediens: puta quod aliquis per pontem ruinosum transeat fluvium. Sed si periculum immineat

---

3. Cf. q.81, a.6, ad2.
4. Cf. 2a: epist.127, n.6: ML 33, 486.

것이 그에게 유익하다. 그러나 우리는 하느님의 이익을 위해서가 아니라 우리의 이익을 위해서 그분께 약속한다.[3] 그러므로 아우구스티누스는 위에서 언급한 편지에서[4] 다음과 같이 말했다. "그분은 부족하지 않고 너그러운 징수자(exactor)이며, 자신에게 주어진 것으로 자라지 않고, 지불인(redditor)들을 자기 안에서 자라게 하는 분입니다." 아우구스티누스가 같은 곳에서 "그분에게 지불해 드린 것은 그것을 지불한 이에게 첨가됩니다."라고 말한 것처럼, 우리가 서원하는 가운데 약속하는 것은 우리에게서 확증을 필요로 하지 않으시는 하느님께 유익한 것이 아니라 우리에게 유익한 것이다. 우리가 서원을 함으로써, 우리에게 좋은 일에 대하여 우리의 의지를 변치 않게 확고하게 하기 때문이다. 그러므로 서원하는 것은 좋은 일이다.

[해답] 1. 죄를 지을 수 없는 것이 자유를 감소시키지 않는 것처럼, 선에 있어서 확고한 의지의 필요성은 하느님과 진복자들에게[5] 나타나듯이 자유를 감소시키지 않는다. 그리고 그것은 진복자들의 추인과 어떤 유사성을 가지고 있는 서원의 필요성이다. 그러므로 아우구스티누스는 같은 편지에서[6] 더 나은 것을 강제하는 것은 행복한 필요라고 말한다.

2. 위험이 행위 그 자체에서 생길 때, 그 행위는 바람직하지 않다. 예컨대 누군가가 무너지는 다리를 통해 강을 건너는 것이 그렇다. 그러나 사람이 그 행동을 수행하지 않는다는 사실에 의해 위험이 임박한다

---

5. Cf. I, q.62, a.8, ad3; II-II, q.44, a.1, ad2.
6. Cf. 2a.

ex hoc quod homo deficit ab illo facto, non desinit propter hoc esse expediens: sicut expediens est ascendere equum, quamvis periculum immineat cadenti de equo. Alioquin oporteret ab omnibus bonis cessare quae per accidens ex aliquo eventu possunt esse periculosa. Unde dicitur *Eccle.* 11, [4]: *Qui observat ventum non seminat: et qui considerat nubes nunquam metet.* Periculum autem voventi non imminet ex ipso voto, sed ex culpa hominis, qui voluntatem mutat transgrediens votum. Unde Augustinus dicit in eadem epistola[7]: *Non te vovisse poeniteat. Immo gaude iam tibi sic non licere quod cum tuo detrimento licuisset.*

AD TERTIUM dicendum quod Christo secundum se non competebat vovere.[8] Tum quia Deus erat. Tum etiam quia, inquantum homo, habebat firmatam voluntatem in bono, quasi comprehensor existens. Quamvis per quandam similitudinem ex persona eius dicatur in Psalm. [Ps. 21, 26], secundum Glossam[8]: *Vota mea reddam in conspectu timentium eum:* loquitur autem pro corpore suo, quod est Ecclesia. — Apostoli autem intelliguntur vovisse pertinentia ad perfectionis statum quando Christum, *relictis omnibus, sunt secuti.*[9]

---

7. loc. cit., in 2a.
8. Interl.; Lombardus: ML 191, 237B. Cf. Augstinus, *Enarr.*, in Ps.21, enarr.1, n.26: ML 36, 170.

면, 말에서 떨어질 위험이 있더라도 말을 타는 것이 유익하다. 그렇지 않으면 어떤 사건으로 인해 우유적으로 위험해질 수 있는 모든 선을 포기해야 할 것이다. 그러므로 코헬렛 11장 [4절]에서는 다음과 같이 말한다. "바람을 보는 자는 씨를 뿌리지 못하고 구름을 보는 자는 거두지 못한다." 그러나 서원자에게 위험은 서원 그 자체에서 오는 것이 아니라 서원을 위반하여 의지를 바꾸는 사람의 탓에서 온다. 그래서 아우구스티누스는 같은 편지에서[7] 다음과 같이 말한다. "서원한 것을 후회하지 마십시오. 오히려 허락되어 당신에게 해로울 것이 지금은 허락되지 않음을 기뻐하십시오."

3. 그리스도에 따르면, 그분이 서원하는 것은 합당하지 않다. [그것은] 그분은 하느님이었기 때문이다. 또한 그분은 인간으로서도 달관자(comprehensor)로서 선에 확고한 의지를 가지셨기 때문이다. 시편에서는 그분의 위격으로부터 비유적으로 "나는 그분을 두려워하는 사람들 앞에서 나의 서원을 이행할 것이다."라고 일컬어지지만, 『주석』에 따르면[8] 이는 그분의 몸, 즉 교회를 대신하여 말씀하시는 것이다. 한편 사도들이 모든 것을 버리고 그리스도를 따랐을 때,[9] [그들은] 완전함의 상태에 관한 서원을 한 것으로 이해된다.

---

9. 마태 4,18 이하; 19,27; 루카 5,11.

Articulus 5
Utrum votum sit actus latriae sive religionis

Ad quintum sic proceditur. Videtur quod votum non sit actus latriae sive religionis.

1. Omne enim opus virtutis cadit sub voto. Sed ad eandem virtutem pertinere videtur promittere aliquid et facere illud. Ergo votum pertinet ad quamlibet virtutem, et non specialiter ad religionem.

2. Praeterea, secundum Tullium,[1] ad religionem pertinet *cultum et caeremoniam Deo offerre*. Sed ille qui vovet nondum aliquid Deo offert, sed solum promittit. Ergo votum non est actus religionis.

3. Praeterea, cultus religionis non debet exhiberi nisi Deo. Sed votum non solum fit Deo, sed etiam sanctis et praelatis, quibus religiosi profitentes obedientiam vovent. Ergo votum non est religionis actus.

SED CONTRA est quod dicitur Isaiae 19, [21]: *Colent eum in hostiis et muneribus,[2] et vota vovebunt Domino et solvent*. Sed colere Deum est proprie religionis sive latriae. Ergo votum est actus latriae sive religionis.

---

1. Cf. CIC., *De invent. rhet.*, II, c.53: ed. G. Friedrich, Lipsiae, 1908, p.230, ll.21-22.

제5절 서원은 흠숭이나 종교 행위인가

Parall.: *Contra doct. retrah.*, c.12.

[반론] 다섯째는 다음과 같이 진행된다. 서원은 흠숭 행위나 종교 행위가 아닌 것으로 보인다.

1. 모든 덕의 행위는 서원 아래 있다. 그러나 무엇인가를 약속하는 것과 그것을 이행하는 것은 같은 덕에 속하는 것으로 보인다. 따라서 서원은 모든 덕에 속하는 것이지, 특별히 종교에 속하는 것은 아니다.

2. 키케로에 따르면,[1] 종교는 "하느님께 예배와 예식을 드리는 것"에 속한다. 그러나 서원하는 사람은 아직 하느님께 아무것도 드리지 않고 오직 약속만 하는 것이다. 그러므로 서원은 종교 행위가 아니다.

3. 종교 예배는 하느님 외에는 드리지 말아야 한다. 그러나 서원은 하느님께만 행해지는 것이 아니라, 성인들과 종교인들[수도자들]이 순명 서원을 공언하는 고위 성직자들에게도 [행해진다]. 그러므로 서원은 종교 행위가 아니다.

[재반론] 그러나 반대로 이사야서 19장 [21절]은 다음과 같이 말한다. "그들은 제물들과 예물들로[2] 그분을 경배하며 주님께 서원하고 갚을 것이다." 그런데 하느님을 경배하는 것은 종교 또는 흠숭에 [속한다]. 따라서 서원은 흠숭 행위 또는 종교 행위이다.

---

2. Vulgata: "in muneribus."

RESPONDEO dicendum quod, sicut supra[3] dictum est, omne opus virtutis ad religionem seu latriam pertinet per modum imperii, secundum quod ad divinam reverentiam ordinatur, quod est proprius finis latriae. Ordinare autem alios actus in manifestum est autem ex praedictis quod votum est quaedam imperatas. Et ideo ipsa ordinatio actuum cuiuscumque virtutis in servitium Dei est proprius actus latriae. Manifestum est autem ex praedictis[4] quod votum est quaedam promissio Deo facta: et quod promissio nihil est aliud quam ordinatio quaedam eius quod promittitur in eum cui promittitur. Unde votum est ordinatio quaedam eorum quae quis vovet in divinum cultum seu obsequium. Et sic patet quod vovere proprie est actus latriae seu religionis.

AD PRIMUM ergo dicendum quod illud quod cadit sub voto quandoque quidem est actus alterius virtutis, sicut ieiunare, continentiam servare; quandoque vero est actus religionis, sicut sacrificium offerre vel orare. Utrorumque tamen promissio Deo facta ad religionem pertinet, ratione iam[5] dicta. Unde patet quod votorum quoddam pertinet ad religionem ratione solius promissionis Deo factae, quae est essentia voti: quandoque etiam ratione rei promissae, quae est voti materia.

AD SECUNDUM dicendum quod ille qui promittit, inquantum

---

3. q.81, a.1, ad1; a.4, ad1–2.

[답변] 위에서 말한 바와 같이,[3] 모든 덕의 행위는 흠숭의 고유한 목적인 신적 경외를 향해 질서 지어진 한에서 명령의 방식을 통해 종교 또는 흠숭에 속한다. 그러나 다른 행위들을 질서 짓는 데 있어서 위에서 언급한 바에 의해 서원이 어떤 명령된 것임이 분명히 드러난다. 그러므로 하느님을 섬기는 데 있어서 모든 덕의 행위들을 하느님을 섬기는 것으로 질서 짓는 것 자체는 흠숭의 고유한 행위이다. 그런데 위에서 언급한 것에 의해[4] 분명한 것은, 서원이 하느님께 한 어떤 약속이며, 약속은 약속된 것을 약속받은 자에게 일정하게 질서 지우는 것 외에 다른 게 아니다. 그러므로 서원은 어떤 사람이 서원하는 것들을 신적 예배나 순종을 향하여 질서 짓는 것이다. 따라서 서원하는 것은 고유하게 흠숭 내지 종교[수도생활]에 속하는 행위이다.

[해답] 1. 서원 아래 떨어지는 것은 때로는 단식하고 극기하는 것처럼 다른 덕의 행위이다. 하지만 때로 [그것은] 희생제물을 바치거나 기도하는 것처럼 종교 행위이기도 하다. 그러나 두 경우 모두 하느님께 하는 약속은 이미 말한 것처럼 종교에 속한다. 그러므로 오직 서원의 본질인 하느님께 한 약속의 이유로[5] 종교에 속하는 서원도 있고, 그리고 때로는 서원의 내용인 약속된 것의 이유로도 종교[수도생활]에 속하는 서원이 있다는 것이 분명하다.

2. 약속하는 자는, 그가 주어야 할 의무가 있는 한, 이미 어떤 면에서 주는 것이다. 그것은 마치 그 원인이 이루어질 때, 어떤 것이 이루어진

---

4. a.1.
5. 본론.

se obligat ad dandum, iam quodammodo dat: sicut dicitur fieri aliquid cum fit causa eius, quia effectus virtute continetur in causa. Et inde est quod non solum danti, sed etiam promittenti gratiae aguntur.

AD TERTIUM dicendum quod votum soli Deo fit, sed promissio potest etiam fieri homini: et ipsa promissio boni quae fit homini potest cadere sub voto, inquantum est quoddam opus virtuosum. Et per hunc modum intelligendum est votum quo quis vovet aliquid sanctis vel praelatis: ut ipsa promissio facta sanctis vel praelatis cadat sub voto materialiter, inquantum scilicet homo vovet Deo se impleturum quod sanctis vel praelatis promittit.

Articulus 6
Utrum magis sit laudabile et meritorium facere aliquid sine voto quam ex voto

Ad sextum sic proceditur. Videtur quod magis sit laudabile et meritorium facere aliquid sine voto quam cum voto.

1. Dicit enim Prosper, in II *de vita Contempl.*[1]: *Sic abstinere vel ieiunare debemus ut non nos necessitati ieiunandi subdamus: ne iam non*

---

1. Cf. Iulian. Pomerius, *De vita contemplativa*, II, c.24, n.1: ML 59, 470B.

다고 말하는 것과 같다. 왜냐하면 결과는 잠재적으로 원인 안에 담기기 때문이다. 그러므로 은총은 주는 자만이 아니라 약속하는 자에게도 작용한다.

3. 서원은 하느님께만 하는 것이지만, 약속은 사람에게도 할 수 있다. 사람에게 하는 선에 대한 약속 자체도, 그것이 어떤 덕스러운 행위인 한에서 서원 아래 떨어질 수 있다. 이런 방식으로 서원은 누군가 성인들이나 고위 성직자들에게 하는 것으로 이해된다. 즉 성인들이나 고위 성직자들에게 약속한 것을 채우겠다고 하느님께 서원하는 한에서, 성인들이나 고위 성직자들에게 한 약속 자체가 내용적으로 서원 아래 떨어지는 것처럼 그렇다.

제6절 어떤 것을 서원과 함께하는 것보다 서원 없이 하는 게 더 찬사를 받을 만하고 공로가 되는가

Parall.: Infra, q.189, a.2; ScG, III, 138; Contra doct. retrah., cc.11sqq.; De perf. vitae spir., c.12; Quodlibet., III, q.5, a.2, ad3.

[반론] 여섯째는 다음과 같이 진행된다. 어떤 것을 서원과 함께하는 것보다 서원 없이 하는 게 더 찬사를 받을 만하고 공로가 되는 것으로 보인다.

1. 프로스페르는 『관상 생활에 대하여』 제2권에서[1] 다음과 같이 말한다. "그러므로 우리는 단식의 필요 아래 있지 않은 채 금욕하거나 단식해야 한다. 그럼으로써 [그것들을] 더는 신심적이지 않고 의지를 거

devoti, sed inviti rem voluntariam faciamus. Sed ille qui vovet ieiunium subdit se necessitati ieiunandi. Ergo melius esset si ieiunaret sine voto.

2. Praeterea, Apostolus dicit, II *ad Cor.* 9, [7]: *Unusquisque prout destinavit in corde suo, non ex tristitia aut ex necessitate: hilarem enim datorem diligit Deus*. Sed quidam ea quae vovent ex tristitia faciunt: et hoc videtur procedere ex necessitate quam votum imponit, quia *necessitas contristans est*, ut dicitur V *Metaphys..*[2] Ergo melius est aliquid facere sine voto quam cum voto.

3. Praeterea, votum necessarium est ad hoc quod firmetur voluntas hominis ad rem quam vovet, ut supra[3] habitum est. Sed non magis potest firmari voluntas ad aliquid faciendum quam cum actu facit illud. Ergo non melius est facere aliquid cum voto quam sine voto.

SED CONTRA est quod super illud Psalm. [Ps. 75, 12], *Vovete et reddite*, dicit Glossa[4]: *Vovere voluntati consulitur*. Sed consilium non est nisi de meliori bono. Ergo melius est facere aliquod melius opus ex voto quam sine voto: quia qui facit sine voto, implet tantum unum consilium, scilicet de faciendo; qui autem facit cum voto, implet duo consilia, scilicet et vovendo et faciendo.

---

2. c.5, 1015a28-33; S. Thomas, lect.6, nn.830-831.
3. a.4.

슬러 하지 않기 위해서이다." 그런데 단식을 서원하는 사람은 단식의 필요성에 종속된다. 그러므로 서원 없이 단식하는 것이 더 좋다.

2. 사도는 코린토 2서 9장 [7절]에서 다음과 같이 말한다. "저마다 자기 마음에 작정한 대로 [해야지], 슬픔이나 필요 때문에 [해서는 안 됩니다]. 하느님께서는 기쁘게 주는 이를 사랑하시기 때문입니다." 그러나 어떤 사람들은 슬퍼하며 자신들이 서원한 것을 하고, 이것은 서원이 부과하는 필요성에서 유래하는 것처럼 보인다. 『형이상학』 제5권에서[2] 말하듯이, "필요성은 슬프게 하는 것"이기 때문이다. 그러므로 어떤 것을 서원과 함께하는 것보다 서원 없이 하는 것이 더 낫다.

3. 우리가 이미 말한 것처럼,[3] 서원은 서원하는 것을 향한 인간의 의지를 확고하게 하는 데 필요하다. 그러나 무엇인가를 하고자 하는 의지는 그것을 실제로 할 때만 강화될 수 있다. 그러므로 어떤 것을 서원 없이 하는 것보다 서원과 함께하는 것이 더 낫지 않다.

[재반론] 그러나 반대로 "너희는 서원을 하고 지켜라."라는 시편 76[75]편 [12절]에 대해 『주석』은[4] 다음과 같이 말한다. "서원은 의지에 권고된다." 그러나 권고(consilium)는 단지 더 나은 선 이외에 다른 게 아니다. 그러므로 어떤 것을 서원 없이 하는 것보다 서원에 의해 어떤 더 좋은 일을 하는 것이 더 낫다. 왜냐하면 서원 없이 행하는 자는 단지 한 가지 권고, 즉 행하는 것만 채우는 것이기 때문이다. 그러나 서원과 함께 행하는 자는 두 가지 권고, 즉 서원을 하고 행하는 것을 채운다.

---

4. Lombardus: ML 191, 709A.

RESPONDEO dicendum quod triplici ratione facere idem opus cum voto est melius et magis meritorium quam facere sine voto. Primo quidem, quia vovere, sicut dictum est,[5] est actus latriae, quae est praecipua inter virtutes morales. Nobilioris autem virtutis est opus melius et magis meritorium. Unde actus inferioris virtutis est melior et magis meritorius ex hoc quod imperatur a superiori virtute, cuius actus fit per imperium: sicut actus fidei vel spei melior est si imperetur a caritate. Et ideo actus aliarum virtutum moralium, puta ieiunare, quod est actus abstinentiae, et continere, quod est actus castitatis, sunt meliora et magis meritoria si fiant ex voto: quia sic iam pertinent ad divinum cultum, quasi quaedam Dei sacrificia.[6] Unde Augustinus dicit, in libro *de Virginitate*,[7] quod *neque ipsa virginitas quia virginitas est, sed quia Deo dicata est, honoratur; quam fovet et servat continentia pietatis.*

Secundo, quia ille qui vovet aliquid et facit, plus se Deo subiicit quam ille qui solum facit. Subiicit enim se Deo non solum quantum ad actum sed etiam quantum ad potestatem, quia de cetero, non potest aliud facere: sicut plus daret homini qui daret ei arborem cum fructibus quam qui daret ei fructus tantum, ut dicit Anselmus,[8] in libro *de Similitud.*.[9] Et inde est quod etiam promittentibus gratiae aguntur, ut dictum est.[10]

---

5. a.5.
6. Cf. q.85, a.3.
7. c.8: ML 40, 400.

제88문 제6절

[답변] 서원과 함께 똑같은 일을 하는 것은 세 가지 이유로 서원 없이 하는 것에 비해 더 낫고 더 공로가 된다. 첫째, 말한 바와 같이[5] 서원하는 것은 흠숭 행위이며, 이것은 도덕적 덕 중에서 가장 중요하다. 그런데 더 고귀한 덕의 [행위는] 더 좋고 더 공로가 된다. 그러므로 낮은 덕의 행위는 그것이 더 높은 덕에 의해 명령되고 그 덕의 행위가 될 때, 예컨대 신앙의 행위나 희망의 행위가 참사랑에 의해 명령되는 경우에 더 낫고 더 공로가 된다. 그러므로 금욕의 행위인 단식하는 것과 정결의 행위인 극기하는 것 같은 다른 도덕적 덕의 행위들이 서원에 의해 이루어진다면 더 낫고 더 공로가 된다. 왜냐하면 그렇게 함으로써 하느님의 희생제물들로서 신적 예배에 이미 속하기 때문이다.[6] 그러므로 아우구스티누스는 『거룩한 동정』에서[7] 다음과 같이 말한다. "동정성 자체는 동정성이기 때문이 아니라 하느님께 바쳐지기 때문에 명예로워진다. 경건함의 극기는 그것을 육성하며 보존한다."

둘째로, 어떤 것을 서원하고 그것을 이행하는 사람은 단지 그것을 행하는 사람보다 하느님께 더 복종하기 때문이다. 사실 그는 행위에 관해서뿐만 아니라 권한에 관해서도 하느님께 복종한다. 왜냐하면 그는 다른 일을 할 수 없기 때문이다. 그것은 안셀무스가 『유사성』에서[8] 말한 것처럼,[9] 열매를 주는 사람보다 열매를 맺는 나무를 주는 사람이 더 많은 것을 주는 셈이기 때문이다. 그러므로 말한 바와 같이,[10] 이것 때문에 약속하는 사람들에게도 감사한다.

---

8. c.84: ML 159, 655C.
9. Eadmerus.
10. q.14, a.2.

Tertio, quia per votum immobiliter voluntas firmatur in bonum. Facere autem aliquid ex voluntate firmata in bonum pertinet ad perfectionem virtutis, ut patet per Philosophum, in II *Ethic.*[11]: sicut etiam peccare mente obstinata aggravat peccatum, et dicitur peccatum in Spiritum Sanctum, ut supra[12] dictum est.

AD PRIMUM ergo dicendum quod auctoritas illa est intelligenda de necessitate coactionis, quae involuntarium causat[13] et devotionem excludit. Unde signanter dicit: *Ne iam non devoti, sed inviti rem voluntariam faciamus.* Necessitas autem voti est per immutabilitatem voluntatis: unde et voluntatem confirmat et devotionem auget. Et ideo ratio non sequitur.

AD SECUNDUM dicendum quod necessitas coactionis, inquantum est contraria voluntati, tristitiam causat, secundum Philosophum.[14] Necessitas autem voti in his qui sunt bene dispositi, inquantum voluntatem confirmat, non causat tristitiam, sed gaudium. Unde Augustinus dicit, in epistola *ad Armentarium et Paulinam*[15]: *Non te vovisse poeniteat: immo gaude iam tibi sic non licere quod cum tuo detrimento licuisset.*

Si tamen ipsum opus, secundum se consideratum, triste et involuntarium redderetur post votum, dum tamen remaneat voluntas votum implendi, adhuc est magis meritorium quam si fieret sine voto:

---

11. c.13, 1105a32-b5; S. Thomas, lect.4, n.283.
12. q.14, a.2.

셋째, 의지는 서원을 통해 선에 있어서 부동적으로 확고해진다. 『니코마코스 윤리학』 제2권에서[11] 철학자를 통해 분명하게 드러났듯이, 선에 있어 확고한 의지에 의해 어떤 것을 하는 것은 덕의 완전성에 속하며, 앞서 말한 것처럼,[12] 이는 마치 집요한 정신으로 죄를 범하는 것이 죄를 가중하고 성령을 거슬러 [범하는] 죄가 되게 하는 것과 같다.

[해답] 1. 인용된 권위는 비의지적인 것을 야기하고[13] 신심을 배제하는 강압에 의한 필요성으로부터 이해되어야 한다. 그러므로 의미심장하게 말한다. "우리가 더 이상 신심적이지 않고 의지를 거슬러 마지못해 하지 않기 위해서이다." 그러나 서원의 필요성은 의지의 불변성에 기인하므로, [서원은] 의지를 강화하고 신심을 증가한다. 그러므로 이유는 뒤따르지 않는다.

2. 철학자에 따르면,[14] 강압에 의한 필요성은 그것이 의지에 반하는 한에서 슬픔을 유발한다. 그러나 잘 준비된 사람들에게 서원의 필요성은 의지를 견고하게 하는 만큼, 슬픔이 아니라 즐거움을 가져다준다. 그러므로 아우구스티누스는 『아르멘타리우스와 바울리나에게 보낸 편지』에서[15] 다음과 같이 말한다. "그가 당신에게 서원한 것을 후회하지 말고, 오히려 허락된다면 당신에게 해로울 것이 이제는 허락하지 않은 것을 슬거워하십시오." 약속된 것 자체가 서원 후에 슬프고 비의지적으로 이루어지더라도, 서원을 채우려는 의지가 남아 있는 한, 그것은 서원 없이 행해지는 것보다 훨씬 더 공로적이다. 서원의 완수는

---

13. Cf. I-II, q.6, a.5.
14. loc. cit., in arg.
15. Epist.127, al.45, n.8: ML 33, 487.

quia impletio voti est actus religionis, quae est potior virtus quam abstinentia, cuius actus est ieiunare.

AD TERTIUM dicendum quod ille qui facit aliquid sine voto habet immobilem voluntatem respectu illius operis singularis quod facit, et tunc quando facit: non autem manet voluntas eius omnino firmata in futurum, sicut voventis, qui suam voluntatem obligavit ad aliquid faciendum et antequam faceret illud singulare opus, et fortasse ad pluries faciendum.

Articulus 7
Utrum votum solemnizetur per susceptionem sacri ordinis, et per professionem ad certam regulam

Ad septimum sic proceditur. Videtur quod votum non solemnizetur per susceptionem sacri ordinis, et per professionem ad certam regulam.

1. Votum enim, ut dictum est,[1] promissio Deo facta est. Ea vero quae exterius aguntur ad solemnitatem pertinentia non videntur ordinari ad Deum, sed ad homines. Ergo per accidens se habent ad

종교 행위이며, 자신의 행위가 단식인 금욕보다 더 중요한 덕이기 때문이다.

3. 서원 없이 무엇인가를 하는 사람은 그가 하는 특정한 일에 대해, 그리고 그 일을 하는 때에 확고부동한 의지를 갖고 있다. 그러나 마치 서원자가 자신의 의지를 어떤 것을 하도록 강제하고 그 특정한 일을 하기 전에, 그리고 아마도 여러 번 하도록 할 때 그렇듯이, [그 일을] 할 때 그의 의지가 미래에 완전히 확고한 것은 아니다.

제7절 장엄 서원에 대하여

Parall.: *In Sent.*, IV, d.38, q.1, a.2, qc.3; *Quodlibet.*, III, q.7, a.1.
Doctr. Eccl.: "성품을 받은 성직자들이나 장엄하게 정결을 서원한 수도자들이 혼인을 맺을 수 있고, 교회법이나 서원에도 그 혼인 계약이 유효하다고 하며, 이에 반대되는 입장은 혼인을 단죄하는 것과 다를 바 없고, 정결의 은사를 받지 않았다고 느끼는 모든 사람들은 (그들이 서원하였다고 하더라도) 혼인을 맺을 수 있다고 주장하는 자는 파문될 것이다. 왜냐하면 하느님께서는 올바르게 은사를 청하는 사람들을 내치지 않으시며, 우리가 감당할 수 없는 유혹을 당하도록 내버려 두지 않으시기 때문이다."(1코린 10,13 참조) (트리엔트 공의회, 제24회기, can.9): DS 979[=DH 1809]

[반론] 일곱째는 다음과 같이 진행된다. 서원은 사제 수품과 일정한 규칙을 향한 선서를 통해 장엄해지지 않는 것으로 보인다.

1. 이미 말했듯이,[1] 사실 서원은 하느님께 드리는 약속이다. 그러나 외적으로 행해지는 것들, 장엄함(solemnitas)에 속하는 것들은 하느님을

---

1. a.1.

votum. Non ergo solemnitas talis est propria conditio voti.

2. Praeterea, illud quod pertinet ad conditionem alicuius rei, videtur posse competere omnibus illis in quibus res illa invenitur. Sed multa possunt sub voto cadere quae non pertinent neque ad sacrum ordinem, neque pertinent ad aliquam certam regulam: sicut cum quis vovet peregrinationem, aut aliquid huiusmodi. Ergo solemnitas quae fit in susceptione sacri ordinis vel in promissione certae regulae, non pertinet ad conditionem voti.

3. Praeterea, votum solemne idem videtur esse quod votum publicum. Sed multa alia vota possunt fieri in publico quam votum quod emittitur in susceptione sacri ordinis vel professione certae regulae: et huiusmodi etiam vota possunt fieri in occulto. Ergo non solum huiusmodi vota sunt solemnia.

SED CONTRA est quod solum huiusmodi vota impediunt matrimonium contrahendum et dirimunt iam contractum; quod est effectus voti solemnis, ut infra dicetur in Tertia huius operis Parte.[2]

RESPONDEO dicendum quod unicuique rei solemnitas adhibetur secundum illius rei conditionem: sicut alia est solemnitas novae militiae, scilicet in quodam apparatu equorum et armorum et concursu militum; et alia solemnitas nuptiarum, quae consistit in apparatu sponsi et sponsae et conventu propinquorum. Votum autem est promissio Deo facta. Unde solemnitas voti attenditur secundum

향해서가 아니라 사람들을 향해서 행해지는 것처럼 보인다. 따라서 그들은 서원에 대하여 우유적인 관계에 있다. 그러므로 장엄함이 서원의 조건은 아니다.

2. 한 사물의 상황에 속하는 것은 그 사물이 발견되는 모든 것들에 속할 수 있는 것처럼 보인다. 그러나 누군가 순례나 그와 비슷한 어떤 것을 서원하는 것처럼, 성품(聖品)이나 어떤 특정한 규칙에도 속하지 않는 많은 것이 서원 아래 떨어질 수 있다. 그러므로 성품을 받거나 일정한 규칙에 대한 약속에서 이루어지는 장엄함은 서원의 상황에 속하지 않는다.

3. 장엄 서원은 공적 서원과 같은 것으로 보인다. 그러나 사제품을 받거나 일정한 규칙에 선서할 때 발하는 서원 외에도 많은 다른 서원이 공개적으로 이루어질 수 있으며, 그와 비슷한 서원들이 비밀리에 이루어질 수도 있다. 그러므로 이와 같은 서원들만 장엄한 것은 아니다.

[재반론] 그러나 반대로 오직 그와 같은 서원들만이 혼인이 맺어지는 것을 막고, 이미 맺어진 [혼인]을 해소한다. 아래에 이 작품의 제3부에서 말하게 될 것처럼,[2] 그것이 이 서원의 효력이다.

[답변] 새로운 군대의 장엄함이 다르듯이, 즉 말들과 무기들의 일정한 배치와 병사들의 모임에서 [장엄함이 다르듯이], 모든 것의 장엄함은 그 사물의 상태에 따라 사용된다. 그리고 신랑과 신부의 준비와 친척들의 모임에 있는 결혼의 장엄함은 다르다. 그러나 서원은 하느님께

---

2. 다음을 보라: Sup., q.53, a.2. Cf. *Decretal. Greg. IX*, IV, tit.6, c.7: ed. Richter-Friedberg, t.2, p.686.

aliquid spirituale, quod ad Deum pertineat: idest secundum aliquam spiritualem benedictionem vel consecrationem, quae ex institutione Apostolorum adhibetur in professione certae regulae, secundo gradu post sacri ordinis susceptionem, ut Dionysius dicit, 4 cap. *Eccles. Hier..*³

Et huius ratio est quia solemnitates non consueverunt adhiberi nisi quando aliquis totaliter mancipatur alicui rei⁴: non enim solemnitas nuptialis adhibetur nisi in celebratione matrimonii, quando uterque coniugum sui corporis potestatem alteri tradit. Et similiter voti solemnitas adhibetur quando aliquis per susceptionem sacri ordinis divino ministerio applicatur; et in professione certae regulae, quando per abrenuntiationem saeculi et propriae voluntatis aliquis statum perfectionis assumit.

AD PRIMUM ergo dicendum quod huiusmodi solemnitas pertinet non solum ad homines, sed ad Deum, inquantum habet aliquam spiritualem consecrationem seu benedictionem,⁵ cuius Deus est auctor, etsi homo sit minister: secundum illud *Num.* 6, [27]: *Invocabunt nomen meum super filios Israel, et ego benedicam eis.* Et ideo votum

---

3. p.1: MG 533A. 장엄한 축성 또는 축복은 한 사람이 완전함의 지위에 있기 위한 이유가 아니라 표지로 제시된다. 왜냐하면 그것은 어떤 지위에 있는 사람들을 통해서가 아니라면 사용될 수 없기 때문이다. 사실 사람들은 완전함의 지위에 늘 있는 것이 아니라 여하한 모든 지위에 도달하는 것이다. 따라서 완전함의 지위에 놓인 사람들에게 장엄한 축복이나 축성은 영속적인 의무에 대한 표지로 제시된다. 그것은 누군가가 시민적으로 자신의 지위를 변경할 때, 노예가 구속될 때, 시민적 의식을 거행할 때 그렇다. *De perf. vitae spir.* c.24: ed. Mandonnet, t.4, p.257.

한 약속이다. 그러므로 디오니시우스가 『천상 위계』 제4장에서 말한 것처럼,[3] 서원의 장엄함은 하느님께 속한 어떤 영적인 것에 따라, 어떤 사람이 성품을 받은 다음 두 번째 단계에서 사도들의 제정에 의하여 어떤 규칙을 선서할 때 수여되는 영적인 축복이나 축성으로 이루어진다.

그리고 그것의 이유는 그 장엄함이 사람이 어떤 것에 완전히 전념할 때만 사용되는 것이기 때문이다.[4] 그래서 결혼의 장엄함은 각 배우자가 다른 사람에게 자기 몸의 지배권을 줄 때, 결혼의 거행에서만 사용된다. 이와 마찬가지로 서원의 장엄함은 성품을 받는 가운데 신적 봉사에 적용될 때 사용된다. 그리고 특정한 규칙에 대한 선서에서는 세속과 자신의 의지를 포기함으로써 완전함의 신분을 취한다.

[해답] 1. 이러한 종류의 장엄함은 축성이나 영적 축복을 가져오는 한에서[5] 사람들에게만 속하는 것이 아니라 하느님께 속한다. 그것은 "그들이 이렇게 이스라엘 자손들 위로 나의 이름을 부르면, 내가 그들에게 복을 내리겠다."라는 민수기 6장 [27절]에 따라서, 비록 인간이 직무자일지라도, 하느님이 창시자(auctor)이시기 때문이다. 그러므로 장엄 서원(votum solemne)은 단순 서원(votum simplex)보다 하느님께 더 강한 의무를 가지며, 그것을 위반하는 자는 더 큰 죄를 짓는 것이

---

4 좀 디 뒤에서 말하게 되듯이, 누군가가 예속의 상태를 얻으려면 봉사해야 하며, 그런 의무가 어떤 장엄함과 함께 취해져야 한다. 그것은 사람들 사이에 영속적인 안정성을 얻기 위해 일정한 장엄함이 사용되는 것과 같다. 그러므로 장엄함은 누군가에 의해 취해진 의무들의 표명이자 영원한 확고함에 대한 일종의 표지임이 분명하다. 다음을 보라: I. Mennessier, OP, *La Religion*, t.2(II-II, qq.88-100, trad. franç.), Paris, 1934, pp.381, 430-431.
5. 성사들은 영적이라고 한다. 왜냐하면 영적 은총을 선사하기 때문이다. 그러나 또한 다른 것들도 영적이라고 한다. 왜냐하면 영적 은총에서 유래하며 그곳으로 배치하기 때문이다(q.100, a.3). 성 토마스가 말하는 축성이나 축복은 그렇게 이해된다. Cf. I. Mennessier, OP, *op. cit.*, pp.432-434.

solemne habet fortiorem obligationem apud Deum quam votum simplex; et gravius peccat qui illud transgreditur. — Quod autem dicitur quod *votum simplex non minus obligat apud Deum quam solemne*,[6] intelligendum est quantum ad hoc quod utriusque transgressor peccat mortaliter.

AD SECUNDUM dicendum quod particularibus actibus non consuevit solemnitas adhiberi, sed assumptioni novi status, ut dictum est.[7] Et ideo cum quis vovet aliqua particularia opera, sicut aliquam peregrinationem vel aliquod speciale ieiunium, tali voto non congruit solemnitas: sed solum voto quo aliquis totaliter se subiicit divino ministerio seu famulatui; in quo tamen voto, quasi universali, multa particularia opera comprehenduntur.[8]

AD TERTIUM dicendum quod vota ex hoc quod fiunt in publico possunt habere quandam solemnitatem humanam: non autem solemnitatem spiritualem et divinam, sicut habent vota praemissa, etiam si coram paucis fiant. Unde aliud est votum esse publicum, et aliud esse solemne.

---

6. *Decretal. Greg. IX*, IV, tit.6, c.6: ed. Richter-Friedberg, t.2, p.686.
7. 본론.

다. 그러나 단순 서원이 장엄 서원보다 하느님께 덜 의무적이지 않다고[6] 말하는 것은 둘 다 범법자(trasgressor)가 사죄(死罪)를 범하는 것이라는 의미로 이해되어야 한다.

2. 장엄함은 일반적으로 특정 행위들에 관여되는 것이 아니라, 위에서 언급한 바와 같이[7] 새로운 신분을 취하는 것에 관여된다. 그러므로 누군가 어떤 특정한 행위, 예컨대 순례나 특별한 단식에 대한 서원을 할 때, 장엄함은 그러한 서원에 어울리는 것이 아니라 오직 한 사람이 전적으로 신적 직무(minsterium)나 봉사(famulatus)에 복종하는 서원에 어울린다. 그러나 그 서원에는 마치 보편적인 것처럼 많은 특별한 일들이 포함되어 있다.[8]

3. 공적으로 하는 서원들은 어떤 인간적인 장엄함을 가질 수 있지만, 비록 얼마 안 되는 사람들 앞에서 한다고 해도, 앞서 언급한 서원들이 갖는 것처럼 영적이고 신적인 장엄함을 가질 수는 없다. 그러므로 서원이 공개적인 것과 [그것이] 장엄한 것은 다르다.

---

8. 장엄함은 고유하게 서원들에 속한다. 인간은 서원들과 함께 그리스도교적 사회에서 신적 봉사 또는 직무를 위해 전적으로 따른다. Cf. I. Mennessier, OP, *op. cit.*, pp.435-436.

Articulus 8
Utrum illi qui sunt alterius potestati subiecti impediantur a vovendo

Ad octavum sic proceditur. Videtur quod illi qui sunt alterius potestati subiecti non impediantur a vovendo.

1. Minus enim vinculum superatur a maiori. Sed obligatio qua quis subiicitur homini est minus vinculum quam votum, per quod aliquis obligatur Deo. Ergo illi qui sunt alienae potestati subiecti non impediuntur a vovendo.

2. Praeterea, filii sunt in potestate patris. Sed filii possunt profiteri in aliqua religione etiam sine voluntate parentum. Ergo non impeditur aliquis a vovendo per hoc quod est subiectus potestati alterius.

3. Praeterea, maius est facere quam promittere. Sed religiosi qui sunt sub potestate praelatorum possunt aliqua facere sine licentia suorum praelatorum: puta dicere aliquos Psalmos, vel facere aliquas abstinentias. Ergo videtur quod multo magis possunt huiusmodi vovendo Deo promittere.

4. Praeterea, quicumque facit quod de iure facere non potest, peccat. Sed subditi non peccant vovendo: quia hoc nunquam invenitur prohibitum. Ergo videtur quod de iure possunt vovere.

제8절 다른 사람의 권한에 종속된 사람들은 서원하는 데 방해되지 않는가

Parall.: Infra, q.189, a.5; *In Sent.*, IV, d.32, a.4; d.38, q.1, a.1, qc.3; *Contra doct. retrah.*, c.12.

[반론] 여덟째는 다음과 같이 진행된다. 다른 사람의 권한에 종속된 사람들은 서원하는 데 방해받지 않는 것으로 보인다.

1. 아주 작은 결속은 아주 큰 결속에 의해 극복된다. 그러나 사람이 사람에게 복종하는 의무는 사람이 하느님께 의무 지어진 서원보다 덜 결속되어 있다. 그러므로 다른 권한에 종속된 사람들이 서원하는 것은 방해될 수 없다.

2. 자녀들은 아버지의 손에 있다. 그러나 자녀들은 부모의 의지가 없어도 어떤 종교에서든 고백할 수 있다. 그러므로 누구도 다른 사람의 권한에 복종하기 때문에 서원하는 것을 방해받을 수 없다.

3. 약속하는 것보다 행하는 것이 더 [중요하다]. 그런데 고위 성직자들의 권한 아래 있는 종교인들[수도자들]은 자신들의 고위 성직자들의 허락 없이 어떤 것을 할 수 있다. 예컨대 어떤 시편들을 읊거나 어떤 금욕들을 행할 수 있다. 그러므로 하느님께 서원하는 가운데 더 많이 약속할 수 있다.

4. 율법으로 할 수 없는 일을 하는 자는 누구든 죄를 짓는 것이다. 그러나 수하 사람들은 서원을 할 때 죄를 짓지 않는다. 왜냐하면 이것은 결코 금지되어 있지 않기 때문이다. 그러므로 그들은 법에 의해 서원할 수 있는 것으로 보인다.

SED CONTRA est quod *Num.* 30, [4 sqq.] mandatur quod, *si mulier in domo patris sui, et adhuc in puellari aetate, aliquid voverit,*[1] non tenetur rea voti nisi pater eius consenserit. Et idem dicit [7 sqq.] de muliere habente virum. Ergo, pari ratione, nec aliae personae alterius potestati subiectae possunt se voto obligare.

RESPONDEO dicendum quod, sicut supra[2] dictum est, votum est promissio quaedam Deo facta. Nullus autem potest per promissionem se firmiter obligare ad id quod est in potestate alterius, sed solum ad id quod est omnino in sua potestate. Quicumque autem est subiectus alicui, quantum ad id in quo est subiectus, non est suae potestatis facere quod vult, sed dependet ex voluntate alterius. Et ideo non potest se per votum firmiter obligare, in his in quibus alteri subiicitur, sine consensu sui superioris.

AD PRIMUM ergo dicendum quod sub promissione Deo facta non cadit nisi quod est virtuosum, ut supra[3] dictum est. Est autem contra virtutem ut id quod est alterius homo offerat Deo, ut supra[4] dictum est. Et ideo non potest omnino salvari ratio voti, cum quis in potestate constitutus vovet id quod est in potestate alterius, nisi sub conditione si ille ad cuius potestatem pertinet non contradicat.

---

1. Vulgata: "Mulier, si quippiam voverit···, quae est in domo patris sui et in aetate adhuc puellari···."
2. a.1.

[재반론] 그러나 반대로 민수기 30장 [4절 이하]은 다음과 같이 명한다. "여자가 아버지 집에 살면서 소녀의 나이로 주님께 서원을 할 경우"[1] 그녀의 아버지가 허락하지 않으면 서원을 지킬 의무가 없다. 남편이 있는 여자에 대해서도 같은 말을 한다. 그러므로 같은 이유로, 다른 이들의 권한에 종속된 사람들도 스스로 서원을 통해 의무를 질 수 없다.

[답변] 앞서 언급했듯이,[2] 서원은 하느님께 드리는 어떤 약속이다. 그런데 누구든 약속을 통해서 다른 사람의 권한 안에 있는 것에 굳게 의무를 질 수는 없고 오직 자신의 권한 안에 온전히 있는 것에만 의무를 질 수 있다. 그러나 다른 사람에게 복종하는 자는, 그가 복종하는 것과 관련해서 자신의 권한에 따라 원하는 것을 할 수 있는 것이 아니라, 다른 사람의 의지에 달려 있다. 그러므로 그는 다른 사람에게 복종하는 것들에 있어서 자기 상급자의 동의 없이는 서원에 의하여 굳게 의무를 질 수 없다.

[해답] 1. 앞서 말한 바와 같이,[3] 하느님께 드리는 약속에는 덕스러운 행위들만이 포함된다. 그런데 이미 말한 것처럼,[4] 하느님께 다른 사람의 것을 드리는 것은 덕에 반대된다. 그러므로 누군가 [다른 사람의] 권한 안에 있을 때 다른 사람의 권한 가운데 있는 것을 서원하면, 그의 권한에 속하는 사람이 그에게 반대하지 않는다는 조건 아래 있지 않다면, 서원의 이유는 온전히 보존될 수 없다.

---

3. a.2.
4. q.86, a.3.

AD SECUNDUM dicendum quod ex quo homo venit ad annos pubertatis, si sit liberae conditionis, est suae potestatis quantum ad ea quae pertinent ad suam personam: puta quod obliget se religioni per votum, vel quod matrimonium contrahat. Non autem est suae potestatis quantum ad dispensationem domesticam. Unde circa hoc non potest aliquid vovere quod sit ratum, sine consensu patris. — Servus autem, quia est in potestate domini etiam quantum ad personales operationes, non potest se voto obligare ad religionem, per quam ab obsequio domini sui abstraheretur.

AD TERTIUM dicendum quod religiosus subditus est praelato quantum ad suas operationes secundum professionem regulae. Et ideo etiam si aliquis ad horam aliquid facere possit quando ad alia non occupatur a praelato, quia tamen nullum tempus est exceptum in quo praelatus non possit eum circa aliquid occupare, nullum votum religiosi est firmum nisi sit de consensu praelati. Sicut nec votum puellae existentis in domo, nisi sit de consensu patris, nec uxoris, nisi de consensu viri.

AD QUARTUM dicendum quod licet votum eorum qui sunt alterius potestati subiecti non sit firmum sine consensu eorum quibus subiiciuntur, non tamen peccant vovendo: quia in eorum voto intelligitur debita conditio, scilicet si suis superioribus placuerit, vel non renitantur.

2. 인간이 사춘기에 이를 때부터 그가 자유로운 상태에 있다면, 그의 인격에 속하는 것들, 예컨대, 그가 서원을 통해 종교에 의무 지워지거나 결혼하는 것은 그의 권한에 있다. 그러나 가정의 경영과 관련된 것은 그의 권한에 있지 않다. 그러므로 이와 관련해서 그는 아버지의 동의 없이 어떤 것도 서원할 수 없다.

종은 자신의 개인적인 일에 있어서도 주인의 권한 안에 있기 때문에, 서원을 통해 자기 주인에 대한 복종에서 벗어나게 될 상황에서 서원으로 종교[수도생활]의 의무를 질 수 있다.

3. 종교인[수도자]은 규칙의 선서에 따라 자신의 활동에 있어 고위 성직자에게 종속된다. 그러므로 비록 누가 고위 성직자에 의하여 어떤 일에 종사하게 되지 않은 시간에 다른 것을 할 수 있다고 하더라도, 고위 성직자에 의하여 어떤 것에 종사하게 될 수 없는 시간은 없으므로, 고위 성직자의 동의가 없다면, 그의 서원은 확고할 수 없다. 집에 있는 딸의 서원은 아버지의 동의 없이 있을 수 없고, 아내의 서원은 남편의 동의 없이 있을 수 없다.

4. 다른 권한에 복종하는 사람들의 서원은 그들이 복종하는 사람들의 동의 없이는 확고하지 않지만, 그럼에도 불구하고 그들이 서원한다고 해서 죄를 짓는 것은 아니다. 왜냐하면 그들의 서원은 정당한 조건으로, 즉 만일 그들의 장상들이 흡속하거나, 아니면 그들은 반대하지 않는다는 조건으로 이해되기 때문이다.

Articulus 9
Utrum pueri possint voto se obligare ad religionis ingressum

Ad nonum sic proceditur. Videtur quod pueri non possint voto se obligare ad religionis ingressum.

1. Cum enim ad votum requiratur animi deliberatio, non competit vovere nisi illis qui habent usum rationis. Sed hoc deficit in pueris, sicut et in amentibus vel furiosis. Sicut ergo amentes et furiosi non possunt se ad aliquid voto adstringere, ita etiam nec pueri, ut videtur, possunt se voto obligare religioni.

2. Praeterea, illud quod rite potest ab aliquo fieri, non potest ab alio irritari. Sed votum religionis a puero vel puella factum ante annos pubertatis potest a parentibus revocari, vel a tutore: ut habetur XX, qu. II, cap. *Puella*.[1] Ergo videtur quod puer vel puella, ante quatuordecim annos, non possit rite vovere.

3. Praeterea, religionem intrantibus annus probationis conceditur, secundum regulam beati Benedicti[2] et secundum statutum Innocentii IV,[3] ad hoc quod probatio obligationem voti praecedat. Ergo

---

1. Cf. Gratianus, *Decretum*, p.2, causa 20, q.2, can.2: ed. Richter-Friedberg, t.1, p.847.
2. *Reg. ad Mon.*, c.58: ML 66, 803D-804D.

제9절 아이들은 서원과 함께 스스로 종교[수도생활]로 들어가도록 의무를 질 수 있는가

Parall.: Infra, q.189, a.5; *In Sent.*, IV, d.38, q.1, a.1, qc.3; *Contra doct. retrah.*, cc.11-12; c.13, ad9-10.

[반론] 아홉째는 다음과 같이 진행된다. 아이들은 서원과 함께 스스로 종교[수도생활]로 들어갈 의무를 질 수 없는 것으로 보인다.

1. 서원을 하기 위해서는 영혼의 심사숙고가 필요하기 때문에, 이성의 사용을 갖는 사람들이 아니라면, 서원하는 것은 적합하지 않다. 그런데 아이들에게는 이것이 부족하다. 그리고 마찬가지로 실성한 사람들이나 미친 사람들에게도 부족하다. 실성한 사람과 미친 사람들이 서원으로 어떤 것에 의무를 질 수 없는 것처럼, 아이들도 서원으로 스스로 종교[수도생활]에 들어가도록 의무를 질 수 없는 것으로 보인다.

2. 누군가가 제대로 할 수 있는 일은 다른 사람에 의해 무효화 될 수 없다. 그러나 20권 제2문 '소녀(Puella)'에 관한 장(章)에서 말하듯이,[1] 사춘기 이전에 소년이나 소녀에 의해 이루어진 수도 서원은 부모나 후견인(tutor)에 의해 취소될 수 있다. 그러므로 14세 이전의 소년이나 소녀는 정당하게 서원을 할 수 없는 것으로 보인다.

3. 복된 베네딕투스의 규칙[2]과 인노첸시오 4세의 법령에 따라[3] 종교[수도생활]에 입문하는 사람들에게는 1년의 시험 기간이 주어짐으로

---

3. *Bullar. Ord. Praed.*, Innocentius IV, diplom.74, a.1244, die 17 iunii: ed. A. Bremond, t.1, p.144.

illicitum videtur esse quod pueri voto obligentur ad religionem ante probationis annum.

SED CONTRA, illud quod non est rite factum non est validum, etiam si a nullo revocetur. Sed votum puellae, etiam ante annos pubertatis emissum, validum est si infra annum a parentibus non revocetur: ut habetur XX, qu. II, cap. Puella.[4] Ergo licite et rite possunt pueri voto obligari ad religionem, etiam ante annos pubertatis.

RESPONDEO dicendum quod, sicut ex praedictis[5] patet, duplex est votum: scilicet simplex, et solemne. Et quia solemnitas voti in quadam spirituali benedictione et consecratione consistit, ut dictum est,[6] quae fit per ministerium Ecclesiae; ideo solemnizatio voti sub dispensatione Ecclesiae cadit. Votum autem simplex efficaciam habet ex deliberatione animi, qua quis se obligare intendit. Quod autem talis obligatio robur non habeat, dupliciter potest contingere. Uno quidem modo, propter defectum rationis: sicut patet in furiosis et amentibus, qui se voto non possunt obligare ad aliquid, dum sunt in furia vel amentia. Alio modo, quia ille qui vovet est alterius potestati subiectus, ut supra[7] dictum est. Et ista duo concurrunt in pueris ante annos pubertatis: quia et patiuntur rationis defectum, ut in pluribus;

---

4. loc. cit. in 2a.
5. a.7.

써, 서원에 앞서 시험 기간이 있도록 한다. 그러므로 아이들이 1년의 시험 기간 전에 종교[수도생활]에 의무를 지는 것은 불법으로 보인다.

[재반론] 그러나 반대로 올바르게 행해지지 않는 것은 아무도 그것을 취소하지 않더라도 유효하지 않다. 그런데 사춘기 이전에도 소녀의 서약은 20권 제2문 '소녀'에 관한 장에서 말하듯이,[4] 1년 이내에 부모에 의해 취소되지 않으면 유효하다. 그러므로 아이들은 사춘기 여러 해 전에도 서원에 의해 종교[수도생활]에 합법적으로 적절하게 의무를 질 수 있다.

[답변] 위에서 말한 바와 같이,[5] 서원은 두 가지, 즉 하나는 단순하고 하나는 장엄하다. 그리고 장엄 서원은 일종의 축복과 축성으로 이루어지며, 위에서 말한 바와 같이,[6] 교회의 직무를 통해 이루어진다; 그러므로 장엄 서원은 교회의 처분 아래에 있다. 그러나 단순 서원은 의무를 지고자 하는 영혼의 심사숙고로 인해 효력을 갖는다. 그러한 의무가 효력이 없다는 것은 이중적으로 발생할 수 있다. 첫째, 미치거나 실성한 동안에 서원으로 어떤 것에 의무 지어질 수 없는 미치거나 실성한 사람들과 미친 사람들에게 나타나는 것처럼, 이성의 결핍 때문에 [발생한다]. 다른 방식으로, 위에서 말했듯이,[7] 서원하는 사람은 다른 사람의 권한에 종속되기 때문에 [발생한다]. 그리고 이 두 가지는 사춘기 이전의 소년들에게서 드러난다. 왜냐하면 대부분의 경우에 그들은

---

6. Ibid.
7. 앞 절.

et sunt naturaliter sub cura parentum, vel tutorum, qui sunt eis loco parentum. Et ideo eorum vota ex duplici causa robur non habent.[8] — Contingit tamen, propter naturae dispositionem, quae legibus humanis non subditur, in aliquibus, licet paucis, accelerari rationis usum, qui ob hoc dicuntur *doli capaces*. Nec tamen propter hoc in aliquo eximuntur a cura parentum, quae subiacet legi humanae respicienti ad id quod frequentius accidit.

Est ergo dicendum quod si puer vel puella, ante pubertatis annos, nondum habeat usum rationis, nullo modo potest se ad aliquid voto obligare. Si vero ante annos pubertatis attigerit usum rationis, potest quidem, quantum in ipso est, se obligare, sed votum eius potest irritari per parentes,[7] quorum curae remanet adhuc subiectus. Quantumcumque tamen sit doli capax, ante annos pubertatis non potest obligari voto solemni religionis, propter Ecclesiae statutum,[9] quod respicit id quod in pluribus accidit. — Post annos autem pubertatis, possunt iam se voto religionis obligare, vel simplici vel solemni, absque voluntate parentum.

AD PRIMUM ergo dicendum quod ratio illa procedit de pueris qui nondum attigerunt usum rationis: quorum vota sunt invalida, ut dictum est.[10]

AD SECUNDUM dicendum quod vota eorum qui sunt in potestate aliorum habent conditionem implicitam, scilicet si non revocentur a superiori, ex qua licita redduntur, et valida si conditio extat, ut

이성의 결핍을 겪기 때문이다. 그리고 그들은 자연적으로 부모나 그들의 부모를 대신하는 후견인들의 보살핌 아래 있다. 따라서 그들의 서원은 두 가지 이유로 힘이 없다.[8] 그러나 사람들의 법 아래 있지 않은 본성은 인간의 법에 종속되지 않기 때문에, 비록 소수라고 해도 어떤 이들에게서는 이성의 사용이 가속화된다. 이러한 이유로 인해 그들은 가장 빈번하게 일어나는 일에 적합한 인간의 법 아래 있는 부모의 보살핌으로부터 어떤 면에서도 면제되지 않는다.

그러므로 사춘기 이전의 소년이나 소녀가 아직도 이성을 사용하지 않는다면, 어떤 식으로든 서원으로 아무것도 의무 지어질 수 없다. 그러나 사춘기가 되기 전에 이성의 사용에 이르렀다면, 그 자신에 관한 한, 그의 서원은 의무 지어질 수 있지만, 부모에 의해 취소될 수 있으며, 아직 그들의 보살핌 아래 남아 있다. 그가 속일 수 있다 하더라도, 대부분 일어나는 일을 존중하는 교회의 법령으로 인해[9] 그는 사춘기 전에 종교[수도생활]의 장엄 서원에 의해 의무 지어질 수 없다. 그러나 사춘기가 지난 후, 그들은 이미 부모들의 의지 없이 단순 서원이나 장엄 서원으로 수도 서원에 의무 지어질 수 있다.

[해답] 1. 이러한 이유는 앞서 말했듯이[10] 아직 이성의 사용에 이르지 않은 아이들에게서 비롯되며 그들의 서원은 유효하지 않다.

2. 다른 사람의 권한 아래 있는 사람들의 서원에는 암묵적인 조건이

---

8. Cf. Sup., q.43, a.2.
9. Cf. *Librum sextum Decretal. Bonifacii VIII*, III,, tit.14, c.1: ed. Richter-Friedberg, t.2, p.1050. Cf. Gratianus, *Decretum*, p.2, causa 20, q.2, can.2: ed. cit., t.1, p.847.
10. 본론.

dictum est.[11]

AD TERTIUM dicendum quod ratio illa procedit de voto solemni quod fit per professionem.

Articulus 10
Utrum in voto dispensari possit

Ad decimum sic proceditur. Videtur quod in voto dispensari non possit.

1. Minus enim est commutari votum quam in eo dispensari. Sed votum non potest commutari: dicitur enim *Levit.* 27, [9-10]: *Animal quod immolari potest Domino, si quis voverit, sanctum erit, et mutari non poterit, nec melius malo nec peius bono.* Ergo multo minus potest dispensari in voto.

2. Praeterea, in his quae sunt de lege naturae et in praeceptis divinis non potest per hominem dispensari: et praecipue in praeceptis primae tabulae, quae ordinantur directe ad dilectionem Dei, quae est ultimus praeceptorum finis. Sed implere votum est de lege naturae; et est etiam praeceptum legis divinae, ut ex supradictis[1] patet; et pertinet ad praecepta primae tabulae, cum sit actus latriae. Ergo in voto

---

11. 앞 절의 제1답과 제4답.

있다. 즉 그것들이 장상들에 의해 철회되지 않는다면 합법적이고, 조건이 존재한다면 말한 바와 같이[11] 유효하다.

3. 이러한 이유는 서원을 통해 이루어지는 장엄 서원에서 유래한다.

제10절 서원에서 면제될 수 있는가

Parall.: *In Sent.*, IV, d.38, q.1, a.4, qc.1 & 3.

[반론] 열째는 다음과 같이 진행된다. 서원에서 면제될 수 없는 것으로 보인다.

1. 서원에서 면제되는 것보다는 서원이 바뀌는 것이 덜 [위중한] 것이다. 그러나 레위기 27장 [9-10절]에서 말한 것처럼, 서원은 바뀔 수 없다. "주님께 희생제물로 바칠 수 있는 동물은 누구든지 서원을 하면 거룩한 것이 되며, 더 좋은 것에서 나쁜 것으로, 더 나쁜 것에서 좋은 것으로 바뀌지 않을 것이다." 그러므로 서원에서 면제는 더욱 있을 수 없다.

2. 자연법에 속하는 것들과 신적인 계명들은 사람에 의해 면제될 수 없으며, 특히 첫 번째 판의 계명들은 계명들의 최종 목적인 하느님의 사랑을 향해 직접 질서 지어져 있다. 그러나 서원의 이행은 자연법(lex natura)에 속하며, 위에서 말한 바와 같이[1] 신법의 계명이기도 하다. 그리고 [그것은] 첫 번째 판의 계명들에 속한다. 왜냐하면 흠숭 행위이기

---

1. a.3.

dispensari non potest.

3. Praeterea, obligatio voti fundatur super fidelitatem quam homo debet Deo, ut dictum est.[2] Sed in hac nullus potest dispensare. Ergo nec in voto.

SED CONTRA, maioris firmitatis esse videtur quod procedit ex communi voluntate quam quod procedit ex singulari voluntate alicuius personae. Sed in lege, quae habet robur ex communi voluntate, potest per hominem dispensari.[3] Ergo videtur quod etiam in voto per hominem dispensari possit.

RESPONDEO dicendum quod dispensatio voti intelligenda est ad modum dispensationis quae fit in observantia alicuius legis. Quia, ut supra[4] dictum est, lex ponitur respiciendo ad id quod est ut in pluribus bonum: sed quia contingit huiusmodi in aliquo casu non esse bonum, oportuit per aliquem determinari in illo particulari casu legem non esse servandam. Et hoc proprie est dispensare in lege: nam dispensatio videtur importare commensuratam quandam distributionem vel applicationem communis alicuius ad ea quae sub ipso continentur, per quem modum dicitur aliquis dispensare cibum familiae.

Similiter autem ille qui vovet quodammodo sibi statuit legem, obligans se ad aliquid quod est secundum se et in pluribus bonum. Potest

---

2. Ibid.

때문이다. 그러므로 서원에서 면제될 수 없다.

3. 서원의 의무는 우리가 이미 말한 바와 같이[2] 인간이 하느님께 [드려야] 하는 충실함에 바탕을 두고 있다. 하지만 이 점에 있어서는 누구도 면제될 수 없다. 그러므로 서원에 있어서도 [그럴 수 없다].

[재반론] 그러나 반대로 어떤 사람의 개별적인 의지에서 나오는 것보다 공통의 의지에서 유래하는 것이 더 안정적인 것으로 보인다. 공통의 의지에 의해 힘을 얻는 법에서는 인간에 의해 면제될 수 있다.[3] 그러므로 서원에서도 한 사람에 의해 면제될 수 있는 것처럼 보인다.

[답변] 서원의 관면은 어떤 법의 준수에서 이루어지는 면제 방식으로 이해되어야 한다. 왜냐하면 위에서 말했듯이,[4] 대부분의 경우에 선(bonum)인 것을 고려하여 제시되지만, 어떤 경우에는 그것이 좋지 않으므로, 누군가는 그런 특정한 경우에 법이 준수되지 않는 것을 결정해야 한다. 그리고 고유한 의미에서 이것이 법의 면제이다. 왜냐하면 면제는 그 안에 포함되어 있는 이들에게 공동의 것을 비례적으로 분배(distributio) 또는 적용함(applicatio)을 의미하는 것처럼 보이기 때문이다. 누군가 그런 방식을 통해 가족의 음식을 분배한다고 말한다.

그러나 마찬가지로, 서원하는 사람은 많은 대부분의 경우에 선인 어떤 것에 자신을 의무 지우는 가운데, 어떤 식으로든 자신에게 법을 정한다. 하지만 어떤 경우에는 그것이 단순히 나쁘거나 쓸모없거나 더

---

3. Cf. I-II, q.97, a.4.
4. I-II, q.96, a.6; q.97, a.4.

tamen contingere quod in aliquo casu sit vel simpliciter malum, vel inutile, vel maioris boni impeditivum: quod est contra rationem eius quod cadit sub voto, ut ex praedictis[5] patet. Et ideo necesse est quod determinetur in tali casu votum non esse servandum. Et si quidem absolute determinetur aliquod votum non esse servandum, dicitur esse *dispensatio* voti. Si autem pro hoc quod servandum erat aliquid aliud imponatur, dicitur *commutatio* voti. Unde minus est votum commutare quam in voto dispensare. Utrumque tamen in potestate Ecclesiae consistit.[6]

AD PRIMUM ergo dicendum quod animal quod immolari poterat, ex hoc ipso quod vovebatur, sanctum reputabatur, quasi divino cultui mancipatum: et haec erat ratio quare non poterat commutari; sicut nec modo posset aliquis rem quam vovit, iam consecratam, puta calicem vel domum, commutare in melius vel in peius. Animal autem quod non poterat sanctificari quia non erat immolatitium, redimi poterat et debebat, sicut ibidem [v. 11 sqq.] lex dicit. Et ita etiam nunc commutari possunt vota si consecratio non interveniat.

AD SECUNDUM dicendum quod sicut ex iure naturali et praecepto divino tenetur homo implere votum, ita etiam tenetur ex eisdem obedire superiorum legi vel mandato. Et tamen cum dispensatur in aliqua lege humana, non fit ut legi humanae non obediatur, quod

---

5. a.2.

큰 선에 방해가 될 수 있으며, 위에서 언급한 것에서 알 수 있듯이,[5] 서원 아래 있는 이유에 반대되기도 한다. 그렇기 때문에 이 경우에는 서원이 지켜지지 말아야 한다는 것이 결정되어야 한다. 그리고 서원이 지켜지지 않는다는 것이 절대적으로 결정된다면, 그것은 서원의 관면이라고 불린다. 지켜야 할 것 대신에 다른 것이 부과된다면, 그것은 서원의 변경이라고 불린다. 그러므로 서원을 변경하는 것이 서원에서 면제되는 것보다 덜하다. 그러나 둘 다 교회의 권한에 있다.[6]

[해답] 1. 서원되었다는 자체로 인해 산 제물로 바쳐질 수 있는 동물은 신적 예배에 바쳐진 것으로서 거룩한 것으로 여겨졌고, 이것이 [그 동물이] 변경될 수 없는 이유였다. 사람은 서원한 것, 예컨대 성작이나 집처럼 이미 축성된 것을 더 좋은 것이나 더 나쁜 것으로 바꿀 수 없다. 그러나 산 제물로 바쳐지지 않았기 때문에 거룩하게 될 수 없었던 동물은 같은 곳에서 법이 말하는 바와 같이 물러낼 수 있었고 또한 [그렇게] 되어야 했다. 이처럼 지금도 축성이 개입되지 않으면 서원들이 변경될 수 있다.

2. 인간이 자연법과 신적 계명에 의해 자신의 서원을 채울 의무가 있는 것처럼, 그는 또한 그들에 의해 자신의 장상들의 법이나 명령에 순종할 의무가 있다. 그럼에도 불구하고 어떤 인정법에서 면제된다고 해도, 인정법에 복종하지 않는 일이 일어난 게 아니다. 이것은 자연법

---

6. 그러므로 면제를 다음과 같이 정의할 수 있다: 적합한 관할권을 갖는 사람에 의해 하느님의 이름으로 이루어진 의무에서의 해제. 이것을 이것과 더불어 알려진 서원의 무효화와 혼동해서는 안 된다. 서원은 서원자의 의지에 대해, 또는 적어도 서원의 내용에 대해 지배권을 갖는 사람에 의해 취소되거나 정지된다. Cf. D. M. Prümmer, OP, *Manuale Theol. Moralis*, t.2, ed.9, Friburgi, Br., 1940, pp.348 & 353.

est contra legem naturae et mandatum divinum: sed fit ut hoc quod erat lex, non sit lex in hoc casu. Ita etiam auctoritate superioris dispensantis fit ut hoc quod continebatur sub voto, non contineatur, inquantum determinatur in hoc casu hoc non esse congruam materiam voti. Et ideo cum praelatus Ecclesiae dispensat in voto, non dispensat in praecepto iuris naturalis vel divini: sed determinat id quod cadebat sub obligatione deliberationis humanae, quae non potuit omnia circumspicere.

AD TERTIUM dicendum quod ad fidelitatem Deo debitam non pertinet quod homo faciat id quod ad vovendum est malum, vel inutile, vel maioris boni impeditivum: ad quod tendit voti dispensatio. Et ideo dispensatio voti non est contra fidelitatem Deo debitam.

Articulus 11
Utrum in voto solemni continentiae possit fieri dispensatio

Ad undecimum sic proceditur. Videtur quod in voto solemni continentiae possit fieri dispensatio.

1. Una enim ratio dispensandi in voto est si sit impeditivum melioris boni, sicut dictum est.[1] Sed votum continentiae, etiam si sit solemne, potest esse impeditivum melioris boni: nam *bonum commune est divinius quam bonum unius*[2]; potest autem per continen-

---

1. 앞 절.

과 신적 명령에 반대되는 것이다. 그러나 이 특정한 경우에는 법이었던 것이 법이 아닌 것이 된다. 이와 같이 관면하는 장상들의 권위에 의해 서원 아래 포함된 것이 이 경우 서원에 적합한 대상(materia)이 아니라는 것이 결정되었으므로, 그것은 서원에 포함되지 않는다. 그러므로 교회의 고위 성직자가 서원에서 면제할 때에는 자연법이나 신법의 계명을 면제하는 것이 아니라, 모든 것을 두루 살펴볼 수 없었던 인간적인 심사숙고의 의무 아래 있는 것을 결정한다.

3. 사람이 서원에 속한 것을 악하게 하거나 쓸모없게 하거나 서원의 면제가 지향하는 더 큰 선에 방해되는 것은 하느님에 대한 충실함에 속하지 않는다. 그러므로 서원의 면제는 하느님께 대한 충실함에 반하지 않는다.

제11절 자제의 장엄 서원에서 면제될 수 있는가

Parall.: *In Sent.*, IV, d.38, q.1, a.4, qc.1, ad3.

[반론] 열한째는 다음과 같이 진행된다. 자제의 장엄 서원에서 면제될 수 있는 것으로 보인다.

1. 서원에서 면제하는 한 가지 이유는, 앞서 말한 것처럼[1] 더 나은 선에 방해되기 때문이다. 자제의 서원이 비록 장엄 서원이라 하더라도, 더 나은 선에 방해될 수 있는데, 이는 공동선이 한 사람의 선보다 더 신적이기 때문이다.[2] 그러나 군중 전체의 선은 어떤 사람들의 자제에

---

2. Aristoteles, *Ethica nic.*, I, c.1, 1094b7-11; S. Thomas, lect.2, n.30.

tiam alicuius impediri bonum totius multitudinis, puta si quando per contractum matrimonii aliquarum personarum quae continentiam voverunt, posset pax patriae procurari. Ergo videtur quod in solemni voto continentiae possit dispensari.

2. Praeterea, latria est nobilior virtus quam castitas. Sed si quis voveat aliquem actum latriae, puta offerre Deo sacrificium, potest in illo voto dispensari. Ergo multo magis potest dispensari in voto continentiae, quod est de actu castitatis.

3. Praeterea, sicut votum abstinentiae observatum potest vergere in periculum personae, ita etiam observatio voti continentiae. Sed in voto abstinentiae, si vergat in corporale periculum voventis, potest fieri dispensatio. Ergo etiam, pari ratione, in voto continentiae potest dispensari.

4. Praeterea, sicut sub professione religionis, ex qua votum solemnizatur, continetur votum continentiae, ita etiam et votum paupertatis et obedientiae. Sed in voto paupertatis et obedientiae potest dispensari: sicut patet in illis qui post professionem ad episcopatum assumuntur. Ergo videtur quod in solemni voto continentiae possit dispensari.

SED CONTRA est quod dicitur *Eccli.* 26, [20]: *Omnis ponderatio non est digna animae continentis.*[3] Praeterea, extra, *de Statu Monach.*, in fine illius Decretalis, *Cum ad monasterium*, dicitur[4]: *Abdicatio proprietatis, sicut etiam custodia castitatis, adeo est annexa regulae monach-*

의해 방해될 수 있는데, 예컨대 나라의 평화가 자제를 서원한 어떤 사람들의 결혼 계약에 의해 제공될 수 있다면 [그렇다]. 그러므로 자제의 장엄 서원에서 면제될 수 있다.

2. 흠숭은 정결보다 더 고귀한 덕이다. 그러나 어떤 사람이 예컨대 하느님께 희생제사를 드리는 것과 같은 어떤 흠숭 행위를 서원한다면, 그 서원에서 면제될 수 있다. 그러므로 정결의 행위를 다루는 자제의 서원에서 훨씬 더 많은 것이 면제될 수 있다.

3. 금욕의 서원을 준수하는 것이 개인적인 위험으로 기울 수 있는 것처럼, 자제의 서원을 준수하는 것도 마찬가지다. 그러나 금욕의 서원에서, 만일 [그 서원이] 서원자에게 육체적인 위험으로 기울게 한다면, [그 서원은] 면제될 수 있다. 그러므로 그는 또한 같은 이유로 자제의 서원에서 면제될 수 있다.

4. 서원은 수도 선서로써 장엄한 것이 되는데, [그 선서에는] 자제의 서원이 포함되어 있으며, 마찬가지로 또한 가난의 서원과 순종의 서원도 포함되어 있다. 그러나 가난의 서원과 순종의 서원에서 면제될 수 있는데, 이는 선서 이후에 주교직을 맡는 사람들에게서 명백히 드러난다. 그러므로 자제의 장엄 서원에서 면제될 수 있는 것으로 보인다.

[재반론] 그러나 바대루 집회서 26장 [20절]에서는 다음과 같이 말한다. "어떤 무게[값]도 자제하는 영혼에게 합당하지 않다."[3] 더욱이 『수도원에 관한 법령』의 마지막에서는 다음과 같이 말한다. "수도원과 관련될 때,[4] 정결의 수호뿐만 아니라 재산의 포기도 수도 규칙에 너무 묶

---

3. Vulgata: "continentis animae."
4. *Decretal. Greg. IX*, III, tit.35, c.6: ed. Richter-Friedberg, t.2, p.600.

ali ut contra eam nec Summus Pontifex possit indulgere.

RESPONDEO dicendum quod in solemni voto continentiae tria possunt considerari: primo quidem, materia voti, scilicet ipsa continentia; secundo, perpetuitas voti, cum scilicet aliquis voto se adstringit ad perpetuam observantiam continentiae; tertio, ipsa solemnitas voti. Dicunt ergo quidam[5] quod votum solemne est indispensabile ratione ipsius continentiae, quae non recipit condignam recompensationem, ut patet ex auctoritate inducta.[6] Cuius rationem quidam assignant quia per continentiam homo triumphat de domestico inimico[7]: vel quia per continentiam homo perfecte conformatur Christo, secundum puritatem animae et corporis.[8] — Sed hoc non videtur efficaciter dici. Quia bona animae, utpote contemplatio et oratio, sunt multo meliora bonis corporis, et magis nos Deo conformant: et tamen potest dispensari in voto orationis vel contemplationis. Unde non videtur esse ratio quare non possit dispensari in voto continentiae, si respiciatur absolute ad ipsam continentiae dignitatem. Praesertim cum Apostolus, I *ad Cor.* 7, [34], ad continentiam inducat propter contemplationem, dicens quod *mulier innupta cogitat quae Dei sunt*[9]: finis autem potior est his quae sunt ad finem.

Et ideo alii[10] rationem huius assignant ex perpetuitate et universal-

---

5. Guilelmus Altissiod., *Summa aurea*, III,, tract.7, c.1, q.5; tract.22, c.1, q.2; Hugo de S. Charo, *In Univ. Test., super Eccli.* 26,20. Cf. Bonaventura, *In Sent.*, IV, d.38, a.2, q.3: ad Claras Aquas, t.4, p.824.
6. sc.

여, 교황조차 그것을 거슬러서 사면할 수 없다."

[답변] 자제의 장엄 서원에서는 세 가지가 고려될 수 있다. 첫째, 서원의 대상(materia), 즉 자제 그 자체이다. 둘째, 서원의 영속성(perpetuitas), 즉 누군가 서원에 의해 자제의 영속적인 준수가 강제되는 것이다. 셋째, 서원의 장엄함 그 자체이다. 그러므로 어떤 사람들은 장엄 서원이 자제 자체의 이유로 관면될 수 없다고 말하는데,[5] 그것은 주장된 권위에 의해 분명히 드러나듯이,[6] 비교가 적절하지 못하다. 어떤 사람들은 이것을 사람이 자제를 통해서 자기 집안의 적에 대해 승리하거나,[7] 사람이 자제를 통해서 영혼과 육체의 순수함에 있어 그리스도에게 완벽하게 일치하기 때문이라고 여긴다.[8] 그러나 이것은 실제로 그렇게 보이지 않는다. 왜냐하면 관상과 기도 같은 영혼의 선들은 육체의 선들보다 훨씬 더 좋고 우리가 더욱 하느님을 따르게 하지만, 그럼에도 불구하고 기도나 관상의 서원은 면제될 수 있기 때문이다. 그러므로 우리가 절대적으로 자제 그 자체의 품위를 고려한다면, 자제의 서원에서 면제될 수 있는 이유가 있어 보이지 않는다. 특히 사도는 코린토 1서 7장 [34절]에서 "혼인하지 않은 여자는 하느님의 일들을 생각합니다."[9]라고 말하며 관상으로 인해 자제로 인도한다. 그러나 목적은 목적을 향한 것들보다 좀 더 중요하다.

그래서 다른 사람들은[10] 이유를 이 서원의 영속성과 보편성에 돌린

---

7. Cf. Guilelmus Altissiod., loc. cit. et Bonaventura, loc. cit., ed. cit., t.4, p.823.
8. Cf. Guilelmus Altissiod., op. cit., l.3, tract.22, c.1, q.2 et Bonaventura, loc. cit.: ed. cit., t.4, p.823.
9. Vulgata: "Mulier innupta et virgo cogitat quae Domini sunt."
10. Albertus M., *In Sent.*, IV, d.38, a.16: ed. A. Borgnet, t.30, p.417.

itate huius voti. Dicunt enim quod votum continentiae non potest praetermitti nisi per id quod est omnino contrarium: quod nunquam licet in aliquo voto. — Sed hoc est manifeste falsum. Quia sicut uti carnali copula est continentiae contrarium, ita comedere carnes vel bibere vinum est contrarium abstinentiae a talibus: et tamen in huiusmodi votis potest dispensari.

Et ideo aliis[11] videtur quod in voto solemni continentiae possit dispensari propter aliquam communem utilitatem seu necessitatem: ut patet in exemplo praemisso[12] de pacificatione terrarum ex aliquo matrimonio contrahendo.

Sed quia decretalis inducta[13] expresse dicit quod nec Summus Pontifex potest contra custodiam castitatis monacho licentiam dare, ideo aliter videtur dicendum: quod, sicut supra[14] dictum est, et habetur *Levit.* ult., [vv. 9-10, 28 sqq.], illud quod semel sanctificatum est Domino, non potest in alios usus commutari. Non autem potest facere aliquis Ecclesiae praelatus ut id quod est sanctificatum sanctificationem amittat, etiam in rebus inanimatis: puta quod calix consecratus desinat esse consecratus, si maneat integer. Unde multo minus hoc potest facere aliquis praelatus, ut homo Deo consecratus, quandiu vivit, consecratus esse desistat. Solemnitas autem voti consistit in quadam consecratione seu benedictione voventis, ut dictum est.[15] Et ideo non potest fieri per aliquem praelatum Ecclesiae quod

---

11. Cf. Bonaventura, loc. cit. 이 견해는 아마도 그에게 『명제집』에서 쓴 성 토마스의 것으로 보였을 것이다. Cf. *In Sent.*, IV, d.38, q.1, a.4, qc.1, ad3; Innocentius IV, super Decretal. allat., in

다. 사실 그들은 자제의 서원이 어떤 서원에서도 결코 허용되지 않는 완전히 반대되는 것에 의해서만 지나쳐 보낼 수 있다고 말하기 때문이다. 그러나 이것은 분명히 거짓이다. 왜냐하면 육적인 성교를 사용하는 것이 자제의 반대인 것처럼, 고기를 먹거나 포도주를 마시는 것은 그러한 것들로부터 금욕의 반대이며, 그럼에도 그러한 서원들은 면제될 수 있기 때문이다.

그래서 다른 사람들은[11] 자기 자제의 장엄 서원이 어떤 공통의 이익이나 필요에 의해서 면제될 수 있다고 생각하는데, 이는 결혼을 체결함으로써 세상을 평화롭게 하는 앞서 언급한 예에서 볼 수 있다.[12]

그러나 『교령』의 권고는[13] 교황조차 정결의 수호를 거슬러 수도자에게 허가를 줄 수 없다고 명시적으로 말하고 있으므로, 달리 말해야 하는 것으로 보인다. 위에서 말했듯이[14] 그리고 레위기 27장 [9-10.28절 이하]에서 말했듯이, 한 번 주님을 위해 거룩하게 된 것은 다른 용도로 변경될 수 없다. 교회의 고위 성직자는 무생물이라 하더라도 거룩하게 된 것이 거룩하게 된 것을 잃게 할 수는 없는데, 예컨대 축성된 성작(calix)이 만일 온전히 남아 있다면, 축성된 것을 중단시킬 수 없다. 그러므로 고위 성직자가 하느님께 축성된 사람이 살아 있는 동안에 축성된 것을 멈추도록 하는 것은 더욱 불가능하다. 그런데 말한 바와 같이,[15] 서원의 장엄함은 서원자의 축성이나 축복에 있다. 따라서 교회의 어떤 고위 성직자에 의해 장엄 서원을 발한 사람이 축성된 것에서 물

---

a.2, sc.
12. a.1.
13. sc.
14. 앞 절 제1답.
15. a.7.

ille qui votum solemne emisit desistat ab eo ad quod est consecratus, puta quod ille qui est sacerdos non sit sacerdos: licet possit praelatus ob aliquam causam executionem ordinis inhibere. Et simili ratione, Papa non potest facere quod ille qui est professus religionem non sit religiosus: licet quidam iuristae[16] ignoranter contrarium dicant.

Est ergo considerandum utrum continentia sit essentialiter annexa ei ad quod votum solemnizatur: quia si non est ei essentialiter annexa, potest manere solemnitas consecrationis sine debito continentiae; quod non potest contingere si sit essentialiter annexum ei ad quod votum solemnizatur. Non est autem essentialiter annexum debitum continentiae ordini sacro, sed ex statuto Ecclesiae.[17] Unde videtur quod per Ecclesiam possit dispensari in voto continentiae solemnizato per susceptionem sacri ordinis. Est autem debitum continentiae essentiale statui religionis, per quem homo abrenuntiat saeculo, totaliter Dei servitio mancipatus; quod non potest simul stare cum matrimonio, in quo incumbit necessitas procurandae uxoris et prolis et familiae, et rerum quae ad hoc requiruntur. Unde Apostolus dicit, I *ad Cor.* 7, [33], quod *qui est cum uxore sollicitus est quae sunt mundi, quomodo placeat uxori, et divisus est*[18]. Unde nomen *monachi* ab *unitate* sumitur, per oppositum ad divisionem praedictam. Et

---

16. Vincentius Hispanus et Ioannes Teutonicus, apud Bernardum Parmensem de Bottone, Alanus Anglicus et alii, apud Raymundum de Pennafort, Summa, 1.1, tit.8, § 9; Hugoccio Ferrariensis et Bertrandus Bononiensis, apud Henricum Hostiensem, Summa, 1.4, rubr. "Qui clerici",

러나게 할 수는 없다. 예컨대, 고위 성직자가 어떤 이유로 인해 사제품의 실행을 제지할 수는 있지만, 사제인 사람이 사제가 아니게 할 수는 없다. 그리고 비슷한 이유로, 교황은 수도 선서한 사람을 종교인[수도자]이 아닌 사람으로 만들 수 없다. 그럼에도 어떤 법학자들은[16] 무지로 인해 반대로 말한다.

그러므로 우리는 자제가 본질적으로 서원이 장엄해지는 것에 연결되어 있는지에 대해 숙고해야 한다. 왜냐하면 [자제가] 본질적으로 그것에 연결되어 있지 않다면, 자제의 의무 없이 축성의 장엄함만 남을 수 있기 때문이다. 만일 [자제가] 서원을 장엄하게 하는 것에 본질적으로 연결되어 있다면, 그것은 일어날 수 없다. 그러나 자제의 의무는 본질적으로 성품에 연결된 것이 아니라 교회의 지위에 연결되어 있다.[17] 따라서 성품을 받음으로써 장엄하게 된 자제의 서원에서 교회를 통해 면제될 수 있는 것으로 보인다. 그런데 자제의 의무는 사람이 세속을 포기하고 하느님을 섬기는 데 전적으로 바쳐진 수도 신분에 본질적이다. 그것은 아내와 자녀와 가족을 부양할 필요성이 있는 결혼과 그에 필요한 것들과 동시에 있을 수 없다. 그러므로 사도 바오로는 코린토1서 7장 [33절]에서 이렇게 말한다. "아내와 함께 있는 자는 세상 것들에 대해 그리고 어떻게 하면 아내를 기쁘게 할까 염려하며 갈라져 있습니다."[18] 따라서 수도승(monachus)이라는 이름은 위에서 언급한 분열과 대조적으로 일치에서 유래한다. 그러므로 수도 선서에 의한 장엄 서원에

---

§ 5. Cf. Albertus M., *In Sent.*, IV, d.38, a.16: ed. cit., t.30, p.417. Cf. S. Thomas, *Summa Theologiae*, t.3., Ottawa, 1941, p.1887, a, 31.

17. Cf. q.184, a.6; Sup., q.37, a.3.

18. Vulgata: "Qui cum uxore est, etc."

ideo in voto solemnizato per professionem religionis non potest per Ecclesiam dispensar: et rationem assignat Decretalis, quia *castitas est annexa regulae monachali.*[19]

AD PRIMUM ergo dicendum quod periculis rerum humanarum est obviandum per res humanas: non autem per hoc quod res divinae convertantur in usum humanum. Professi autem religionem mortui sunt mundo et vivunt Deo. Unde non sunt revocandi ad vitam humanam occasione cuiuscumque eventus.

AD SECUNDUM dicendum quod in voto temporalis continentiae dispensari potest: sicut et in voto temporalis orationis vel temporalis abstinentiae. Sed quod in voto continentiae per professionem solemnizato non possit dispensari, hoc non est inquantum est actus castitatis, sed inquantum incipit ad latriam pertinere per professionem religionis.

AD TERTIUM dicendum quod cibus directe ordinatur ad conservationem personae: et ideo abstinentia cibi directe potest vergere in periculum personae. Unde ex hac ratione recipit votum abstinentiae dispensationem. Sed coitus non ordinatur directe ad conservationem personae, sed ad conservationem speciei. Unde nec directe abstinentia coitus per continentiam vergit in periculum personae. Sed si per accidens ex ea aliquod periculum personale accidat, potest aliter subveniri: scilicet per abstinentiam, vel alia corporalia remedia.

AD QUARTUM dicendum quod religiosus qui fit episcopus, sicut

서는 교회에 의해 면제될 수 없다. 그리고 [거기에는] 교령의 이유가 배정된다. 왜냐하면 정결은 수도 규칙에 연결되어 있기 때문이다.[19]

[해답] 1. 인간적인 것들의 위험들은 인간적인 것들에 의해 대처해야 하지만, 신적인 것들을 인간적으로 사용함으로써 대처해서는 안 된다. 그런데 수도 선서를 한 사람들은 세상에 대하여 죽고 하느님을 위해 살고 있다. 그러므로 그들은 어떤 사건 때문에 인간적인 삶으로 부름을 받아서는 안 된다.

2. 임시적인 자제의 서원에서 면제될 수 있으며, 마찬가지로 임시적인 기도 또는 금욕의 서원에서도 [그렇다]. 그러나 선서에 의해 장엄하게 된 자제의 서원에서 면제될 수 없다는 것은 그것이 정결의 행위이기 때문이 아니라 수도 선서에 의해 흠숭에 속하기 시작하기 때문이다.

3. 음식은 직접적으로 인간의 보존을 위해 질서 지어졌으며, 따라서 음식의 단식은 직접 사람의 위험으로 기울게 할 수 있다. 이러한 이유로 그는 금욕의 서원에 대한 면제를 받는다. 그러나 성교는 인간의 보존이 아니라 종의 보존을 위해 질서 지어져 있다. 따라서 자제를 통한 성교의 금욕은 직접 개인의 위험으로 기울게 하지 않는다. 그러나 우유적으로 개인적인 위험이 발생하면, 다른 방식으로, 즉 금욕이나 다른 육체적인 구제책으로 도움을 받을 수 있다.

4. 주교가 된 수도자는 가난의 서원에서 면제되지 않듯이 자제의 서원에서도 면제되지 않는다. 왜냐하면 그는 아무것도 자신의 것으로 갖지 말아야 하며 교회의 공동 재산의 분배자가 되어야 하기 때문이다.

---

19. a.2, sc.

non absolvitur a voto continentiae, ita nec a voto paupertatis: quia nihil debet habere tanquam proprium, sed sicut dispensator communium bonorum Ecclesiae. Similiter etiam non absolvitur a voto obedientiae, sed per accidens obedire non tenetur, si superiorem non habeat: sicut et abbas monasterii, qui tamen non est a voto obedientiae absolutus.

Auctoritas vero *Ecclesiastici* quae in contrarium obiicitur,[20] intelligenda est quantum ad hoc quod nec fecunditas carnis, nec aliquod corporale bonum est comparandum continentiae, quae inter bona animae computatur: ut Augustinus dicit, in libro *de Sancta Virginitate*.[21] Unde signanter dicitur, a*nimae continentis:* non, *carnis continentis*.

Articulus 12
Utrum ad commutationem vel dispensationem voti requiratur praelati auctoritas

Ad duodecimum sic proceditur. Videtur quod ad commutationem vel dispensationem voti non requiratur praelati auctoritas.

1. Aliquis enim potest intrare religionem absque auctoritate alicuius superioris praelati. Sed per introitum religionis absolvitur homo

---

20. a.1, sc.

마찬가지로, 그는 순종 서원에서 면제되지 않으며 다만 장상이 없다면, 우유적으로 순종을 할 의무가 없다. 이는 수도원의 아빠스와 마찬가지로, 그도 순종 서원에서 면제되는 것은 아니다.

그러나 재반론에서 인용된 집회서의 권위는[20] 육(肉)의 다산이나 어떤 육체적인 선이 아우구스티누스가 『거룩한 동정』에서 말한 것처럼,[21] 영혼의 선들 가운데 하나로 간주되는 자제와 비교될 수 없다는 의미로 이해되어야 한다. 그러므로 자제하는 육신이 아니라 자제하는 영혼이라고 의미 있게 일컬어진다.

제12절 서원의 변경이나 면제를 위해 고위 성직자의 권한이 요구되는가

Parall.: Supra, a.2, ad3; *In Sent.*, IV, d.38, q.1, a.4, qc.4.

[반론] 열두째는 다음과 같이 진행된다. 서원의 변경이나 면제를 위해 고위 성직자의 권한이 요구되지 않는 것처럼 보인다.

1. 어떤 사람은 고위 성직자의 권위 없이 종교[수도생활]에 입문할 수 있다. 그러나 인간은 종교[수도생활]에 입문하면서 세속에서 했던

---

21. c.8: ML 40, 400.

a votis in saeculo factis, etiam a voto Terrae Tanctae.¹ Ergo voti commutatio vel dispensatio potest esse absque auctoritate superioris praelati.

2. Praeterea, dispensatio voti in hoc consistere videtur quod determinatur in quo casu votum non sit observandum. Sed si praelatus male determinet, non videtur esse vovens absolutus a voto: quia nullus praelatus potest dispensare contra praeceptum divinum de implendo voto, ut dictum est.² Similiter etiam si aliquis propria auctoritate recte determinet in quo casu votum non sit implendum, non videtur voto teneri: quia votum non obligat in casu in quo habet peiorem eventum, ut dictum est.³ Ergo dispensatio voti non requirit auctoritatem alicuius praelati.

3. Praeterea, si dispensare in voto pertinet ad potestatem praelatorum, pari ratione pertineret ad omnes. Sed non pertinet ad omnes dispensare in quolibet voto. Ergo non pertinet ad potestatem praelatorum dispensatio voti.

SED CONTRA, sicut lex obligat ad aliquid faciendum, ita et votum. Sed ad dispensandum in praecepto legis requiritur superioris auctoritas, ut supra⁴ dictum est. Ergo, pari ratione, etiam in dispensatione voti.

---

1. *Decretal. Greg. IX*, III, tit.34, c.4: ed. Richter-Friedberg, t.2, p.590.
2. a.10, ad2; a.11.
3. a.2, ad2.

서원, 심지어는 성지(聖地)의 서원으로부터도 면제된다.[1] 그러므로 서원의 변경(commutatio)이나 면제(dispensatio)는 고위 성직자의 권한 없이 이루어질 수 있다.

2. 서원의 면제는 어떤 경우에 서원이 준수되지 말아야 하는 것이 결정되는 사실에 있는 것으로 보인다. 그러나 만일 고위 성직자가 잘못 결정하면, 그것 때문에 서원자가 서원에서 면제되는 것으로는 보이지 않는다. 왜냐하면 어떤 고위 성직자도 서원의 이행에 대한 신적 계명을 거슬러서 면제할 수 없기 때문이다.[2] 마찬가지로, 누군가가 자신의 권위에 의해 어떤 경우에 서원이 이행되어서는 안 되는지를 올바르게 결정한다고 해도, 그는 서원에 매여 있지 않은 것으로 보인다. 말한 바와 같이[3] 서원이 더 나쁜 결과를 가질 경우, 서원은 강제하지 않기 때문이다. 그러므로 서원의 면제는 어떤 고위 성직자의 권위를 요청하지 않는다.

3. 만약 서원에서 면제하는 것이 고위 성직자의 권한에 속한다면, 같은 이유로 [그것은] 모든 고위 성직자에게 속한다. 그러나 모든 서원에 있어서 면제하는 것이 모두에게 속한 것은 아니다. 그러므로 서원의 면제가 고위 성직자들의 권한에 속한 것은 아니다.

[재반론] 그러나 반대로 법이 어떤 것을 하도록 강제하는 것처럼, 서원도 그렇다. 위에서 말한 것처럼,[4] 법의 계명들에 있어서 면제는 상급 권위를 필요로 한다. 그러므로 같은 이유로 서원의 면제에 있어서도 [그렇다].

---

4. I-II, q.96, a.6; q.97, a.4.

RESPONDEO dicendum quod, sicut supra[5] dictum est, votum est promissio Deo facta de aliquo quod sit Deo acceptum. Quid sit autem in aliqua promissione acceptum ei cui promittitur, ex eius pendet arbitrio. Praelatus autem in Ecclesia gerit vicem Dei. Et ideo in commutatione vel dispensatione votorum requiritur praelati auctoritas, quae in persona Dei determinat quid sit Deo acceptum: secundum illud II *ad Cor.* 2, [10]: *Nam et ego propter vos donavi in persona Christi.*[6] Et signanter dicit, *propter vos:* quia omnis dispensatio petita a praelato debet fieri ad honorem Christi, in cuius persona dispensat; vel ad utilitatem Ecclesiae, quae est eius corpus.

AD PRIMUM ergo dicendum quod omnia alia vota sunt quorundam particularium operum: sed per religionem homo totam vitam suam Dei obsequio deputat. Particulare autem in universali includitur. Et ideo Decretalis[7] dicit quod *reus fracti voti non habetur qui temporale obsequium in perpetuam religionis observantiam commutat.* Nec tamen in religionem ingrediens tenetur implere vota vel ieiuniorum vel orationum vel aliorum huiusmodi, quae existens in saeculo fecit: quia religionem ingrediens moritur priori vitae; et etiam singulares observantiae religioni non competunt; et religionis onus satis hominem onerat, ut alia superaddere non oporteat.

---

5. a.2.
6. Vulgata: "Nam et ego quod donavi, si quid donavi, propter vos in persona Christi."

[답변] 위에서 말한 바와 같이,⁵ 서원은 하느님께 받아들여지는 어떤 것에 대해 하느님께 하는 약속이다. 그런데 약속을 받은 사람에게 한 약속에서 받아들여지는 것은 그의 재량(arbitrium)에 달려 있다. 그러나 교회에서 고위 성직자는 하느님의 자리를 차지하고 있다. 그러므로 서원들의 변경이나 면제에는 고위 성직자의 권위가 필요한데, 그는 "나도 그리스도의 인격 안에서 여러분을 위하여 주었습니다."⁶라는 코린토 2서 2장 [10절]에 따라 하느님의 인격 안에서 하느님께 받아들여지는 것이 무엇인지를 결정한다. 그리고 그는 의미심장하게 "여러분을 위하여(propter vos)"라고 말한다. 고위 성직자에 의해 요청된 모든 면제는 그리스도의 명예를 위해 이루어져야 하기 때문이다. 그리스도의 인격 안에서 면제한다. 아니면 그분의 몸인 교회의 유익을 위해 [면제한다].

[해답] 1. 다른 모든 서원은 특정한 일을 위한 것이지만, 사람은 종교[수도생활]를 통하여 하느님을 섬기는 일에 일생을 바친다. 그러나 특별한 것은 보편적인 것에 포함되어 있다. 따라서 법령은⁷ "일시적인 순종을 종교적인 영구적 순종으로 바꾸는 사람은 서원의 파기에 대한 탓이 있는 것으로 간주되지 않는다."고 말한다. 그럼에도 불구하고, 그는 종교[수도생활]에 입문하면서, 세상에 있었던 동안 했던 서원이나 단식이나 기도나 그와 같은 것들을 수행할 의무가 없다. 왜냐하면 그는 종교[수도생활]에 입문함으로써 이전의 삶에서 죽기 때문이다. 또한 개별적인 준수들은 종교[수도생활]에 어울리지 않는다. 그리고 종교[수도생활]의 무게는 다른 것을 추가할 필요가 없을 정도로 사람에게 짐을 지

---

7. loc. cit. in arg.

AD SECUNDUM dicendum quod quidam[8] dixerunt quod praelati possunt in votis pro libito dispensare, quia in quolibet voto includitur conditionaliter voluntas praelati superioris: sicut supra[9] dictum est quod in votis subditorum, puta servi vel filii, intelligitur conditio, *si placuerit patri vel domino, vel, si non renitantur*. Et sic subditus absque omni remorsu conscientiae posset votum praetermittere, quandocumque sibi a praelato diceretur.

Sed praedicta positio falso innititur. Quia cum potestas praelati spiritualis, qui non est dominus sed dispensator,[10] sit *in aedificationem data, et non in destructionem*, ut patet II *ad Cor.* 10, [8][11]; sicut praelatus non potest imperare ea quae secundum se Deo displicent, scilicet peccata, ita non potest prohibere ea quae secundum se Deo placent, scilicet virtutis opera. Et ideo absolute potest homo ea vovere.

Ad praelatum tamen pertinet diiudicare quid sit magis virtuosum et Deo magis acceptum. Et ideo in manifestis dispensatio praelati non excusaret a culpa: puta si praelatus dispensaret cum aliquo super voto de ingressu religionis, nulla apparenti causa obstante. Si autem esset causa apparens, per quam saltem in dubium verteretur, posset stare iudicio praelati dispensantis vel commutantis. Non tamen iudicio proprio, quia ipse non gerit vicem Dei: nisi forte in casu in quo

---

8. Cf. Bonaventura, *In Sent.*, d.38, a.2, q.3: ad Claras Aquas, t.4, p.823.
9. Cf. a.8, ad1 & 4.
10. Cf. q.63, a.2, ad1; q.100, a.1; q.185, a.1, ad3.

운다.

2. 어떤 사람들은[8] 고위 성직자들이 자신들의 뜻에 따라 면제할 수 있다고 말했다. 왜냐하면 위에서 말한 바와 같이[9] 모든 서원에는 조건부로 상급 고위 성직자의 뜻이 포함되어 있기 때문이다. 예컨대 수하 사람들이나 자녀의 서원에는 아버지나 주인이 흡족하거나 저항하지 않는다는 조건이 이해되는 [것이 포함된다]. 그러므로 수하 사람은 고위 성직자가 자신을 언급할 때마다 어떠한 양심의 가책 없이 서원을 소홀히 할 수 있었다.

그러나 위에서 언급한 주장은 잘못된 근거를 갖는다. 주인이 아니라 분배자인 영적 고위 성직자의 권한은[10] 코린토 2서 10장 [8절]에서 분명하듯이 "파괴가 아니라 건설을 위해서 주어진 것"[11]이다. 고위 성직자는 하느님의 마음에 들지 않는 것들, 즉 죄들을 명령할 수 없듯이, 하느님의 마음에 드는 것들, 즉 덕행들을 금지할 수도 없다. 그래서 인간은 절대적으로 그것들을 서원할 수 있다.

그러나 더욱 덕스럽고 하느님께 더욱 받아들여지는 것을 판결하는 것은 고위 성직자에게 달려 있다. 그러므로 고위 성직자의 면제에 있어서, 명백한 경우들에, 예컨대 주교가 종교[수도생활]의 입문에 대해 서원한 사람을 명백한 장애 이유가 없음에도 불구하고 면제한다면, 그는 죄과가 없지 않을 것이다. 적어도 의심이 되는 명백한 원인이 있다면, 관면하거나 변경하는 고위 성직자의 판단이 있을 수 있다. 하지만 자신의 판단에 [맡겨서는 안 된다]. 아마도 그가 한 서원이 명백히 불법적이었고 상급자에게 적절하게 호소할 수 없는 경우가 아니라면, 그

---

11. Vulgata: "…quam dedit nobis Dominus in aedificationem et non in destructionem."

id quod vovit esset manifeste illicitum, et non posset opportune ad superiorem recurrere.

AD TERTIUM dicendum quod quia Summus Pontifex gerit plenarie vicem Christi in tota Ecclesia,[12] ipse habet plenitudinem potestatis dispensandi in omnibus dispensabilibus votis. Aliis autem inferioribus praelatis committitur dispensatio in votis quae communiter fiunt et indigent frequenti dispensatione, ut habeant de facili homines ad quem recurrant: sicut sunt vota peregrinationum[13] et ieiuniorum et aliorum huiusmodi. Vota vero maiora, puta continentiae et peregrinationis Terrae Sanctae,[14] reservantur Summo Pontifici.

---

12. Cf. q.39, a.1.
13. Cf. *Decretal. Greg. IX*, III, tit.34, c.1: ed. Richter-Friedberg, t.2, p.589.

는 하느님을 대신하지 않기 때문이다.

3. 교황은 전체 교회에서 그리스도의 대리를 충만하게 행사하기 때문에,[12] 그는 모든 면제 가능한 서원을 면제할 수 있는 권한의 충만함을 갖는다. 다른 하급 고위 성직자들에게는 통상적으로 서원하고 자주 면제가 필요한 서원들에서 면제가 위탁되는데, 그것은 그들이 순례의 서원과[13] 단식의 서원을 비롯해 그와 같은 다른 것들의 서원에서 쉽게 호소할 수 있는 사람들을 갖도록 하기 위함이다. 그러나 예컨대 자제의 [서원]과 성지 순례의 [서원] 같은 더 중요한 서원들은[14] 교황에게 유보되어 있다.

---

14. Cf. *Decretal. Greg. IX*, III, tit.34, c.9: ed. cit., t.2, p.594.

QUAESTIO LXXXIX
DE IURAMENTO
in decem articulos divisa

Deinde considerandum est de actibus exterioribus latriae quibus aliquid divinum ab hominibus assumitur[1]: quod est vel sacramentum aliquod, vel ipsum nomen divinum. Sed de sacramenti assumptione locus erit tractandi in Tertia huius operis Parte.[2] De assumptione autem nominis divini nunc agendum est. Assumitur autem divinum nomen ab homine tripliciter: uno modo, per modum iuramenti, ad propria verba confirmanda; alio modo, per modum adiurationis, ad alios inducendum[3]; tertio modo, per modum invocationis, ad orandum vel laudandum.[4] Primo ergo de iuramento agendum est.

Circa quod quaeruntur decem.
Primo: quid sit iuramentum.
Secundo: utrum sit licitum.

---

1. Cf. q.84, Introd.
2. q.60.

제89문
맹세에 대하여
(전10절)

다음으로 우리는 사람들에 의해 어떤 신적인 것이 취해지는 흠숭의 외적 행위들에 대하여 숙고하기로 하자.[1] 그것은 어떤 성사이거나 신적인 이름 자체이다. 그러나 성사의 취함에 대해서는 이 작품의 제3부에서 다루게 될 것이다.[2] 반면, 신적 이름의 취함에 대해서는 지금 다루기로 한다. 그런데 신적 이름은 인간에 의해 세 가지로 취해진다.

첫 번째 방식은 자신의 말들을 추인하기 위해 맹세(iuramentum)의 방식으로 [취해진다].

두 번째 방식은 다른 이들을 인도하기 위해 선서(adiuratio)의 방식으로 [취해진다].[3]

세 번째 방식은 기도하거나 찬미하기 위한 부름(invocatio)의 방식으로 [취해진다].[4]

그러므로 먼저 맹세에 대해 다루기로 하자. 이에 관해서는 열 가지가 조사된다.

첫째, 맹세는 무엇인가?
둘째, [그것은] 합당한가?

---

3. q.90.
4. q.91.

Tertio: qui sint comites iuramenti.

Quarto: cuius virtutis sit actus.

Quinto: utrum sit appetendum et frequentandum, tanquam utile et bonum.

Sexto: utrum liceat iurare per creaturam.

Septimo: utrum iuramentum sit obligatorium.

Octavo: quae sit maior obligatio, utrum iuramenti vel voti.

Nono: utrum in iuramento possit dispensari.

Decimo: quibus et quando liceat iurare.

Articulus 1
Utrum iurare sit testem Deum invocare

Ad primum sic proceditur. Videtur quod iurare non sit testem Deum invocare.

1. Quicumque enim inducit auctoritatem sacrae Scripturae inducit Deum in testimonium, cuius verba proponuntur in sacra Scriptura. Si ergo iurare est testem Deum invocare, quicumque inducit auctoritatem sacrae Scripturae iuraret. Hoc autem est falsum. Ergo et primum.

2. Praeterea, ex hoc quod aliquis inducit aliquem in testem, nihil ei reddit. Sed ille qui per Deum iurat aliquid Deo reddit: dicitur enim

셋째, 무엇이 맹세에 수반되는가?

넷째, 어떤 덕의 행위인가?

다섯째, [그것은] 욕구할 만하며 잦은 것이고, 또한 유익하고 선한 것인가?

여섯째, 피조물을 통해 맹세하는 것이 합당한가?

일곱째, 맹세는 의무적인가?

여덟째, 맹세나 서원 가운데 어떤 것이 더 의무적인가?

아홉째, 맹세에서 면제될 수 있는가?

열째, 누구에게 그리고 언제 맹세하는 것이 합당한가?

제1절 맹세하는 것은 하느님을 증인으로 부르는 것인가

Parall.: *In Sent.*, d.39, a.1.

[반론] 첫째는 다음과 같이 진행된다. 맹세하는 것은 하느님을 증인으로 부르는 것이 아닌 것으로 보인다.

1. 성경의 권위를 가져오는 사람은 하느님을 증인으로 데려오는 것이며, 그분의 말씀들은 성경에 발설되어 있다. 그러므로 맹세가 하느님을 증인으로 부르는 것이라면, 성경의 권위를 인용하는 사람은 맹세하는 것이다. 그러나 이것은 거짓이다. 그러므로 첫째 [진술도 거짓이다].

2. 누군가가 어떤 사람을 증인으로 데려온다는 사실은 그에게 아무것도 돌려주지 않는다. 그러나 "너는 주님께 너의 맹세들을 돌려드려

Matth. 5, [33]: *Reddes Domino iuramenta tua;* et Augustinus dicit[1] quod iurare est *ius veritatis Deo reddere.* Ergo iurare non est Deum testem invocare.

3. Praeterea, aliud est officium iudicis, et aliud testis, ut ex supradictis[2] patet. Sed quandoque iurando implorat homo divinum iudicium: secundum illud Psalm. [Ps. 7, 5]: *Si reddidi retribuentibus mihi mala, decidam merito ab inimicis meis inanis.* Ergo iurare non est testem Deum invocare.

SED CONTRA est quod Augustinus dicit, in quodam sermone de Periurio[3]: *Quid est,* 《*Per Deum*》, *nisi,* 《*Testis est Deus*》?

RESPONDEO dicendum quod, sicut Apostolus dicit, *ad Heb.* 6, [16], iuramentum *ad confirmationem* ordinatur. Confirmatio autem in scibilibus per rationem fit, quae procedit ex aliquibus naturaliter notis, quae sunt infallibiliter vera.[4] Sed particularia facta contingentia hominum non possunt per rationem necessariam confirmari.[5] Et

---

1. Serm.180, al. de verbis Apost.28, c.6, n.7: ML 38, 975.
2. qq.67 & 70.
3. loc. cit., n.6: ML 38, 975.

라."라고 마태오복음서 5장 [33절]에서 말한 것처럼,¹ 하느님을 두고 맹세하는 사람은 하느님께 어떤 것을 돌려드린다. 그리고 아우구스티누스는 "맹세하는 것은 진리의 권리를 주님께 돌려드리는 것이다."라고 말한다. 그러므로 맹세하는 것은 하느님을 증인으로 부르는 것이 아니다.

3. 위에서 언급한 바에 의해 분명하듯이,² 재판관의 직무와 증인의 직무는 다르다. 그러나 "만일 제가 저에게 보답하는 이들에게 악으로 되돌려주었다면, 제가 제 원수들에 의해 공로와 함께 헛되이 떨어지게 하소서."라는 시편 7장 [5절]에 따라, 사람은 때때로 맹세하는 가운데 하느님의 재판을 간청한다. 그러므로 맹세는 하느님을 증인으로 부르는 것이 아니다.

[재반론] 그러나 반대로 아우구스티누스는 위증(periurium)에 관한 어떤 강론에서 다음과 같이 말한 바 있다.³ "만일 하느님이 증인이 아니시면, '하느님을 통해서(per Deum)'란 무엇이겠습니까?"

[답변] 사도 바오로가 히브리서 6장 [16절]에서 말한 것처럼, 맹세는 추인(confirmatio)을 목적으로 한다. 이제 가지적(可知的)인 것들에 있어서 추인은 자연적으로 알고 있고 틀림없이 진실인 것들로부터 유래하는 추론(ratio)을 통해서 이루어진다.⁴ 그러나 사람들의 개별적이고 우연적인 사실들은 필연적인 추론에 의해 추인될 수 없다.⁵ 그러므로 그

---

4. 첫째이자 증명될 수 없는 원리들을 향한 해소(resolutio)를 통해서가 아니면 사변적 체계에 따라 확고하게 설정될 수 없다. I-II, q.90, a.2, ad3.
5. Cf. I, q.79, a.9, ad3; I-II, q.13, a.6, ad2; q.14, aa.1 & 3; a.6, ad3.

ideo ea quae de his dicuntur solent confirmari per testes. Sed humanum testimonium non est sufficiens ad huiusmodi confirmandum, propter duo. Primo quidem, propter defectum veritatis humanae: quia plurimi in mendacium labuntur, secundum illud Psalm. [Ps. 16, 10]: *Os eorum locutum est mendacium.*[6] Secundo, propter defectum cognitionis: quia homines non possunt cognoscere neque futura, neque cordium occulta, vel etiam absentia; de quibus tamen homines loquuntur, et expedit rebus humanis ut certitudo aliqua de his habeatur. Et ideo necessarium fuit recurrere ad divinum testimonium: quia Deus neque mentiri potest, neque eum aliquid latet. Assumere autem Deum in testem dicitur iurare: quia quasi pro *iure* introductum est ut quod sub invocatione divini testimonii dicitur pro vero habeatur.

Divinum autem testimonium quandoque inducitur ad asserendum praesentia vel praeterita: et hoc dicitur iuramentum *assertorium*. —Quandoque autem inducitur divinum testimonium ad confirmandum aliquid futurum: et hoc dicitur iuramentum *promissorium*.[7] — Ad ea vero quae sunt necessaria et per rationem investiganda non inducitur iuramentum: derisibile enim videretur si quis in disputatione alicuius scientiae vellet propositum per iuramentum probare.

---

6. Vulgata: "Os eorum locutum est superbiam."
7. "약속의 맹세를 신중하게 검토하면 항상 선언적 맹세를 포함한다는 것을 알게 된다. 사실, 어떤 일을 하겠다고 맹세하는 사람은 하느님을 어떤 현재의 진리의 증인으로 부르는데, 그것은 그분이 약속하신 것을 하실 의지가 있다는 것이다. 다음으로 미래의 진리에 대한 보장으로,

들에 대해 말하는 것은 흔히 증인들을 통해 추인된다. 그러나 인간적인 증언은 두 가지 [이유]로 인해 그런 추인을 위해 충분하지 않다. 첫째, 인간적 진실의 부족으로 인해 [그렇다]. "그들의 입은 거짓을 말했다."[6]라는 시편 17[16]편 [10절]에 따르면, 대부분의 사람은 거짓에 빠질 수 있기 때문이다. 둘째, 인식의 결핍으로 인해 [그렇다]. 사람들은 미래를 알 수 없으며 숨은 마음들이나 또한 부재(absentia)도 알 수 없기 때문이다. 그럼에도 사람들은 그에 대해 말하며, 이런 것들에 관해서 인간적인 것들에 어떤 확실함을 갖는 것이 유익하다. 그러므로 신적 증언에 호소하는 것은 필요하다. 하느님은 거짓말을 할 수도 없고 그에게 아무것도 숨길 수 없기 때문이다. 하느님을 증인으로 취하는 것을 맹세하는 것이라고 말하는데, 이는 그것이 법에 의해 도입되었기 때문이며, 신적인 증언 아래에서 부르는 것이 참된 것으로 간주될 수 있기 때문이다.

그러나 신적인 증언이 때때로 현재나 과거를 선언하도록 인도되며, 이것은 선언적인 맹세라고 불린다. 그리고 때때로 신적인 증인이 어떤 미래적인 것을 추인하기 위해 인도되는데, 이것은 약속의 맹세라고 불린다.[7] 그러나 필연적이고 이성에 의해 조사되어야 하는 것들에 대해서는 맹세가 인도되지 않는다. 어떤 지식에 대한 토론에서 누군가가 맹세로 자신의 제안을 입증하길 원한다면 우습게 보이기 때문이다.

즉 약속된 것을 이루실 분으로 하느님을 부른다. 그럼에도 불구하고, 이러한 이유 때문에, 판례법을 선언적이고 약속적인 것으로 나누는 것은 불필요하다. 약속의 맹세는 선언적인 맹세를 포함하지만 그 반대의 경우는 그렇지 않다.": D. M. Prümmer, OP, *Manuale Theol. Mor.*, t.2, Friburgi Br., 1940, p.366.

AD PRIMUM ergo dicendum quod aliud est testimonio Dei uti iam dato, quod fit cum aliquis auctoritatem sacrae Scripturae inducit: et aliud est testimonium Dei implorare ut exhibendum, quod fit in iuramento.

AD SECUNDUM dicendum quod dicitur aliquis reddere iuramenta Deo ex hoc quod implet illud quod iurat. Vel quia in hoc ipso quod invocat Deum testem, recognoscit eum habere omnium cognitionem et infallibilem veritatem.

AD TERTIUM dicendum quod alicuius testimonium invocatur ad hoc quod testis invocatus veritatem manifestet circa ea quae dicuntur. Deus autem manifestat an verum sit quod dicitur, dupliciter. Uno modo, simpliciter revelando veritatem: vel per internam inspirationem; vel etiam per facti denudationem, dum scilicet producit in publicum ea quae erant occulta. Alio modo, per poenam mentientis: et tunc simul est iudex et testis, dum puniendo mendacem manifestat mendacium.

Et ideo duplex est modus iurandi. Unus quidem per simplicem Dei *contestationem:* sicut cum aliquis dicit, *Est mihi Deus testis;* vel, *Coram Deo loquor;* vel, *Per Deum,* quod idem est, ut dicit Augustinus.[8] — Alius modus iurandi est per *execrationem*: dum scilicet aliquis se, vel aliquid ad se pertinens, ad poenam obligat nisi sit verum quod dicitur.

---

8. Cf. sc.

[해답] 1. 성경의 권위를 도입할 때 일어나는 하느님의 증언과, 입증을 하기 위하여 하느님의 증언을 간청하는 맹세는 서로 다르다.

2. 어떤 사람이 그가 맹세한 것을 완수하는 것에 의해 하느님께 맹세한다고 말한다. 또는 하느님을 증인으로 부르는 것 자체로 그분이 모든 것에 대한 앎과 틀림없는 진리를 갖고 계시다는 것을 인정하기 때문이다.

3. 증인이라 불리는 사람은 언급된 것에 대한 진리를 드러낸다는 의미에서 증인으로 불린다. 그러나 하느님께서는 두 가지 방식으로 말씀된 것이 진리인지 드러내신다. 한 가지 방식은, 단순히 진리를 계시하는 가운데, 또는 내적 감도(inspiratio)를 통해서, 또는 어떤 사실의 노출을 통해서, 즉 숨겨진 것들을 공개할 때 [드러내신다]. 다른 방식은, 거짓말쟁이에 대한 벌을 통해서, 따라서 그분은 동시에 심판관이자 증인이시다. 거짓말쟁이를 벌하는 가운데 거짓말이 드러난다.

그러므로 맹세의 두 가지 방식이 있다. 하나는 누군가 "하느님은 나에게 증인이십니다."라고 말할 때처럼, 또는 아우구스티누스가 같은 곳에서 말하듯이[8] "하느님 앞에서 말한다."거나 "하느님을 통해서 [말한다]."고 언급할 때처럼, 하느님에 대한 단순한 확인의 [방식이다]. 맹세하는 다른 방식은, 누군가가 언급된 것이 참되지 않다면, 자신이나 자신에게 속한 어떤 것을 벌로 강제할 때 지주를 통해서 [이루어진다].

Articulus 2
Utrum sit licitum iurare

Ad secundum sic proceditur. Videtur quod non sit licitum iurare.

1. Nihil enim quod prohibetur in lege divina est licitum. Sed iuramentum prohibetur Matth. 5, [34]: *Ego dico vobis, non iurare omnino:* et Iac. 5, [12] dicitur: *Ante omnia, fratres mei, nolite iurare.* Ergo iuramentum est illicitum.

2. Praeterea, id quod est a malo videtur esse illicitum: quia, ut dicitur Matth. 7, [18], *non potest arbor mala fructus bonos[1] facere.* Sed iuramentum est a malo: dicitur enim Matth. 5, [37]: *Sit autem sermo*

---

1. Vulgata: "bonos fructus."

제2절 맹세하는 것은 합당한가

Parall.: *In Sent.*, d.39, a.2, qc.2; De dec. praecept. cap. de Sec. Praecept.; *In Matth.*, c.5; *In Ep. ad Rom.*, c.1, lect.5; *In Ep. ad Heb.*, c.6, lect.4.

Doctr. Eccl.: "우리는 맹세를 단죄하지는 않으며, 정반대로 진리와 분별과 정의에 입각하여 맹세하는 것은 허용되어 있다고 순수한 마음으로 믿습니다."(1208년 인노첸시오 3세에 의해 발데스파들에게 규정된 신앙 고백): DS 425[=DH 795]. 요한 22세는 1318년 프라티첼리의 오류들을 단죄했다: "3. 그들의 세 번째 오류는 발데스파의 오류와 결탁한 것이다. 왜냐하면 이들도 저들도 다 같이 어떤 경우에도 맹세해서는 안 된다고 주장하며, 맹세의 의무에 묶인 사람들은 대죄의 흠으로 더럽혀졌으며 벌을 받는다고 가르치기 때문이다.": DS 487[=DH 913]. 콘스탄츠 공의회는 1418년 존 위클리프의 이 오류들을 단죄했다: "43. 인간적 계약과 시민의 거래를 확증하기 위해 하는 맹세는 허용되지 않는다.": DS 623[=DH 1193]. cf. DS 662[=DH 1252]. 마찬가지로 클레멘스 11세는 1713년 파키에 케넬의 이 오류들을 단죄했다: "101. 교회 안에서 맹세를 통상적으로 하는 것보다 더 하느님의 영과 예수 그리스도의 가르침에 반대되는 것은 없다. 이것은 위증의 기회를 늘리는 것이고 약한 자들과 바보들에게 덫을 놓는 것이며, 하느님의 이름과 진리가 때로 불경한 자들의 계획에 이바지하도록 작용하는 것이기 때문이다.": DS 1451[=DH 2501] 또한 DS 1575[=DH 2675]를 보라.

[반론] 둘째는 다음과 같이 진행된다. 맹세하는 것은 부당한 것으로 보인다.

1. 신법에서 금지된 것은 아무것도 합당하지 않기 때문이다. 그런데 "내가 너희에게 말한다. 아무것도 맹세하지 말라."는 마태오복음서 5장 [34절]과 "내 형제들아. 무엇보다도 맹세하지 말라."는 야고보서 5장 [12절]에서 맹세는 금지되어 있다. 그러므로 맹세는 부당하다.

2. 악에서 오는 것은 부당한 것으로 보인다. 왜냐하면 마태오복음서 7장 [18절]은 "나쁜 나무가 좋은 열매들을¹ 맺을 수 없다."고 말하기 때문이다. 그런데 "너희는 말할 때에 '예.' 할 것은 '예.' 하고, '아니요.' 할 것은 '아니요.'라고만 하여라. 그 이상의 것은 악에서 나오는 것이

vester, Est, est; Non, non. Quod autem his abundantius est a malo est. Ergo iuramentum videtur esse illicitum.

3. Praeterea, exquirere signum divinae providentiae est tentare Deum: quod est omnino illicitum, secundum illud *Deut.* 6, [16]: *Non tentabis Dominum Deum tuum.* Sed ille qui iurat videtur exquirere signum divinae providentiae, dum petit divinum testimonium, quod est per aliquem evidentem effectum. Ergo videtur quod iuramentum sit omnino illicitum.

SED CONTRA est quod dicitur *Deut.* 6, [13]: *Dominum Deum tuum timebis, et per nomen eius[2] iurabis.*

RESPONDEO dicendum quod nihil prohibet aliquid esse secundum se bonum quod tamen cedit in malum eius qui non utitur eo convenienter: sicut sumere Eucharistiam est bonum, et tamen qui indigne sumit *sibi iudicium*[3] *manducat et bibit*, ut dicitur I *ad Cor.* 11, [29]. Sic ergo in proposito dicendum est quod iuramentum secundum se est licitum et honestum. Quod patet ex origine et ex fine. Ex origine quidem, quia iuramentum est introductum ex fide qua homines credunt Deum habere infallibilem veritatem et universalem omnium cognitionem et provisionem. Ex fine autem, quia iuramentum inducitur ad iustificandum homines, et ad finiendum controver-

---

2. Vulgata: 'illius'

다."라고 마태오복음서 5장 [37절]에서 말한 것처럼, 맹세는 악에서 온다. 그러므로 맹세는 부당한 것으로 보인다.

3. 신적 섭리(providentia divina)의 표지를 찾는 것은 하느님을 시험하는 것이며, 이것은 "주님이신 너의 하느님을 시험하지 마라."는 신명기 6장 [16절]에 따라 전적으로 부당하다. 그런데 맹세하는 사람은 신적 섭리의 표지를 찾는 것처럼 보이며, 명백한 효과에 의한 신적 증언을 요구하는 것이다. 그러므로 맹세는 완전히 부당한 것으로 보인다.

[재반론] 그러나 반대로 신명기 6장 [13절]은 다음과 같이 말한다: "너는 너의 주님이신 하느님을 두려워하며 그분의[2] 이름으로 맹세하라."

[답변] 어떤 것이 그 자체로 선하면서도 그것을 부적절하게 사용하는 사람에 의해 악하게 될 수 있음을 막는 것은 아무것도 없다. 성체를 영하는 것은 좋지만, 코린토 1서 11장 [29절]에서 말하듯이, [성체를] 자격 없이 영하는 자는 "자신에 대한[3] 심판을 먹고 마시는 것이다." 그러므로 맹세 자체가 합당하며 명예롭다는 의도에서 언급되어야 한다. 이것은 그 기원과 목적으로 볼 때 분명하다. 사실, 처음부터 맹세는 사람들이 하느님께서 모든 것에 대한 보편적인 진리와 예지(provisio)를 갖는다는 것을 믿는 믿음에서 도입되었기 때문이다. 그러나 목적에서도 [그것은 분명하다]. 왜냐하면 히브리서 6장 [16절]에서 말하듯이, 맹세는 사람들을 정당화하고 논쟁들을 끝내기 위해 도입되기 때문이다.

---

3. Vulgata: "iudicium sibi."

sias, ut dicitur *ad Heb.* 6, [16].

Sed iuramentum cedit in malum alicui ex eo quod male utitur eo, idest sine necessitate et cautela debita. Videtur enim parvam reverentiam habere ad Deum qui eum ex levi causa testem inducit: quod non praesumeret etiam de aliquo viro honesto. Imminet etiam periculum periurii: quia de facili homo in verbo delinquit, secundum illud Iac. 3, [2]: *Si quis in verbo non offendit, hic perfectus est vir.* Unde et *Eccli.* 23, [9] dicitur: *Iurationi non assuescat os tuum: multi enim casus in illa.*

AD PRIMUM ergo dicendum quod Hieronymus, *super Matth.*,[4] dicit: *Considera quod Salvator non per Deum iurare prohibuerit, sed per caelum et terram. Hanc enim per elementa iurandi pessimam consuetudinem habere Iudaei noscuntur.* — Se ista responsio non sufficit: quia Iacobus addit: *neque per*[5] *aliud quodcumque iuramentum.*

Et ideo dicendum est quod, sicut Augustinus dicit, in libro *de Mendacio,*[6] quod *Apostolus, in Epistolis suis iurans, ostendit quomodo accipiendum esset quod dictum est,* 《*Dico vobis non iurare omnino*》: *ne scilicet iurando ad facilitatem iurandi veniatur, ex facilitate iurandi ad consuetudinem, a consuetudine in periurium decidatur.* Et ideo non in-

---

4. *Comment. in Matth.*, 1.1, super 5,34sqq.: ML 26, 39D-40A.
5. Vulgata om.: 'per'

그러나 맹세는 그것을 잘못 사용한다는 사실로 인해, 즉 필요하지도 않으면서 마땅한 신중함도 없이 사용할 경우에 누군가에게 해를 끼친다. 왜냐하면 그는 하느님을 거의 경외하지 않는 것처럼 보이기 때문이다. 그는 경솔한 이유로 인해 하느님을 증언하도록 끌어들인다. 이는 어떤 정직한 사람에 대해서도 감히 하지 못하는 것이다. 또한 "만일 말(verbum)에서 걸리지 않으면, 그는 완전한 사람입니다."라는 야고보서 3장 [2절]에 따라, 위증(periuria)의 위험이 있다. 왜냐하면 인간은 말로 쉽게 죄를 짓기 때문이다. 그러므로 집회서 23장 [9절]에서는 다음과 같이 말한다. "너의 입이 맹세에 습관이 들지 말게 하라. 왜냐하면 거기에 많은 위험이 있기 때문이다."

[해답] 1. 히에로니무스는 『마태오복음 주해』에서[4] 다음과 같이 말한다. "구원자(salvator)께서는 하느님을 두고 맹세하는 것을 금하신 것이 아니라 하늘과 땅을 두고 맹세하는 것을 금하셨음을 숙고하시오. 유다인들은 원소들(elementa)에 맹세하는 아주 나쁜 습관을 갖고 있기 때문입니다." 하지만 이 대답만으로는 충분하지 않다. 왜냐하면 야고보는 다음을 추가했기 때문이다. "다른 모든 맹세로도.[5]"

그러므로 아우구스티누스가 『거짓말』에서[6] 언급했듯이, 다음과 같이 말해야 한다. "사도는 자신의 여러 편지에서 맹세하는 가운데, 다음과 같이 언급된 것을 어떻게 받아들여야 하는지 보여주었다: 나는 너희에게 말한다. 아예 맹세하지 마라. 그럼으로써 맹세하는 가운데 쉽게 맹세하는 것(facilitas)에, 쉽게 맹세하는 것에서 습관(consuetudo)으로,

---

6. c.15, n.28: ML 40, 507.

venitur iurasse nisi scribens, ubi consideratio cautior non habet linguam praecipitem.

AD SECUNDUM dicendum quod, sicut Augustinus dicit, in libro *de Serm. Dom. in Monte*,[7] *si iurare cogeris, scias de necessitate venire infirmitatis eorum quibus aliquid suades, quae utique infirmitas malum est. Itaque non dixit:* 《*Quod amplius est malum est*》*; tu enim non malum facis qui bene uteris iuratione, ut alteri persuadeas quod utiliter persuades: sed,* 《*a malo est*》 *illius cuius infirmitate iurare cogeris.*

AD TERTIUM dicendum quod ille qui iurat non tentat Deum: quia non implorat divinum auxilium absque utilitate et necessitate; et praeterea non exponit se alicui periculo si Deus testimonium adhibere noluerit in praesenti. Adhibebit autem pro certo testimonium in futuro, quando *illuminabit abscondita tenebrarum et manifestabit consilia cordium*, ut dicitur I *ad Cor.* 4, [5]. Et illud testimonium nulli iuranti deficiet, vel pro eo vel contra eum.

---

7. I, c.17, n.51: ML 34, 1255-1256.

습관에서 위증(periurium)으로 떨어지지 말라는 것이다. 그러므로 그는 더욱 신중한 숙고가 성급한 언어를 갖지 않는 서면에서가 아니라면 맹세하지 않았다."

2. 아우구스티누스는 『주님의 산상 설교』에서[7] 다음과 같이 말한다. "만일 네가 맹세하도록 강요당한다면, 그것은 네가 설득하는 자들의 나약함에서 오는 것임을 알아야 한다. 물론 나약함은 악이다. 그래서 그분은 '그 이상의 것은 악이다.'라고 하지 않으셨다. 그러므로 네가 유익하게 설득하고 있다는 것을 다른 이에게 설득하기 위해 맹세를 좋게 사용하는 것은 악을 행하는 것이 아니다. 그분은 '악에서 나오는 것이다.'라고 하셨는데, 이것은 그의 나약함 때문에 네가 맹세를 해야 하는 그 사람의 악으로부터 나온다는 뜻이다."

3. 맹세하는 자는 하느님을 시험하지 않는다. 왜냐하면 그는 유익과 필요가 없이 신적 도움을 간청하지 않기 때문이다. 더 나아가, 만일 하느님께서 현재에 증언하기를 원치 않으시면, 그는 자신을 어떤 위험에 드러내지 않는다. 코린토 1서 4장 [5절]에서 말하듯이, "그분께서 어둠 속에 숨겨진 것을 밝히시고 마음의 생각들을 드러내실 때" 그분은 미래에 분명 증언하실 것이다. 그리고 그 증언은 맹세한 이에게, 그를 위해서 또는 그를 거슬러서 전혀 부족하지 않을 것이다.

Articulus 3
Utrum convenienter ponantur tres comites iuramenti iustitia, iudicium et veritas

Ad tertium sic proceditur. Videtur quod inconvenienter ponantur tres comites iuramenti iustitia, iudicium et veritas.

1. Ea enim quorum unum includitur in altero non sunt connumeranda tanquam diversa. Sed horum trium unum includitur in altero: quia veritas pars iustitiae est, secundum Tullium[1]; iudicium autem est actus iustitiae, ut supra[2] habitum est. Ergo inconvenienter

---

1. *De invent. rhet.*,II, c.53: ed. G. Friedrich, Lipsiae, 1908, p.230, l.20.

제3절 정의, 판단, 진리가 맹세의 세 동료로 적절하게 제시되는가

Parall.: Infra, q.98, a.1, ad1; *In Sent.*, III, d.39, a.2, qc.3; *De dec. praecept.*, cap. *de Sec. praecept.*; *In Matth.*, c.5.
Doctr. Eccl.: Cf. DS 425[=DH 795, 앞 절에서 인용됨], DS 664[=DH 1264]. 인노첸시오 11세는 1679년 이 명제들을 단죄했다: "24. 가벼운 거짓말에 대한 증인으로 하느님을 부르는 것은 그렇게 큰 불경이 아니어서, 그분께서 그것 때문에 인간을 단죄하는 것을 바라거나 하실 수 없다. 25. 이유가 있을 때, 사안이 경미한 것이든 중대한 것이든 맹세의 지향 없이 맹세하는 것은 허용된다. 26. 누가 홀로 또는 다른 사람 앞에서 질문을 받거나, 또는 자유의사로, 즐거움 때문에 또는 어떤 다른 목적을 위해 그가 실제로 한 것을 하지 않았다고 맹세하면서, 마음속으로는 자신이 하지 않은 다른 것을 생각하거나, 자신이 했던 방법과는 다른 방법을 생각하거나, 첨가된 다른 어떤 참된 것을 생각한다면, 그는 실제로 거짓말을 한 것이 아니고 위증이 아니다. 27. 이 중의적인 표현을 사용하는 것이 몸의 건강, 명예, 재산의 보호, 또는 다른 덕행들을 위하여 필요하고 유용하다면 이런 중의적인 표현이 사용되는 데에는 늘 정당한 이유가 있다. 그래서 진리를 감추는 일은 유익하고 유리한 것으로 여겨진다. 28. 추천이나 선물을 매개로 고위직이나 공직에 오르게 된 사람은 왕의 명령에 따라 자신들에게 관습적으로 요구되는 선서를, 요구하는 사람의 의도와 상관없이 의증 유보로 발할 수 있다. 숨겨진 범죄를 고할 의무는 없기 때문이다.": DS 1174-1178[=DH 2124-2128]. 또한 비오 9세는 1864년에 이 명제들을 단죄했다: "64. 아주 성스러운 서약을 위반하고 또한 영원법을 거슬러 어떠한 무례나 추악한 행위를 자행하더라도, 그것이 조국애로 인한 것일 때에는 조금도 비난해서는 안 되고, 오히려 아주 정당하게 최상의 찬사를 보내야 한다.": DS 1764[=DH 2964]

[반론] 셋째는 다음과 같이 진행된다. 정의, 판단, 진리가 맹세의 세 동료로 부적절하게 제시되는 것으로 보인다.

1. 하나가 다른 하나에 포함된 것들은 다른 것으로 간주되지 말아야 한다. 그러나 이 세 가지 가운데 하나는 다른 하나에 포함되어 있는데, 키케로에 따르면[1] 진리는 정의의 한 부분이지만, 판단은 앞서 말한 것처럼[2] 정의의 행위이기 때문이다. 그러므로 맹세의 세 동료는 부적절

---

2. q.60, a.1.

numerantur tres comites iuramenti.

2. Praeterea, multa alia requiruntur ad iuramentum: scilicet devotio, et fides, per quam credamus Deum omnia scire et mentiri non posse. Ergo videtur quod insufficienter enumerentur tres comites iuramenti.

3. Praeterea, haec tria in quolibet opere humano inquirenda sunt: nihil enim debet fieri contra iustitiam aut veritatem, aut sine iudicio, secundum illud I *ad Tim.* 5, [21]: *Nihil facias sine praeiudicio,*[3] idest sine praecedenti iudicio. Ergo haec tria non magis debent associari iuramento quam aliis humanis actibus.

SED CONTRA est quod dicitur Ierem. 4, [2]: *Iurabis,* 《*Vivit Dominus*》*, in veritate, in iudicio et in iustitia*[4]: quod exponens Hieronymus[5] dicit: *Animadvertendum est quod iusiurandum hos habet comites, scilicet veritatem, iudicium et iustitiam.*

RESPONDEO dicendum quod, sicut supra[6] dictum est, iuramentum non est bonum nisi ei qui bene utitur iuramento. Ad bonum autem usum iuramenti duo requiruntur. Primo quidem, quod aliquis non leviter, sed ex necessaria causa et discrete iuret. Et quantum ad

---

3. Vulgata: "···ut haec custodias sine praeiudicio, nihil faciens in alteram partem declinando."
4. Vulgata: "Et iurabis: vivit Dominus in veritate et in iudicio et in iustitia."

하게 헤아려진다.

2. 맹세에는 많은 다른 것들이 요구된다. 즉 신심과 믿음이 [요구되는데], 우리는 이것들을 통해 하느님이 모든 것을 알고 계시며 거짓말을 할 수 없다고 믿는다. 그러므로 맹세의 세 동료는 불충분하게 헤아려진 것으로 보인다.

3. 이 세 가지는 모든 인간적인 일에서 추구되어야 한다. 왜냐하면 "편견 없이", 즉 사전 판단 없이 "아무것도 하지 마십시오."[3]라는 티모테오 1서 5장 [21절]에 따르면, 아무것도 정의와 진리를 거슬러서 또는 판단 없이 이루어져서는 안 되기 때문이다. 그러므로 이 세 가지는 다른 인간 행위들보다 더욱 맹세와 결합해서는 안 된다.

[재반론] 그러나 반대로 예레미야서 4장 [2절]은 다음과 같이 말한다: "너는 살아계신 주님을 두고 진리와 공정[심판]과 정의로 맹세하여라."[4] 히에로니무스는 설명하는 가운데 다음과 같이 말한다.[5] "그는 이 세 가지 동료, 즉 진리, 판단 그리고 정의를 통해 맹세해야 한다는 점에 주목해야 한다."

[답변] 이미 말했듯이,[6] 맹세는 그것을 잘 사용하는 사람에게만 좋다. 그러니 맹세를 잘 사용하려면 두 가지가 필요하다. 첫째, 사람은 가볍게 맹세하지 말고, 필요한 이유에 의해 그리고 신중하게 맹세해야 한다. 이와 관련하여, 판단이 필요하다. 즉 맹세하는 자의 편에서 신중함

---

5. *In Hieremiam.*, l.1, super 4,2: ML 24, 706B.
6. 앞 절.

hoc, requiritur iudicium, scilicet discretionis ex parte iurantis. — Secundo, quantum ad id quod per iuramentum confirmatur: ut scilicet neque sit falsum, neque sit aliquid illicitum. Et quantum ad hoc, requiritur veritas, per quam aliquis iuramento confirmat quod verum est; et iustitia, per quam confirmat quod licitum est.

Iudicio autem caret iuramentum *incautum;* veritate autem iuramentum *mendax;* iustitia autem iuramentum *iniquum sive illicitum*.[7]

AD PRIMUM ergo dicendum quod iudicium non sumitur hic pro executione iustitiae, sed pro iudicio discretionis, ut dictum est.[8] Neque etiam veritas hic accipitur secundum quod est pars iustitiae, sed secundum quod est quaedam conditio locutionis.

AD SECUNDUM dicendum quod et devotio et fides, et omnia huiusmodi quae exiguntur ad debitum modum iurandi, intelliguntur in iudicio. Alia enim duo pertinent ad rem de qua iuratur, ut dictum est.[9] Quamvis posset dici quod iustitia pertinet ad causam pro qua iuratur.

AD TERTIUM dicendum quod in iuramento est magnum periculum: tum propter Dei magnitudinem, cuius testimonium invocatur; tum etiam propter labilitatem linguae humanae, cuius verba iuramento confirmantur. Et ideo huiusmodi magis requiruntur ad iuramentum quam ad alios humanos actus.

이 필요하다. 둘째, 맹세에 의해 추인되는 것과 관련해서, 즉 [맹세하는 것의 내용은] 거짓도 아니고 부당한 것도 아니어야 한다. 이것과 관련해서 진리가 필요하다. 이 [진리]를 통해 누군가는 맹세와 함께 참된 것을 추인한다. 그리고 이 [정의]를 통해 합당한 것을 추인한다.

그러나 부주의한 맹세에는 판단이 부족하다. 반면, 거짓된 맹세에는 진리가 [부족하며], 불공정하거나 부정직한 맹세에는 정의가 [부족하다].[7]

[해답] 1. 여기서 판단은 정의의 집행을 위해서가 아니라, 앞서 말한 대로[8] 신중한 판단을 위해서 주어졌다. 여기서 진리는 정의의 한 부분으로 이해되는 것이 아니라 말의 일정한 조건으로 이해된다.

2. 신심과 믿음, 그리고 맹세의 합당한 방식을 위해 필요한 모든 것이 판단에 포함된다. 한편, 다른 두 가지는 앞서 말한 것처럼[9] 맹세의 대상에 속한다. 정의는 맹세하는 이유에 속한다고 말할 수도 있다.

3. 맹세에는 큰 위험이 있는데, 이는 증언을 간청하는 하느님의 위대하심 때문이다. 그리고 또한 맹세로 추인되는 인간적 언어의 나약함 때문이다. 그러므로 그와 같은 것들은 다른 인간 행위들보다 맹세에 더 필요하다.

---

7. Cf. q.98, a.1, ad1.
8. 본론.
9. Ibid.

Articulus 4
Utrum iurare sit actus religionis sive latriae

Ad quartum sic proceditur. Videtur quod iuramentum non sit actus religionis sive latriae.

1. Actus enim latriae sunt circa aliqua sacra et divina. Sed iuramenta adhibentur circa controversias humanas, ut Apostolus dicit, *ad Heb.* 6, [16]. Ergo iurare non est actus religionis seu latriae.

2. Praeterea, ad religionem pertinet *cultum Deo offerre*, ut Tullius dicit.[1] Sed ille qui iurat nihil Deo offert, sed Deum inducit in testem. Ergo iurare non est actus religionis.

3. Praeterea, finis religionis seu latriae est reverentiam Deo exhibere. Hoc autem non est finis iuramenti, sed potius aliquod verbum confirmare. Ergo iurare non est actus religionis.

SED CONTRA est quod dicitur *Deut.* 6, [13]: *Dominum Deum tuum timebis, et ipsi[2] soli servies, ac per nomen illius iurabis.* Loquitur autem ibi de servitute latriae. Ergo iurare est actus latriae.

RESPONDEO dicendum quod, sicut ex dictis[3] patet, ille qui iurat

---

1. *De invent. rhet.*, II, c.53: ed. G. Friedrich, Lipsiae, 1908, p.230, ll.21-22.

제4절 맹세하는 것은 종교 행위나 흠숭 행위인가

[반론] 넷째는 다음과 같이 진행된다. 맹세는 종교 행위나 흠숭 행위가 아닌 것으로 보인다.

1. 흠숭 행위들은 거룩하고 신적인 것들에 관한 것이다. 그러나 맹세들은 사도가 히브리서 6장 [16절]에서 말한 것처럼 인간적인 논쟁과 관련하여 사용된다. 그러므로 맹세하는 것은 종교 행위나 흠숭 [행위]가 아니다.

2. 키케로가 말한 것처럼,[1] 하느님께 예배를 봉헌하는 것은 종교에 속한다. 그러나 맹세하는 자는 하느님께 아무것도 봉헌하지 않고 오직 하느님을 증인으로 삼을 뿐이다. 그러므로 맹세하는 것은 종교 행위가 아니다.

3. 종교 또는 흠숭의 목적은 하느님을 경외하는 것이다. 그러나 맹세의 목적은 이것이 아니라 오히려 어떤 말을 추인하는 것이다. 그러므로 맹세는 종교 행위가 아니다.

[재반론] 신명기 6장 [13절]은 다음과 같이 말한다. "너는 주 너의 하느님을 경외하고 그분만을[2] 섬기며, 그분의 이름으로만 맹세해야 한다." 그런데 거기에서는 흠숭의 섬김에 대해 말한다. 그러므로 맹세는 흠숭 행위이다.

[답변] 그러나 반대로 위에서 말한 것에서 분명하듯이,[3] 맹세하는 사

---

2. Vulgata: 'illi'
3. a.1.

invocat divinum testimonium ad confirmandum ea quae dicit. Nihil autem confirmatur nisi per aliquid quod certius est et potius. Et ideo in hoc ipso quod homo per Deum iurat, profitetur Deum potiorem, utpote cuius veritas est indefectibilis et cognitio universalis: et sic aliquo modo Deo reverentiam exhibet. Unde et Apostolus dicit, *ad Heb.* 6, [16], quod *homines per maiores se iurant.*[4] Et Hieronymus dicit, *super Matth.*,[5] quod *qui iurat, aut veneratur aut diligit eum per quem iurat.* Philosophus etiam dicit, in I *Metaphys.*,[6] quod *iuramentum est honorabilissimum.* Exhibere autem reverentiam Deo pertinet ad religionem sive latriam. Unde manifestum est quod iuramentum est actus religionis sive latriae.

AD PRIMUM ergo dicendum quod in iuramento duo considerantur: scilicet testimonium quod inducitur, et hoc est divinum; et id super quo inducitur testimonium, vel quod facit necessitatem testimonium inducendi, et hoc est humanum. Pertinet ergo iuramentum ad religionem ratione primi, non autem ratione secundi.

AD SECUNDUM dicendum quod in hoc ipso quod aliquis assumit Deum in testem per modum iuramenti, profitetur eum maiorem: quod pertinet ad Dei reverentiam. Et sic aliquid offert Deo, scilicet reverentiam et honorem.

---

4. Vulgata: "Homines enim per maiorem sui iurant."
5. *In Matth.*, l.1, super 5,34: ML 26, 40A.

람은 자신이 말하는 것을 추인하기 위해 하느님의 증인을 부른다. 그런데 더 확실하고 더 중요한 것에 의하지 않으면 아무것도 추인되지 않는다. 그러므로 인간이 하느님을 두고 맹세한다는 것에서, 그는 하느님이 더 위대하시다는 것을 고백한다. 그분의 앎은 보편적이기 때문이다. 따라서 그는 어떤 식으로든 하느님께 경외심을 드러낸다. 그러므로 사도는 히브리서 6장 [16절]에서 다음과 같이 말한다. "사람들은 자기보다 높은 이를 두고 맹세합니다."[4] 그리고 히에로니무스는 『마태오복음 주해』에서[5] 다음과 같이 말한다. "맹세하는 사람은 그의 이름으로 맹세하는 사람을 공경하거나 사랑한다." 또한 철학자는 『형이상학』제1권에서[6] 다음과 같이 말한다. "맹세는 가장 명예로운 것이다." 그러나 하느님을 경외하는 것은 종교나 흠숭에 속한다. 그러므로 맹세는 종교 행위 또는 흠숭 행위임이 분명하다.

[해답] 1. 맹세에는 두 가지가 고려된다. 즉 첫째는 제시되는 증언으로, 이것은 신적이다. 그리고 둘째는 증언이 제기되는 것 또는 증언할 필요가 있는 것으로, 이것은 인간적이다. 그러므로 맹세는 두 번째 이유가 아니라 첫 번째 이유에서 종교에 속한다.

2. 맹세를 통해 하느님을 증인으로 삼는 사실에서 그분을 더욱 위대하신 분으로 고백하다 이는 하느님에 대힌 경외에 속한다. 그럼으로써 하느님께 어떤 것, 즉 경외와 명예를 봉헌한다.

3. 우리가 하는 모든 일은 하느님을 경외하는 마음으로 해야 한다.

---

6. c.3, 983b33-984a5; S. Thomas, lect.4, n.84.

AD TERTIUM dicendum quod omnia quae facimus debemus in Dei reverentiam facere. Et ideo nihil prohibet si in hoc ipso quod intendimus hominem certificare, Deo reverentiam exhibeamus.[7] Sic enim debemus aliquid in Dei reverentiam facere ut ex hoc utilitas proximis proveniat: quia etiam Deus operatur ad suam gloriam et nostram utilitatem.

Articulus 5
Utrum iuramentum sit appetendum et frequentandum, tanquam utile et bonum

Ad quintum sic proceditur. Videtur quod iuramentum sit appetendum et frequentandum, tanquam utile et bonum.

1. Sicut enim votum est actus latriae, ita et iuramentum. Sed facere aliquid ex voto est laudabilius et magis meritorium quia votum est actus latriae, ut supra[1] dictum est. Ergo, pari ratione, facere vel dicere aliquid cum iuramento est laudabilius. Et sic iuramentum est appetendum tanquam per se bonum.

2. Praeterea, Hieronymus dicit, *super Matth.*,[2] quod *qui iurat, veneratur aut diligit eum per quem iurat.* Sed venerari aut diligere Deum est appetendum tanquam per se bonum. Ergo et iuramentum.

---

7. 다음 절의 제1답과 제2답 참조.

그러므로 우리가 사람을 확증하고자 하는 바로 이것에서 하느님을 경외하는 것을 막을 수 있는 것은 아무것도 없다.[7] 이처럼 우리는 하느님을 경외함으로써 여기서부터 이웃의 유익이 유래하게 해야 한다. 왜냐하면 하느님도 자신의 영광과 우리의 유익을 위하여 일하시기 때문이다.

제5절 맹세는 유익하고 좋은 만큼 욕구할 만하고 자주 실천되어야 하는가

Parall.: *In Sent.*, III, d.39, a.2, qc.1; *In Matth.*, c.5.

[반론] 다섯째는 다음과 같이 진행된다. 맹세는 유익하고 좋은 만큼 욕구할 만하고 자주 실천되어야 하는 것으로 보인다.

1. 서원이 흠숭의 행위인 것처럼, 맹세도 마찬가지다. 그러나 서원에 의해 무언가를 하는 것은 더 칭찬받을 만하고 더 공로가 된다. 왜냐하면 서원은 앞서 말한 것처럼[1] 흠숭의 행위이기 때문이다. 같은 이유로 맹세로 무언가를 행하거나 말하는 것은 더 칭찬받을 만하다. 그러므로 맹세는 그 자체로 선한 한에서 욕구할 만하다.

2. 히에로니무스는 『마태오복음 주해』에서[2] 다음과 같이 말한다. "맹세하는 자는 맹세 받는 자를 공경하거나 사랑한다." 그러나 하느님을 공경하거나 사랑하는 것은 그 자체로 선한 것인 한에서 욕구할 만

---

1. q.88, a.5.
2. *In Matth.*, ll, super 5,34: ML 26, 40A

3. Praeterea, iuramentum ordinatur ad confirmationem seu certificationem. Sed quod homo suum dictum confirmet, bonum est. Ergo iuramentum est appetendum tanquam bonum.

SED CONTRA est quod dicitur *Eccli.* 23, [11]: *Vir multum iurans replebitur*[3] *iniquitate.* Et Augustinus dicit, in libro *de Mendacio,*[4] quod praeceptum Domini de prohibitione iuramenti *ad hoc positum est ut, quantum in te est, non affectes, non, quasi pro bono, cum aliqua delectatione appetas iusiurandum.*

RESPONDEO dicendum quod id quod non quaeritur nisi ad subveniendum alicui defectui, non numeratur inter ea quae sunt per se appetenda, sed inter ea quae sunt necessaria: sicut patet de medicina, quae quaeritur ad subveniendum infirmitati. Iuramentum autem quaeritur ad subveniendum alicui defectui, quo scilicet unus homo alteri discredit. Et ideo iuramentum est habendum non inter ea quae sunt per se appetenda, sed inter ea quae sunt huic vitae necessaria: quibus indebite utitur quicumque eis utitur ultra terminos necessitatis. Unde Augustinus dicit, in libro *de Serm. Dom. in Monte*[5]: *Qui intelligit non in bonis,* idest per se appetendis, *sed in necessariis*

---

3. Vulgata: 'implebitur'
4. c.15, n.28: ML 40, 507.

하다. 그러므로 맹세도 그렇다.

3. 맹세는 추인이나 확인을 위해 질서 지어져 있다. 그러나 사람이 자신이 말한 것을 추인하는 것은 좋다. 그러므로 맹세는 선한 한에서 욕구할 만하다.

[재반론] 그러나 반대로 집회서 23장 [11절]은 다음과 같이 말한다. "맹세를 많이 하는 사람은 범죄로 가득 찬다."[3] 아우구스티누스는 『거짓말』에서[4] 다음과 같이 말한다. 즉 맹세하는 것을 금하는 주님의 계명은 "이 목적을 위해 세워졌다. 너에게 가능한 한에서, 마치 맹세가 선인 것처럼 맹세를 좋아하고 즐기며 추구하지 말아야 한다는 것이다."

[답변] 어떤 결핍을 돕기 위해서만 추구하는 것은 그 자체로 욕구할 만한 것들 가운데 헤아려지는 게 아니라, 질병을 돕기 위해 구하는 약에서 분명하듯이, 필요한 것 가운데 있다. 그런데 맹세는 어떤 결핍, 즉 한 사람이 다른 사람을 불신할 때 그를 돕기 위해 필요하다. 그러므로 맹세는 그 자체로 욕구할 만한 것들 사이에서가 아니라, 이 삶에 필요한 것들 사이에서 행해져야 한다. 필요의 한계를 넘어서 [그것들을] 사용하는 사람들은 이를 부당하게 사용하는 것이다. 그래서 아우구스티누스는 『주님의 산상 설교』에서[5] 다음과 같이 말한다. "맹세를 그 자체로 욕구할 만한 것인 선들이 아니라 필요한 것들에 속하는 것으로 이해하는 사람은 할 수 있는 한 최대한 자제하여, 필요에 의해 강제되지 않는 한, 그것들을 사용하지 않는다."

---

5. I, c.17, n.51: ML 34, 1255.

iurationem habendam, refrenat se quantum potest, ut non ea utatur nisi necessitas cogat.

AD PRIMUM ergo dicendum quod alia ratio est de voto, et de iuramento. Nam per votum aliquid in Dei reverentiam ordinamus: unde ex hoc ipso fit religionis actus. Sed in iuramento e converso reverentia divini nominis assumitur ad promissi confirmationem. Et ideo illud quod iuramento confirmatur non propter hoc fit religionis actus: quia secundum finem morales actus species sortiuntur.[6]

AD SECUNDUM dicendum quod ille qui iurat utitur quidem veneratione aut dilectione eius per quem iurat: non autem ordinat iuramentum ad venerandum aut diligendum eum per quem iurat, sed ad aliquid aliud quod est necessarium praesenti vitae.

AD TERTIUM dicendum quod sicut medicina est utilis ad sanandum, et tamen quanto est virtuosior, tanto maius nocumentum inducit si non debite sumatur; ita etiam iuramentum utile quidem est ad confirmationem, tamen quanto est magis venerandum, tanto est magis periculosum nisi debite inducatur. Quia, ut dicitur *Eccli.* 23, [13-14], *si frustraverit,* idest deceperit fratrem, *delictum illius supra ipsum erit; et si dissimulaverit,* quasi per simulationem iurando falsum, *delinquit dupliciter* (quia scilicet *simulata aequitas est duplex iniquitas*[7]); *et si in vanum iuraverit,* idest sine debita causa et necessitate, *non iustificabitur.*

[해답] 1. 서원과 맹세는 경우가 다르다. 우리는 서원을 통해 어떤 것을 하느님에 대한 경외로 질서 짓는다. 그러한 이유로 이것은 종교 행위이다. 그러나 반대로 맹세에서는 신적인 이름에 대한 경외심이 약속을 추인하기 위하여 사용된다. 그러므로 맹세에 의해 추인되는 것이 종교 행위가 되는 것은 아니다. 왜냐하면 도덕적 행위들은 목적에 따라 종(種)으로 나뉘기 때문이다.[6]

2. 맹세하는 사람은 맹세 받는 사람의 공경이나 사랑을 이용하지만, 맹세 받는 사람을 공경하고 사랑하기 위해서가 아니라 현재 삶에 필요한 다른 것을 위해 맹세를 질서 짓는다.

3. 약은 치료에 유용하지만, 그러나 그것이 더욱 강할수록, 그것이 적절하게 취해지지 않으면 더욱 해롭다. 마찬가지로 맹세는 추인을 위해 유용하지만, 그것이 존중되어야 할수록, 그것이 마땅히 도입되지 않으면 더욱 위험하다. 집회서 23장 [13-14절]은 "만일 속이면", 즉 형제를 속이면 "그의 죄가 자기 자신에게 돌아올 것이다. 그리고 그가 거짓으로 맹세하는 가운데 위장해서 속이면, 그는 이중으로 죄를 범하는 것이다(왜냐하면 거짓 공평은 두 가지 불법이기 때문이다[7])."라고 말하므로, "만일 그가 헛되이 맹세하면", 즉 마땅한 이유와 필요 없이 [맹세하면], 정당화될 수 없다.

---

6. Cf. I-II, q.18, a.4.
7. Cf. Augustinus, *Enarr. in Ps.* 63, n.11: ML 36, 765.

Articulus 6
Utrum liceat per creaturas iurare

Ad sextum sic proceditur. Videtur quod non liceat per creaturas iurare.

1. Dicitur enim Matth. 5, [34 sqq.]: *Ego dico vobis, non iurare omnino:neque per caelum, neque per terram, neque per Ierosolymam, neque per caput tuum:* quod exponens Hieronymus[1] dicit: *Considera quod hic Salvator non per Deum iurare prohibuerit, sed per caelum et terram,* etc.

2. Praeterea, poena non debetur nisi culpae. Sed iuranti per creaturas adhibetur poena: dicitur enim XXII, qu. 1[2]: *Clericum per creaturam iurantem acerrime obiurgandum: si perstiterit in vitio, excommunicandum placuit.* Ergo illicitum est per creaturas iurare.

3. Praeterea, iuramentum est actus latriae, sicut dictum est.[3] Sed cultus latriae non debetur alicui creaturae, ut patet *Rom.* 1, [23 sqq.]. Ergo non licet iurare per aliquam creaturam.

---

1. *In Matth.*, l.1, super 5,34: ML 26, 40A.
2. Gratianus, *Decretum*, p.2, causa 22, q.1, can.9: ed. Richter-Friedberg, t.1, p.863.
3. a.4.

제6절 피조물들을 통해 맹세하는 것이 합당한가

Parall.: *In Sent.*, III, d.39, a.1, Expos. litt.; *De dec. praecept.*, cap. *de sec. praecept.*; *In Matth.*, c.5; *In Ep. ad Heb.*, c.6, lect.4.

[반론] 여섯째는 다음과 같이 진행된다. 피조물들을 통해 맹세하는 것은 합당하지 않은 것으로 보인다.

1. 마태오복음서 5장 [34절 이하]은 다음과 같이 말한다. "나는 너희에게 말한다. 아예 맹세하지 마라. 하늘을 두고도 맹세하지 마라. 땅을 두고도 맹세하지 마라. 예루살렘을 두고도 맹세하지 마라. 네 머리를 두고도 맹세하지 마라." 히에로니무스는[1] 다음과 같이 말한다. "이 구원자께서는 하느님을 두고 맹세하는 것을 금하신 것이 아니라 하늘과 땅과 그 밖의 것들을 두고 맹세하는 것을 금하셨다."

2. 죄과(culpa)가 아니라면 벌이 [부과되어서는] 안 된다. 그러나 『교령』 제22장 제1문에서[2] 말하는 바와 같이, 피조물들을 통해 맹세하는 이들에게는 벌이 부과된다. "피조물들을 통해 맹세한 성직자는 심각하게 책망 받아야 한다고 결정한다. 그리고 만일 그가 자신의 악습 가운데 고집한다면, 그는 파문될 것이다." 그러므로 피조물들을 통해 맹세하는 것은 부당하다.

3. 앞서 말한 바와 같이,[3] 맹세는 흠숭의 행위이다. 그런데 로마서 1장 [23절 이하]에서 분명하듯이, 흠숭의 경배는 어떤 피조물에게도 마땅한 것이 아니다. 그러므로 어떤 피조물을 두고도 맹세하는 것은 부당하다.

SED CONTRA est quod Ioseph iuravit *per salutem Pharaonis*, ut legitur *Gen.* 42, [vv. 15-16]. Ex consuetudine etiam iuratur per Evangelium, et per reliquias, et per sanctos.

RESPONDEO dicendum quod, sicut supra[4] dictum est, duplex est iuramentum. Unum quidem quod fit per simplicem contestationem: inquantum scilicet Dei testimonium invocatur. Et hoc iuramentum innititur divinae veritati, sicut et fides. Fides autem est per se quidem et principaliter de Deo, qui est ipsa veritas; secundario autem de creaturis, in quibus veritas Dei relucet, ut supra[5] habitum est. Et similiter iuramentum principaliter refertur ad ipsum Deum, cuius testimonium invocatur: secundario autem assumuntur ad iuramentum aliquae creaturae non secundum se, sed inquantum in eis divina veritas manifestatur; sicut iuramus per Evangelium, idest per Deum, cuius veritas in Evangelio manifestatur; et per sanctos, qui hanc veritatem crediderunt et observaverunt.

Alius autem modus iurandi est per execrationem. Et in hoc iuramento inducitur creatura aliqua ut in qua divinum iudicium exerceatur. Et sic solet homo iurare per caput suum, vel per filium suum, aut per aliquam aliam rem quam diligit. Sicut et Apostolus iuravit, II *ad Cor.* 1, [7], dicens: *Ego testem Deum invoco in animam meam.*

Quod autem Ioseph per salutem Pharaonis iuravit, utroque modo

---

4. q.1, ad3.

[재반론] 그러나 반대로 창세기 42장 [15절 이하]에서 분명하게 드러나듯이, 요셉은 파라오의 구원을 두고 맹세했다. 또한 관습에 의해 복음과 유해 그리고 성인들을 두고 맹세한다.

[답변] 앞서 말했듯이,[4] 맹세에는 두 가지가 있다. 하나는 하느님의 증언이 불리는 한에서 단순한 진술을 통해 이루어진다. 그리고 이 맹세는 믿음과 마찬가지로 신적 진리에 근거하고 있다. 그러나 믿음은 그 자체로 그리고 우선적으로 진리 자체이신 하느님에 관한 것이다. 반면, 앞서 말했듯이[5] 이차적으로 하느님의 진리가 빛을 발하는 피조물들을 대상으로 한다. 마찬가지로, 맹세는 우선적으로 하느님 자신과 연관되며 그분의 증언을 부른다. 그리고 이차적으로는 어떤 피조물들 안에서, 그 피조물들 자체 때문이 아니라 신적 진리가 드러나는 한에서 그 피조물들을 맹세를 위하여 취한다. 마찬가지로 우리는 복음을 통해, 즉 하느님을 통해 맹세한다. 그분의 진리는 복음에서 드러난다. 그리고 우리는 성인들을 통해 [맹세한다]. 그분들은 이 진리를 믿었고 준수했다.

맹세의 또 다른 방법은 저주(execratio)이다. 그리고 이 맹세에는 신적 심판이 집행되도록 어떤 피조물이 도입된다. 그러므로 인간은 흔히 자신의 머리나 아들이니 자신이 사랑하는 다른 어떤 것을 통해 맹세한다. 마찬가지로 사도는 코린토 2서 1장 [23절]에서 다음과 같이 말하며 맹세한다. "저는 제 영혼 안에서 목숨을 걸고 하느님을 증인으로 부릅니다."

---

5. q.1, a.1.

potest intelligi: vel per modum execrationis, quasi salutem Pharaonis obligaverit Deo; vel per modum contestationis, quasi contestando veritatem divinae iustitiae, ad cuius executionem principes terrae constituuntur.

AD PRIMUM ergo dicendum quod Dominus prohibuit iurare per creaturas ita quod eis adhibeatur reverentia divina. Unde Hieronymus ibidem subdit[6] quod *Iudaei, per angelos,* et cetera huiusmodi, *iurantes, creaturas venerabantur Dei honore.* Et eadem ratione punitur secundum canones[7] clericus per creaturam iurans, quod ad blasphemiam infidelitatis pertinet. Unde in sequenti capitulo dicitur[8]: *Si quis per capillum Dei vel caput iuraverit, vel alio modo blasphemia contra Deum usus fuerit, si in ecclesiastico ordine est, deponatur.*

Et per hoc patet responsio AD SECUNDUM.

AD TERTIUM dicendum quod cultus latriae adhibetur ei cuius testimonium iurando invocatur. Et ideo praecipitur *Exod.* 23, [13]: *Per nomen externorum deorum non iurabitis.* Non autem exhibetur cultus latriae creaturis quae in iuramento assumuntur secundum modos praedictos.[9]

---

6. loc. cit. in a.
7. Cf. a.2.
8. Gratianus, loc. cit., can.10: ed. cit., loc. cit.

그런데 요셉이 파라오의 구원을 두고 맹세했다는 것은 두 가지 방식으로 이해될 수 있다. 즉 저주의 방식을 통해, 마치 하느님에게 파라오의 구원을 내건 것처럼 [이해되며], 또는 탄원의 방식으로, 마치 신적 정의의 진리를 탄원하는 것처럼 [이해된다]. 그것의 실행은 지상의 군주들에게 있다.

[해답] 1. 주님께서는 피조물들에게 신적 경외심을 드러내기 위해 그것들을 통해 맹세하는 것을 금지하셨다. 히에로니무스는 같은 곳에서 다음과 같이 첨가했다.[6] "유다인들은 천사들을 비롯해 그와 같은 것들을 통해 맹세하는 가운데 하느님께 드려야 할 명예로 그들을 공경했다."

그리고 같은 이유로, 규범들에 따르면[7] 피조물을 통해 맹세하는 성직자는 불충실함의 독성(blasphemia)에 속하는 같은 이유로 인해 처벌된다. 그러므로 다음 장에서 다음과 같이 말한다.[8] "어떤 사람이 하느님의 머리카락이나 머리로 맹세하거나 다른 방식으로 하느님을 거슬러 독성하면, 만일 그가 품계 안에 있다면 반드시 사직되어야 한다."

2. 이로써 두 번째 [반론]에 대한 답은 명확해졌다.

3. 흠숭의 경배는 그의 증언이 맹세하는 가운데 호출되는 자를 위해 드려진다. 그러므로 탈출기 23장 [13절]에서는 다음과 같이 규정한다. "너는 낯선 신들의 이름으로 맹세해서는 안 된다." 그러나 위에서 언급한 방식들에 따라[9] 취해지는 맹세에서는 피조물들에게 흠숭의 경배는 드려지지 않는다.

---

9. 본론.

Articulus 7
Utrum iuramentum habeat vim obligandi

Ad septimum sic proceditur. Videtur quod iuramentum non habeat vim obligandi.

1. Inducitur enim iuramentum ad confirmandum veritatem eius quod dicitur. Sed quando aliquis dicit aliquid de futuro, verum dicit etiam si non eveniat quod dicit: sicut Paulus, quamvis non iverit Corinthum, sicut dixerat,[1] non tamen est mentitus, ut patet II *ad Cor.* 1, [15 sqq.]. Ergo videtur quod iuramentum non sit obligatorium.

2. Praeterea, virtus non est virtuti contraria, ut dicitur in *Praedicamentis*.[2] Sed iuramentum est actus virtutis, ut dictum est.[3] Quandoque autem esset contra virtutem, aut in aliquod eius impedimentum, si quis servaret id quod iuravit: sicut cum aliquis iurat se facere aliquod peccatum, vel cum iurat desistere ab aliquo opere virtutis. Ergo iuramentum non semper est obligatorium.

3. Praeterea, quandoque aliquis invitus compellitur ad hoc quod sub iuramento aliquid promittat. Sed *tales a iuramenti nexibus sunt per Romanos Pontifices absoluti:* ut habetur[4] extra, *de Iureiurando,* cap. *Verum in ea quaestione* etc. Ergo iuramentum non semper est obligatorium.

제7절 맹세는 구속력을 갖는가

Parall.: *In Sent.*, III, d.39, a.3, qc.1-2; *Quodlibet.*, III, q.5, aa.2 & 4; V, q.13, a.2; XIII, q.14, a.2]

[반론] 일곱째는 다음과 같이 진행된다. 맹세는 구속력을 갖지 않는 것으로 보인다.

1. 맹세는 언급되는 것의 진리를 추인하기 위해 도입된다. 그런데 누군가가 미래에 대해 무언가를 말할 때, 비록 그가 말하는 것이 일어나지 않더라도 진리를 말하는 것이다. 마찬가지로, 코린토 2서 1장 [15절 이하]에서 분명히 드러나듯이,[1] 비록 바오로가 말했던 것처럼 코린토에 가지 않았다고 해도, 그가 거짓말을 한 것은 아니다. 그러므로 맹세는 구속적이지 않은 것으로 보인다.

2. 『범주론』에서 언급된 것처럼[2] 덕은 덕에 반대되지 않는다. 이미 말했듯이[3] 맹세는 덕의 행위이다. 하지만 누군가가 어떤 죄를 범하기로 맹세하거나 어떤 덕의 행위를 중단하는 것에 대해 맹세할 때, 그 맹세를 지키는 것은 때때로 덕에 반대되거나 장애가 될 수 있다. 그러므로 맹세가 언제나 의무적인 것은 아니다.

3. 때때로 누군가는 맹세 아래 무언가를 약속하도록 강제된다. 그러나 그밖에도 『맹세에 대하여』의 "그 문제 등에서 [드러나는] 진리"라는 장(章)에서는 다음과 같이 말한다.[4] "이들은 교황에 의해 맹세의 의무

---

1. 1코린 16,5.
2. c.10, 13a37-b5.
3. a.4.
4. *Decretal. Greg. IX*, II, tit.24, c.15: ed. Richter-Friedberg, t.2, p.364.

4. Praeterea, nullus potest obligari ad duo opposita. Sed quandoque oppositum est quod intendit iurans, et quod intendit ille cui iuramentum praestatur. Ergo iuramentum non potest semper esse obligatorium.

SED CONTRA est quod dicitur Matth. 5, [33]: *Reddes Domino iuramenta tua.*

RESPONDEO dicendum quod obligatio refertur ad aliquid quod est faciendum vel dimittendum. Unde non videtur respicere iuramentum assertorium, quod est de praesenti vel de praeterito; neque etiam iuramentum de his quae sunt per alias causas fienda, sicut si quis iuramento assereret quod cras pluvia esset futura; sed solum in his quae sunt fienda per illum qui iurat.[5] Sicut autem iuramentum assertorium, quod est de praeterito vel de praesenti, debet habere veritatem, ita etiam et iuramentum de his quae sunt fienda a nobis in futurum. Et ideo utrumque iuramentum habet quandam obligationem: diversimode tamen. Quia in iuramento quod est de praeterito vel praesenti, obligatio est non respectu rei quae iam fuit vel est, sed respectu ipsius actus iurandi: ut scilicet iuret id quod iam verum est vel fuit.[6] Sed in iuramento quod praestatur de his quae sunt fienda a nobis, obligatio cadit e converso super rem quam aliquis iuramento

---

5. 그러므로 약속하는 맹세와 관련된다: a.1.

에서 해방된다." 그러므로 맹세가 항상 의무적인 것은 아니다.

4. 아무도 반대되는 두 개에 의무를 가질 수는 없다. 그러나 때때로 맹세하는 사람의 의도는 맹세를 받는 사람의 의도와 반대된다. 따라서 맹세가 항상 의무적일 수는 없다.

[재반론] 그러나 반대로 마태오복음서 5장 [33절]은 다음과 같이 말한다. "너의 주님께 맹세들을 돌려드려라."

[답변] 의무는 행하거나 포기하는 것과 관련된다. 그러므로 현재 또는 과거에 관한 단언적 맹세와는 상관이 없고, 다른 이유들에 의하여 이루어지는 맹세, 예컨대 내일 비가 오리라고 맹세하는 것과도 상관이 없으며, 오직 맹세하는 사람에 의하여 행해져야 하는 것에 관한 맹세에만 관련된다.⁵ 그러나 과거나 현재에 관한 단언적 맹세가 진리를 가져야 하듯이, 우리가 미래에 해야 하는 것에 대한 맹세도 진리를 [가져야 한다]. 따라서 두 가지 맹세는, 비록 다른 방식이긴 하지만, 어떤 의무를 갖는다. 과거나 현재에 대한 맹세에서 의무는 이미 있었든지 또는 있는 어떤 것에 대한 것이 아니라, 맹세하는 행위 자체, 즉 이미 참되거나 참되었던 것에 대해 맹세해야 한다는 것과 관련된다.⁶ 그러나 우리가 해야 하는 것들에 관해 보장된 맹세에서 의무는 누군가 맹세와 함께 추인한 것에 해당되고 돌아간다. 사실, 인간은 자신이 맹세한 것을 참된 것이 되게 해야 한다. 그렇지 않으면 맹세에는 진리가 결여되기 때문이다.

---

6. Cf. a.3.

firmavit. Tenetur enim aliquis ut faciat verum esse id quod iuravit: alioquin deest veritas iuramento.

Si autem est talis res quae in eius potestate non fuit, deest iuramento discretionis iudicium[7]: nisi forte quod erat ei possibile quando iuravit, ei reddatur impossibile per aliquem eventum; puta cum aliquis iuravit se pecuniam soluturum, quae ei postmodum vi vel furto subtrahitur. Tunc enim videtur excusatus esse a faciendo quod iuravit, licet teneatur facere quod in se est: sicut etiam supra[8] circa obligationem voti diximus.

Si vero sit quidem possibile fieri, sed fieri non debeat, vel quia est per se malum, vel quia est boni impeditivum, tunc iuramento deest iustitia. Et ideo iuramentum non est servandum[9] in eo casu quo est peccatum vel boni impeditivum: secundum enim utrumque horum *vergit in deteriorem exitum.*[10]

Sic ergo dicendum est quod quicumque iurat aliquid se facturum, obligatur ad id faciendum, ad hoc quod veritas impleatur: si tamen alii duo comites adsint, scilicet iudicium et iustitia.

AD PRIMUM ergo dicendum quod aliud est de simplici verbo: aliud de iuramento, in quo divinum testimonium imploratur. Sufficit enim ad veritatem verbi quod aliquis dicat id quod proponit se facturum: quia hoc iam verum est in sua causa, scilicet in proposito

---

7. Cf. a.3.
8. q.88, a.3, ad2.

그러나 그의 권한에 있지 않은 것이 있다면, 그 맹세에는, 그가 맹세했을 때 가능했던 것이 어떤 사건에 의해 불가능하게 된 경우가 아닌 한, 예컨대 누군가가 돈을 지불하겠다고 맹세한 다음, [그 돈을] 강제로 또는 도둑질로 인해 빼앗기는 경우를 제외하고, 신중한 판단이 결여되어 있다.[7] 사실 서원의 의무에 대해 위에서 말한 것처럼,[8] 자신 안에 있는 것을 해야 함에도 불구하고, 그는 자신이 할 수 있는 것을 해야 하기는 하지만, 자신이 맹세한 것을 하는 것에서 면제되는 것처럼 보인다.

그러나 만일 그것을 할 수 있다고 해도, 그것은 그 자체로 나쁘기 때문에, 또는 악에 장애가 되기 때문에 그것을 하지 말아야 하는 경우, 그 맹세에는 정의가 결여되어 있다. 그러므로 두 경우 모두 더 나쁜 결과에 이르는 데 따라,[9] 맹세는 죄 또는 선에 장애일 경우 준수되지 못한다.[10]

그러므로 어떤 일을 하겠다고 맹세하는 사람은 진리가 이루어지도록 그 일을 해야 할 의무가 있다. 하지만 다른 두 동료, 즉 판단과 정의가 있어야 한다.

[해답] 1. 단순한 말과 신적 증언을 간청하는 맹세는 다르다. 사람이 하고자 하는 일을 말하는 것만으로도 그 말의 진리를 위해서는 충분하다. 이것만으로 이미 그의 원인에 있어서, 즉 행하는 자의 의도에 있어서 참되기 때문이다. 그러나 맹세는 누군가 확고하게 확신할 수 있는

---

9. Cf. Beda, *Homil.*, l.2, hom.20, in Decollat. S. Ioan. B.: ML 94, 239D.
10. Cf. a.3.

facientis. Sed iuramentum adhiberi non debet nisi in re de qua aliquis firmiter certus est. Et ideo si iuramentum adhibeatur, propter reverentiam divini testimonii quod invocatur, obligatur homo ut faciat esse verum id quod iuravit, secundum suam possibilitatem: nisi in deteriorem exitum vergat, ut dictum est.[11]

AD SECUNDUM dicendum quod iuramentum potest vergere in deteriorem exitum dupliciter. Uno modo, quia ab ipso principio habet peiorem exitum. Vel quia est secundum se malum: sicut cum aliquis iurat se adulterium patraturum. Sive quia est maioris boni impeditivum: puta cum aliquis iurat se non intraturum religionem, vel quod non fiet clericus, aut quod non accipiet praelationem in casu in quo expedit eum accipere, vel si quid aliud est huiusmodi. Huiusmodi enim iuramentum a principio est illicitum: differenter tamen. Quia si quis iuret se facturum aliquod peccatum, et peccat iurando, et peccat iuramentum servando. Si quis autem iurat se non facturum aliquod melius bonum, quod tamen facere non tenetur, peccat quidem iurando, inquantum ponit obicem Spiritui Sancto, qui est boni propositi inspirator: non tamen peccat iuramentum servando, sed multo melius facit si non servet.

Alio modo vergit in deteriorem exitum propter aliquid quod de novo emerserat, quod fuit impraemeditatum: sicut patet in iuramento Herodis, qui iuravit puellae saltanti se daturum quod petisset.[12]

---

11. 본론.
12. 마태 14,7.

사안을 제외하고는 사용되어서는 안 된다. 그러므로 만일 간구된 신적 증언에 대한 경외심 때문에 맹세한다면, 앞서 말한 것처럼, 더 나쁜 결과를 가져오지 않는 한, 인간은 자신의 능력에 따라 맹세한 것을 참되게 할 의무가 있다.[11]

2. 맹세는 두 가지 방법으로 더 나쁜 결과를 초래할 수 있다. 첫째, 처음부터 더 나쁜 결과가 있기 때문이다. 마치 누군가 간통(adulterium)을 하겠다고 맹세하는 것처럼, 그것이 그 자체로 악하기 때문이다. 또는 그것이 더 큰 선을 막는 장애물이기 때문이거나, 예컨대 누군가 종교[수도생활]에 입문하지 않겠다고 맹세하거나, 성직자가 되지 않겠다고 맹세하거나, 또는 그것을 받는 것이 합당한 경우에 고위의 성직을 받지 않겠다고 맹세하거나, 또는 그것과 비슷한 다른 것이 있을 경우에 그렇다. 사실, 이와 같은 맹세는 처음부터 불법이고, 다른 식으로도 불법이지만, 경우에 따라 차이가 있다. 만일 어떤 사람이 어떤 죄를 범하기로 맹세하면 그는 맹세하는 가운데 죄를 짓고 그 맹세를 지키는 가운데 죄를 짓는다. 그러나 만일 어떤 사람이 더 좋은 일을 하지 않겠다고 맹세하지만, 그가 그렇게 할 의무가 없다고 해도, 그는 선한 지향에 대한 영감을 불어넣는 분(inspirator)인 성령께 방해가 되기 때문에 맹세함으로써 죄를 짓는 것이다. 그가 맹세를 지킬 때 죄를 짓지 않으며, 맹세를 지키지 않으면 훨씬 더 잘한다.

다른 방식으로, 헤로데의 맹세에 의해 분명히 드러나듯이, [맹세는] 새롭게 출현한 것, 의도하지 않은 것 때문에 더 나쁜 결과로 이어진다. 헤로데는 춤추는 소녀에게 그녀가 요구하는 모든 것을 주겠다고 맹세했다.[12] 이 맹세는 처음부터 합당한 조건에 따라 이해된 합법적인 것일 수 있었다. 즉 그가 줄 수 있는 것을 청했더라면 합법적이었을 것이다.

Hoc enim iuramentum poterat esse a principio licitum, intellecta debita conditione, scilicet si peteret quod dare deceret: sed impletio iuramenti fuit illicita. Unde Ambrosius dicit, in I *de Officiis*[13]: *Est contra officium nonnunquam promissum solvere sacramentum: sicut Herodes, qui necem Ioannis praestavit ne promissum negaret.*

AD TERTIUM dicendum quod in iuramento quod quis coactus facit, duplex est obligatio. Una quidem qua obligatur homini cui aliquid promittit. Et talis obligatio tollitur per coactionem: quia ille qui vim intulit hoc meretur, ut ei promissum non servetur.

Alia autem est obligatio qua quis Deo obligatur ut impleat quod per nomen eius promisit. Et talis obligatio non tollitur in foro conscientiae, quia magis debet damnum temporale sustinere quam iuramentum violare. Potest tamen repetere in iudicio quod solvit, vel praelato denuntiare, non obstante si contrarium iuravit: quia tale iuramentum vergeret in deteriorem exitum, esset enim contra iustitiam publicam. — Romani autem Pontifices ab huiusmodi iuramentis homines absolverunt non quasi decernentes huiusmodi iuramenta non esse obligatoria, sed quasi huiusmodi obligationes ex iusta causa relaxantes.[14]

AD QUARTUM dicendum quod quando non est eadem iurantis intentio et eius cui iurat, si hoc provenit ex dolo iurantis, debet iuramentum servari secundum sanum intellectum eius cui iuramentum praestatur. Unde Isidorus dicit[15]: *Quacumque arte verborum quis*

---

13. c.50, n.254: ML 16, 101A.
14. Cf. q.98, a.3, obj.1 & ad1.

하지만 그 맹세의 이행은 불법이었다. 그래서 암브로시우스는 『성직자의 의무』 제1권에서[13] 다음과 같이 말한다. "약속을 부인하지 않기 위해 요한을 살해한 헤로데처럼, 약속된 성사를 이행하는 것은 종종 의무에 반한다."

3. 강제로 하는 맹세에는 두 종류의 의무가 있다. 하나는 어떤 것을 약속받는 사람에 대한 의무이다. 그리고 그러한 의무는 강제에 의하여 제거된다. 압력을 사용한 사람에게는, 그 약속이 준수되지 않는 것이 마땅하기 때문이다. 다른 한편으로는 하느님께 대한 의무가 있는데, 그분에 대하여 인간은 그분의 이름으로 약속한 것을 지킬 의무가 있다. 그리고 그러한 의무는 양심의 법정에서 폐지되지 않는다. 왜냐하면 맹세를 위반하는 것보다는 일시적인 손해를 겪는 것이 더 필요하기 때문이다. 그러나 그는 반대되는 것을 맹세했음에도 불구하고 자신이 [맹세에 따라] 주었던 것을 재판에서 되찾기를 요구하거나 고위 성직자에게 보고할 수도 있다. 왜냐하면 그러한 맹세가 공적인 정의에 반대되기 때문에 더 나쁜 결과로 이어질 수 있기 때문이다. 그러나 로마의 교황들은 사람들을 그러한 맹세에서 면제해주었는데, [이는] 마치 그러한 맹세들이 구속력이 없다고 결정하는 것처럼 [면제한 것이] 아니라, 정당한 이유로 인해 그러한 의무들을 경감하게 하는 것처럼 [면제한 것이다].[14]

4. 맹세하는 자의 의도가 맹세를 받는 자의 의도와 같지 않고, 만일 그것이 맹세하는 자의 속임수로 인한 것이면 맹세는 맹세를 받는 자의 건전한 이해에 따라 지켜야 한다. 그래서 이시도루스는 다음과 같이 말한다.[15] "사람이 맹세하는 말의 기술이 무엇이든지 간에, 양심의 증

---

15. Sentent., al. *de Summo Bono*, II, c.31, n.8: ML 83, 634A.

iuret, Deus tamen, qui conscientiae testis est, ita hoc accipit sicut ille cui iuratur intelligit. Et quod hoc intelligatur de doloso iuramento, patet per id quod subditur: Dupliciter reus fit qui et nomen Dei in vanum assumit, et proximum dolo capit.

Si autem iurans dolum non adhibeat, obligatur secundum intentionem iurantis. Unde Gregorius dicit, XXVI *Moral.*[16]: *Humanae aures talia verba nostra iudicant qualia foris sonant: divina vero iudicia talia foris audiunt qualia ex intimis proferuntur.*

Articulus 8
Utrum maior sit obligatio iuramenti quam voti

Ad octavum sic proceditur. Videtur quod maior sit obligatio iuramenti quam voti.

1. Votum enim est simplex promissio. Sed iuramentum supra promissionem adhibet divinum testimonium. Ergo maior est obligatio iuramenti quam voti.

2. Praeterea, debilius solet per fortius confirmari. Sed votum interdum confirmatur iuramento. Ergo iuramentum est fortius quam votum.

3. Praeterea, obligatio voti causatur ex animi deliberatione, ut supra[1] dictum est. Obligatio autem iuramenti causatur ex divina ver-

인이신 하느님은 맹세를 받는 사람이 이해하는 것으로 이것을 받아들인다." 그리고 이것이 거짓 맹세로 이해되어야 한다는 것은, 이어서 말하는 것으로부터 분명하다. "누구든지 하느님의 이름을 헛되이 취하고 자신의 이웃을 속임수로 사로잡는 사람은 이중적으로 범인이 된다."

그러나 만일 맹세하는 사람이 속임수를 쓰지 않으면, 맹세하는 사람의 의도에 따라야 한다. 그러므로 그레고리우스는 『욥기의 도덕적 해설』 제26권에서[16] 다음과 같이 말한다. "인간의 귀는 밖에서 들리는 대로 우리의 말들을 판단하지만, 신적인 판단들은 안에서 발음되는 대로 밖에서 듣는다."

제8절 맹세의 의무가 서원의 의무보다 더 큰가

[반론] 여덟째는 다음과 같이 진행된다. 맹세의 의무가 서원의 의무보다 더 큰 것으로 보인다.

1. 서원은 단순한 약속이다. 그러나 약속에 대한 맹세는 약속 외에도 신적 증언을 사용한다. 그러므로 맹세의 의무는 서원의 [의무보다] 더 크다.

2. 가장 약한 사람은 보통 가장 강한 사람에 의해 강화된다. 그러나 때때로 서원은 맹세로 추인된다. 그러므로 맹세는 서원보다 더 강하다.

3. 서원의 의무는, 이미 위에서 말한 것처럼,[1] 영혼의 심사숙고에 의

---

16. c.10, a.7, n.15: ML 76, 357A.

1. q.88, a.1.

itate, cuius testimonium invocatur. Cum ergo veritas Dei excedat deliberationem humanam, videtur quod obligatio iuramenti sit fortior quam obligatio voti.

SED CONTRA, per votum obligatur aliquis Deo: per iuramentum obligatur interdum homini. Magis autem obligatur homo Deo quam homini. Ergo maior est obligatio voti quam iuramenti.

RESPONDEO dicendum quod utraque obligatio, scilicet voti et iuramenti, causatur ex aliquo divino, aliter tamen et aliter. Nam obligatio voti causatur ex fidelitate quam Deo debemus, ut scilicet ei promissum solvamus.[2] Obligatio autem iuramenti causatur ex reverentia quam debemus ei, ex qua tenemur quod verificemus id quod per nomen eius promittimus.[3] Omnis autem infidelitas irreverentiam continet, sed non convertitur: videtur enim infidelitas subiecti ad dominum esse maxima irreverentia. Et ideo votum ex ratione sua magis est obligatorium quam iuramentum.

AD PRIMUM ergo dicendum quod votum est promissio non quaecumque, sed Deo facta, cui infidelem esse gravissimum est.

---

2. Cf. q.88, a.3.

해 야기된다. 그러나 맹세의 의무는 신적 진성(眞性)에 의해 야기되며, 그 증언은 불리운다. 그러므로 하느님의 진성이 인간의 심사숙고보다 우위에 있기 때문에, 맹세의 의무가 서원의 의무보다 더 강한 것처럼 보인다.

[재반론] 그러나 반대로 누군가는 서원으로는 하느님께 의무를 지게 되고, 맹세로는 사람에게 의무를 지게 된다. 그런데 사람은 사람보다 더 하느님에게 의무를 지닌다. 그러므로 서원의 의무는 맹세의 의무보다 더 크다.

[답변] 두 가지 의무, 즉 서원의 의무와 맹세의 의무는 어떤 신적인 것에 의해 야기되지만, 서로 다른 방식으로 [야기된다]. 사실, 서원의 의무는 우리가 하느님께 마땅히 드려야 하는 충실함, 즉 우리가 그분께 약속한 것을 이행하는 것에서 기인하기 때문이다.[2] 그런데 맹세의 의무는 우리가 그분에게 마땅히 드려야 하는 경외에 기인하며, 우리는 그 의무와 관련해서 그분의 이름으로 약속한 것을 참되게 해야 한다.[3] 그러나 모든 불신앙(infidelitas)에는 불경외(irreverentia)가 포함되어 있지만, 그 역은 아니다. 주인에 대한 수하의 불신앙이 가장 큰 불경외인 것처럼 보이기 때문이다. 그러므로 서원은 자신의 이유에서 맹세보다 더 의무적이다.

[해답] 1. 서원은 여하한 약속이 아니라 하느님께 한 [약속으로], 그분께 불충실한 것은 지극히 위중하다.

---

3. Cf. a.4.

AD SECUNDUM dicendum quod iuramentum non adhibetur voto quasi aliquid firmius: sed ut *per duas res immobiles*⁴ maior firmitas adhibeatur.

AD TERTIUM dicendum quod deliberatio animi dat firmitatem voto quantum ex parte voventis est. Habet tamen maiorem firmitatis causam ex parte Dei, cui votum offertur.

Articulus 9
Utrum aliquis possit dispensare in iuramento

Ad nonum sic proceditur. Videtur quod nullus possit dispensare in iuramento.

1. Sicut enim veritas requiritur ad iuramentum assertorium, quod est de praeterito vel praesenti, ita ad iuramentum promissorium, quod est de futuro. Sed nullus potest cum aliquo dispensare quod de praeteritis vel praesentibus iuret contra veritatem. Ergo etiam nullus potest dispensare quod non faciat aliquis esse verum id quod cum iuramento in futurum promisit.

2. Praeterea, iuramentum promissorium inducitur ad utilitatem eius cui fit promissio. Sed ille, ut videtur, non potest relaxare: quia est contra divinam reverentiam. Ergo multo minus per aliquem potest super hoc dispensari.

3. Praeterea, in voto quilibet episcopus potest dispensare, exceptis quibusdam votis quae soli Papae reservantur, ut supra¹ habitum est.

2. 맹세는 더 확고한 것으로서 서원에 더해지는 것이 아니라 두 가지 불변적인 것에서[4] 더 큰 확고함이 드러나기 때문이다.

3. 영혼의 심사숙고는 서원하는 사람 편에서만큼 서원에 확고함을 준다. 그러나 서원은 서원을 받는 하느님 편에서 더욱 확고한 원인을 갖는다.

제9절 누군가 맹세에서 면제할 수 있는가

[반론] 아홉째는 다음과 같이 진행된다. 아무도 맹세를 관면할 수 없는 것으로 보인다.

1. 과거나 현재에 대한 단언적인 맹세에 진리가 요구되는 것처럼, 미래에 대한 약속의 맹세에서도 마찬가지로 [진리가 필요하다]. 그러나 누구도 과거나 현재에 대한 진리에 반하여 맹세하는 사람을 면제할 수는 없다. 그러므로 누군가 맹세로 미래에 하겠다고 약속한 것이 참되게 하는 것을 아무도 면제할 수는 없다.

2. 약속의 맹세는 약속을 받은 자의 유익을 위해 도입된다. 그러나 보이는 바와 같이, 그것은 신적 경외에 반하기 때문에 완화할 수 없다. 따라서 이를 면제하는 것은 더욱 불가능하다.

3. 위에서 말한 바와 같이,[1] 오직 교황에게만 유보된 몇 가지 서원들을 제외하고, 모든 주교는 서원을 면제할 수 있다. 그리고 같은 이유로

---

4. 히브 6,18.

1. q.88, a.12, ad3.

Ergo, pari ratione, in iuramento, si esset dispensabile, quilibet episcopus posset dispensare. Quod tamen videtur esse contra iura.[2] Non ergo videtur quod in iuramento possit dispensari.

SED CONTRA est quod votum est maioris obligationis quam iuramentum, ut supra[3] dictum est. Sed in voto potest dispensari. Ergo in iuramento.

RESPONDEO dicendum quod, sicut supra[4] dictum est, necessitas dispensationis tam in lege quam in voto est propter hoc quod id quod in se, vel universaliter consideratum, est utile et honestum, secundum aliquem particularem eventum potest esse inhonestum et nocivum, quod non potest cadere nec sub lege nec sub voto. Quod autem aliquid sit inhonestum vel noxium, repugnat his quae debent attendi in iuramento: nam si sit inhonestum, repugnat iustitiae; si sit noxium, repugnat iudicio.[5] Et ideo, pari ratione, etiam in iuramento dispensari potest.

AD PRIMUM ergo dicendum quod dispensatio quae fit in iuramento non se extendit ad hoc quod aliquid contra iuramentum fiat: hoc enim est impossibile, cum observatio iuramenti cadat sub praecepto divino, quod est indispensabile.[6] Sed ad hoc se extendit

---

2. Cf. Gratianus, *Decretum*, p.2, causa 15, q.6, can.2: ed. Richter-Friedberg, t.1, p.755; *Decretal.*

만약 서원을 면제할 수 있다면, 어떤 주교라도 맹세를 면제할 수 있을 것이다. 그러나 이것은 법에 반대되는 것으로 보인다.[2] 그러므로 맹세에서 면제될 수 있는 것으로 보이지는 않는다.

[재반론] 그러나 반대로 위에서 말한 것처럼,[3] 서원은 맹세보다 더 큰 의무이다. 그런데 서원에서 면제될 수 있다. 그러므로 맹세에서도 그렇다.

[답변] 위에서 말한 것처럼,[4] 법에서나 서원에서나 면제가 필요한 이유는, 그 자체로서 또는 보편적으로 고려된 것은 유익하거나 명예스러운 것이 몇 가지 특수한 사건에 따라 불명예스럽고 해가 될 수 있고, 그것은 법이나 서원에 포함될 수 없기 때문이다. 그러나 어떤 것이 불명예스럽거나 해롭다는 것은 맹세에서 지켜져야 할 것과 반대되는 것이다. 왜냐하면 만일 불명예스럽다면 정의에 반대되는 것이고, 해롭다면 판단에 반대되는 것이기 때문이다.[5] 그러므로 같은 이유로 맹세에서도 면제될 수 있다.

[해답] 1. 맹세에서 이루어지는 면제가 맹세에 반하는 어떤 일을 하도록 하는 것까지 확대되지는 않는다. 이는 맹세를 준수하는 것이 면제될 수 없는 신적 계명에 속하는 것이기 때문에 불가능한 일이다.[6] 그

Greg. *IX*, II, tit.24, c.8: ed. cit., t.2, p.361.
3. 앞 절.
4. q.88, a.10.
5. Cf. a.3.
6. Cf. I-II, q.100, a.8.

dispensatio iuramenti ut id quod sub iuramento cadebat, sub iuramento non cadat, quasi non existens debita materia iuramenti: sicut et de voto supra[7] diximus. Materia autem iuramenti assertorii, quod est de praeterito vel praesenti, in quandam necessitatem iam transiit, et immutabilis facta est: et ideo dispensatio non referretur ad materiam, sed referretur ad ipsum actum iuramenti; unde talis dispensatio directe esset contra praeceptum divinum. Sed materia iuramenti promissorii est aliquid futurum, quod variari potest, ita scilicet quod in aliquo eventu potest esse illicitum vel nocivum, et per consequens non esse debita materia iuramenti. Et ideo dispensari potest in iuramento promissorio: quia talis dispensatio respicit materiam iuramenti, et non contrariatur praecepto divino de iuramenti observatione.

AD SECUNDUM dicendum quod homo potest alteri promittere aliquid sub iuramento dupliciter. Uno modo, quasi pertinens ad utilitatem ipsius: puta si sub iuramento promittat se serviturum ei, vel pecuniam daturum. Et a tali promissione potest absolvere ille cui promissio facta est: intelligitur enim iam ei solvisse promissum quando facit de eo secundum eius voluntatem.

Alio modo promittit aliquis alteri quod pertinet ad honorem Dei vel utilitatem aliorum: puta si aliquis iuramento promittat alicui se intraturum religionem, vel aliquod opus pietatis facturum. Et tunc ille cui promittitur non potest absolvere promittentem, quia promissio non est facta ei principaliter, sed Deo: nisi forte sit interposita conditio, scilicet, *si illi videbitur cui promittit,* vel aliquid aliud tale.

러나 맹세의 면제는 위에서 서원에 관해 말한 것처럼,[7] 맹세의 마땅한 내용이 없는 것처럼, 맹세 아래 있는 것이 더 이상 맹세 아래 있지 않은 것이 되게 하는 데까지 이른다. 그런데 과거 또는 현재의 어떤 것에 관한 단언적 맹세의 내용은 이미 어떤 필요성으로 이행하게 되었으며 불변하는 것이 되었다. 따라서 면제는 내용과 관련된 것이 아니라 맹세의 행위 자체와 관련된다. 그러므로 그러한 면제는 신적 계명에 직접 반대된다. 그러나 약속의 맹세의 내용은 변경될 수 있는 어떤 미래적인 것, 즉 어떤 경우에는 불법적이거나 해로울 수 있으며, 따라서 맹세의 마땅한 내용은 될 수 없는 것이다. 그러므로 약속의 맹세에서는 면제될 수 있는데, 왜냐하면 그러한 면제는 맹세의 내용에 관한 것이며 맹세의 준수에 관한 신적 계명에 반대되지 않기 때문이다.

2. 인간은 다른 사람에게 두 가지 방식으로 맹세를 걸고 약속할 수 있다. 한 가지 방식은, 자신의 이익에 속하는 것으로, 예컨대 그가 맹세 아래 다른 사람에게 봉사하거나 돈을 줄 것을 약속하는 것이 그렇다. 그리고 약속을 받은 사람은 그러한 약속에서 면제해줄 수 있다. 왜냐하면 그가 자신의 약속을 받은 사람의 의지에 따라 그에 대해 행할 때, 이미 그에게 그 약속을 갚았음을 알기 때문이다. 다른 방식은, 어떤 사람이 다른 사람에게 하느님의 명예나 다른 사람들의 유익에 속하는 것을 약속하는데, 예컨대 어떤 사람이 종교[수도생활]에 입문하거나 경건한 일을 하겠다고 어떤 사람에게 맹세로 약속하는 것이다. 따라서 약속을 받은 자는 약속한 자를 면제할 수 없는데, 이는 그 약속이 주로 그에게 한 것이 아니라 하느님께 한 것이기 때문이다. "약속을 받는 이에게 좋게 여겨진다면"이라는 조건이 붙어 있을 경우는 그렇지

---

7. q.88, a.10, ad2.

AD TERTIUM dicendum quod quandoque illud quod cadit sub iuramento promissorio est manifeste repugnans iustitiae: vel quia est peccatum, sicut cum aliquis iurat se facturum homicidium; vel quia est maioris boni impeditivum, sicut cum aliquis iurat se non intraturum religionem. Et tale iuramentum dispensatione non indiget: sed in primo casu tenetur aliquis tale iuramentum non servare; in secundo autem casu licitum est et servare et non servare, ut supra[8] dictum est.

Quandoque vero aliquid sub iuramento promittitur de quo dubium est utrum sit licitum vel illicitum, proficuum vel nocivum, aut simpliciter aut in aliquo casu. Et in hoc potest quilibet episcopus dispensare.

Quandoque vero sub iuramento promittitur aliquid quod est manifeste licitum et utile. Et in tali iuramento non videtur habere locum dispensatio: sed commutatio, si aliquid melius faciendum occurrat ad communem utilitatem, quod maxime videtur pertinere ad potestatem Papae, qui habet curam universalis Ecclesiae; vel etiam absoluta relaxatio, quod etiam ad Papam pertinet, in omnibus generaliter quae ad dispensationem rerum ecclesiasticarum pertinent, super quas habet plenitudinem potestatis: sicut et ad unumquemque pertinet irritare iuramentum quod a sibi subditis factum est circa ea quae eius potestati subduntur; sicut pater potest irritare iuramentum puellae et vir uxoris, ut dicitur *Num.* 30, [6 sqq.], sicut et supra[9] de voto dictum est.

않다.

3. 때때로 약속하는 맹세 아래 있는 것은 명백히 정의에 반대된다. 그것은 누군가 살인을 하겠다고 맹세할 때처럼 죄이거나, 누군가 종교[수도생활]에 입문하지 않겠다고 맹세할 때처럼 더 큰 선을 방해하는 것이기 때문이다. 그리고 그러한 맹세는 면제가 필요하지 않고, 첫 번째 경우에는 누군가 그러한 맹세를 유지하지 않을 의무가 있다. 그러나 두 번째 경우에는, 위에서 말한 것처럼,[8] 유지하는 것과 유지하지 않는 것이 모두 허용된다.

때로는 맹세 아래 어떤 것이 약속되는데, 단적으로 또는 개별적인 경우에 그것이 합법적인지 불법적인지, 유익한지 또는 해로운지 의심된다. 그리고 이 점에 있어서 어떤 주교라도 면제할 수 있다.

한편, 때로는 명백하게 합법적이고 유용한 어떤 것이 맹세 아래 약속되기도 한다. 그리고 그러한 맹세에서 교회에 대한 보편적인 돌봄을 갖는 교황의 권한에 속하는 것으로 최대한 보이는 공동의 유익을 위해 하는 더 나은 어떤 것이 일어난다면, 면제가 아니라 교환의 여지가 있는 것처럼 보인다. 또는 일반적으로 교회의 사안들에 대한 관면에 속하는 모든 것에 있어서 교황에게 속하는 절대적인 완화가 있다. 교황은 그런 사안들에 대해 권한의 충만함을 갖는다. 마찬가지로 민수기 30장 [6절 이하]에서 말한 것처럼, 그리고 위에서 서원에 관해 말한 것처럼,[9] 자신의 권한에 속한 것과 관련해서 자신의 수하들에 의해 이루어진 맹세를 무효화 하는 것은 각자에게 속한다. 마찬가지로 아버지는 소녀의 맹세를 무효화 하고, 남편은 아내의 맹세를 무효화 할 수 있다.

---

8. q.88, a.7, ad2.
9. q.88, a.8.

Articulus 10
Utrum iuramentum impediatur per aliquam conditionem personae vel temporis

Ad decimum sic proceditur. Videtur quod iuramentum non impediatur per aliquam conditionem personae vel temporis.

1. Iuramentum enim *ad confirmationem* inducitur: ut patet per Apostolum, *ad Heb.* 6, [16]. Sed cuilibet convenit confirmare dictum suum, et quolibet tempore. Ergo videtur quod iuramentum non impediatur propter aliquam conditionem personae vel temporis.

2. Praeterea, maius est iurare per Deum quam per Evangelia: unde Chrysostomus dicit[1]: *Si aliqua causa fuerit, modicum videtur facere qui iurat per Deum: qui autem iurat per Evangelium, maius aliquid fecisse videtur. Quibus dicendum est: Stulti, Scripturae propter Deum factae sunt, non Deus propter Scripturas.* Sed cuiuslibet conditionis personae, et quolibet tempore, in communi locutione consueverunt iurare per Deum. Ergo multo magis licitum est eis iurare per Evangelia.

3. Praeterea, idem non causatur ex contrariis causis: quia contrariae causae sunt contrariorum. Sed aliqui excluduntur a iuramento propter defectum personae: sicut pueri ante quatuordecim annos, et etiam illi qui semel fuerunt periuri. Non ergo videtur quod aliqui prohi-

---

1. *Opus imperf. in Matth.*, hom.44, super 23,16: MG 56, 883. (Inter opp. supp. Chrysost.)

제10절 맹세는 개인이나 시간의 어떤 조건에 의해 방해되는가

Parall.: *In Sent.*, III, d.39; expos. litt.; *In Ep. ad Heb.*, c.6, lect.4.

[반론] 열째는 다음과 같이 진행된다. 맹세는 개인이나 시간의 어떤 조건에 의해 방해되지 않는 것으로 보인다.

1. 히브리서 6장 [16절]에서 사도에 의해 분명히 드러나듯이, 맹세는 추인을 위해서 도입된다. 그러나 누구든 어떤 순간이든 자신의 말을 추인하는 것은 적절하다. 그러므로 맹세는 개인이나 시간의 어떤 조건에 의해 방해받지 않는 것으로 보인다.

2. 복음서들에 맹세하는 것보다 하느님을 두고 맹세하는 것이 더 중요하다. 그래서 크리소스토무스는 다음과 같이 말한다.[1] "만일 어떤 이유가 있다면, 하느님을 두고 맹세하는 사람은 조금만 하는 것처럼 보이지만, 복음서를 두고 맹세하는 사람은 더욱 큰 어떤 것을 하는 것처럼 보인다. 그들에게는 다음과 같이 말해야 한다: 어리석은 자들아, 성경은 하느님을 위해 만들어진 것이지, 하느님이 성경을 위해 계신 것은 아니다." 그러나 어떤 지위에 있는 사람이든, 어떤 시대에 있든, 공통된 말투로는 대개 하느님을 두고 맹세한다. 그러므로 그들에게는 복음서들을 두고 맹세하는 것이 훨씬 더 합당하다.

3. 같은 것은 반대의 원인에 의해서 발생하지 않는다. 왜냐하면 반대되는 원인들은 반대되는 것들의 [원인이기] 때문이다. 그러나 어떤 이들은 열네 살 이전의 아이들처럼, 그리고 또한 단 한 번 죽은 거짓맹세를 범한 이들처럼, 인격의 부족으로 인해 맹세에서 제외되었다. 그러므로 어떤 사람들은 성직자들처럼 자신의 품위에 의하여 맹세하는 것

beantur iurare vel propter dignitatem, sicut clerici; aut etiam propter temporis solemnitatem.

4. Praeterea, nullus homo vivens in hoc mundo est tantae dignitatis sicut angeli: dicitur enim Matth. 11, [11] quod *qui minor est in regno caelorum maior est illo*, scilicet Ioanne Baptista adhuc in mundo vivente. Sed Angelo convenit iurare: dicitur enim *Apoc.* 10, [6], quod *angelus iuravit per viventem in saecula saeculorum.* Ergo nullus homo propter dignitatem debet excusari a iuramento.

SED CONTRA est quod habetur II, qu. 5[2]: *Presbyter, vice iuramenti, per sanctam consecrationem interrogetur.* Et XXII, qu. 5,[3] dicitur: *Nullus ex ecclesiastico ordine cuiquam laico quidquam super sancta Evangelia iurare praesumat.*

RESPONDEO dicendum quod in iuramento duo sunt consideranda. Unum quidem ex parte Dei, cuius testimonium inducitur. Et quantum ad hoc, debetur iuramento maxima reverentia. Et propter hoc a iuramento excluduntur et pueri ante annos pubertatis,[4] qui non coguntur ad iurandum, quia nondum habent perfectum usum rationis, quo possint cum reverentia debita iuramentum praestare: et iterum periuri,[5] qui ad iuramentum non admittuntur, quia ex retro-

---

2. Gratianus, *Decretum*, p.2, causa 22, q.5, can.4: ed. Richter-Friedberg, t.1, p.455.
3. Gratianus, op. cit., p.2, causa 22, q.5, can.22: ed. cit., t.1, p.889.

이 금지되는 것으로 보이지 않으며, 심지어 시기(時期)의 장엄함을 두고 맹세하는 것도 [금지되는 것으로 보이지 않는다].

4. 이 세상에 사는 어떤 사람도 천사들만큼 많은 품위를 지니지 않는다. 왜냐하면 마태오복음서 11장 [11절]은 다음과 같이 말하기 때문이다. "하늘나라에서는 가장 작은이라도 그보다", 즉 아직 이 세상에서 살고 있는 세례자 요한보다 "더 크다." 그런데 천사는 맹세할 수 있다. 왜냐하면 요한묵시록 10장 [6절]에서 다음과 같이 말하기 때문이다. "천사는 영원히 살아계신 분을 두고 맹세했다." 그러므로 그 누구도 자신의 품위로 인해 맹세에서 면제되지 말아야 한다.

[재반론] 그러나 반대로 『교령』 제2권 제5문에서는[2] 다음과 같이 말한다. "사제는 맹세 대신에 거룩한 축성으로 질문 받을 것이다." 그리고 제22권 5문에서는[3] 다음과 같이 말한다. "성품의 그 누구도 감히 어떤 평신도에게 거룩한 복음서들을 두고 아무것도 맹세하지 않는다."

[답변] 맹세에는 고려해야 할 두 가지가 있다. 하나는 그분의 증언이 도입되는 하느님이다. 이와 관련해서는 지극한 경외심을 가져야 한다. 그리고 이로 인해 사춘기 이전에 맹세할 의무가 없는 아이들은 맹세에서 제외된다.[4] 그들은 마땅한 경외심을 지니고 맹세하기 위해 필요한 이성의 완전한 이용을 아직 갖지 못했기 때문이다. 그밖에 맹세가 허용되지 않는 이들은 한 번 거짓맹세를 한 이들이다.[5] 왜냐하면 그들은 후에 맹세에 마땅한 경외심을 드러내지 않을 것으로 추정되기 때문이

---

4. Cf. Gratianus, op. cit., p.2, causa 22, q.5, cann.14-15: ed. cit., t.1, pp.886-887.
5. Ibid.

actis praesumitur quod debitam reverentiam iuramento non exhibebunt. Et propter hoc etiam, ut iuramento debita reverentia exhibeatur, dicitur XXII, qu. 5[6]: *Honestum est ut qui in sanctis audet iurare, hoc ieiunus faciat, cum omni honestate et timore Dei.*

Aliud autem est considerandum ex parte hominis, cuius dictum iuramento confirmatur. Non enim indiget dictum hominis confirmatione nisi quia de eo dubitatur. Hoc autem derogat dignitati personae, ut dubitetur de veritate eorum quae dicit. Et ideo personis magnae dignitatis non convenit iurare. Propter quod dicitur II, qu. 5, cap. *Si quis presbyter,*[7] *quod sacerdotes ex levi causa iurare non debent.* Tamen pro aliqua necessitate, vel magna utilitate, licitum est eis iurare, et praecipue pro spiritualibus negotiis. — Pro quibus etiam iuramenta competit praestare in solemnibus diebus, quibus est spiritualibus rebus vacandum: non autem tunc sunt iuramenta praestanda pro rebus temporalibus, nisi forte ex magna necessitate.[8]

AD PRIMUM ergo dicendum quod quidam sunt qui dictum suum confirmare non possunt propter eorum defectum: et quidam sunt quorum dictum adeo debet esse certum quod confirmatione non egeat.

AD SECUNDUM dicendum quod iuramentum, secundum se consideratum, tanto sanctius est et magis obligat quanto maius est id

---

6. Gratianus, op. cit., p.2, causa 22, q.5, can.16: ed. cit., t.1, p.887.

다. 또한 제22권 제5문에서 말하듯이,[6] 이로 인해 맹세에 마땅한 경외심을 드러내야 한다. "성인들을 통해 감히 맹세하는 사람이 단식하는 가운데 모든 명예와 하느님에 대한 두려움으로 그것을 하는 것은 명예로운 일이다."

그러나 인간 편에서 고려해야 할 다른 것은 그의 말이 맹세로 확증되는 인간 편에 있다. 사실, 인간이 말하는 것은 그에 대해 의심받는 것이 아니라면 추인이 필요하지 않다. 그러나 이것은 개인의 품위를 손상시킨다. 그래서 말하는 것들의 진리에 대해 의심받는다. 그러므로 아주 큰 품위를 지닌 사람들이 맹세하는 것은 적절하지 않다. 이로 인해『교령』제2권 제5문의 "만일 어떤 사제가(si quis presbyter)"라는 장(章)은[7] 다음과 같이 말한다. "사제들은 위중하지 않은 이유들로 인해 맹세하지 말아야 한다." 그럼에도 불구하고, 어떤 필요나 커다란 유익으로 인해, 특히 영적인 일들에 있어서 맹세하는 것은 합법적이다. 또한 그런 일들을 위해 장엄한 날들에 맹세하는 것은 적절하다. 그것은 영적인 것들에 전념하기 위한 때이므로, 혹여 아주 큰 필요로 인한 것이 아니라면 한시적인 것들을 위해 맹세를 해서는 안 된다.[8]

[해답] 1. 어떤 사람들은 자신들의 결핍 때문에 자신이 말한 것을 추인할 수 없으며, 어떤 사람들은 자신들이 말한 것이 너무 확실해서 추인이 필요하지 않다.

2. 아우구스티누스가『푸블리콜라에게 보낸 편지』에서[9] 말한 것처

---

7. Gratianus, op. cit., p.2, causa 2, q.5, can.4: ed. cit., t.1, p.455.
8. Cf. Gratianus, op. cit., p.2, causa 2, q.5, can.17: ed. cit., t.1, p.887.
9. Epist.47, al.154, n.2: ML 33, 184.

per quod iuratur, ut Augustinus dicit, *ad Publicolam*.⁹ Et secundum hoc, maius est iurare per Deum quam per Evangelia. Sed potest esse e converso propter modum iurandi: utpote si iuramentum quod fit per Evangelia, fiat cum quadam deliberatione et solemnitate; iuramentum autem quod fit per Deum, fiat leviter et absque deliberatione.

AD TERTIUM dicendum quod nihil prohibet aliquid tolli ex contrariis causis per modum superabundantiae et defectus. Et hoc modo aliqui impediuntur a iuramento quia sunt maioris auctoritatis quam quod eos iurare deceat: aliqui vero quia sunt minoris auctoritatis quam quod eorum iuramento stetur.

AD QUARTUM dicendum quod iuramentum angeli inducitur non propter defectum ipsius, quasi non sit eius simplici dicto credendum: sed ad ostendendum id quod dicitur ex infallibili Dei dispositione procedere. Sicut etiam et Deus aliquando in Scripturis iurans inducitur, ad ostendendum immobilitatem eius quod dicitur: sicut Apostolus dicit, *ad Heb.* 6, [17].

럼, 그 자체로 고려된 맹세는 맹세하기 위한 대상이 더욱 클수록 거룩하고 더욱 의무적이다. 이에 따르면, 복음서들보다 하느님을 두고 맹세하는 것이 더 크다. 그러나 맹세의 방식으로 인해 그 반대가 될 수 있다. 만일 복음서들을 두고 하는 맹세가 어떤 심사숙고와 장엄함으로 한 데 반해, 하느님을 두고 하는 맹세가 가볍게 그리고 심사숙고 없이 이루어진다면 그렇다.

3. 어떤 것도 하나의 것이 과잉과 결핍을 통해 반대되는 원인들로 제거되는 것을 막을 수는 없다. 이런 방식에서 어떤 사람들은 그들의 맹세에 상응하는 권위보다 더 많은 권위를 가지고 있기 때문에 맹세가 합당치 않아서, 어떤 사람들은 그들의 맹세에 상응하는 권위보다 더 적은 권위를 가지고 있기 때문에 그들의 맹세에 의지할 수 없어서 맹세로부터 방해된다.

4. 천사의 맹세는, 그의 단순한 말들이 믿을 만한 것이 아니라서, 그의 결함으로 인해 도입되는 것이 아니라, [그에 의해] 언급되는 것이 하느님의 틀림없는 안배에서 유래한다는 것을 보여주기 위해서 [도입된다]. 사도가 히브리서 6장 [17절]에서 말하듯이, 언급되는 것의 불변성(immobilitas)을 보여주기 위해 하느님은 때때로 성경에서 맹세하시는 것으로 일컬어진다.

QUAESTIO XC
DE ASSUMPTIONE DIVINI NOMINIS PER MODUM ADIURATIONIS

in tres articulos divisa

Deinde considerandum est de assumptione divini nominis per modum adiurationis.[1]

Et circa hoc quaeruntur tria.

Primo: utrum liceat adiurare homines.

Secundo: utrum liceat adiurare Daemones.

Tertio: utrum liceat adiurare irrationales creaturas.

Articulus 1
Utrum liceat hominem adiurare

Ad primum sic proceditur. Videtur quod non liceat hominem adiurare.

1. Dicit enim Origenes, *super Matth.*[1]: *Aestimo quoniam non oportet ut vir qui vult secundum Evangelium vivere, adiuret alterum. Si enim iurare non licet, quantum ad evangelicum Christi mandatum, notum est quia nec adiurare alterum licet. Propterea manifestum est quoniam Princeps Sacerdotum Iesum illicite adiuravit per Deum vivum.*

---

1. Cf. q.89, Introd.

제90문
선서의 방식을 통한 신적 이름의 취함에 대하여
(전3절)

이제 선서의 방식으로[1] 신적 이름들을 취하는 것에 대해 숙고해야 한다. 이에 관해서는 세 가지가 조사된다.
첫째, 사람들을 두고 선서하는 것이 합당한가?
둘째, 마귀들을 두고 선서하는 것이 합당한가?
셋째, 비이성적인 피조물들을 두고 선서하는 것이 합당한가?

제1절 사람들을 두고 선서하는 것이 합당한가

[반론] 첫째는 다음과 같이 진행된다. 사람들을 두고 선서하는 것은 합당하지 않은 것으로 보인다.
1. 오리게네스는 『마태오복음 주해』에서[1] 다음과 같이 말한다. "나는 복음을 따라 살려는 사람이 다른 사람을 두고 선서하지 말아야 한다고 생각한다. 만일 그리스도의 복음적 계명과 관련해서 맹세하는 것이 허용되지 않는다면, 다른 사람을 두고 선서하는 것도 허용되지 않는다는 것을 알고 있다. 그러므로 수석 사제가 살아계신 하느님을 두고 예수님에 대해 부당하게 선서한 것이 분명하다."

---

1. Commentarior. series, n.110, super 26,63: MG 13, 1757BC.

2. Praeterea, quicumque adiurat aliquem, quodammodo ipsum compellit. Sed non licet alium invitum cogere. Ergo videtur quod nec liceat aliquem adiurare.

3. Praeterea, adiurare est aliquem *ad iurandum* inducere. Sed inducere aliquem ad iurandum est superiorum, qui inferioribus iuramenta imponunt. Ergo inferiores superiores suos non possunt adiurare.

SED CONTRA est quod etiam Deum obsecramus per aliqua sacra eum obtestantes. Apostolus etiam fideles *obsecrat per misericordia Dei*, ut patet *Rom.* 12, [1]: quod videtur ad quandam adiurationem pertinere. Ergo licitum est alios adiurare.

RESPONDEO dicendum quod ille qui iurat iuramento promissorio, per reverentiam divini nominis, quod ad confirmationem suae promissionis inducit, seipsum obligat ad faciendum quod promittit, quod est seipsum immobiliter ordinare ad aliquid agendum.[2] Sicut autem homo seipsum ordinare potest ad aliquid agendum, ita etiam et alios, superiores quidem deprecando, inferiores autem imperando, ut ex supradictis[3] patet. Cum igitur utraque ordinatio per aliquod

---

2. 앞 문 제7절 참조.

2. 누군가를 두고 선서하는 사람은 어떤 면에서는 그를 강요하는 것이다. 그러나 다른 사람을 그의 의지에 반해서 강요하는 것은 허용되지 않는다. 그러므로 아무에게도 선서하는 것이 허용되지 않는 것으로 보인다.

3. 선서는 누군가를 맹세하도록 끌어들이는 것이다. 그러나 누군가를 맹세하도록 유도하는 것은 하급자들에게 맹세를 부과하는 상급자들에게 해당된다. 그러므로 하급자들은 자신의 상급자들에게 선서할 수 없다.

[재반론] 그러나 반대로 우리는 하느님을 증인으로 부르는 가운데 하느님께 탄원할 때 어떤 거룩한 것을 두고 그분께 탄원한다. 로마서 12장 [1절]에서 분명히 드러나듯이, 사도 역시 하느님의 자비를 두고 신자들에게 탄원한다. 이것은 어떤 선서에 속하는 것으로 보인다. 그러므로 다른 이들에게 선서하는 것은 합당하다.

[답변] 자신의 약속에 대한 추인으로 도입하는 하느님의 이름을 향한 경외를 위해 약속의 맹세를 하는 자는 약속한 것을 이행할 의무가 있다. 즉 그는 어떤 것을 행하도록 자기 자신에게 명령한다.[2] 그러나 인간이 어떤 것을 하기 위해 자신에게 명령할 수 있듯이, 위에서 말한 것처럼,[3] 상급자들에게는 애원하는 반면, 하급자들에게는 명령하는 가운데, 다른 사람들에게도 [그렇게 할 수 있다]. 그러므로 두 가지 명령이 어떤 신적인 것에 의해 추인될 때, 이것이 선서이다. 그러나 여기서

---

3. q.83, a.1.

divinum confirmatur, est adiuratio. In hoc tamen differt, quod homo est suorum actuum dominus, non autem est dominus eorum quae sunt ab alio agenda. Et ideo sibi ipsi potest necessitatem imponere per divini nominis invocationem: non autem hanc necessitatem potest aliis imponere, nisi subditis, quos potest ex debito praestiti iuramenti compellere. Si igitur aliquis per invocationem divini nominis, vel cuiuscumque rei sacrae, alicui non sibi subdito adiurando necessitatem agendi aliquid imponere intendat, sicut imponit sibi ipsi iurando, talis adiuratio illicita est: quia usurpat potestatem in alium quam non habet. Tamen propter aliquam necessitatem superiores suos inferiores tali genere adiurationis constringere possunt. Si vero intendat solummodo per reverentiam divini nominis, vel alicuius rei sacrae, aliquid ab alio obtinere absque necessitatis impositione, talis adiuratio licita est respectu quorumlibet.

AD PRIMUM ergo dicendum quod Origenes loquitur de adiuratione qua aliquis alicui necessitatem imponere intendit, sicut imponit sibi ipsi iurando: sic enim Princeps Sacerdotum praesumpsit Dominum Iesum Christum adiurare.[4]

AD SECUNDUM dicendum quod illa ratio procedit de adiuratione quae necessitatem imponit.

AD TERTIUM dicendum quod adiurare non est aliquem ad iurandum inducere, sed per quandam similitudinem iuramenti a se inducti, alium ad aliquid agendum provocare. Aliter tamen adiuratio-

인간은 자기 행위들의 주인이지만 다른 이에 의해 이루어지는 행위들의 주인은 아니라는 데 차이가 있다. 그러므로 신적 이름을 부르는 가운데 필요성을 자신에게 부과할 수 있지만, 맹세의 의무를 이행하도록 강제할 수 있는 수하들이 아니라면, 이러한 필요성을 다른 이들에게 부과할 수는 없다. 누군가 신적 이름이나 모든 거룩한 것에 대한 부름(invocatio)을 통해 자신에게 수하가 아닌 어떤 사람에게 어떤 것을 행하는 데 대한 필요를, 스스로 맹세하는 가운데 자신에게 부과하듯이, 그렇게 부과하려 의도한다면, 그러한 선서는 부당하다. 왜냐하면, 그것은 자신이 [권한을] 갖지 않은 다른 사람에 대해 권한을 행사하는 것이기 때문이다. 그럼에도 불구하고, 어떤 필요로 인해 상급자들은 이런 유(類)의 선서와 함께 그들의 하급자들을 강제할 수 있다. 그러나 신적 이름이나 신적인 것에 대한 경외심으로 어떤 필요성을 부과하지 않으면서 다른 사람으로부터 무언가를 얻으려고만 한다면, 그러한 선서는 모든 사람에 대해 합법적이다.

[해답] 1. 오리게네스는 어떤 사람이 마치 자기 자신에 대해 맹세할 때와 같이 누군가에게 필요한 것을 강요하려고 하는 선서에 대해 말하고 있다. 왜냐하면 수석 사제들은 주님이신 예수 그리스도를 두고 선서하는 것으로 추정했기 때문이다.[4]

2. 그 이유는 필요를 부과하는 선서에서 유래한다.

3. 선서하는 것은 누군가에게 맹세하도록 인도하는 것이 아니라, 자기 자신에 대한 맹세와 유사하게 다른 사람이 어떤 일을 하도록 촉구

---

4. 마태 26,63.

ne utimur ad hominem, et aliter ad Deum. Nam adiurando hominis voluntatem per reverentiam rei sacrae immutare intendimus: quod quidem non intendimus circa Deum, cuius voluntas est immutabilis; sed quod a Deo per aeternam eius voluntatem aliquid obtineamus, non est ex meritis nostris, sed ex eius bonitate.

Articulus 2
Utrum liceat daemones adiurare

Ad secundum sic proceditur. Videtur quod non liceat Daemones adiurare.

1. Dicit enim Origenes, *super Matth.*[1]: *Non est secundum potestatem datam a Salvatore adiurare daemonia: Iudaicum enim est hoc.* Non autem debemus Iudaeorum ritus imitari, sed potius uti potestate a Christo data. Ergo non est licitum daemones adiurare.

2. Praeterea, multi nigromanticis incantationibus daemones per aliquid divinum invocant, quod est adiurare. Si igitur licitum est daemones adiurare, licitum est nigromanticis incantationibus uti. Quod patet esse falsum. Ergo et primum.

3. Praeterea, quicumque adiurat aliquem, ex hoc ipso aliquam societatem cum ipso facit. Sed non licet cum daemonibus societatem

---

1. Commentarior. series, n.110, super 26,63: MG 13, 1757BC.

하기 위한 것이다. 하지만 우리는 선서를 사람과 하느님께 다르게 사용한다. 사실, 사람에 대해 선서할 때, 우리는 선서와 함께 거룩한 것에 대한 경외심을 통해 인간의 의지를 바꾸고자 한다. 그러나 하느님에 대해 선서할 때는 이를 의도하지 않고, 우리의 공로에 의해서가 아니라 하느님의 선하심에 의해서 그분의 영원한 의지를 통해 그분으로부터 어떤 것을 얻는다.

제2절 마귀들에게 선서하는 것이 합당한가

[반론] 둘째는 다음과 같이 진행된다. 마귀들에게 선서하는 것이 합당하지 않은 것으로 보인다.

1. 오리게네스는 『마태오복음 주해』에서[1] 다음과 같이 말한다. "마귀들에게 선서하는 것은 구세주에 의해 주어진 권한에 따른 것이 아니다. 이것은 유다적인 것이기 때문이다." 그러나 우리는 유다인들의 예식을 모방해서는 안 되며, 무엇보다도 그리스도에 의해 주어진 권한을 사용해야 한다. 그러므로 마귀들에게 선서하는 것은 부당하다.

2. 많은 강신술사들의 마법은 신성한 것, 즉 선서하는 것을 통해 마귀들을 부른다. 그러므로 마귀들에게 선서하는 것이 허용된다면, 강신술사들이 마법을 사용하는 것도 허용된다. 이것은 명백히 잘못된 것이다. 그러므로 첫 번째 것도 [잘못된 것이다].

3. 누구든 어떤 사람에게 선서하는 자는 이것 자체에 의해 그와 어떤 교류를 하는 것이다. 그런데 코린토 1서 10장 [20절]에 따르면, 마귀들과 교류하는 것은 허용되지 않는다. "나는 너희가 악마들과 동료가 되

facere: secundum illud I *Cor.* 10, [20]: *Nolo vos socios fieri daemoniorum.* Ergo non licet daemones adiurare.

SED CONTRA est quod dicitur Marc. ult., [17]: *In nomine meo daemonia eiicient.* Sed inducere alium ad aliquid agendum propter nomen divinum, hoc est adiurare. Ergo licitum est Daemones adiurare.

RESPONDEO dicendum quod, sicut dictum est,[2] duplex est adiurandi modus: unus quidem per modum deprecationis vel inductionis ob reverentiam alicuius sacri; alius autem per modum compulsionis. Primo autem modo non licet daemones adiurare: quia ille modus adiurandi videtur ad quandam benevolentiam vel amicitiam pertinere, qua non licet ad daemones uti. — Secundo autem adiurationis modo, qui est per compulsionem, licet nobis ad aliquid uti, et ad aliquid non licet. Daemones enim in cursu huius vitae nobis adversarii constituuntur: non autem eorum actus nostrae dispositioni subduntur, sed dispositioni divinae et sanctorum angelorum; quia, ut Augustinus dicit, in III *de Trin.*,[3] *spiritus desertor regitur per spiritum iustum.* Possumus ergo daemones, adiurando, per virtutem divini nominis tanquam inimicos repellere, ne nobis noceant vel spiritualiter vel corporaliter, secundum potestatem datam a Christo:

---

2. 앞 절.

는 것을 원하지 않는다." 그러므로 마귀들에게 선서하는 것은 허용되지 않는다.

[재반론] 그러나 반대로 마르코복음서 16장 [17절]에서 다음과 같이 말한다. "내 이름으로 마귀들을 쫓아낼 것이다." 그런데 신적 이름 때문에 무엇인가를 하도록 다른 사람을 유도하는 것은 선서이다. 그러므로 마귀들에게 선서하는 것은 허용된다.

[답변] 말한 바와 같이,² 두 가지 선서 방법이 있는데, 하나는 거룩한 것에 대한 경외심 때문에 애원(deprecatio)의 방식으로 또는 인도(inductio)의 방식으로 [하는 선서이다]. 반면, 다른 하나는 강제(compulsio)의 방식을 통해 하는 [선서이다]. 그런데 첫째 방식으로는 마귀들에게 선서하는 것이 허용되지 않는다. 왜냐하면 이러한 선서 방식은 마귀들에게 사용하는 것이 허용되지 않는 어떤 선의나 우정에 속하는 것으로 보이기 때문이다. 하지만 선서의 둘째 방식은 강제에 의한 것이다. 이것은 어떤 것에 대해서는 우리가 사용하는 것이 합법적이고 어떤 것에 대해서는 그렇지 않다. 이 삶의 과정에서 마귀들은 우리에게 적수들로 있다. 그들의 행위는 우리의 태세(dispositio) 아래 있는 것이 아니라 하느님과 거룩한 천사들의 태세 아래 있다. 아우구스티누스가 『삼위일체론』 제3권에서³ 말한 것처럼, "이탈자의 영은 의로운 영에 의해 지배되었기" 때문이다. 그러므로 "보라, 내가 너희에게 뱀과 전갈을 밟고 원

---

3. c.4, n.9: ML 42, 873.

secundum illud Luc. 10, [19]: *Ecce, dedi vobis potestatem calcandi supra serpentes et scorpiones, et supra[4] omnem virtutem inimici, et nihil vobis nocebit.* Non tamen licitum est eos adiurare ad aliquid ab eis addiscendum, vel etiam ad aliquid per eos obtinendum, quia hoc pertineret ad aliquam societatem cum ipsis habendam[5]: nisi forte ex speciali instinctu vel revelatione divina, aliqui sancti ad aliquos effectus daemonum operatione utantur; sicut legitur de beato Iacobo[6] quod per daemones fecit Hermogenem ad se adduci.

AD PRIMUM ergo dicendum quod Origenes loquitur de adiuratione quae non fit protestative per modum compulsionis, sed magis per modum cuiusdam benevolae deprecationis.

AD SECUNDUM dicendum quod nigromantici utuntur adiurationibus et invocationibus daemonum ad aliquid ab eis adipiscendum vel addiscendum: et hoc est illicitum, ut dictum est.[7] Unde Chrysostomus dicit, Marc. 1, [25],[8] exponens illud verbum Domini, quod spiritui immundo dixit, *Obmutesce, et exi de homine: Salutiferum hic nobis dogma datur, ne credamus daemonibus, quantumcumque denuntient veritatem.*

---

4. Vulgata: 'super'
5. Cf. q.95, a.4.
6. 대(大) 야고보를 말한다. Cf. I. A. Fabricius, *Cod. Apocr. N. Testam.*, Hist. Certam. Apostol.,

수의 모든 힘을[4] 억누르는 권한을 주었다. 이제 아무것도 너희를 해치지 못할 것이다."라는 루카복음서 10장 [19절]에 따라, 우리는 신적 이름의 권능으로 선서함으로써 원수인 마귀들을 물리치고, 그리스도에 의해 주어진 권한에 따라 그들이 영적으로나 육체적으로나 우리에게 해를 입히지 않도록 할 수 있다. 그러나 마귀들로부터 무엇을 배우거나 얻기 위하여 선서하는 것은 그들과 나누는 어떤 교류에 속하기 때문에[5] 허용되지 않는다. 어떤 성인들이 몇몇 효과를 위해 마귀들의 작용을 이용하는 것처럼, 특별한 본능이나 신적 계시가 아니라면, 이것은 허용되지 않는다. 예컨대 마귀들을 통해 헤르모게네스에게 인도된 복된 야고보에게서[6] [이를] 읽을 수 있다.

[해답] 1. 오리게네스는 강제의 방식으로 공언하는 것이 아니라 무엇보다도 애원하는 선의의 방식으로 하는 선서에 대해 말한다.

2. 강신술사들은 마귀들로부터 무엇인가를 얻거나 배우기 위해 마귀들의 선서와 부름을 사용하며, 앞서 말한 바와 같이,[7] 이것은 허용되지 않는다. 그러므로 크리소스토무스는 마르코복음서 1장 25절에서[8] 더러운 영에게 하신 주님의 말씀을 다음과 같이 설명한다. "조용히 하여라. 그리고 그 사람에게서 나가라. 여기서 우리에게 유익한 가르침이 주어졌다. 그에 따르면, 마귀들이 진리를 선포하더라도, 우리는 그들을 믿지 말아야 한다."

    IV, c.3: Hamburgi, 1703, t.2, p.518.
7. 본론. 강신술사들에 대해서는: Cf. q.95, a.3.
8. De Lazaro, hom.2, n.2: MG 48, 983-984.

AD TERTIUM dicendum quod ratio illa procedit de adiuratione qua imploratur auxilium daemonum ad aliquid agendum vel cognoscendum: hoc enim videtur ad quandam societatem pertinere. Sed quod aliquis adiurando Daemones repellat,[9] hoc est ab eorum societate recedere.

Articulus 3
Utrum liceat adiurare irrationalem creaturam

Ad tertium sic proceditur. Videtur quod non liceat adiurare irrationalem creaturam.

1. Adiuratio enim fit per locutionem. Sed frustra sermo dirigitur ad eum qui non intelligit, qualis est irrationalis creatura. Ergo vanum est et illicitum irrationalem creaturam adiurare.

2. Praeterea, ad eum videtur competere adiuratio ad quem pertinet iuratio. Sed iuratio non pertinet ad creaturam irrationalem. Ergo videtur quod ad eam non liceat adiuratione uti.

3. Praeterea, duplex est adiurationis modus, ut ex supradictis[1] patet. Unus quidem per modum deprecationis: quo non possumus uti ad irrationalem creaturam, quae non est domina sui actus. Alia autem est adiuratio per modum compulsionis: qua etiam, ut videtur, ad eam uti non possumus; quia non est nostrum creaturis irrational-

---

9. 구마예식에서 하듯이.

3. 이러한 이유는 무엇인가를 행하거나 알기 위해 마귀들의 도움을 간청하기 위한 선서에서 유래하는데, 이것은 어떤 교류(societas)에 속하는 것으로 보인다. 그러나 누군가 선서하는 가운데 마귀들을 물리칠 때,⁹ 이것은 그들의 교류에서 물러나는 것이다.

제3절 비이성적 피조물에 선서하는 것이 합당한가

[반론] 셋째는 다음과 같이 진행된다. 비이성적 피조물에 선서하는 것은 부당한 것으로 보인다.

1. 선서는 말로 하는 것이다. 그러나 비이성적 피조물인, 이해하지 못하는 누군가를 향한 담화는 쓸모없는 것이다. 그러므로 비이성적 피조물에게 선서하는 것은 헛되고 부당하다.

2. 선서는 맹세(iuratio)를 할 수 있는 인간에게 속한 것으로 보인다. 그러나 맹세는 비이성적 피조물에게 해당되지 않는다. 그러므로 그에게 선서하는 것은 부당하다.

3. 선서의 방법은 위에서 분명히 드러나듯이¹ 두 가지이다. 하나는 자신의 행위를 주재(主宰)하지 않는 비이성적 피조물에게 사용할 수 없는 애원의 형태를 통해 [선서한다]. 반면, 강세의 방식을 통한 다른 선서가 있다. 보는 바와 같이, 우리는 그것을 사용할 수 없다. 왜냐하면 비이성적 피조물들에게 명령하는 것은 우리에게 속한 것이 아니라 "바람과 바다가 그분에게 복종한다."는 마태오복음서 8장 [27절]이 말하

---

1. aa.1-2.

q.90, a.3

ibus imperare, sed solum illius de quo dicitur, Matth. 8, [27]: *Quia venti et mare obediunt ei.* Ergo nullo modo, ut videtur, licet uti adiuratione ad irrationales creaturas.

SED CONTRA est quod Simon et Iudas leguntur adiurasse dracones, et eis praecepisse ut in desertum locum discederent.[2]

RESPONDEO dicendum quod creaturae irrationales ab alio aguntur ad proprias operationes. Eadem autem actio est eius quod agitur et movetur, et eius quod agit et movet: sicut motus sagittae est etiam quaedam operatio sagittantis.[3] Et ideo operatio irrationalis creaturae non solum ipsi attribuitur, sed principaliter Deo, cuius dispositione omnia moventur. Pertinet etiam ad Diabolum, qui, permissione divina, utitur aliquibus irrationalibus creaturis ad nocendum hominibus.

Sic ergo adiuratio qua quis utitur ad irrationalem creaturam, potest intelligi dupliciter. Uno modo, ut adiuratio referatur ad ipsam creaturam irrationalem secundum se. Et sic vanum esset irrationalem creaturam adiurare. — Alio modo, ut referatur ad eum a quo irrationalis creatura agitur et movetur. Et sic dupliciter adiuratur irrationalis creatura. Uno quidem modo, per modum deprecationis ad Deum directae: quod pertinet ad eos qui divina invocatione miracula faciunt.

---

2. Cf. I. A. Fabricius, *Cod. Apocr. N. Testam.*, Hist. Certam. Apostol., VI, c.16: Hamburgi, 1702, t.2, p.624.

는 분에게만 속하기 때문이다. 그러므로 보는 바와 같이, 어떤 방식으로든 비이성적 피조물들에게 선서하는 것은 부당하다.

[재반론] 그러나 반대로 시몬과 유다는 용들을 두고 맹세했고, 그들에게 외딴곳으로 떠나라고 명령했다고 읽힌다.[2]

[답변] 비이성적인 피조물들은 다른 이에 의해 그들 자신의 작용으로 인도된다. 그러나 행해지고 움직여진 것의 행위와 행동하고 움직이는 것의 행위는 같은 행위이다. 마찬가지로, 예컨대 화살의 움직임은 궁수(sagittans)의 어떤 작용이다.[3] 그러므로 비이성적 피조물의 작용은 그 자신에게만 귀속되는 것이 아니라, 무엇보다도 모든 것이 그 배치(dispositio)에 따라 움직이는 하느님에게 귀속된다. 그것은 또한 신적 허락과 함께 사람들을 해치기 위해 어떤 비이성적 피조물들을 사용하는 악마(diabolus)에게도 속한다. 그러므로 비이성적인 피조물에게 하는 선서는 이중적으로 이해될 수 있다. 한 가지 방식은 선서가 그 자체에 따른 비이성적 피조물과 연관되는 것이다. 이 경우 비이성적 피조물을 두고 선서하는 것은 헛된 일이다. 다른 방식은 [선서는] 비이성적 피조물이 행동하고 움직이게 하는 자와 관련된다. 따라서 비이성적 피조물에 대해서는 이중적으로 선서한다. 첫째 방식은 하느님께 직접 애원하는 방식을 통해 [이루어지며] 이는 신적 부름을 통해 기적을 이루는 이들에게 속한다. 다른 방식은 우리에게 해를 끼치기 위해 비이성적 피조물

---

3. 아리스토텔레스에 따르면, 운동은 운동에서 운동자의 행위이다. Cf. I-II, q.110, a.2.

Alio modo, per modum compulsionis, quae refertur ad diabolum, qui in nocumentum nostrum utitur irrationabilibus creaturis: et talis est modus adiurandi in Ecclesiae exorcismis, per quos daemonum potestas excluditur ab irrationalibus creaturis. Adiurare autem daemones ab eis auxilium implorando, non licet.[4]

Et per hoc patet responsio AD OBIECTA.

---

4. Cf. q.84, a.1.

들을 이용하는 악마와 연관된 강제의 방식으로 [이루어진다]. 그리고 그것은 교회의 구마식들(exorcismus)에서 선서하는 방식이다. 마귀들의 권한은 이 구마식을 통해 비이성적 피조물들로부터 배제된다. 그러나 마귀들로부터 도움을 간청하면서 그들에게 선서하는 것은 부당하다.[4]

그리고 이것으로 반론들에 대한 대답은 분명하다.

QUAESTIO 91
DE ASSUMPTIONE DIVINI NOMINIS AD INVOCANDUM PER LAUDEM

in duos articulos divisa

Deinde considerandum est de assumptione divini nominis ad invocandum per orationem vel laudem.[1] Et de oratione quidem iam[2] dictum est. Unde nunc de laude restat dicendum.

Circa quam quaeruntur duo.

Primo: utrum Deus sit ore laudandus.

Secundo: utrum in laudibus Dei sint cantus adhibendi.

Articulus 1
Utrum Deus sit ore laudandus

Ad primum sic proceditur. Videtur quod Deus non sit ore laudandus.

1. Dicit enim Philosophus, in I *Ethic.*[1]: *Optimorum non est laus, sed*

---

1. Cf. q.89, Introd.
2. q.83.

제91문
찬미를 통해 부르기 위해 신적 이름을 취하는 것에 대하여
(전2절)

이제 기도나 찬미를 통해 부르기 위해 신적 이름들을 취하는 것에 대해 숙고하기로 하자.¹ 기도에 대해서는 이미 말한 바 있다.² 그러므로 이제 찬미에 대해 말하는 것만 남았다. 그에 대해서는 두 가지가 조사된다.

첫째, 하느님은 입으로 찬미받으시는가.

둘째, 하느님에 대한 찬미에서 노래들이 사용되는가.

제1절 하느님은 입으로 찬미받으시는가

Parall.: *In Psalm.*, 49.

[반론] 첫째는 다음과 같이 진행된다. 하느님은 입으로 찬미받으시지 않는 것으로 보인다.

1. 철학자는 『니코마코스 윤리학』 제1권에서¹ 다음과 같이 말한다. "찬미는 가장 좋은 이에게는 찬미가 아니라 더 크고 더 좋은 것이다."

---

1. c.12, 1101b22-23; S. Thomas, lect.18, n.219.

maius aliquid et melius. Sed Deus est super omnia optima. Ergo Deo non debetur laus, sed aliquid maius laude. Unde et *Eccli.* 43, [33] dicitur quod Deus *maior est omni laude.*

2. Praeterea, laus Dei ad cultum ipsius pertinet: est enim religionis actus. Sed Deus mente colitur magis quam ore: unde Dominus, Matth. 15, [7-8], contra quosdam inducit illud Isaiae[2]: *Populus hic labiis me honorat, cor autem eorum longe est a me.* Ergo laus Dei magis consistit in corde quam in ore.

3. Praeterea, homines ad hoc ore laudantur ut ad meliora provocentur. Sicut enim mali ex suis laudibus superbiunt, ita boni ex suis laudibus ad meliora provocantur: unde dicitur *Prov.* 27, [21]: *Quomodo probatur in conflatorio argentum, sic probatur homo ore laudantium.*[3] Sed Deus per verba hominum non provocatur ad meliora: tum quia immutabilis est; tum quia summe bonus est, et non habet quo crescat. Ergo Deus non est laudandus ore.

SED CONTRA est quod dicitur in Psalm. [62, 6]: *Labiis exultationis laudabit os meum.*

RESPONDEO dicendum quod verbis alia ratione utimur ad

---

2. c.29, v.13.

그런데 하느님은 모든 것 위에 최고이시다. 따라서 하느님은 찬미받으시면 안 되고, 더 큰 것을 받으셔야 한다. 그러므로 집회서 43장 [33절]에서는 다음과 같이 언급된다. 하느님은 "모든 찬미보다 더 크시다."

2. 하느님을 예배하는 것에 속하는 하느님에 대한 찬미는 종교 행위이다. 그러나 하느님은 입으로보다 정신으로 경배받으신다. 그래서 마태오복음서 15장 [7-8절]에서 주님은 몇몇 사람들을 거슬러 이사야서의 그 [구절]을[2] 끌어들이셨다. "이 백성이 입술로는 나를 경외하지만 그들의 마음은 내게서 멀리 있다." 그러므로 하느님에 대한 찬미는 입보다는 마음에 있다.

3. 사람들은 더 나은 것으로 자극되기 위해 이렇게 칭찬받는다. 악인들이 자신들의 칭찬에 대해 교만하듯이, 선인들은 자신의 칭찬들에 의해 더 좋은 것으로 자극된다. 그러므로 잠언 27장 [21절]에서는 다음과 같이 말한다. "은이 도가니에서 시험되듯이, 인간은 자신을 칭찬하는[3] 사람들의 입에 의해 시험된다." 그러나 하느님은 사람들의 말에 의해 더 좋은 것으로 자극되지 않는다. 그분은 불변하시고 최고선이시며 성장하기 위한 것들을 갖지 않기 때문이다. 그러므로 하느님은 입으로 찬미받지 않으신다.

[재반론] 그러나 시편 63[62]편 [6절]에서는 다음과 같이 언급된다. "제 입이 용약(踊躍)의 입술로 찬미할 것입니다."

[답변] 우리가 하느님께 말을 사용하는 이유와 사람에게 말을 사용

---

3. Vulgata: 'laudantis'

Deum, et alia ratione ad hominem. Ad hominem enim utimur verbis ut conceptum nostri cordis, quem non potest cognoscere, verbis nostris ei exprimamus. Et ideo laude oris ad hominem utimur ut vel ei vel aliis innotescat quod bonam opinionem de laudato habemus: ut per hoc et ipsum qui laudatur ad meliora provocemus; et alios, apud quos laudatur, in bonam opinionem et reverentiam et imitationem ipsius inducamus.

Sed ad Deum verbis utimur non quidem ut ei, qui est inspector cordium, nostros conceptus manifestemus: sed ut nos ipsos et alios audientes ad eius reverentiam inducamus. Et ideo necessaria est laus oris, non quidem propter Deum, sed propter ipsum laudantem, cuius affectus excitatur in Deum ex laude ipsius: secundum illud Psalm. [49, 23]: *Sacrificium laudis honorificabit me: et illic iter quo ostendam illi salutare Dei.* Et inquantum homo per divinam laudem affectu ascendit in Deum, intantum per hoc retrahitur ab his quae sunt contra Deum: secundum illud Isaiae 48, [9]: *Laude mea infrenabo te, ne intereas.* — Proficit etiam laus oris ad hoc quod aliorum affectus provocetur in Deum. Unde dicitur in Psalm. [33, 2]: *Semper laus eius in ore meo*, et postea [vv. 3-4] subditur: *Audiant mansueti, et laetentur. Magnificate Dominum mecum.*

AD PRIMUM ergo dicendum quod de Deo dupliciter possumus

하는 이유는 서로 다르다. 사실 우리는 우리 마음의 생각을 알 수 없는 사람에게 말로써 표현하기 위해 그에게 말을 사용한다. 우리는 사람에게 입의 칭찬을 사용함으로써, 그에게나 다른 이들에게 우리가 칭찬받는 이에 대하여 좋은 견해를 갖고 있음을 알리기 위함이며, 이를 통해서 칭찬받는 사람 자신을 더 나은 것으로 자극하기 위함이다. 그리고 우리는 그 앞에서 칭찬하는 다른 이들을 그 사람에 대한 좋은 견해와 경외와 모방으로 인도한다. 그러나 마음들의 관찰자이신 하느님께서는 우리의 개념들을 그분께 표현하기 위해서가 아니라 우리 자신과 [우리의 말을] 듣는 이들이 그분을 경외하도록 인도하기 위해 말들을 사용한다.

그러므로 입의 찬미는 하느님 때문이 아니라 찬미자 자신 때문에 필요하다. 시편 50[49]편 [23절]에 따르면, 그의 감정은 하느님 안에서 자신의 찬미에 의해 일으켜진다. "찬미의 희생제물은 나를 명예롭게 할 것이며, 이것이 내가 그에게 하느님의 구원을 보여줄 길이다." 인간이 "나는 나의 찬미로 너를 억누르리니, 너는 멸망하지 않으리라."는 이사야서 48장 [9절]에 따라, 신적 찬미를 통해 감정을 하느님께 올리는 한에서, 그것 자체로 인해 그분께 반대되는 것들로부터 물러나게 된다. 또한, 입의 찬미는 다른 이들의 감정이 하느님 안에서 자극되게 하기 위함이다. 그러므로 시편 34[33]편 [2절]에서는 다음과 같이 말한다. "제 입에는 언제나 그분의 찬미가 있습니다." 그리고 다음에 이렇게 추가한다. "온유한 자들은 들어라. 그리고 기뻐하라. 나와 함께 주님을 찬양하라."

[해답] 1. 우리는 두 가지 방식으로 하느님에 대해 말할 수 있다. 첫

loqui. Uno modo, quantum ad eius essentiam. Et sic, cum sit incomprehensibilis et ineffabilis, maior est omni laude. Debetur autem ei secundum hanc comparationem reverentia et latriae honor. Unde in Psalterio[4] Hieronymi[5] dicitur, *Tibi silet laus, Deus,* quantum ad primum; et, *Tibi reddetur votum,* quantum ad secundum. — Alio modo, secundum effectus ipsius, qui in nostram utilitatem ordinantur. Et secundum hoc debetur Deo laus.[6] Unde dicitur Isaiae 63, [7]: *Miserationum Domini recordabor: laudem Domini super omnibus quae reddidit nobis Dominus.* Et Dionysius dicit, I cap. *de Div. Nom.*[7]: *Omnem sanctum theologorum hymnum,* idest divinam laudem, *invenies ad bonos thearchiae,* idest divinitatis, *processus manifestative et laudative Dei nominationes dividentem.*

AD SECUNDUM dicendum quod laus oris inutilis est laudanti si sit sine laude cordis, quod loquitur Deo laudem dum *magnalia eius operum* recogitat cum affectu.[8] Valet tamen exterior laus oris ad excitandum interiorem affectum laudantis, et ad provocandum alios ad Dei laudem, sicut dictum est.[9]

AD TERTIUM dicendum quod Deum non laudamus propter utilitatem suam, sed propter utilitatem nostram, ut dictum est.[10]

---

4. *Psalt. Hebr.*, Ps.64,2: ML 28, 1174C.
5. Cf. q.84, a.1.
6. 찬미가 무엇이며 그것이 명예와 어떻게 구별되는지에 대해서: Cf. q.103, a.1, ad3.
7. MG 3, 589D; S. Thomas, lect.2, nn.53-54.
8. 집회 17,7-8 참조.

째 방식은, 그분의 본질과 관련해서 [말할 수 있다]. 그런데 [그분의 본질은] 이해될 수 없고 형언할 수도 없으므로, [그분은] 모든 찬미보다 더 크다. 그리고 이러한 비교에 따라, 그분에게는 경외심과 흠숭의 명예가 마땅하다. 그러므로 첫째와 관련해서 히에로니무스의[4] 시편에서는[5] 다음과 같이 말한다. "하느님, 당신께 찬미가 침묵합니다." 그리고 둘째와 관련해서는 "당신께 서원이 되돌려지겠습니다." 다른 방식은, 우리의 유익을 위해 질서 지어진 그것의 효과들에 따라 [말할 수 있다]. 그리고 이에 따르면, 하느님께 찬미를 드리는 것이 마땅하다.[6] 그러므로 이사야서 63장 [7절]에서는 다음과 같이 말한다. "제가 주님의 자비를 기억하리니, 주님께서 우리에게 주신 모든 것 위에 주님께 찬미를 [드리나이다]." 그리고 디오니시우스는 『신명론』 제1장에서[7] 다음과 같이 말한다. "여러분은 신학자들의 모든 거룩한 찬미가, 곧 신적 찬미가 신적 위계(thearchia)의, 즉 신성의 선들의 발출에 따라 하느님의 이름들을 드러내고 찬미하는 것을 보게 될 것이다."

2. 입의 찬미는 하느님의 위대한 업적들을 다시 생각하는 가운데 하느님께 찬미 드리는 마음의 찬미가 없으면 찬미자에게 쓸모가 없다.[8] 그럼에도 불구하고, 말한 바와 같이,[9] 찬미자에게 내적 감정을 일으키기 위한, 그리고 다른 이들을 하느님에 대한 찬미로 자극하기 위한 입의 외적인 찬미는 효과가 있다.

3. 말한 바와 같이,[10] 우리는 하느님의 유익 때문이 아니라 우리의 유익 때문에 그분을 찬미한다.

---

9. 본론.
10. Ibid.

Articulus 2
Utrum cantus sint assumendi ad laudem divinam

Ad secundum sic proceditur. Videtur quod cantus non sint assumendi ad laudem divinam.

1. Dicit enim Apostolus, *ad Coloss*. 3, [16]: *Docentes et commonentes vosmetipsos in Psalmis et hymnis et canticis spiritualibus.*[1] Sed nihil assumere debemus in divinum cultum praeter ea quae nobis auctoritate Scripturae traduntur. Ergo videtur quod non debemus uti in divinis laudibus canticis corporalibus, sed solum spiritualibus.

2. Praeterea, Hieronymus, super illud ad *Ephes*. 5,[2] Cantantes et psallentes in cordibus vestris Domino, dicit: *Audiant haec adolescentuli quibus in Ecclesia est psallendi officium, Deo non voce, sed corde cantandum: nec in tragoediarum modum guttur et fauces medicamine liniendae sunt, ut in ecclesia theatrales moduli audiantur et cantica.* Non ergo in laudes Dei sunt cantus assumendi.

3. Praeterea, laudare Deum convenit parvis et magnis: secundum illud *Apoc*. 19, [5]: *Laudem dicite Deo nostro, omnes servi eius et qui timetis illum, pusilli et magni.*[3] Sed maiores qui sunt in Ecclesia non decet cantare: dicit enim Gregorius,[4] et habetur in Decretis, dist.

---

1. Vulgata: "Docentes et commonentes vosmetipsos psalmis, hymnis et canticis spiritualibus."
2. *In Ep. ad Ephes*., III, super 5,19; ML 26, 528D. Cf. Gratianus, *Decretum*, p.1, d.92, can.1: ed. Richter-Friedberg, t.1, p.317.

제2절 노래들은 신적 찬미를 위해 취해지는가

Parall.: *In Psalm.*, 33; *In Ep. ad Ephes.*, c.5, lect.7.

[반론] 둘째는 다음과 같이 진행된다. 노래들은 신적 찬미를 위해 취해지지 않는 것으로 보인다.

1. 사도는 콜로새서 3장 [16절]에서 다음과 같이 말한다. "시편들과 찬미가들과 영적인 노래들 안에서 서로 가르치고 타이르십시오."[1] 그러나 우리는 성경의 권위에 의해 우리에게 전해진 것 외에는 신적 예배에서 아무것도 취해서는 안 된다. 그러므로 신적 찬미들에서 육적인 노래들이 아니라 오직 영적인 [노래들]만을 사용해야 한다.

2. 히에로니무스는 "여러분의 마음에서 주님께 노래 부르고 시편을 읊어드리십시오."라는 에페소서 5장 [19절]에 대해 다음과 같이 말한다.[2] "교회 안에서 시편을 읊어드리는 임무를 지닌 젊은이들이여, 이것들을 들어라. 하느님께서는 목소리가 아니라 마음으로 노래를 불러드리는 것이다. 비극들의 방식으로 목구멍과 식도를 약물로 부드럽게 하여 교회에서 극장의 소리와 노래가 들리게 하지 말아라." 그러므로 하느님에 대한 찬미에 노래들은 취해지지 말아야 한다.

3. "하느님의 모든 종 그리고 작은 사람이든 큰 사람이든 하느님을 경외하는 이들아 우리 하느님을 찬미하여라."라는 요한묵시록 19장 [5절]에 따라, 하느님을 찬미하는 것은 작은이들과 큰 이들에게[3] 적합하다. 그러나 그레고리우스가 말한 것처럼,[4] 그리고 『교령』 제92구분의

---

3. Vulgata: 'eum'
4. Registr., app., fragm.5: *Decreta S. Greg. Pp.I*, n.1: ML 77, 1335A.

XCII, cap. *In sancta Romana Ecclesia*[5]: *Praesenti decreto constituo ut in Sede hac sacri altaris ministri cantare non debeant.* Ergo cantus non conveniunt divinis laudibus.

4. Praeterea, in veteri lege laudabatur Deus in musicis instrumentis et humanis cantibus: secundum illud Psalm. [32, 2-3]: *Confitemini Domino in cithara; in Psalterio decem chordarum psallite illi; cantate ei canticum novum.* Sed instrumenta musica, sicut citharas et Psalteria, non assumit Ecclesia in divinas laudes, ne videatur iudaizare. Ergo, pari ratione, nec cantus in divinas laudes sunt assumendi.

5. Praeterea, principalior est laus mentis quam laus oris. Sed laus mentis impeditur per cantus: tum quia cantantium intentio abstrahitur a consideratione eorum quae cantant, dum circa cantum student; tum etiam quia ea quae cantantur minus ab aliis intelligi possunt quam si sine cantu proferrentur. Ergo cantus non sunt divinis laudibus adhibendi.

SED CONTRA est quod beatus Ambrosius in Ecclesia Mediolanensi cantus instituit, ut Augustinus refert, in IX *Confess..*[6]

RESPONDEO dicendum quod, sicut dictum est,[7] laus vocalis ad

---

5. Gratianus, *Decretum*, p.1, d.92, can.2: ed. Richter-Friedberg, t.1, p.317.
6. c.7: ML 32, 770.

"거룩한 로마 교회에서"라는 장(章)에서 "거룩한 로마 교회에서는 현행 교령과 함께 거룩한 제대의 직무자들이 이곳에서 노래하지 말도록 정한다."고 한 것처럼,⁵ 교회에 있는 원로들이 노래하는 것은 합당하지 않다. 그러므로 노래들은 신적 찬미들에 적합하지 않다.

4. "비파로 주님을 찬송하며 열 줄 수금으로 그분께 찬미 노래 불러라. 그분께 노래하여라, 새로운 노래를."이라는 시편 33[32]편 [2-3절]에 따르면, 옛 법에서 하느님은 악기들과 인간의 노래들로 찬미를 받으셨다. 그러나 교회는 유다화된 것처럼 보이지 않기 위해 신적인 찬미들에서 비파(cithara)와 수금(psalterium) 같은 악기들을 취하지 않는다. 그러므로 같은 이유로 신적 찬미에서 노래들도 취해지지 않는다.

5. 정신의 찬미는 입의 찬미보다 더 중요하다. 그러나 정신의 찬미는 노래에 의해 방해받는다. 왜냐하면 노래에 주의를 기울이는 동안에 노래하는 사람들의 지향이 노래하는 것에 대한 숙고에서 떨어지기 때문이다. 또한 노래된 것들은 노래 없이 발설되었을 다른 것들보다 덜 이해될 수 있기 때문이다. 그러므로 노래들은 신적 찬미들에 사용돼서는 안 된다.

[재반론] 그러나 반대로 아우구스티누스가 『고백록』 제9장에서 언급하듯이,⁶ 복된 암브로시우스는 밀라노 교회에서 노래들을 제정하였다.

[답변] 말한 바와 같이,⁷ 하느님에 대한 사람의 감정을 자극하기 위해

---

7. 앞 절.

hoc necessaria est ut affectus hominis provocetur in Deum. Et ideo quaecumque ad hoc utilia esse possunt, in divinas laudes congruenter assumuntur. Manifestum est autem quod secundum diversas melodias sonorum animi hominum diversimode disponuntur: ut patet per Philosophum, in VIII *Polit.*,[8] et per Boetium, in prologo *Musicae*.[9] Et ideo salubriter fuit institutum ut in divinas laudes cantus assumerentur, ut animi infirmorum magis provocarentur ad devotionem. Unde Augustinus dicit, in X *Confess.*[10]: *Adducor cantandi consuetudinem approbare in Ecclesia, ut per oblectamenta aurium infirmorum animus in affectum pietatis assurgat.* Et de seipso dicit, in IX *Confess.*[11]: *Flevi in hymnis et canticis tuis, suave sonantis Ecclesiae tuae vocibus commotus acriter.*

AD PRIMUM ergo dicendum quod cantica spiritualia possunt dici non solum ea quae interius canuntur in spiritu, sed etiam ea quae exterius ore cantantur, inquantum per huiusmodi cantica spiritualis devotio provocatur.

AD SECUNDUM dicendum quod Hieronymus non vituperat simpliciter cantum: sed reprehendit eos qui in Ecclesia cantant more theatrico, non propter devotionem excitandam, sed propter ostentationem vel delectationem provocandam. Unde Augustinus dicit, in X *Confess.*[12]: *Cum mihi accidit ut me amplius cantus quam res quae cani-*

---

8. c.5, 1340a38-39; Contin. Comm. S. Thomas, lect.2.
9. al.I, c.1: ML 63, 1168D.

서 소리적인 찬미(laus vocalis)가 필요하다. 그러므로 여기에 유익할 수 있는 모든 것은 적절하게 신적 찬미로 취해져야 한다. 이제 『정치학』 제8권에서[8] 철학자에 의해, 그리고 『음악』[9]의 서언에서 보에티우스에 의해 명백히 드러나듯이, 소리들의 다양한 멜로디들에 따라 사람들의 영혼이 다르게 배열된다는 것은 분명하다. 그러므로 신적 찬미에서 노래들이 취해짐으로써 나약한 이들의 영혼이 신심으로 더욱 자극받을 수 있도록 건전하게 제정되었다. 그러므로 아우구스티누스는 『고백록』 제10권에서[10] 다음과 같이 말한다. "나는 교회에서 노래하는 관습을 승인하는 편이다. 그래서 오락을 통해서, 약한 이들의 마음은 경건한 느낌으로 상승한다." 그리고 『고백록』 제9권에서[11] 자신에 대해 다음과 같이 말한다. "저는 당신의 찬미가들과 노래들에서 울었고, 당신 교회에 울려 퍼지는 부드러운 소리에 의해 격렬하게 감동받았습니다."

[해답] 1. 영적인 노래들은, 그와 같은 노래들을 통해 영적 신심이 자극되는 한에서, 영 안에서 노래 불리는 내적 노래들일 뿐만 아니라 입으로 노래 불리는 외적인 노래들도 지칭할 수 있다.

2. 히에로니무스는 단순히 노래를 비난하는 것이 아니라, 신심을 불러일으키기 위해서가 아닌 과시(ostentatio)나 쾌락(delectatio)을 자극하기 위해 교회에서 연극의 방식으로 노래하는 사람들을 비판한 것이다. 그래서 아우구스티누스는 『고백록』 제10권에서[12] 다음과 같이 말한다. "노래 되는 것보다 노래가 더 저를 감동시키는 일이 제게 일어날 때,

---

10. c.33, n.50: ML 32, 800.
11. c.6, n.14: ML 32, 769.
12. c.33, n.50: ML 32, 800.

tur moveat, poenaliter me peccare confiteor: et tunc mallem non audire cantantem.

AD TERTIUM dicendum quod nobilior modus est provocandi homines ad devotionem per doctrinam et praedicationem quam per cantum. Et ideo diaconi et praelati, quibus competit per praedicationem et doctrinam animos hominum provocare in Deum, non debent cantibus insistere, ne per hoc a maioribus retrahantur. Unde ibidem[13] Gregorius dicit: *Consuetudo est valde reprehensibilis ut in diaconatus ordine constituti modulationi vocis inserviant, quos ad praedicationis officium et eleemosynarum studium vacare congruebat.*

AD QUARTUM dicendum quod, sicut Philosophus dicit, in VIII *Polit.*,[14] *neque fistulas ad disciplinam est adducendum, neque aliquod aliud artificiale organum, puta citharam et si quid tale alterum est: sed quaecumque faciunt auditores bonos.* Huiusmodi enim musica instrumenta magis animum movent ad delectationem quam per ea formetur interius bona dispositio. In veteri autem Testamento usus erat talium instrumentorum, tum quia populus erat magis durus et carnalis: unde erat per huiusmodi instrumenta provocandus, sicut et per promissiones terrenas. Tum etiam quia huiusmodi instrumenta corporalia aliquid figurabant.

AD QUINTUM dicendum quod per cantum quo quis studiose ad delectandum utitur, abstrahitur animus a consideratione eorum quae

---

13. loc. cit., in 3a.

저는 제가 벌을 받을 죄를 지었다고 고백하며, 그래서 가수[의 노래]를 듣지 않기를 선호합니다."

3. 노래를 통해서보다 가르침과 설교를 통해 사람들이 신심에 이르도록 자극하는 방법이 더 고귀하다. 그러므로 설교와 가르침을 통해 사람들의 영혼을 하느님께 자극할 권한이 있는 부제들과 고위 성직자들은 노래들을 고집하지 말아야 하며 그럼으로써 더 중요한 것들로부터 떠나지 말아야 한다. 따라서 그레고리우스는 같은 곳에서[13] 다음과 같이 말한다. "설교의 직무와 자선의 노력에 헌신하는 것이 적합한 부제들의 품계에 세워진 사람들이 그들의 목소리를 조절하기 위해 봉사하는 것은 매우 비난받을 만한 관습이다."

4. 철학자는 『정치학』 제8권에서[14] 다음과 같이 말한다. "피리나 다른 인위적인 악기, 예컨대 비파 또는 그와 같은 다른 것이 있다면, 그런 것들을 교육하는 데에 가져와서는 안 된다. 다만 청중들을 선하게 할 수 있는 것들만 [가져와야 한다]." 사실, 이와 같은 악기들은 그것들을 통해 선한 내적 태세를 형성하기보다 영혼을 쾌락으로 움직이게 하기 때문이다. 그러나 구약에서는 그러한 도구들이 사용되었는데, 이는 백성이 더 완고하고 육적이었기 때문이었고, 따라서 그러한 도구들을 통해 자극받아야 했기 때문이며, 마찬가지로 지상의 약속들을 통해서도 [자극받아야 했기 때문이다]. 또한 그것은 이러한 육체적인 도구들이 무엇인가를 표상하기 때문이기도 하다.

5. 영혼은 유쾌하기 위해 열심히 사용하는 노래 때문에 노래 되는 것에 대한 숙고에서 떨어지게 된다. 그러나 누군가가 신심으로 노래한다

---

14. c.6, 1341a18-20; Contin. Comm. S. Thomas, lect.2.

cantantur. Sed si aliquis cantet propter devotionem, attentius considerat quae dicuntur: tum quia diutius moratur super eodem; tum quia, ut Augustinus dicit, in X *Confess.*,[15] *omnes affectus spiritus nostri pro sua diversitate habent proprios modos in voce atque cantu, quorum occulta familiaritate excitantur.* Et eadem est ratio de audientibus: in quibus, etsi aliquando non intelligant quae cantantur, intelligunt tamen propter quid cantantur, scilicet ad laudem Dei; et hoc sufficit ad devotionem excitandam.

---

15. c.33, n.49: ML 32, 800.

면, 그는 언급되는 것을 더 주의 깊게 숙고하게 된다. 이는 같은 것에 더 오래 머물러 있기 때문이며, 또한 아우구스티누스가 『고백록』 제10권에서[15] 다음과 같이 말하기 때문이다. "우리 영의 모든 감정은 그 다양성 때문에 목소리와 노래에서 자신에게 적절한 것을 발견하며, 그것들의 숨은 친숙함으로 인해 일깨워진다." 그리고 듣는 사람들에 대해서도 같은 이유이다. 비록 그들이 때때로 노래 되는 것들을 이해하지 못한다고 해도, 왜 노래가 불리는지, 즉 하느님에 대한 찬미를 위해 [노래하는 것을] 이해한다. 그리고 이것은 신심을 불러일으키기에 충분하다.

⟨주제 색인⟩

[ㄱ]
가까이 가다(accedo) 53, 203, 207
가르침(doctrina) 85, 261, 281, 417, 487, 509
가르침, 훈육(disciplina) 5, 13
가시(stimulus) 187, 191
가축 떼(grex) 271, 305, 307
간과하다(praetermitto) 11, 341
간청(imploratio, preces) 205
간청하다(imploro, contestor) 150, 411, 415, 423, 429, 451, 489, 493
간통(adulterium) 453
강신술사(nigromanticis) 483, 487
강제(compellendum, compulsio) 205, 485, 487, 489, 493
강제하다(compello) 255, 281, 303, 343, 359, 389, 399, 415, 439, 447, 451, 481
강탈(rapina) 295, 301
개별적인(singularis) 3, 15, 71, 167, 230, 285, 381, 401, 411, 467
개선(triumpho) 163
거짓, 거짓말(mendacium) 197, 391, 409, 413, 415, 425, 427, 429, 439, 447, 457
건강하지 못한 사람(invalidus) 267
게으름(negligentia) 177, 287, 301
결속(vinculum) 169, 367
결함, 결점(defectus) 83, 87, 89, 475
결합, 성교(coitus) 59, 395, 427
경멸, 멸시(contemptus) 269, 271, 301
경배(veneratio) 37, 45, 103, 209, 211, 213, 217, 347, 445, 497
경외심, 존경심(reverentia) 109, 111, 213, 215, 219, 243, 321, 433, 439, 445, 453, 471, 481, 483, 485, 501
경의, 준수(observantia) 9, 13, 19, 23, 41, 199, 281, 283, 289, 329, 331, 333, 381,

387, 389, 399, 401, 443, 451, 455, 463, 465
계명, 규정(praeceptum) 51, 107, 111, 121, 139, 149, 249, 253, 255, 271, 275, 279, 281, 283, 285, 287, 289, 291, 295, 301, 379, 383, 399, 437, 463, 465, 477
고백하다(confiteor) 115, 219, 275, 287, 367, 433, 509
고운 밀가루(simila) 257
고위 성직자(praelatus) 279, 347, 351, 367, 371, 385, 391, 393, 397, 399, 401, 403, 405
고집, 완고함(obstinatio) 293, 441, 509
고행(maceratio) 241, 243, 331
공경(dulia) 41, 433, 439, 435, 445
공통적(communis) 167, 229, 257, 277
공포되다(publico) 167
과시(ostentatio) 507
관대한(liberalis) 101, 105
관상(contemplatio) 29, 79, 81, 123, 165, 177, 389
관습(mos) 9, 213, 249, 257, 259, 275, 277, 285, 299, 301, 305, 307, 443, 507, 509
관찰자(inspector) 499
광주리(cartallus) 273
광채(claritas) 161
괴로움, 고행(afflictio) 87, 241, 243, 331
교제, 친교(societas) 39, 241, 243, 245, 259
교활한(dolosus) 271
교회(ecclesia) 115, 161, 167, 199, 201, 205, 255, 257, 259, 261, 263, 265, 269, 275, 285, 289, 291, 293, 297, 299, 303, 305, 307, 309, 311, 313, 345, 375, 377, 383, 385, 391, 393, 395, 401, 405, 467, 493, 503, 505, 507
구마식(exorcismus) 493
구매, 구입(emptio) 261, 311
구매자(emptor) 303

구원자, 구세주(salvator) 421, 441, 483
궁수(sagittans) 491
권리청구(vindicatio) 3, 5, 11, 15, 19
권한, 권능(potestas) 37, 293, 317, 355, 367, 369, 371, 375, 377, 383, 397, 399, 403, 405, 451, 467, 481, 483, 487, 493, 509
규범, 법령(canon) 261, 373, 377, 401, 445
금욕(abstinentia) 241, 351, 355, 359, 367, 387, 391, 395
기념되다(commemoro) 205
기도하는 이(orans) 133
기도하다(oro) 91, 101, 105, 109, 111, 115, 125, 129, 131, 155, 157, 159, 161, 163, 167, 169, 171, 173, 175, 177, 183, 185, 189, 191, 193, 201, 203, 223
기부(donatio) 257
기원, 부름(invocatio) 407, 481, 487, 491
기원하다(opto) 107
깨끗함, 순수함(puritas) 21, 61, 63, 67, 151, 389
끔찍하다(execrabilis) 195, 199

[ㄴ]
나라, 왕국(regnum) 119, 123, 139, 141, 143, 145, 147, 149, 151, 229, 301, 387
나약함(infirmitas) 121, 177, 219, 423, 429
낮춤, 비하(humiliatio) 219, 213
내포하다, 가져오다(importo) 9, 13, 15, 23, 209, 217, 241
널리 전파하다(innotesco) 149
넘쳐흐르는(redundantia) 161, 169
노동자, 일꾼(operarius) 291, 295, 303
노출(denudatio) 415

[ㄷ]
단식(ieiunium) 87, 241, 325, 331, 349, 351, 353, 355, 359, 365, 395, 401, 405, 473

달관자(comprehensor) 345
달려 있다, 의지하다(innitor) 187, 199, 255, 333, 369, 401, 403
담화, 이야기(sermo) 205, 489
대사제, 교황(pontifex) 263, 311, 313, 389, 391, 405
대속기도(suffragium) 117, 133, 135, 159
더럽히다(polluo) 271
덕(virtus) 3, 5, 7, 9, 11, 15, 19, 21, 25, 27, 31, 33, 35, 37, 39, 41, 43, 45, 47, 49, 51, 53, 61, 65, 67, 69, 77, 125, 181, 187, 189, 195, 199, 227, 241, 243, 245, 249, 317, 327, 331, 347, 349, 355, 357, 359, 369, 387, 409, 447
도둑질(furtum) 243, 295, 299, 301, 451
독성(瀆聖, blasphemia) 445
돈(pecunia) 245, 265, 335, 451, 465
돈주머니(loculi) 263
돌려주다(reddo) 7, 33, 409
동등함, 평등(aequalitas) 5, 7, 15, 49, 53, 213, 239, 287
동료 종(conservus) 215
동료, 짝, 친구(comes, socius) 5, 235, 425, 427, 451, 483
되사다(redimo) 269
뒤로 물러서게 하다(retraho) 165
드러내다, 보이다(ostendo) 7, 29, 37, 169, 215, 219, 233, 375, 387, 415, 443, 447, 453, 461, 501
떠나다(derelinquo) 173

[ㅁ]
마땅한 것(debitum) 7, 9, 13, 33, 41, 49, 51, 211
마땅히 받다(promereo) 261, 265
마법(incantatio) 483
마음(cor) 25, 57, 101, 115, 151, 165, 169, 173, 177, 321, 331, 335, 353, 403, 423, 433, 497, 499, 501, 503, 507
만족(complacentia) 55, 283

만물(primitia) 73, 227, 241, 245, 253, 271, 273, 275, 277, 303, 307, 313
말(equum) 345
매춘부(meretrix) 265
맹세(iuramentum) 201, 273, 407, 409, 411-413, 415, 417, 419, 421, 423, 425,
　　427, 429, 431, 433, 435, 437, 439, 441, 443, 445, 447-449, 451, 453, 455,
　　457, 459, 461, 463, 465, 467, 469, 471, 473, 475, 477, 479, 481, 489, 491
머리(caput) 441, 443, 445
머리카락(capilum) 445
먹이(esca) 155
면제, 관면(dispensatio) 311, 313, 317, 377, 379, 381, 383, 385, 387, 389, 391,
　　393, 395, 397, 399, 401, 403, 405, 409, 451, 455, 461, 463, 465, 467
명단, 목록(catalogus) 11, 15, 325, 331
명령(dictamen) 27, 31, 43, 47, 65, 97, 99, 105, 155, 157, 231, 265, 275, 281,
　　291, 311, 321, 328, 349, 355, 383, 385, 403, 425, 479, 489, 491
명백한, 준비된(promptus) 77, 169, 357
명예(honor) 13, 33, 37, 41, 43, 53, 55, 57, 109, 119, 215, 231, 235, 239, 249,
　　267, 275, 287, 401, 425, 433, 445, 465, 473, 501
몰두하다, 살다(versor) 177
무게(ponderatio) 177, 387, 401
문(ostium) 221
미친 사람(amens) 373, 375
밀(triticum) 303

[ㅂ]
박애, 자애, 인성(humanitas) 5, 13, 15, 17, 79, 83, 89, 157
받다(adepto) 215, 273, 275, 297, 309, 329, 339, 363, 401, 461, 465
받음, 수용(susceptio) 49, 269, 393
발음, 선포(pronuntiatio) 167, 323, 457, 487
밤샘(vigilia) 325, 331
방식(modus) 33, 231, 415, 485, 489, 493

방해, 장애(obex) 79, 83, 85, 133, 169, 171, 177, 193, 293, 367, 383, 385, 387, 403, 447, 451, 453, 467, 469, 475, 483, 505
방황, 빗나감(evagatio) 173, 177
방황하다, 헤매다, 빗나가다(evagor) 173, 177
번제물(holocaustum) 71, 241
범법자(trasgressor) 365
범죄(delicto) 239, 425, 437
범죄자(malefactor) 233
법(ius, lex) 9, 11, 15, 19, 35, 63, 243, 249, 269, 277, 283, 287, 289, 301, 307, 367, 377, 381, 383, 385, 399, 413, 463
법령(statutum) 261, 373, 377, 401
변화, 변경, 교환(commutatio) 5, 9, 15, 19, 103, 105, 317, 383, 391, 397, 399, 401, 403, 465, 467
보살핌(cura) 377
보수, 임금(pretium) 265, 269, 291, 293, 303
복수, 처벌(vindicta) 87, 137, 141, 161, 197, 233, 259, 445
본당(parochia) 261, 265, 279
본향(patria) 91, 159-165
봉급(stipendium) 295
봉사, 섬김(famulatus) 35, 37, 77, 79, 111, 285, 287, 363, 365, 431, 465
봉토(feudum) 305, 309
봉헌, 봉헌물(oblatio) 29, 47, 65, 67, 71, 73, 77, 109, 167, 209, 227, 229-233, 235, 237, 239, 241-251, 253-277, 291, 295, 303, 329, 331, 431, 433
봉헌자(offerens) 255, 263
부당한 요구, 상납(exactio) 131, 183, 255, 311, 333, 423, 479, 481
부모(parens) 11, 311, 367, 373, 375, 377
부복하다(prosterno) 219, 235
부족하다(desum) 49, 373, 429
분배(distributio) 263, 265, 315, 381
분배하다, 면제하다(dispenso) 119, 255, 263, 293, 311, 313, 317, 379-405, 409,

451, 455, 461-467, 471
분별력, 신중함(discretio) 331, 421, 427
불결하다(maculatus) 267
불변성(immobilitas) 103, 357, 475
불충실함(infidelitas) 193, 321, 335, 445, 459
비극(tragoedia) 503
비파(cithara) 505, 509
뿌리, 바탕(radix) 187, 297, 307, 345, 387

[ㅅ]
사건(eventus) 287, 345, 395, 451, 463
사도좌(sede apostolica) 313
사면하다, 해방하다, 면하다(absolvo) 23, 149, 151, 205, 389, 449
사변적 이성(ratio speculativa) 95, 99
사십 분의 일(quadragesima) 277
상급, 임금(merces) 133, 187, 303
상승, 오름(ascensio) 99, 165, 173, 205, 207
상승하다(ascendo) 173, 507
새 법(lex nova) 249, 259, 269, 271, 273, 275, 289, 291, 297, 299, 307
생각(cogitatio) 101, 321, 423, 499
서원(votum) 25, 35, 77, 227, 271, 283, 317-405, 409, 435, 439, 451, 457-461, 463, 464
서원하다(voveo) 205, 271, 283, 291, 317, 325, 327, 329, 331, 335, 337, 339, 341, 343, 345, 347, 349, 351, 353, 355, 359, 361, 367-371, 373, 375, 381, 383, 387, 403, 405, 461
선서(adiuratio) 201, 205, 359, 361, 363, 371, 387, 393, 395, 407, 425, 477-493
선서, 고백(professio) 115, 219, 249, 273, 275, 287, 339, 367, 433, 509
선언하다(declaro) 165, 413
선의(benevolentia) 13, 143, 485, 487
선행, 자선(beneficentia) 13, 17, 19, 75, 153, 191, 205, 207, 241, 259, 243, 291,

309, 509
섭리(providentia) 103, 105, 419
성교(copula) 391, 395
성사(sacramentum) 59, 147, 255, 259, 261, 263, 407, 455
성인(sanctus) 65, 75, 91, 105, 113, 115, 121, 137, 159-165, 173, 187, 235, 325, 331, 347, 351, 443, 473, 487
성작(calix) 383, 391
성취(impetratio) 175, 199
성취하다(impetro) 105, 113, 189, 199
성화 은총(gratia gratum faciens) 189
세금(tributum) 295, 303
소(bovis) 281
소녀(puella) 369, 373, 375, 377, 453, 467
소년, 어린이(puer) 317, 371, 375, 377
소리, 음성, 목소리(vox) 113, 115, 141, 165, 167, 169, 171, 173, 175, 257, 503, 507, 509, 511
소리적(vocalis) 91, 165-171, 179, 507
소유권, 지배, 통치(dominium) 37, 103, 149, 153, 231, 277, 485
속임수(dolus) 455, 457
손(manus) 83, 115, 171, 271, 273, 309, 319, 323, 329, 367
손해(detrimentum) 301, 303, 455
수금(psalterium) 505
수도원(monasterium) 333, 337, 387, 397
수도자(monachus) 23, 265, 305, 309, 313, 347, 359, 367, 371, 391, 395
수입(proventus) 287, 299
수확물(frux) 271, 273, 279, 295
순종, 복종(obsequium) 5, 13, 23, 29, 37, 39, 57, 58, 71, 81, 83, 89, 95, 109, 111, 147, 157, 219, 231, 249, 331, 349, 355, 365, 367, 369, 371, 383, 387, 397, 401, 489
숫양(aries) 257

습관, 관습(consuetudo) 305, 307, 421, 423, 509
승리(victoria) 101, 163, 239, 331, 389
신법(lex divina) 239, 375, 379, 385, 417
신적 위계(thearchia) 501
실천적 이성(ratio practica) 95, 99
실체(substantia) 155
심사숙고(deliberatio) 319, 321, 323, 325, 373, 375, 385, 457, 459, 461, 475
심판, 재판(iudicium) 267, 411, 419, 427, 443, 455
심판관, 재판관(iudex) 11, 411, 415
십일조(decimo) 227, 241, 245, 273, 279-315, 329

[ㅇ]
아량(liberalitas) 5, 11, 17, 19, 241
안뜰(atrium) 211
암시(insinuatio) 203
암시하다(insinuo) 165
애원(哀願, deprecatio, supplicatio) 97, 163, 203, 485, 489
애원하다(depreco, supplico) 97, 155, 157, 159, 161, 163, 167, 173, 191, 321, 479, 487, 491
약, 구제책(remedium) 181, 395, 437, 439
약속(promissio) 13, 227, 257, 259, 277, 317, 319, 321, 323, 325, 327, 333, 335, 337, 339, 341, 343, 347, 349, 351, 355, 357, 359, 361, 363, 367, 369, 411, 412, 413, 439, 447, 455, 457, 459, 461, 465, 467, 479, 509
약탈품(spolium) 267
약탈하다(depraedor) 267
약한 자(languidus) 417, 457, 507
양(ovis) 281, 289, 305
양식(victus) 77, 125, 147
어린 송아지(vitulus) 169
얻는, 성취적인(impetrativus) 29, 175, 199

여인, 여자(mulier) 337, 369, 389
연장하다(protendo) 179, 183
염소(capra) 59, 281
영감, 감도(inspiratio) 415, 453
영감을 불어넣는 분(inspirator) 453
영속성(perpetuitas) 389
예배(cultus) 7, 9, 15, 23, 25, 27, 29, 35, 45, 47, 49, 55, 57, 59, 63, 65, 77, 103, 107, 115, 179, 211, 213, 223, 247, 251, 257, 263, 275, 285, 287, 291, 295, 329, 347, 349, 355, 383, 431, 497
예식(ceremonia, ritus) 7, 25, 31, 64, 65, 107, 223, 253, 271, 275, 281, 287, 289, 347
예지(provisio) 419
옛 법(lex vetus) 109, 249, 267, 269, 273, 275, 277, 279, 281, 283, 285, 289, 291, 295, 297, 301, 307, 313, 505
완성, 완수(impletio) 57, 65, 163, 291, 357, 415
완전성(perfectio) 49, 139, 357
완화, 경감(relaxatio) 455, 461, 467
왕관(corona) 163
외국인(peregrinus) 283
요청(postulatio) 143, 145, 191, 201-207
요청하다(postulo) 97, 105, 129, 131, 141, 157, 163, 293, 399, 401
욕망(concupiscentia) 331
욕심(rapacitas) 269
용서하다, 사면하다(ignosco) 139, 151, 177, 197, 199, 201, 389
용약(踊躍)(exsultatio) 497
용약하다(exsulto) 117, 169
우연(contingentia) 411
원기회복(refectio) 175
원조, 도움(subventio) 83, 89, 105, 125, 133, 163, 203, 231, 299, 309, 311, 315, 423, 489, 493

원하다(volo) 77, 81, 107, 117, 121, 131, 153, 159, 163, 165, 199, 225, 285
위반하다(transgredior) 179, 229, 287, 345, 363, 425, 455
위엄(maiestas) 211, 215, 225, 239
위증(periurium) 411, 417, 421, 423, 425
위치, 지점(situs) 89, 223, 307
유익하다, 유리하다(expedio) 53, 93, 119, 125, 127, 135, 141, 147, 183, 191, 193, 285, 329-343, 401, 409, 413, 423, 425, 435, 461, 463, 465, 467, 473, 487, 501, 507
육성하다(foveo) 29, 355
육십 분의 일(sexagesima) 277
은총, 감사(gratia) 3, 5, 9, 15, 19, 113, 157, 187, 189, 195, 201-207, 215, 255, 273, 281, 283, 285, 289, 351, 363
음식, 양식(cibus) 77, 125, 147, 285, 381, 395
의도, 지향, 제안, 계획(propositum) 19, 59, 117, 125, 127, 135, 143, 151, 175, 177, 183, 185, 301, 319, 321, 323, 337, 339, 385, 413, 417, 419, 425, 449, 451, 455, 457, 481, 483, 505
의무(obligatorium) 9, 11, 13, 15, 65, 137, 139, 249, 253-259, 271-277, 279, 281, 283, 285, 289, 295, 297, 299, 301, 303, 309, 311, 313, 317, 319, 321, 329, 335, 337, 339, 349, 363, 367, 369, 371, 373-379, 381, 383, 385, 393, 397, 401, 409, 417, 425, 447, 449, 451, 453, 455, 457-461, 463, 467, 471, 479, 481
의지, 뜻(voluntas) 11, 17, 31, 37, 43, 53, 67, 69, 71, 73, 77, 81, 87, 89, 99, 103, 107, 109, 117, 121, 127, 139, 143, 147, 149, 153, 157, 159, 163, 193, 199, 231, 255, 257, 259, 261, 265, 277, 289, 313, 319, 321, 323, 327, 329, 333, 337, 339, 343, 345, 349, 351, 353, 357, 359, 363, 367, 369, 375, 377, 381, 395, 403, 407, 415, 423, 429, 445, 449, 459, 465, 475, 477-493, 483, 501, 503, 507
이성, 이유, 근거, 방식(ratio) 7, 9, 11, 13, 15, 27, 29, 31, 33, 35, 37, 39, 41, 43, 45, 53, 65, 67, 71, 79, 91, 95, 97, 99, 131, 135, 141, 153-157, 167, 187, 193, 203, 205, 211, 221, 223, 230, 231, 233, 257, 263, 269, 271, 273, 275,

277, 281, 285, 293, 297, 309, 311, 313, 315, 319, 321, 323, 325, 329, 335, 337, 341, 349, 355, 363, 369, 373, 375, 377, 379, 383, 385, 387, 389, 393, 395, 399, 403, 413, 421, 425, 427, 429, 433, 439, 443, 445, 449, 455, 459, 461, 463, 471, 473, 481, 489, 499, 505, 511

이해, 포착(apprehensio) 25, 63, 79, 81, 93, 95, 139, 147, 150, 167, 215, 217, 223, 263, 329, 345, 351, 357, 363, 381, 397, 403, 429, 435, 437, 445, 455, 457, 489, 491, 501, 511

인간(homo) 7, 9, 13, 15, 21-29, 33, 37, 39, 41, 47, 49, 51, 55, 57, 63, 65, 73, 75, 77, 81, 83, 85, 89, 103, 109, 111, 119, 123, 125, 139, 147, 163, 169, 177, 193, 213, 215, 231, 233, 255, 265-271, 275, 295, 319, 331, 333, 335, 339, 345, 353, 363, 365, 371, 377, 381, 383, 395, 397, 407, 421, 425, 427, 429, 433, 443, 449, 453, 455, 457, 459, 465, 473, 481, 483, 489, 497, 505

인식, 앎(cognitio) 71, 81, 91, 93, 95, 167, 231, 413, 415, 433

인정, 승인(recognitio) 273, 275, 507

인정법(ius humanum) 265, 333, 383

일시적인, 임시적인(temporalis) 123, 139, 141, 401, 455

일으키다(excito) 43, 47, 75, 77, 79, 83, 85, 87, 89, 99, 149, 153, 167, 181, 219, 499, 501, 507, 511

[ㅈ]

자극하다, 촉구하다(instigo) 59, 189, 219, 481, 497, 499, 501, 505, 507, 509

자비(misericordia) 13, 27, 115, 163, 193, 197, 199, 205, 241, 479, 501

자애(benignitas) 5, 15, 17, 89

자애로운, 너그러운(benignus) 17, 343

자연, 본성(natura) 7, 25, 31, 35, 83, 107, 139, 157, 197, 199, 219, 230, 231, 235, 331, 377

자연법(lex naturalis) 227, 229, 230, 231, 233, 247, 275, 287, 289, 335, 379, 383, 385

자제(continentia) 241, 245, 317, 337, 385-397, 405

자제하다(contineo) 177, 387, 397, 437

장소(locus) 209, 221-225, 337
장엄, 장엄함(solemnitas) 255, 317, 359, 361, 362, 363, 365, 375, 377, 379, 385, 387, 389, 391, 393, 395, 471, 475
재료, 질료, 대상(materia) 27, 35, 37, 43, 45, 47, 75, 77, 99, 175, 189, 213, 333, 385, 389, 429, 443, 473
재산, 소유물, 속성(proprietas) 35, 37, 119, 185, 257, 263, 267, 285, 297, 303, 307, 309, 311, 387, 395, 425
쟁기(aratrum) 323
저주(execratio, imprecatio) 135, 139, 271, 415, 443, 445
적용(applicatio) 27, 63, 65, 111, 175, 363, 381
정결(castitas) 241, 355, 359, 387, 391, 395
정의, 의로움(iustitia) 3-17, 19, 41, 45, 47, 49, 53, 61, 65, 77, 107, 123, 139, 141, 199, 267, 289, 301, 417, 425-429, 445, 451, 456, 463, 467
제거, 철회(subtractio) 53, 89, 143, 147, 151, 177, 187, 191, 255, 259, 379, 455
제물(victima) 63, 237, 257, 259, 267, 291, 383
제물, 희생제물(hostia) 71, 229, 241, 245, 247, 261, 263, 271,283, 331, 347, 349, 355, 379, 499
제출, 지불(exhibitio) 257, 273, 279, 281, 283, 287, 289, 291, 293, 295, 297, 299, 301, 303, 305, 307, 311, 313, 335, 341, 343, 451
조정자(sequester) 261
종교, 수도생활(religio) 3, 5, 7, 11, 15, 19-67, 69, 75-79, 91, 107-111, 189, 209-215, 237, 243, 317, 325, 337, 347-351, 359, 367, 371, 373-379, 397, 401, 403, 431-435, 439, 465, 467, 497
종교인, 수도자(religiosus) 23, 25, 29, 65, 81, 265, 309, 313, 347, 367, 371, 391, 393, 395
주교직(episcopatus) 387
주님, 주인(dominus) 7, 45, 59, 73, 83, 91, 93, 97, 99, 109, 113, 115, 117, 119, 121, 129, 141-153, 167, 171, 179, 181, 183, 185, 197, 199, 205, 211, 215, 223, 237, 255, 257, 261, 263, 267, 269, 271, 273, 275, 279, 281, 291, 293, 301, 313, 319, 325, 329, 331, 347, 369, 379, 391, 409, 411, 419, 423, 427,

437, 445, 449, 481, 497, 501, 503, 505
주의, 경계(vigilantia) 11, 179, 183, 305, 307, 313
주의, 관심(attentio) 7, 9, 25, 91, 171-177, 293, 299, 505
주의를 기울이다, 집중하다(intendo) 11, 127, 173, 175, 505
주재(主宰)하다, 다스리다(dominor) 37, 103, 489
증거(testificatio) 323
증명하다(protesto) 39, 103
증언(testimonium) 323, 413, 415, 419, 421, 423, 429, 433, 443, 445, 451, 453, 457, 459, 471
증여하다(munero) 93
증인으로 삼다(obtestor) 431, 433
지불, 해소(solutio) 257, 273, 279-293,295, 297, 299, 301, 303, 305, 307, 311, 313, 335, 341, 343, 451, 457
지불인(redditor) 343
지시, 결정(placitum) 223, 229, 231, 233, 249, 275, 287, 289, 291, 297, 305, 381, 383, 385, 399, 401, 441, 455
지역, 관할구역(territorium) 307, 309
지정(deputatio) 257, 259
지정하다(deputo) 141, 259
지키다(servo) 21, 27, 197, 281, 283, 285, 289, 329, 334, 335, 447, 453
지향(intentio) 59, 117, 125, 127, 135, 151, 153, 169, 175, 183, 185, 337, 505
직무, 임무(munus, officium) 7, 305, 365, 375, 411, 503, 509
직무자(minister) 167, 247, 257, 265, 285, 287, 289, 291, 293, 295, 299, 301, 307, 311, 363, 505
짐승(jumentum) 155, 245
징수자, 채무자(exactor) 9, 343
징후, 표징(indicium) 57, 59, 225

[ㅊ]
찬미가(hymnus) 177, 503, 507

찬미하다, 칭찬하다(laudo) 45, 84, 237, 243, 249, 293, 301, 407, 435, 495, 497, 499, 501, 503
찬양하다, 찬미하다(magnifico) 499
창고(horreum) 285
창녀(prostibula) 265, 269
창시자(auctor) 109, 115, 363
천사(angelus) 29, 115, 149, 155, 157, 211, 215, 235, 445, 471, 475, 485
청원(petitio) 91, 97, 99, 115, 119, 135, 141-153, 183, 203, 205
청하다(peto) 97, 99, 101, 107, 111, 112, 113, 117, 119, 121, 123, 129, 139, 141, 143, 149, 151, 153, 155, 157, 173, 175, 183, 185, 187, 189, 191, 193, 197, 199, 205, 207, 359
청허(聽許)하다(exaudio) 93, 97, 99, 129, 133, 135, 161, 187, 191, 193, 197, 201, 203, 223
촉발하다, 야기하다(provoco) 81, 85, 357, 459
추인, 확인, 확증(confirmatio) 319, 323, 343, 407, 411, 413, 415, 429, 431, 433, 435, 437, 439, 447, 449, 457, 469, 473, 479
축복(benedictio) 245, 362, 363, 375, 391
축성(consecratio) 205, 223, 265, 362, 363, 375, 383, 391, 393, 471
충실함(fidelitas) 335, 341, 381, 385, 359
충실히 섬기다(deservio) 263
취소하다, 철회하다(revoco) 255, 373, 375, 377, 379, 383
친척(propinquus) 23

[ㅌ]
타락하다(corrumpo) 337
탁월함(excellentia) 37, 41, 43, 115, 153, 161, 213, 215
탄식(gemitus) 183
탄원(歎願, obsecratio, contestatio) 201-207
탄원하다(obsecro, contestor) 445, 479
탓, 죄과(culpa) 139, 197, 301, 337, 343, 401, 403, 441

태세, 안배, 배치(dispositio) 103, 105, 201, 203, 361, 475, 485, 509
토지(praedium) 257, 309, 313
통치자(rector) 239, 265
트리엔트 공의회(Trento, Concil.) 235, 339, 359

[ㅍ]
폐지(dissuetudo) 455
포기(abdicatio) 387
포기하다(abrenuntio) 319, 325, 329, 345, 363, 393, 449
포도나무(vinea) 285
표지(signum) 167, 169, 181, 213, 215, 219, 223, 229, 231, 233, 239, 271, 275, 287, 321, 363, 362, 419
품위(dignitas) 9, 127, 215, 301, 389, 469, 471, 473
피하다(subterfugio) 215

[ㅎ]
하느님 나라(regnum Dei) 123, 127, 147, 319
한계(terminus) 179, 277, 287, 437
합당함(decentia) 223, 225
허세(pompa) 325, 329
협박(comminatio) 327
형상, 표상, 전형(figura) 175, 267, 287, 509
형평(epieikeia) 5, 15, 17, 19
호소하다(interpello) 161, 205, 317, 333, 403, 405, 413
호의, 은혜, 자선, 이익(beneficium) 53, 81, 133, 135, 185, 189, 197, 205, 207, 243, 269, 273, 275, 277, 291, 297, 299, 309, 341, 343, 391, 465, 509
혼인, 결혼(matrimonium) 119, 359, 361, 363, 371, 387, 389, 391, 393
화살(sagitta) 401
후견인(tutor) 377
후회, 참회(poenitentia) 101, 331, 337, 357

흠숭(adoratio) 23, 27, 29, 31, 35, 39, 55-59, 107, 121, 155, 171, 209-225, 347-351, 355, 379, 387, 395, 407, 431-435, 441, 445, 501
희생제사, 희생제물(sacrificium) 27, 47, 64, 65, 71, 227-251, 257, 259, 263, 271, 275, 291, 331, 349, 355, 379, 387, 499

⟨인명 색인⟩

그라치아누스(Gratianus) 254, 255, 260, 263, 272, 273, 284, 298, 377, 440, 444, 462, 470, 471, 472, 473, 502, 504
그레고리우스 7세(Gregorius VII) 254, 255
그레고리우스, 니사의(Gregorius Nyssenus) 87
다마셰누스(Damascenus) 97, 99, 117, 201, 217
다마수스 1세(Damasus I) 261, 265
데키우스(Decius) 71
디오니시우스(Dionysius) 61, 75, 93, 111, 363, 501
롬바르두스, 페트루스(Petrus Lombardus) 108, 116, 194, 204, 210, 324, 344, 353
리비우스, 티투스(Titus Livus) 71
마크로비우스(Macrobius) 5, 11, 13, 15
막시무스, 발레리우스(Valerius Maximus) 119
멘네시에(I. Mennessier) 363, 365
보니파시우스 8세(Bonifacius VIII) 377
세네카(Seneca) 55, 101
소크라테스(Sacrates) 15, 119
아리스토텔레스(Aristoteles, '철학자' 포함) 5, 7, 9, 13, 77, 93, 97, 125, 301, 357, 433, 491, 507, 509
아우구스티누스(Augustinus) 23, 25, 27, 29, 33, 39, 43, 47, 55, 59, 67, 81, 97, 112, 113, 125, 127, 129, 133, 139, 141, 145, 147, 149, 151, 153, 171, 177, 181, 183, 189, 191, 197, 199, 211, 213, 229, 237, 239, 241, 267, 285, 299, 335, 341, 343, 355, 357, 397, 411, 415, 421, 423, 437, 473, 485, 505, 507, 511
이시도루스(Isidorus) 13, 17, 25, 63, 95, 455
인노첸시오 11세(Innocentius XI) 339, 425
인노첸시오 3세(Innocentius III) 417
인노첸시오 4세(Innocentius IV) 373

카예타누스(Caietanus) 26, 97, 104
크리소스토무스(Crysostomus) 10, 131, 171, 189, 195, 197, 301, 467, 487
키케로(Cicero) 3, 5, 7, 9, 11, 13, 15, 25, 347, 425, 431
파스칼 2세(Paschal II) 311
프리드리히, G.(G. Friedrich) 3, 24, 107, 346, 424, 430
히에로니무스(Hyeronymus) 147, 161, 163, 261, 263, 277, 331, 421, 427, 433, 435, 441, 445, 501, 503, 507

〈고전작품 색인〉

『교령』(*Decretum*, 그라치아누스) 255, 261, 273, 285, 299, 441, 470, 473, 503
『교령』(*Decretum*, 그레고리우스 9세) 302, 307, 309, 361, 364, 387, 398, 404, 405, 447, 467
『교령』(*Librum sextum Decretalis*, 보니파시우스 8세) 377
『교령』(*Decretum*, 파스칼 2세) 311
『법령』(*Bullar. Ord. Praed.*, 인노첸시오 4세) 373
『주석』(*Glossa*) 109, 117, 133, 135, 187, 195, 205, 211, 217, 325, 345, 353
『덴칭거』(*DH*) 127, 235, 279, 339, 359, 417, 425

그레고리우스, 니사의
『인간 만듦』(*De hominis opificio*) 87
『플라킬라 황후 조사(弔辭)』(*Orat. fun. de Placilla Imp*) 86

그레고리우스 1세
『대화집』(*Dialogorum libri*) 105,
『욥기의 도덕적 해설』(*Moralia*) 115, 457,

디오니시우스
『신명론』(*De nom. Div.*) 61, 75, 93, 501

발레리우스 막시무스
『기억에 남는 행동과 말』(*Factorum et dictorum memorrabilium libri*) 118

베네딕투스
『규칙서』(*Reg. ad Mon.*) 372

베다
『강론』(*Homil.*) 451

보나벤투라
『명제집 주해』(In Sent.) 388, 402

세네카
『선행론』(De beneficiis) 100

아리스토텔레스
『니코마코스 윤리학』(Ethica nic.) 5, 7, 9, 13, 31, 41, 49, 77, 97, 125, 301, 357, 495
『범주론』(Categ.) 447
『영혼론』(De anima) 93
『정치학』(Politica) 507, 509

아우구스티누스
『거룩한 동정』(De virginitate) 67, 355, 397
『거짓말』(De mendacio) 421
『고백록』(Confess.) 505, 507, 511
『그리스도교 교양』(De doct. christ.) 229
『라우렌티우스에게 보낸 길잡이』(Enchiridion a Laurentium) 43, 47, 149, 153
『신국론』(De civ. Dei) 23, 25, 29, 39, 55, 59, 211, 213, 229, 237, 239, 241
『삼위일체론』(De Trin.) 81, 485
『아르멘타리우스와 바울리나에게 보낸 편지』(Epistola ad Armentarium et Paulinam) 341, 357
『요한복음서 강해』(In evang. Ioan.) 191, 197, 199
『주님의 말씀』(De Verb. Dom.) 97, 189, 267
『주님의 산상 설교』(De serm. Dom.) 127, 139, 149, 151, 171, 423, 437
『죽은 이를 위한 배려』(De cura pro mortuis agenda) 113
『프로스페르의 명제집』(librum Sententiarum Prosperi) 191
『하느님께 기도드리는 것에 대하여 미망인 프로바에게』(Ad Probam, De orando Deum) 125, 145, 147, 149, 167, 181, 183

『훈계와 은총』(De corr. et gratia) 133

안드로니쿠스
『정감론』(De affectibus) 5

알베르투스 마뉴스
『명제집 주해』(In Sent.) 389, 393

오리게네스
『마태오 복음 주해』(Super Matth.) 201, 477, 483

요한 다마세누스
『정통 신앙론』(De fide orthodoxa) 217

이시도루스
『어원』(Etym.) 13, 17, 25, 63, 95

크리소스토무스
『황금 사슬』(Catenam auream) 106, 189
『마태오복음 주해』(Super Matth.) 131, 171, 195, 197

키케로
『발상에 대하여』(De inventione oratioria) 9, 25
『수사학』(Rhetorica) 9, 25

키프리아누스
『주님의 기도』(De dominica oratione) 131

프로스페르
『관상 생활에 대하여』(De vita contemplativa) 351

히에로니무스
『마태오복음 주해』(*Super Matth.*) 263, 421, 433, 435

〈성 토마스 작품 색인〉

『권능론』(*De potentia*) 195
『대이교도대전』*(ScG)* 55, 59, 101, 105, 179, 195, 235, 339, 351
『덕론』(*De virtutibus*) 4, 43
『로마서 주해』(*In Ep. ad Rom.*) 179, 235, 417
『마태오복음서 주해』(*In Matth.*) 101, 123, 141, 146, 164, 279, 417, 425, 432, 435, 440, 441
『명제집 주해』(*In Sent.*) 3, 21, 31, 39, 43, 55, 93, 101, 107, 111, 113, 117, 123, 127, 135, 141, 151, 153, 159, 164, 165, 168, 169, 171, 179, 185, 201, 217, 221, 241, 239, 325, 333, 359, 367, 373, 379, 385, 388, 389, 390, 393, 399, 402, 409, 417, 425, 435, 441, 447, 469
『소년의 수도회 입회를 비난하는 전염병과도 같은 가르침 논박』(*Contra doct. retrah.*) 347, 351, 367, 373
『시편 주해』(*In Psalm.*) 235, 495, 503
『에페소서 주해』(*In Ep. ad Ephes.*) 502, 503
『영성생활의 완성』(*De perf. vitae spir.*) 49, 351, 362
『요한복음서 주해』(*In Ioan.*) 29, 195, 197
『자유토론문제집』(*Quodlibet.*) 49, 279, 351, 359, 447
『코린토 1서 주해』(*In Ep. I ad Cor.*) 71
『티모테오 1서 주해』(*In Ep. I ad Tim.*) 201, 221
『필리피서 주해』(*In Ep. ad Philipp.*) 201
『히브리서 주해』(*In Ep. ad Heb.*) 279, 417, 441, 469

⟨성경 색인⟩

[신약]
갈라티아서 23, 29
로마서 57, 65, 117, 135, 154, 155, 241, 247, 331, 441, 479
루카복음서 61, 89, 101, 119, 122, 141, 143, 181, 185, 221, 190, 291, 301, 319, 345, 487
마태오복음서 15, 101, 111, 119, 123, 137, 143, 147,167, 179, 196, 211, 221, 223, 225, 255, 269, 281, 289, 291, 301, 345, 411, 417, 419, 441, 449, 452, 471, 481, 489
베드로 2서 235
야고보서 21, 129, 187, 417, 421
에페소서 37, 503
요한 1서 12, 133, 143
요한묵시록 115, 137, 215, 471, 503
요한복음서 55, 117, 121, 129, 155, 171, 195, 203, 217, 221, 224
코린토 1서 41, 51, 113, 147, 175, 181, 263, 285, 287, 291, 293, 305, 341, 359, 393, 419, 423, 447, 483
코린토 2서 89, 123, 135, 186, 217, 289, 353, 401, 403, 443, 447
콜로새서 503
테살로니카 1서 181
티모테오 1서 121, 203, 205, 268, 427
티모테오 2서 195, 299
티토서 269
히브리서 63, 161, 241, 261, 263, 274, 275, 325, 411, 419, 431, 433, 461, 469, 475

[구약]
레위기 243, 257, 269, 279, 295, 379, 391
마카베오기 하권 161

말라키서 37, 103, 223, 267, 271, 285
민수기 275, 283, 287, 303, 305, 311, 363, 369, 467
사무엘기 상권 101, 169
시편 6, 51, 56, 57, 59, 75, 81, 83, 85, 87, 93, 99, 109, 113, 117, 120, 121, 133,
    135, 137, 143, 155, 167, 168, 169, 173, 177, 179, 187, 211, 225, 235, 237,
    323, 325, 332, 341, 345, 353, 367, 411, 413, 497, 499, 501, 503, 505
신명기 211, 245, 261, 265, 273, 277, 283, 327, 337, 419, 431
에스테르기 215
열왕기 상권 211, 223
예레미야서 129, 131, 161, 427
욥기 113, 235
이사야서 97, 143, 221, 347, 497, 499, 501
잠언 25, 125, 195, 267, 497
지혜서 229
집회서 45, 201, 267, 387, 397, 421, 437, 439, 497, 500
창세기 211, 215, 225, 229, 233, 275, 283, 291, 297, 325, 443
코헬렛 133, 321, 335, 345
탈출기 51, 73, 165, 179, 217, 221, 237, 238, 255, 257, 259, 271, 289, 445
호세아서 169

- 지은이: 토마스 아퀴나스(S. Thomas Aquinas)

성 토마스 아퀴나스는 1244/5년 이탈리아 중남부의 귀족 가문에서 태어나 도미니코 수도회에 입회하였고, 때묻지 않은 '천사적' 순수함과 진리에 대한 지칠 줄 모르는 열정으로 13세기라는 역사상 드문 정치적·사상적 격변기를 헤쳐 나갔다. 그는 아리스토텔레스의 대부분의 작품들과 복음서 및 바오로의 주요 서간들에 대해 주해서를 집필하였고, 『대이교도대전』과 『토론문제집』 등 중요한 저작들을 남겼다. 특히 그리스 철학의 제 학파와 아랍 세계의 선진 이슬람 문명 등 당대까지 유럽에 전해져 서로 충돌하던 다양한 사상들을 그리스도교 진리의 빛 속에서 웅장하게 체계적으로 종합한 『신학대전』(Summa Theologiae)은 인류 문화사적 걸작으로 꼽힌다. 그는 1274년 제2차 리옹공의회에 참석하러 가던 길에 중병을 얻어 포사노바에서 선종하였다.
1879년 교황 레오 13세는 회칙 『영원하신 아버지』를 통해 토마스의 사상을 가톨릭 교회의 공식 학설로 공표하였다.

- 옮긴이: 윤주현

가르멜 수도회 소속 수도 사제로 1998년에 사제품을 받았다. 1995년부터 2001년까지 로마의 그레고리아눔에서 '영성신학'을, 테레시아눔에서 '신학적 인간학'을 전공하고, 2001년 성 토마스의 『신학대전』 연구로 박사학위를 취득했다. 그리고 2006년 아빌라 신비신학 대학원에서 가르멜 영성 마스터 과정을 수료하고, 그때부터 2011년까지 동(同) 대학원에서 영성신학 교수로 활동했다. 그 후, 2013년부터 대전가톨릭대학교에서 교의신학 교수로, 2016년부터 수원가톨릭대학교에서 영성신학 교수로 현재까지 활동하고 있다. 현재 가르멜 영성연구소 소장이자 한국가톨릭학술상 상임 심사위원이며, 성 토마스의 『신학대전』 번역·간행 위원이고, 학술지 『신학전망』, 『신학과 철학』의 편집위원이기도 하다. 2017년부터 2020년까지 가르멜 수도회의 4대 한국 관구장을 역임한 바 있다. 2018년(번역상)과 2021년(본상)에 한국가톨릭학술상을 수상했다. 그간 교의신학, 영성신학, 토미즘 분야 등에 58권의 저서와 역서를 출간하고, 25편의 논문을 발표했다.

■ 진리의 협력자들

가르멜수도회(윤주현 신부) 가톨릭교리신학원(최승정 신부-김진태 신부) 가톨릭출판사(홍성학 신부) 강윤희신부 †곽성명마티아 교리48기(김순진 요안나) 구요비주교 기쁜소식(전갑수 사장) 김경애유스타 김남선교수 김남필아가다 김두라소화데레사 김명순소피아 김미라크레센시아 김미리파비올라 김미숙도미나 김복원요안나 김수남글라라 김영남신부 김영진신부 김영희글라라 김운장(대화제약 회장) 김운회주교 김웅태신부 김월자안젤라 김은주율리아나 김장이베로니카 김정렬사도요한 김정이아네스 김정임세실리아 김종국신부 김철련스테파노 김청자아가다 김항희마르타 김해영아나다시아 김혜경세레나 김혜경아네스 김효숙노엘라 김훈겸신부 김희중대주교 로사리오 성모의 도미니코수녀회(오하정 수녀) 마천동성당(장강택 신부) 목동성당(민병덕 신부) 문정동성당(이철호 신부) 박동균신부 박무학신부 박상수신부 박승찬엘리야 박영규사도요한 박용선소화데레사 박정자소화데레사 박종호시몬 박찬윤신부 박표열정혜엘리사벳 박현숙글라라 방배4동성당(최동진 신부-이동의 신부) 방배동성당(안병철 신부) 배기현주교 배옥순시모니아 분당성마리아성당(윤종대 신부) 사랑의시튼수녀회(김영선 수녀) 상도동성당(곽성민 신부) 서명숙루치아 서인숙아네스 서초동성당(이찬일 신부) 서호숙데레사 세종로성당(박동균 신부) 성도미니코선교수녀회(안소근 수녀) 손삼석주교 손윤정마리아 손희송주교 송기인신부 송인섭안드레아 신동재사도요한 신수정비안나 신옥현루시아 심상태몬시뇰 양영복로사 양정희루시아 여규태요셉 염수정추기경 오금동성당(박희원 신부) 오승원신부 원종철신부 †위재숙아나다시아 유경촌주교 유덕희(경동제약 회장) 유식용(일도TCS 회장) 유영숙스콜라스티카 †윤정자님과 이경상신부 이계숙루시아 이동익신부 이동호신부 이문동성당(박동호 신부) 이명순토마스 이미혜데레사 이민선로즈마리 이민주신부 이범현신부 이병호주교 이선용알베르토 이영기실비아 이완숙미카엘라 이용훈주교 이윤하신부 †이정국미카엘 이정석요한 이종삼요셉 이종진사도요한 이 진안드레아 이순녕아우구스티노 이화주가브리엘라 이효재로마노 임경희미카엘라 잠실7동성당(김종수 신부) 잠원동성당(박항오 신부) 장석호모세 장우일레오 장춘복세바스티아나 장혜순카타리나 (재)신학과사상(백운철 신부) 전상순요안나 전상직(더맨 회장) 절두산순교지성당(정연정 신부) 정달용신부 정미애율리안나 정순택대주교 정복신안나 †정영숙(다빈치 회장) †정의채몬시뇰 정종휴암브로시오 †정진석추기경 조광이냐시오 조규만주교 조선영카타리나 조신호델피노 조용주마리안나 조욱현신부 차상금이사벨 채려자요나 청담동성당(김민수 신부) 최명주율리아 최미묘분다 최정훈신부 최창무대주교 최학분에디타 하계동성당(김웅태 신부) 학교법인가톨릭학원(김영국 신부) 한무숙문학관(김호기 박사) 혜화동성당(홍기범 신부) 홍순자요셉피나 황예성세실리아

539

지금까지 출간된 분책(2023년 현재)

- 제1권(I, qq.1-12), [하느님의 존재], 정의채 옮김, 1985, 3판 2014, 751쪽.
  제1문 거룩한 가르침에 관하여. 제2문 신론-하느님이 존재하는가. 제3문 하느님의 단순성에 대하여. 제4문 하느님의 완전성에 대하여. 제5문 선 일반에 대하여. 제6문 하느님의 선성에 대하여. 제7문 하느님의 무한성에 대하여. 제8문 사물에 있어서의 하느님의 실재에 대하여. 제9문 하느님의 불변성에 대하여. 제10문 하느님의 영원성에 대하여. 제11문 하느님의 일체성(단일성)에 대하여. 제12문 하느님은 우리에게 어떻게 인식되는가에 대하여.

- 제2권(I, qq.13-19), [하느님의 생명], 정의채 옮김, 1993, 2판 2014, 572쪽.
  제13문 하느님의 명칭에 대하여. 제14문 하느님의 지식에 대하여. 제15문 이데아에 대하여. 제16문 진리에 대하여. 제17문 허위에 대하여. 제18문 하느님의 생명에 대하여. 제19문 하느님의 의지에 대하여.

- 제3권(I, qq.20-30), [하느님의 작용과 위격], 정의채 옮김, 1994, 2판 2000, 495쪽.
  제20문 하느님의 사랑에 대하여. 제21문 하느님의 정의와 자비에 대하여. 제22문 하느님의 섭리에 대하여. 제23문 예정에 대하여. 제24문 생명의 책에 대하여. 제25문 하느님의 능력에 대하여. 제26문 하느님의 지복에 대하여. 제27문 하느님의 위격들의 발출에 대하여. 제28문 하느님 안에서의 관계들에 대하여. 제29문 하느님의 위격들에 대하여. 제30문 하느님 안에서의 위격들의 복수성에 대하여.

- 제4권(I, qq.31-38), [위격들의 구별], 정의채 옮김, 1997, 293쪽.
  제31문 하느님 안에서 단일성 혹은 복잡성에 속하는 것들에 대하여. 제32문 하느님의 위격들의 인식에 대하여. 제33문 성부의 위격에 대하여. 제34문 성자의 위격에 대하여. 제35문 모습(혹은 모상)에 대하여. 제36문 성령의 위격에 대하여. 제37문 사랑이라는 성령의 명칭에 대하여. 제38문 은사라는 성령의 명칭에 대하여.

- 제5권(I, qq.39-43), [위격들의 관계], 정의채 옮김, 1998, 345쪽.
  제39문 본질과 비교된 위격들에 대하여. 제40문 관계들 내지는 고유성들과의 비교에 있어서의 위격들에 대하여. 제41문 인식 표징적(혹은 식별 표징적) 작용들과의 비교에 있어서의 위격들에 대하여. 제42문 하느님의 위격들 상호간의 동등성과 유사성에 대하여. 제43문 하느님의 위격들의 파견에 대하여.

- 제6권(I, qq.44-49), [창조], 정의채 옮김, 1999, 339쪽.
  제44문 피조물들의 하느님으로부터의 발출과 모든 유의 제1원인에 대하여. 제45문 사물들의 제1근원으로부터의 유출의 양태에 대하여. 제46문 창조된 사물들의 지속의 시작에 대하여. 제47문 사물들의 구별 일반에 대하여. 제48문 사물들의 구별에 대한 각론. 제49문 악의 원인에 대하여.

- 제7권(I, qq.50-57), [천사], 윤종국 옮김, 정의채 감수, 2010, 379쪽.
  제50문 천사의 실체 자체에 대하여. 제51문 천사와 물체의 비교에 대하여. 제52문 장소에 대한 천사의 비교에 대하여. 제53문 천사의 장소적 운동에 대하여. 제54문 천사의 인식 작용에 대하여. 제55문 천사의 인식 수단에 대하여. 제56문 비물질적 사물의 일부에서 얻는 천사의 인식에 대하여. 제57문 질료적 사물들의 성찰에 따른 천사의 인식에 대하여.

- 제8권(I, qq.58-64), [천사의 활동], 강윤희 옮김, 2020, 368쪽.
  제58문 천사의 인식 양태에 대하여. 제59문 천사의 의지에 대하여. 제60문 천사의 사랑 혹은 애정에 대하여. 제61문 천사가 본성적 존재로 창조되었음에 대하여. 제62문 천사가 은총과 영광의 상태로 완성됨에 대하여. 제63문 천사의 악의와 탓에 대하여 제64문 악령들의 형벌에 대하여.

- 제9권(I, qq.65-74), [우주 창조], 김춘오 옮김, 정의채 감수, 2010, 424쪽.
  제65문 물체적 피조물들의 창조 작업에 대하여. 제66문 구별에 대한 피조물의 질서에 대하여. 제67문 자체 안에서의 구별 작업에 대하여. 제68문 둘째 날의 작업에 대하여. 제69문 셋째 날의 작업에 대하여. 제70문 넷째 날에 대한 장식 작업에 대하여. 제71문 다섯째 날에 대하여. 제72문 여섯째 날에 대하여. 제73문 일곱째 날에 속한 어떤 것에 대하여. 제74문 공통적인 것들 안에서 모든 일곱 날에 대하여.

- 제10권(I, qq.75-78), [인간], 정의채 옮김, 2003, 383쪽.
제75문 인간론: 영적 실체와 물체적 실체로 복합된 인간에 대하여. 제76문 혼의 신체와의 하나됨(합일)에 대하여. 제77문 혼의 능력 일반에 속하는 것들에 대하여. 제78문 혼의 개별적 능력들에 대하여.

- 제11권(I, qq.79-83), [인간 영혼의 능력], 정의채 옮김, 2003, 320쪽.
제79문 지성적 능력들에 대하여. 제80문 욕구적 능력 일반에 대하여. 제81문 감성적 능력에 대하여. 제82문 의지에 대하여. 제83문 자유의사에 대하여.

- 제12권(I, qq.84-89), [인간의 지성], 정의채 옮김, 2013, 511쪽.
제84문 신체와 결합된 영혼은 어떻게 자신보다 하위에 있는 물체적인 것들을 인식하는가. 제85문 지성 인식의 양태와 서열에 대하여. 제86문 우리 지성은 질료적 사물들에 있어 무엇을 인식하는가. 제87문 지성적 혼은 어떻게 자기 자신과 자기 안에 있는 것들을 인식하는가. 제88문 인간 혼은 어떻게 자기의 상위에 있는 것들을 인식하는가. 제89문 분리된 영혼의 인식에 대하여.

- 제13권(I, qq.90-102), [하느님의 모상으로 창조된 인간], 김율 옮김, 2008, 505쪽.
제90문 인간 혼의 첫 산출에 대하여. 제91문 첫 인간의 신체의 산출에 대하여. 제92문 여자의 산출에 대하여. 제93문 인간의 산출 목적 또는 결말에 대하여. 제94문 첫 인간의 지성 상태와 조건에 대하여. 제95문 첫 인간의 의지에 관련된 사항들, 곧 은총과 정의에 대하여. 제96문 무죄의 상태에서 인간이 가지고 있던 지배권에 대하여. 제97문 첫 인간의 상태에서 개인의 보존. 제98문 종의 보존에 대하여. 제99문 태어났을 자손의 신체적 조건에 대하여. 제100문 태어났을 자손의 정의의 조건에 대하여. 제101문 태어났을 자손의 지식의 조건에 대하여. 제102문 인간의 거처, 곧 낙원에 대하여.

- 제14권(I, qq.103-114), [하느님의 통치], 이상섭 옮김, 2009, 607쪽.
제103문 사물들의 통치 일반에 대하여. 제104문 하느님 통치의 특수한 결과들에 대하여. 제105문 하느님에 의한 피조물들의 변화에 대하여. 제106문 한 피조물은 다른 피조물들을 어떻게 움직이는가. 제107문 천사들의 말에 대하여. 제

108문 위계와 질서에 따르는 천사들의 질서지움에 대하여. 제109문 악한 천사들의 질서지움에 대하여. 제110문 물체적 피조물들에 대한 천사들의 통할에 대하여. 제111문 인간들에 대한 천사들의 작용에 대하여. 제112문 천사들의 파견에 대하여. 제113문 선한 천사들의 보호에 대하여. 제114문 마귀들의 공격에 대하여.

- 제15권(I, qq.115-119), [우주의 질서], 김정국 옮김, 2010, 307쪽.
  제115문 물체적 피조물의 작용에 대하여. 제116문 숙명에 대하여. 제117문 인간의 작용과 관련된 것에 대하여. 제118문 혼과 관련한 인류의 번식에 대하여. 제119문 육체에 관련된 인류의 번식에 대하여.

- 제16권(I-II, qq.1-5), [행복], 정의채 옮김, 2000, 417쪽.
  제1문 인간의 궁극 목적에 대하여. 제2문 인간의 행복이 있는 것들에 대하여. 제3문 행복이란 무엇인가. 제4문 행복을 위해 요구되는 것들에 대하여. 제5문 행복에의 도달에 대하여.

- 제17권(I-II, qq.6-17), [인간적 행위], 이상섭 옮김, 2019, xlviii-444쪽.
  제6문 의지적인 것과 비의지적인 것에 대하여. 제7문 인간적 행위의 상황들에 대하여. 제8문 의지에 대하여, 의지는 무엇을 대상으로 갖는가? 제9문 의지의 동인에 대하여. 제10문 의지가 움직여지는 방식에 대하여. 제11문 향유라는 의지 작용에 대하여. 제12문 지향에 대하여. 제13문 수단과 관련된 의지의 작용인 선택에 대하여. 제14문 선택에 앞서는 숙고에 대하여. 제15문 수단과 관련된 의지 작용인 동의에 대하여. 제16문 수단과 관련된 의지의 작용인 사용에 대하여. 제17문 의지에 의해 명령된 작용에 대하여.

- 제18권(I-II, qq.18-21), [도덕성의 원리], 이재룡 옮김, 2019, lx-264쪽.
  제18문 인간적 행위에서의 선성과 악성에 대하여. 제19문 의지의 내적 행위의 선성과 악성에 대하여. 제20문 인간의 외적 행위의 선성과 악성에 대하여. 제21문 인간적 행위의 귀결들과 그 선성 또는 악성에 대하여.

- 제19권(I-II, qq.22-30), [정념], 김정국 옮김, 2020, I-270쪽.
  제22문 영혼의 정념의 주체에 대하여. 제23문 정념 상호간의 차이에 대하여. 제24문 영혼의 정념들에 있어서 선과 악에 대하여. 제25문 정념들 상호간의 질서에 대하여. 제26문 사랑에 대하여. 제27문 사랑의 원인에 대하여. 제28문 사랑의 결과에 대하여. 제29문 미움에 대하여. 제30문 욕망에 대하여.

- 제20권(I-II, qq.31-39), [쾌락], 이재룡 옮김, 2020, lviii-236쪽.
  제31문 쾌락 그 자체에 대하여. 제32문 쾌락의 원인에 대하여. 제33문 쾌락의 결과에 대하여. 제34문 쾌락의 선성과 악성에 대하여. 제35문 고통 또는 슬픔 그 자체에 대하여. 제36문 슬픔 또는 고통의 원인에 대하여. 제37문 고통 또는 슬픔의 결과에 대하여. 제38문 슬픔 또는 고통의 결과에 대하여. 제39문 슬픔 또는 고통의 선성과 악성에 대하여.

- 제21권(I-II, qq.40-48), [두려움과 분노], 채이병 옮김, 2020, lxii-278쪽.
  제40문 분노적 정념들에 대하여. 먼저 희망과 절망에 대하여. 제41문 두려움 그 자체에 대하여. 제42문 두려움의 대상에 대하여. 제43문 두려움의 원인에 대하여. 제44문 두려움의 결과에 대하여. 제45문 담대함에 대하여. 제46문 분노 그 자체에 대하여. 제47문 분노를 일으키는 원인과 그 대처 수단에 대하여. 제48문 분노의 결과에 대하여.

- 제22권(I-II, qq.49-54), [습성], 이재룡 옮김, 2020, lviii-234쪽.
  제49문 습성의 실체 자체에 대하여. 제50문 습성의 주체에 대하여. 제51문 습성의 생성 원인에 대하여. 제52문 습성의 성장에 대하여. 제53문 습성의 소멸과 약화에 대하여. 제54문 습성의 구별에 대하여.

- 제23권(I-II, qq.55-67), [덕], 이재룡 옮김, 2020, lxxvi-558쪽.
  제55문 덕의 본질에 대하여. 제56문 덕의 주체에 대하여. 제57문 지성적 덕의 구별에 대하여. 제58문 도덕적 덕과 지성적 덕의 구별에 대하여. 제59문 도덕적 덕과 정념 사이의 구별에 대하여. 제60문 도덕적 덕들 상호간의 구별에 대하여. 제61문 추요덕에 대하여. 제62문 대신덕에 대하여. 제63문 덕의 원인에 대하여. 제64문 덕의 중용에 대하여. 제65문 덕들 사이의 상호 연관성에 다하여. 제66문 덕들의 동등성에 대하여. 제67문 후세에서의 덕의 지속에 대하여.

- 제24권(I-II, qq.68-70), [성령의 선물], 채이병 옮김, 2020, liv-152쪽.
  제68문 선물들에 대하여. 제69문 참행복에 대하여. 제70문 성령의 열매에 대하여.

- 제25권(I-II, qq.71-80), [죄], 안소근 옮김, 2020, l-452쪽.
  제71문 악습과 죄 자체에 대하여. 제72문 죄의 구별에 대하여. 제73문 죄들의 상호 비교에 대하여. 제74문 죄의 주체에 대하여. 제75문 죄의 일반적 원인에 대하여. 제76문 죄의 특수 원인에 대하여. 제77문 감각적 욕구 편에서 본 죄의 원인에 대하여. 제78문 죄의 원인인 악의에 대하여. 제79문 죄의 외부적 원인에 대하여(1): 하느님. 제80문 죄의 외부적 원인에 대하여(2): 악마

- 제26권(I-II, qq.81-85), [원죄], 정현석 옮김, 2021, lii-191쪽.
  제81문 인간 편에서의 원죄의 원인에 대하여. 제82문 원죄의 본질에 대하여. 제83문 원죄의 주체에 대하여. 제84문 어떤 죄가 죄의 원인이 된다는 점에서 죄의 원인에 대하여. 제85문 죄의 결과에 대하여.

- 제27권(I-II, qq.86-89), [죄의 결과], 윤주현 옮김, 2021, xlviii-164쪽.
  제86문 죄의 흠결에 대하여. 제87문 벌의 죄책에 대하여. 제88문 경죄와 사죄에 대하여. 제89문 경죄 자체에 대하여.

- 제28권(I-II, qq.90-97), [법], 이진남 옮김, 2020, l-289쪽.
  제90문 법의 본질에 대하여. 제91문 법의 종류에 대하여. 제92문 법의 효력에 대하여. 제93문 영원법에 대하여. 제94문 자연법에 대하여. 제95문 인정법에 대하여. 제96문 인정법의 효력에 대하여. 제97문 법의 개정에 관하여.

- 제29권(I-II, qq.98-105) [옛 법], 이경상 옮김, 2021, lxiv-608쪽.
  제98문 옛 법에 대하여. 제99문 옛 법의 규정들에 대하여. 제100문 옛 법의 도덕적 규정들에 대하여. 제101문 예식 규정들에 대하여. 제102문 예식 규정들의 원인에 대하여. 제103문 예식 규정들의 기한에 대하여. 제104문 사법 규정들에 대

하여. 제105문 사법 규정들의 근거에 대하여.

■ 제30권(I-II, qq.106-114), [새 법과 은총], 이재룡 옮김, 2021, lxxviii-570쪽.
제106문 복음의 새 법에 대하여. 제107문 새 법과 옛 법의 비교에 대하여. 제108문 새 법의 내용에 대하여. 제109문 은총의 필요성에 대하여. 제110문 은총의 본질 대하여. 제111문 은총의 구분에 대하여. 제112문 은총의 원인에 대하여. 제113문 은총의 효과인 불경한 자의 의화에 대하여. 제114문 공로에 대하여.

■ 제31권(II-II, qq.1-7), [신앙], 박승찬 옮김, 2022, cxiv-412쪽.
제1문 신앙의 대상에 대하여. 제2문 신앙의 내적 행위에 대하여. 제3문 신앙의 외적인 행위에 대하여. 제4문 신앙의 덕 자체에 대하여. 제5문 신앙을 지닌 이들에 대하여. 제6문 신앙의 원인에 대하여. 제7문 신앙의 효과에 대하여.

■ 제32권(II-II, qq.8-16), [신앙(II)], 박승찬 옮김, 2022, xlix-366쪽.
제8문 통찰의 선물에 대하여. 제9문 지식의 선물에 대하여. 제10문 불신앙 일반에 대하여. 제11문 이단에 대하여. 제12문 배교에 대하여. 제13문 독성의 죄 일반에 대하여. 제14문 성령을 거스르는 독성에 대하여. 제15문 정신의 맹목과 감각의 우둔함에 대하여. 제16문 신앙, 지식, 통찰에 관련된 계명에 대하여.

■ 제33권(II-II, qq.17-22), [희망], 이재룡 옮김, 2022, lviii-266쪽.
제17문 희망 그 자체에 대하여. 제18문 희망의 주체에 대하여. 제19문 두려움의 선물에 대하여. 제20문 절망에 대하여. 제21문 자만에 대하여. 제22문 희망과 두려움에 속하는 계명들에 대하여.

■ 제34권(II-II, qq.23-33), [참사랑], 안소근 옮김, 2022, lvi-604쪽.
제23문 참사랑 그 자체. 제24문 참사랑의 주체. 제25문 참사랑의 대상. 제26문 참사랑의 질서. 제27문 참사랑의 주요 행위인 사랑. 제28문 즐거움. 제29문 평화. 제30문 자비. 제31문 선행. 제32문 자선. 제33문 형제적 교정.

■ 제35권(II-II, qq.34-44), [참사랑(II)], 안소근 옮김, 2022, lii-322쪽.
제34문 미움에 대하여. 제35문 나태에 대하여. 제36문 질투에 대하여. 제37문 불화에 대하여. 제38문 논쟁에 대하여. 제39문 이교에 대하여. 제40문 전쟁에 대하여. 제41문 싸움에 대하여. 제42문 반란에 대하여. 제43문 걸림돌에 대하여. 제44문 참사랑의 계명들에 대하여.

- 제36권(II-II, qq.45-56), [지혜와 현명], 이상섭 옮김, 2023, lxxiv-410쪽.
제45문 지혜의 선물에 대하여. 제46문 어리석음에 대하여. 제47문 현명 자체에 대하여. 제48문 현명의 부분들에 대하여. 제49문 현명의 통전적 부분들 각각에 대하여. 제50문 현명의 종속적 부분들에 대하여. 제51문 현명의 잠재적 부분들에 대하여. 제52문 숙고의 선물에 대하여. 제53문 경솔함에 대하여. 제54문 게으름에 대하여. 제55문 현명과 유사성을 갖는, 현명에 대립하는 악습에 대하여. 제56문 현명에 속하는 계명들에 대하여.

- 제37권(II-II, qq.57-62), [정의], 이재룡 옮김, 2023, lxiv-307쪽.
제57문 권리에 대하여. 제58문 정의에 대하여. 제59문 불의에 대하여. 제60문 재판에 대하여. 제61문 정의의 부분들에 대하여. 제62문 배상에 대하여.

- 제38권(II-II, qq.63-79), [불의], 박동호 옮김, 2023, lix-544쪽.
제63문 편애하는 행위에 대하여. 제64문 살인에 대하여. 제65문 사람에게 저지른 다른 위해에 대하여. 제66문 절도와 강도에 대하여. 제67문 재판(법적 절차)에 있어 재판관의 불의에 대하여. 제68문 부당한 고발에 속하는 것들에 관하여. 제69문 재판 당사자(피고발인) 편에서 정의를 거스르는 죄에 대하여. 제70문 증언하는 사람에 속한 불의에 대하여. 제71문 재판에서 변호인 편에서 행해진 불의에 대하여. 제72문 불손(모욕)에 대하여. 제73문 폄훼(비방)에 대하여. 제74문 소문 퍼뜨리기에 대하여. 제75문 조롱에 대하여. 제76문 저주(악담)에 대하여. 제77문 구매와 판매(매매)에서 저질러진 사기에 대하여. 제78문 이자(고리)의 죄에 대하여. 제79문 정의의 유사 부분에 대하여.

- 제39권(II-II, qq.80-91), [종교와 경신], 윤주현 옮김, 2023, lxxxvii-548쪽.
제80문 정의의 잠재적 부분들에 대하여. 제81문 종교에 대하여. 제82문 신심에 대하여. 제83문 기도에 대하여. 제84문 흠숭에 대하여. 제85문 희생제사에 대하여. 제86문 봉헌들과 맏물들에 대하여. 제87문 십일조에 대하여. 제88문 서원에 대하여. 제89문 맹세에 대하여. 제90문 선서 방식을 통한 신적 이름을 취함에 대하여. 제91문 찬미를 통해 부르기 위해 신적 이름을 취하는 것에 대하여.